普通高等教育"十三五"应用型本科系列规划教材

国际经济与贸易
——理论·政策·实务·案例

GUOJI JINGJI YU MAOYI

主　编　杨健全　闫奕荣
副主编　白　丹　周露昭

西安交通大学出版社
XI'AN JIAOTONG UNIVERSITY PRESS

国家一级出版社
全国百佳图书出版单位

内 容 提 要

　　本书在全面反映国际经济贸易领域最新成果的基础上，按照应用型本科高校"国际经济学""国际贸易学"合并开设的需要，对国际经济学、国际贸易理论、政策与实务以及全球与区域经济贸易体制等的核心内容进行了全面系统的介绍。本书按照精品课建设的标准，探索全新的教材内容体系，突出应用型特色和经典案例，强化课程整合和"四基"教育，兼顾学科发展的前瞻性和新变化。

　　本书既可作为高等学校经济类、管理类专业和相关专业本科生教材，也可作为经济贸易工作者的参考用书。

前 言 Preface

　　"国际经济与贸易"是教育部规定的"高等学校经济管理类专业本科生必修核心课程"之一,是教育部"高等教育面向 21 世纪教学内容和课程体系改革"立项的课程,是教育部"经济学系列主要课程及其主要教学内容研究与实践"项目之一。本教材是陕西省普通高校一流专业建设项目、西安交通大学城市学院 21 世纪应用型本科系列规划教材和"金课"(精品课程)建设项目。

　　在世界经济全球化和区域经济一体化的冲击下,面对逆全球化和新贸易保护主义抬头,国际经济贸易的格局与环境发生了重大变化,一大批发展中国家纷纷登上世界经济贸易的大舞台。尤其是我国 2001 年"入世"和 2013 年提出"一带一路"倡议,中国在世界经济贸易中迅速崛起,凸显了大国的实力和影响。改革开放 41 年,中国已成为世界第二大经济体、第一大工业国、第一大货物贸易国、第一大外汇储备国。2018 年,中国国民生产总值已超过 13.6 万亿美元(人均近 1 万美元,步入中等偏上国家行列),经济增速(6.6%)位居世界前五大经济体之首,对世界经济增长的贡献率位居第一(接近 30%),令国人振奋,令全球瞩目。

　　上述背景的变化应该在教材中得到反映,以便使国际经济与贸易课程的教学和研究能够跟上时代的步伐。那么,如何编写一本适应当前经济发展需要、体现应用型特色的教材呢?我们翻阅了大量国际贸易方面的教材,发现大致可以分成两类:一类是直接从国外教材翻译过来的。这类翻译的教材用的往往都是国外的数据和国外的案例,讨论的问题虽然也都是大洋彼岸热门的话题,但是毕竟因为与中国的社会和国情远了一点,读起来总有点隔海观景、隔靴搔痒、云里雾里的感觉,学生们往往无法真正领悟书中所讨论的理论目的,也无法理解某个理论为什么值得花那么大篇幅来进行讨论,更影响学生把理论应用到实际的能力。另一类是国内学者自己编写的。虽然讨论中国经济贸易问题多了点,但是许多还停留在运用一百多年前的理论,有相当多的还是根据国外的教材直接改编而成,而且缺少第一手的切合中国贸易实际情况的案例。这类教材给人的感觉是比较生硬,缺乏生动性,前后理论和政策的连贯性比较牵强,好像是在缝缝补补,到处打补丁一样。我们认为应当从这几个方面入手:内容选择要加大实用知识的比重;体系安排应突出实用知识的地位;基本理论应重视方法的介绍和应用价值的分析;编写教材要方便教与学的使用。总之,一本大学本科应用型教材应有利于学生搜集知识、学习知识、运用知识和创新能力的培养。为此,我们在参考国内外现有的"国际经济学""国际贸易""进出口实务"等相关教材的基础上,总结 30 多年从事国际经济贸易教学和研究的心得,编写了这本《国际经济与贸易——理论·政策·实务·案例》教材,希望成为上述两类教材的例外。因为我们尽可能地了解了国外经济理论的最新动向和政策讨论关切的热点,也能清楚地把握中国经济贸易发展的脉搏,把国外最新的国际经济贸易理论和中国的经济贸易运行相结合,把理论、政策与实践用生动的方式结合起来正是本书的目标。

与国内外同类型的国际贸易教材相比,本教材具有以下主要特色:

(1)强化课程整合,注重全方位把握。任何一门学科知识都有其学术界公认的知识体系,为教师教学确定了一个基本的边界,为学生把握学科知识体系确定了一个规范结构。教材的编写必须遵循全方位把握原则,对相关知识的介绍只有重点与一般的差异,而不存在取与舍的区别。为体现知识体系的系统性和完整性,本教材对国际经济贸易活动按照"描述外在环境—揭示内在规律—构建活动规范—提供个体行为选择空间"的自然逻辑展开,从而有利于学生全面、系统地掌握国际贸易的理论、知识与研究方法。为此,我们兼顾应用型本科高校"国际经济学""国际贸易学"课程合并开设的教学需要,强调课程整合,一方面借鉴了国外"国际经济学"教材的核心内容体系,从而使得各个章节之间具有更强的关联性,逻辑关系比较清楚;另一方面又全面系统地介绍了国内"国际贸易理论与实务"相关教材的成熟内容,全方位反映了当今国际经济贸易理论、政策与实务的全貌。在重点介绍西方经济学家研究成果的基础上,还反映了发展中国家在国际贸易研究方面的进展,并结合中国加入世界贸易组织和经济贸易发展的新变化,增加了世界贸易组织和中国区域经济贸易合作方面的内容。

(2)突出应用特色,强调学以致用。经济学是"经世济民"的学问,国际经济与贸易更是经济全球化过程中密切影响民众生活的学科,其理论政策的讨论应该与日常生活息息相关才有生命力,但应用性不等于简单化。因此,在编写过程中,我们突出应用型人才培养的特色和要求,更侧重理论在政策和实践中的具体应用,帮助学生在全面理解理论和政策的同时,运用学过的知识,观察、分析和解决今天的现实经济与贸易问题。尤其是经典案例可以帮助我们理解基本概念和分析方法,也给学生一种亲近现实生活之感,使学生在严肃的理论学习中享受轻松的时刻。

(3)坚持国际性,强化"四基本"教育。既然是国际经济与贸易,当然必须讨论影响各个国家间贸易的政策和规范,因此,我们坚持国际性,强调国内外结合,兼收并蓄,本书的讨论并未局限在中国或者任何一个其他国家的对外经济贸易,选择的经典案例既有中国的,也有外国的。我们希望通过这些不同国家的案例比较,使学生能够更深入地理解国际贸易的理论和政策。本书的一个重要目标就是培养学生看问题的国际视野。另外,每一门课程都有构建知识体系的四个基本要素——基本概念、基本知识、基本理论/原理、基本技能。因此,本教材的编写按照专业教学标准用书的要求,力求规范表述概念,严谨阐述理论,简捷演绎方法,强化"四基本"教育,培养学生科学的思维能力,为其今后的学习与工作奠定扎实的基础。

(4)注重学科发展的前瞻性,兼顾科学性与可读性。国际经济与贸易是一门最能体现世界经济贸易活动时代特征与发展趋势的学科,其活动的特征决定了它的知识体系是开放性的。作为一本具有本科层次与面向应用型特色的大学教材,无论是对环境的分析、理论的阐述,还是政策的介绍,都必须随着国际贸易现实的发展而不断更新,发挥教材的发展导向和前瞻性功能。因此,本教材注重学科发展的前瞻性,对国际经济贸易发展的新领域、新现象、新理论、新规则偏重于介绍,对成熟的理论与规则重在分析,以能够引导学生拓宽知识视野、寻求理解国际贸易活动现实、把握未来发展趋势、解决实践中遇到的难题的方法和途径为目的。同时,本教材兼顾科学性与可读性,在保证基本概念规范与准确的前提下,语言力求简练、生动,尽量用图表说明,少用数学语言表述问题,以体现语言的时代感。

(5)注重因材施教,提供教与学的选择空间。教材与学术著作和通俗读物有着严格的区分。本教材的一部分内容具有很强的理论性,在解释国际贸易理论和政策的时候,还较多地使用了经济学的分析工具。我们认为,模型和分析技巧只是我们更好地理解现实问题的工具,从本书中学生仍然可以学到很多这方面的内容,但是我们尽量使用最简单的模型和技巧,使用的目的只是为了帮助学生更清楚地理解问题的实质、更好地应用国际贸易的理论。而且,由于学生的要求和发展是有差别的,一本好的教材必须适应和满足学生不同的发展需要,适合于各种不同程度的学生根据自己的需要进行取舍。为此,我们注重因材施教,提供教与学的选择空间,将知识内容的介绍分为三个层次,不同层次确定了不同的编写要求。第一层次:对学生必须掌握而不需要教师讲授的内容述论并重,便于学生自学与掌握;第二层次:对教师重点讲授的内容轻述重论,给教师教学留下足够的发挥空间,加强课堂教学的吸引力;第三层次:对学生选学的内容只述不论,给学生以充分的探讨空间,激发其创新意识。

(6)按照"两性一度五金"的金课标准,探索全新的教材内容体系和教学方法。所谓"两性":一是"高阶性",即知识、能力、素质有机结合,培养学生解决复杂问题的综合能力和高级思维;二是"创新性",即课程内容反映前沿性和时代性,教学形式体现先进性和互动性,学习结果具有探究性和个性化。"一度"是"挑战度",即课程有一定的难度,教师备课和学生课下有较高要求。"五金"是指线下"金课"(课堂教学)、线上"金课"(慕课+微课+电子阅读)、线上线下混合式"金课"(翻转课堂)、虚拟仿真"金课"(智能+教育)和社会实践"金课"(红色筑梦+创新创业学科大赛)。为此,本教材以"慕课+微课+电子阅读"的形式编辑穿插了大量的"课前导读、相关链接、练习与思考、案例与实践"等线上背景性、启发性和应用性的拓展知识,以"创新创业大赛+学科竞赛"的形式组织学生参加各类技能竞赛、校企合作、假期实习等社会实践,以课内实验等虚拟仿真、课堂案例教学、翻转课堂混合等教学形式和教学改革组织实施理论教学,力求做到理论、政策与经济贸易活动的实际紧密结合、学以致用,增强学生的经济贸易活动场景模拟感和业务实战感,提高其实践操作能力和专业知识应用能力。

本书由西安交通大学城市学院经济系主任、西安交通大学经济与金融学院硕士生导师杨健全教授和西安交通大学经济与金融学院国际经济与贸易系主任助理闫奕荣副教授担任主编,提出编写提纲初稿,并征求使用高校师生的建议,经多次集体讨论最终形成编写提纲。具体编写分工如下:西安交通大学城市学院杨健全教授(第1、15章),西安交通大学经济与金融学院闫奕荣副教授(第18、20章)、董斌昌副教授(第17章)、王茜草副教授(第3章)、长安大学经济与管理学院副教授孙铭博士(第7章),西安财经大学副教授张武康博士(第13章)、西北政法大学商学院蒋圆圆博士(第16章)、西藏民族大学财经学院殷琪博士(第2章)、江苏师范大学副教授、美国新墨西哥大学储新民博士(第14章)、西安交通大学城市学院教师白丹(第9、22、23章)、祁蔚茹(第5、6章)、李霁晨(第10、11章)、王世杰(第12章)、西北工业大学明德学院教师周露昭(第8、19、21章)、余露露(第4章)、西安培华学院经济管理学院副教授杨柏欢(第14章)、国家电网陕西省电力公司技术经济研究院高级经济师、西安交通大学城市学院客座教授及经济类专业集群指导委员会委员杨小力博士(第8章)。全书由杨健全教授审核、修改、总纂和最后定稿。

本书是在西安交通大学冯宗宪、杨健全主编的《国际贸易理论·政策与实务》(西安交通大学出版社2013年第3版)和杨健全主编的《国际经济与贸易》(陕西人民出版社2012年第2版)教材的基础上,集我们多年国际经济贸易课程教学和研究成果,并征求采纳十几所本科高校使用教师、学生的建议而成的。在编写过程中,曾得益于众多前辈和同仁的指点帮助,并参阅了国内外有关资料和著作;我的研究生刘雨生、刘畅同学在资料更新、案例收集和校稿方面提供了很多支持,在此一并表示谢意。

众所周知,要编写一本系统性强、理论与实际相结合的教材并非一件容易的事,我们编写这种形式的教材也是初步尝试,尽管几易其稿,花费了大量的时间,但由于水平有限,时间仓促,书中肯定存在着许多不尽如人意甚至错误的地方,敬请读者提出宝贵的意见,以便我们在今后的教学实践中加以修改和完善。

2019 年 6 月 16 日

目 录 Contents

第1章 导　论

课前导读

我们需要用明智的和平稳的方法来对待中国融入全球经济。

———曼德尔松（欧盟贸易委员会）

20 世纪 70 年代以来，以国家（地区）为主体的国际经济贸易活动日益频繁，所涉及的范围也越来越广泛，通过贸易、资本和劳动力流动等途径，各国经济贸易之间的相互依赖程度不断加强。当今世界，没有哪一个国家能在经济贸易上孤立存在。

经济学家常用"经济全球化"来概括各国之间这种越来越密切的联系。

你可能有许多迷惑：为什么会产生国际贸易？贸易双方如何从中受益及如何分配？为什么要实行贸易保护主义？为什么又要主张全球经济一体化和贸易自由化？为什么中国要加入WTO？1997 年东南亚金融危机产生的原因和影响是什么？它是如何传递又是如何得以有效控制的？生产要素在全球范围的自由流动会对相关国家产生什么影响？为什么一些新兴工业化国家实施出口导向战略并取得了初步的成功？2018 年中美贸易战的原因和影响是什么？美国为什么要逆全球化？……学习这门课程虽然不能确保对上述所有问题都找到正确的答案，但它有助于你掌握分析国际经济贸易问题的工具，为你提供判断和理解相关问题的理论依据。

1.1　国际经济与贸易研究的内容

1.1.1　国际经济与贸易的研究对象

国际经济与贸易作为一门独立的经济学新兴学科，其研究对象是各国（地区）之间的经济贸易规律、理论、政策和国际经济关系等，即主权国家之间经济贸易的相互依存性。国际经济关系是指一国同其他国家的经济联系，是世界范围内超越国家界线的国家间的诸多经济关系的总和。国际经济关系不仅涉及各国的经济利益，而且深深影响各国人民的日常生活与经济福利，健全而稳定的国际经济关系，有助于维护和促进世界的和平与繁荣。

事实上，国际经济与贸易关系已有数千年的历史，这方面的研究工作也早已开始。例如：国际贸易资料可以追溯到中世纪，英国 1355 年就有外贸统计资料了。到了 15 世纪，随着民族主义思潮的兴起，人们对国际贸易问题开始感兴趣，对国际经济的初期理论研究是古典经济学中的国际贸易理论。所以，人们从事国际经济关系的研究历史悠久，但国际经济与贸易作为一门独立的学科，大约是从 20 世纪 40 年代，即第二次世界大战后不久开始的。虽然国际经济与贸易在西方形成的历史不长,但其理论渊源却非常久远,它所论及的许多问题早就引起了各派经济学家的注意和研究。几十年来,有关国际经济与贸易的著作大量出版,所研究的内容和问题不断得到扩充和加深。至今,国际经济与贸易已形成了一个较完整统一的体系,其基本的理论框架已大致形成,所涉及的领域和范围也已基本明确。随着国际经济贸易实践的发展,其理论会不断充实和扩大。

但国际经济与贸易作为一门新兴的经济学科,专家们对其名称和研究对象的表达尚不统一。在国外各类教材中,有的称之为"对外贸易论"(如日本学者小岛清,其著作为《对外贸易论》),有的称之为"国际贸易与国际金融",有的称之为"世界贸易与收支",有的称之为"国际经济学"。我们认为比较规范的提法应该是"国际经济与贸易",造成这种差异主要是由于各位学者研究的侧重点不同,在内容上的差异是问题取舍上的不同。他们的研究都没有离开这样两个基本问题:研究稀缺资源在世界范围内的最优分配;研究国际商品和要素的流动。前者体现了国际经济与贸易的基本特征,即世界范围的问题,后者则是具体的载体或内容。所以,国际经济与贸易的概念可以定义为:它以经济学的一般理论为基础,研究稀缺资源在世界范围内的最优配置与分配,分析经济要素在国际的流动及其产生的效应,以及约束这种流动的国内政策和这些政策对国家的福利所产生的影响。

国际经济与贸易和国内经济学有着密不可分的联系。一方面,国际经济与贸易是国内经济学的进一步引申。一般经济学主要是以国内经济学的研究为基础的,而国际经济与贸易则反映了一般经济学原理在国际经济与贸易这一特殊领域的发挥和运用。另一方面,对开放条件下的国内经济的考察,又必须考虑到国际经济与贸易的影响,开放的国内经济本身就是国际经济,因此,对国际经济与贸易的研究,又构成了一般经济学体系的一个组成部分。

必须看到,在许多方面,国际经济与国内经济有着明显的类似和密切的联系。①就国际经济的内容而言,经济活动的主要方式是国家之间的贸易、投资、劳务提供以及其他形式的资金转移等。国内经济活动也包含这些内容,只不过活动范围由国际的变成区际的或部门间的而已。②就经济运行过程及其所带来的问题而言,国际经济与国内经济也有许多相似之处。例如,在一国经济中,资源的分配和使用是否合理决定了一国经济的效率;而在国际经济中,资源的替代和转换的合理性同样影响到一国或世界经济整体的效率。又如,在一国经济中,收入的分配和再分配过程影响到地区与地区、阶层与阶层之间的福利和平等;而在国际经济中,贸易、投资等经济活动会在国家之间的经济关系中造成同样的问题。再如,在一国经济中,经济的增长是一个伴随着解决发展速度、均衡、稳定等一系列问题的过程,而同样的问题在国际经济中同样是不可避免的。所以,奥地利血统的美籍经济学家哈伯勒曾这样写道:"严格说来,要在国际贸易和国内贸易之间划出一道鸿沟,既是不可能的,也是不必要的。一旦我们考察所谓对外贸易的特质,就会发现,我们所论及的只是程度上的差别,而非本质上的、能造成严格的理论分界的基本差别。"美国麻省理工学院经济学教授查尔斯·金德尔伯格(Charles P. Kindleberger)指出,作为传统理论的一个分支,国际经济学与国内的区际经济学所研究的问题存在着程度上的不同。正是在上述意义上,S. J. 威尔斯(Sidney J. Wells)如是说:"对一般经济理论与国际经济贸易这一特殊学科之间的联系,发现得越多,对后者的理解就越好。"

国际经济与贸易和国内经济学在研究对象上又有着明显的区别。虽然说国际经济与贸易是国内经济的引申,但它是在特殊条件下的引申,即在国际经济领域内,国内经济的一般原理得到了特殊的表现,并从而形成了国际经济运动的一些特有规律。研究并揭示这些规律,对各国在实践中所采取的国际经济政策加以分析、估计和评价,正是国际经济与贸易的基本任务。古典经济学家在阐述他们的国际贸易理论时,有一个最基本的假定,那就是:生产要素在国内具有充分的流动性,劳动力可以自由迁徙,资本可以自由转移,土地可以自由选择使用;相反,生产要素在国家之间是不能流动的。从这一点出发,古典经济学家阐述了国际贸易的特殊过程和特有规律。在现代经济学者看来,古典经济学家的上述假设未免有些过于极端了。事实上,生产要素在国家之间并不是完全不可流动的,劳动力的国际迁徙、资本的国际流动、各国之间的相互投资等,都是生产要素在国际范围内移动的表现。另外,生产要素在一国之内的流动性也不是绝对的,由于种种原因,要素的流动也会受到某种限制。

尽管如此,国际经济与国内经济的差别依然存在。因为,我们不能忽视的一个明显的事实是,国际经济与国内经济的运行范围和条件存在着巨大的差别。①就生产要素的流动性而言,国际生产要素的流动要比国内生产要素的流动面临更严重的障碍,无论从经济、政治、文化、法律还是社会各方面看都是如此。例如,商品的国际流动要受到关税和非关税壁垒的限制;劳动力的国际迁徙要受到各国间工资差别及语言、文化、社会习俗等的影响;资本的流动则要受到各国利率政策、外汇政策、法律法规以及经济环境的约束。可见,生产要素的国际流动即使不像古典经济学家假定的那样不可能,但也比它们在国内流动要困难并且有限得多。②就经济运行环境和条件而言,国际经济与一国国内的区域经济的不同之处在于,前者没有一个统一的经济和政治中心,因而也没有总的计划、总的预算和总的经济协调、调节手段,与此同时,各国的经济条件和运行状况以及由此而提出的经济政策要求也不同。这就使得国际经济关系比国内经济关系更为复杂化了。总体看,国家之间经济的均衡、稳定、协调和传递方式及其过程都与国内经济有很大的不同。就世界货币制度而言,不同国家之间存在不同的货币金融体系,这就给国际经济交流带来许多复杂的问题。例如,货币的兑换、汇率的调整、国际收支的平衡、失衡及其补偿等,这些问题都是国内经济所不会遇到的。

总之,国际经济与贸易是从一般经济学中分离出来的一个分支学科。

1.1.2　国际经济与贸易研究的主要问题

1. 国际贸易理论

国际贸易的思想可以追溯到 15—16 世纪的重商主义(the mercantilism)时代。重商主义者以其错误的财富观为基础,推论出"奖出限入"的贸易政策。1766 年,亚当·斯密(Adam Smith)代表新兴资产阶级的利益,在其划时代著作《国富论》中系统阐述了分工和自由经济的观点,批判了重商主义的财富观和贸易观,提出了国际贸易的绝对优势理论。1817 年,大卫·李嘉图(David Ricardo)在其代表性著作《政治经济学及赋税原理》一书中,进一步发展了亚当·斯密的理论,正确地提出和论证了国际贸易的比较优势原理,确立了其后国际贸易理论的发展方向。关于比较优势的决定因素,李嘉图强调的是劳动生产率差异的重要性,认为各国之间只要相对劳动生产率水平不一致,就存在比较利益和相互贸易的动机。其后的一些学者,如穆勒、马歇尔和艾奇沃思等,集中研究了贸易条件的决定问题。在 20 世纪两次世界大战间隔时期,关于比较优势的研究出现了重大进展。

1919 年,赫克歇尔在《对外贸易对收入分配的影响》一文中,首先提出了要素禀赋差异是决定国际分工和贸易的基础的观点。其后,他的学生俄林在 1933 年出版的《区际贸易与国际贸易》一书中,进一步阐述和发挥了赫克歇尔的要素禀赋理论。因而后来人们又称要素禀赋理论为赫克歇尔-俄林理论,简称 H-O 理论。

1936 年,哈伯勒在《国际贸易理论》一书中,用机会成本理论解释了比较优势原理,在贸易理论模型化方面做出了实质性的贡献。哈伯勒、勒纳、里昂惕夫、米德等人将一般均衡分析的新古典模型与赫克歇尔-俄林的要素禀赋理论融为一体,最终形成了国际贸易理论的标准模型。

在 20 世纪相当长的时期内,以新古典模型为表达形式的要素禀赋理论在国际贸易理论中占据着绝对的统治地位。虽然这期间曾出现了著名的"里昂惕夫之谜"和围绕解读此谜的研究而提出的不同于比较优势的新的贸易理论,但要素禀赋理论并未受到真正的挑战。直到 20 世纪 70 年代末,国际贸易理论的发展才真正出现了一次重大的突破。

20 世纪 70 年代末 80 年代初,以克鲁格曼和赫尔普曼为代表的一批经济学家,提出了所谓的"新贸易理论"。新贸易理论认为,除了要素禀赋差异外,规模经济也是国际贸易的原因和贸易利益的另一个独立决定因素。即使在没有偏好、技术和要素禀赋差异的情况下,规模经济也能引导各国开展专业化分工和贸易。新贸易理论引入规模经济的假设,打破了新古典贸易理论规模收益不变和完全竞争的假设,使得关于贸易理论研究的重心由国家之间的差异转向市场结构和厂商行为方面,使研究更加深入。

新贸易理论的出现有两方面的历史背景。首先,随着时间的推移,传统的贸易理论已不能解释许多重要的贸易现象。为什么 20 世纪 60 年代以后,世界贸易绝大部分是在偏好、技术和要素禀赋都比较相似的发达国家之间进行?为什么国际贸易流量中,产业内贸易,即发生在同一产业类别中的双向贸易已成为主流?实践要求发展一种新的贸易理论来解释这种现象。其次,产业组织理论的发展为新贸易理论的出现奠定了坚实的理论基础。20 世纪 40 年代兴起的产业组织理论主要以不完全竞争市场结构为考察对象,分析市场结构、厂商行为和市场绩效三者之间的因果关系。20 世纪 70 年代中期,产业组织理论出现了一次大的突破,特别是博弈论方法被引入产业组织理论研究之后,对不完全竞争市场结构下(主要是寡头市场)厂商行为的研究取得了巨大成功,大大丰富了经济学的理论基础。1978 年,克鲁格曼在其博士论文《收益递增、垄断竞争与国际贸易》中首次将差异产品和(内部)规模经济考虑在内的垄断竞争模型(又称新张伯伦模型)推广到开放经济条件下,从模型上首次证明了规模经济是国际贸易的另一起因,以及差异性产品决定了贸易形态为产业内贸易。

由于不完全竞争理论至今没有形成统一的分析模式,所以新贸易理论至今也没有形成统一的模式。实际上,新贸易理论的出现,并不意味着它能代替传统的要素禀赋理论。首先,从解释现象上看,两种理论分别解释不同的贸易现象。新贸易理论主要解释产生在发达国家之间的产业内贸易现象;而传统的要素禀赋理论则主要解释发达国家与发展中国家之间的产业间贸易。其次,从理论基础上看,新贸易理论以规模经济和不完全竞争为前提,强调产业和企业的市场结构和竞争性差异;传统的要素禀赋理论则以规模收益不变和完全竞争为前提,强调国家之间在要素禀赋上的差异性。因此,两种观点不仅不是相互替代的关系,相反是互补性的,它们共同丰富和完善了国际贸易理论。

2. 两种对立的贸易政策

从国际贸易的理论分析中可知,在一定条件下,国家之间商品的自由贸易对所有参加国都是有利的,贸易促进了国际分工和生产的专业化,使资源得到更有效的开发和利用,提高了生产效率和供给量;通过国际交换,自由贸易缓解了劳动力、资本、自然资源等生产要素的稀缺性;扩大了贸易参加国居民商品消费的选择范围,提高了生活水平。用国际贸易的纯经济理论分析,不论从国际经济的和平发展的立场,还是从各国福利水平的提高的角度,自由贸易都是较好的,而阻碍自由贸易却带来种种损失。

然而从历史上看,自资本主义制度发展之初,就存在着两种根本对立的贸易政策:一是自由贸易政策;二是保护贸易政策。前者的主要内容是:国家取消对进出口贸易的限制和障碍,取消对本国进出口商品的各种特权和优惠,使商品自由进出口,在国内外市场上自由竞争,形成国际统一的商品市场。而保护贸易政策的主要内容是:借助于设置各种贸易壁垒,限制进出口商品的数量、种类、价格等,保护国内市场免受外国商品的竞争,并且对本国商品出口给予优待和补贴等,以鼓励出口。

19世纪初,德国的纺织、采矿、冶金、机械制造业等都有所发展。但与当时处于"世界工厂"地位的英国相比还相当落后,受英国廉价工业品的冲击很大。为此,德国历史学派经济学家李斯特于1841年出版了《政治经济学的国民体系》,提出了幼稚工业保护理论。李斯特认为古典学派的"比较成本说"的观点存在错误。因为按比较成本原理购买国外的廉价产品,表面上看起来虽然有利可图,但实际上却影响了本国该产业的发展,从而会长期处于落后和从属于外国的地步。而如果放弃这种短期利益,对这种幼稚工业实行保护政策,虽然一开始该产品的价格会上升,但经过一段时期,不但本国的产业可以得到充分发展,而且生产力提高后,商品的价格也会下跌,甚至会低于外国的进口价格。李斯特认为,"财富的生产力比财富本身,不晓得要重要多少倍"。在李斯特的影响下,通过保护政策的扶植,德国经济在短期内有了迅速的发展,终于赶上了英国。

实行地区经济合作具有两面效应:既可以成为推动全球经济贸易一体化的方式,又可能成为地区经济保护的手段。有学者认为,一国在向全球开放市场之前,先在同一地区内实行自由贸易比直接向全世界开放市场更为有利。并且用实证分析表明,与开放的、发达的大国为邻的国家能够取得比与封闭的、不发达的小国为邻的国家更快的发展。从而得出结论,如果地区经济能够促使发达国家与发展中国家之间相互开放,则这种地区间的经济能够促进双方经济的增长。20世纪60年代与70年代的许多区域经济一体化之所以没能取得经济增长,就是因为这些区域经济大多数是南南合作。根据这一观点,发展中国家要发展,就应与发达国家结成联盟,充分享受发达国家的"溢出效应"。经济发展了,产业结构、贸易结构才有可能优化。

3. 国际金融理论

国际金融理论的核心是"外部平衡"(external balance)问题。早在李嘉图提出比较优势理论之前,历史上就已经产生了关于外部调节的问题。1752年,大卫·休谟在《论贸易差额》一书中,论证了著名的"物价-铸币-流动机制",他从货币数量论的观点出发,认为在金币本位制条件下,可以通过货币——贵金属——的输出、输入来完全解决贸易不平衡问题,即国际收支的不平衡可以通过市场的力量自动恢复平衡,而不需要外部的人为干预。在相当长的一个时期内,休谟的理论一直主导着国际金融领域的研究。

20世纪两次世界大战间隔时期的事件,使得国际金融理论明显避开了对国际收支调节机制的关注,而将重心转移到国际收支平衡与国内经济条件之间的相互作用和影响上。第二次世界大战以后,布雷顿森林体系国际货币制度的确立和发展,对国际金融理论的发展产生了深远影响。二战后,凯恩斯主义的流行,也在国际金融理论的发展中留下了深深的烙印。凯恩斯的乘数理论说明了在价格不变的条件下,收入对国际收支的影响。

20世纪60年代初期,蒙代尔在其一系列论文中更新了国际收支调整的传统观点。在蒙代尔模型中,货币政策被放到了国际收支调整的首要位置,国际资本流动占据了国际收支的重要地位。他提出,当内部平衡与外部平衡目标发生冲突时,由于资本流动性的存在,使得在固定汇率制条件下,通过扩张性的货币政策引起资本流出,而通过扩张性的财政政策引起资本流入,这样,借助于针对外部平衡的货币政策和针对内部平衡的财政政策这两个独立的政策工具,就能同时达到内外平衡的目标,从而解决了固定汇率条件下政策选择的两难问题。这种把货币政策分配给外部平衡,而把财政政策分配给内部平衡的观点,被称为"蒙代尔分配法则"。

1960年,特里芬提出著名的"特里芬难题","特里芬难题"的存在,使得金币本位制和布雷顿森林体系瓦解。1973年,布雷顿森林体系崩溃后,一大批经济学家主张实行浮动汇率制。其基本论点是浮动汇率可以使政府免受国际收支的限制,并允许政府不需要运用货币政策去被动地稳定汇率,从而获得利用货币政策工具的主动权;同时浮动汇率也像一堵防火墙,把国内经济与外界隔离开,使国内经济免受外界因素的冲击。

20世纪70年代,货币主义的兴起,产生了一些极具价值的开放经济动态模型。其中国际收支货币分析方法强调实际平衡效果和长期的国际收支平衡;资产组合平衡模型则阐明了货币与经济增长的关系,指出了财富积累中资产的存量和流量之间的区别,并吸收了理性预期理论的一些基本思想。

20世纪80年代,借助储蓄和投资理论中的跨时分析方法,对开放经济动态变化过程的分析已变得日益普遍。

除了上述关于外部平衡这一核心问题外,国际金融理论在汇率决定理论和汇率制度研究方面,也有极为丰富的理论进展。

国际经济与贸易研究的主要内容体系可以用图1-1概括如下。

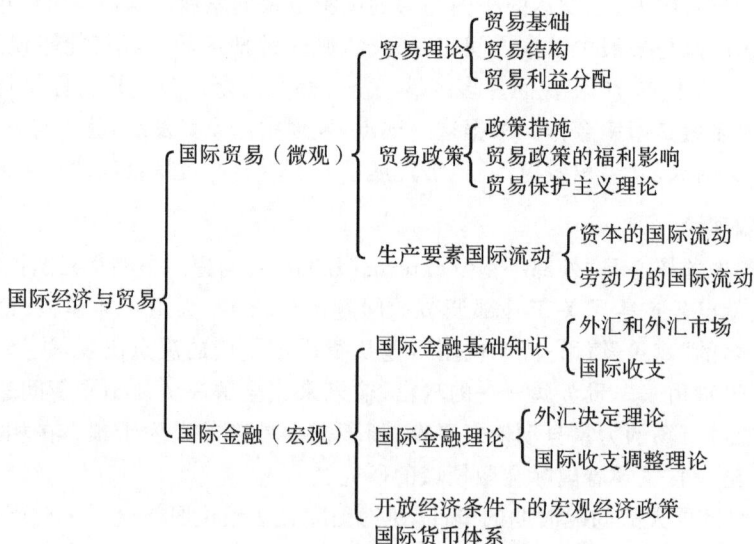

图1-1　国际经济与贸易研究的内容体系

1.2 国际经济与贸易的类型及相关概念

1.2.1 国际经济与贸易的类型

1. 按照贸易对象的流向不同分类

按照商品的流向不同,可以把国际贸易分为出口贸易、进口贸易和过境贸易。

(1)出口贸易(export trade)是指将本国生产或加工的商品销往他国市场的贸易活动。

(2)进口贸易(import trade)是指将外国的商品输入本国市场销售的贸易活动。

就一笔交易而言,对卖方是出口贸易,对买方则是进口贸易。

由于一国对某种商品的各品种的生产和需求不一定一致,因而,在同类商品上往往既有出口也有进口。若在一定时期内,一国(地区)在某种商品大类的对外贸易中,出口量大于进口量,其超出部分便称为净出口(net export);反之,如果进口量大于出口量,其超出部分便称为净进口(net import)。

(3)在进出口贸易中,买卖双方的商品有时要经过第三国国境,第三国对此批货物收取一定的费用,这对第三国来讲,就构成了该国的过境贸易(transit trade)。

2. 按照贸易对象的形态不同分类

按照商品的形态不同,可以把国际贸易分为有形贸易和无形贸易。

(1)有形贸易(visible trade)是指实物商品的进出口,因为实物商品是有形的、可以看得见的。在国际贸易中,有形商品种类繁多,通常可分为初级产品和工业制成品两大类。初级产品是指没有经过加工或加工很少的农、林、牧、渔和矿产品,工业制成品是指经过工业加工的产品。

根据《联合国国际贸易商品标准分类》,国际贸易商品分为 10 大类。其主要包括:食品及主要供食用的鲜活动物(0 类);饮料及烟草(1 类);燃料以外的非食用原料(2 类);矿物燃料、润滑油及有关原料(3 类);动植物油、油脂和蜡(4 类);化学品及其有关产品(5 类);主要按原料分类的制成品(6 类);机械及运输设备(7 类);杂项制品(8 类);没有分类的其他商品(9 类)。其中 0—4 类为初级产品,5—8 类为工业制成品。

(2)无形贸易(invisible trade)是指非实物形态的劳务(服务)和技术的进出口,因为劳务和技术是无形的、看不见摸不着的。无形贸易主要包括运输、装卸、保险、金融、邮政通信、船舶修理、国际旅游、工程服务、代理、技术转让等。关于无形贸易,至今还没有像实物商品那样的国际分类标准。

有形贸易和无形贸易的主要区别是:有形贸易是指有形商品的进出口,经过海关办理手续,包括在海关的贸易统计中,它是整个国际收支的主要构成部分;无形贸易是指无形商品的进出口,不经过海关办理手续,不包括在海关的贸易统计中,但它也是国际收支的一个重要组成部分。

20 世纪 90 年代以来,电子科学技术迅速发展,部分服务商品有形化了,如光盘像是有形产品,但就其性质而言,应是服务产品。因此,从某种意义上说,有形贸易和无形贸易的界限模糊了。

3. 按照有无第三国参加分类

按照贸易过程中有无第三国参加,可以把国际贸易分为直接贸易、间接贸易和转口贸易。

(1)直接贸易(direct trade)是指商品生产国与商品消费国之间直接进行的、没有第三国介入的贸易。商品从生产国直接输出到消费国,对生产国来说是直接出口,对消费国来说是直接进口,都是直接贸易。

(2)间接贸易(indirect trade)是指商品生产国和商品消费国通过第三国进行的贸易。商品通过第三国转卖给消费国,对生产国来说是间接出口,对消费国来说是间接进口,对第三国来说就是转口贸易。

(3)转口贸易(transit trade)是指一国(地区)进口某种商品不是以消费为目的,而是将它作为商品再向别国出口的贸易。从事转口贸易的大多数是地理位置优越、运输条件便利以及贸易限制较少的国家(地区),如伦敦、鹿特丹、新加坡和中国香港等。它们由于具有上述条件,便于货物集散,所以转口贸易很发达。

4. 按照划分进出口的标准不同分类

按照划分进出口的标准不同,国际贸易可以分为总贸易和专门贸易。

(1)总贸易(general trade)是指以国境为标准划分的进出口贸易。凡进入国境的商品一律列为总进口,凡离开国境的商品一律列为总出口。总进口额加总出口额就是一国的总贸易额。过境贸易列入总贸易,中国、日本、英国、加拿大、澳大利亚及东欧等国家采用这种划分标准。

(2)专门贸易(special trade)是指以关境为标准划分的进出口贸易。当外国商品进入国境后,如果暂时存放在海关保税仓库或放在其他特区内使用而未进入关境,一律不列为进口。只有从外国进入关境的商品,以及从保税仓库提出进入关境的商品,才列为专门进口。从国内运出关境的本国产品,以及进口后经过加工又运出关境的商品,则列为专门出口。专门进口额加专门出口额就是一国的专门贸易额。美国、德国、意大利、瑞士等国采用这种划分标准。

联合国所公布的各国贸易额,一般都注明是总贸易额还是专门贸易额。

5. 按照贸易清偿方式不同分类

按照贸易清偿方式不同,国际贸易可以分为现汇贸易、记账贸易和易货贸易。

(1)现汇贸易(cash-liquidation trade)是指买方用卖方同意的外汇,通常是可兑换(convertible)货币来支付结算的贸易。由于现汇在运用上灵活、广泛,可以自由地兑换其他货币,所以也称为自由结汇方式贸易,该方式是目前国际贸易活动中运用最普遍的一种。其特点是银行逐笔支付货款,以结清债权、债务,结算方式以信用证为主,辅以托收和汇付等方式。

(2)记账贸易(clearing account trade)是指由两国政府之间签订贸易协定或贸易支付协定,按照记账方法进行结算的贸易。其特点是在一定时期内(多为一年),两国之间贸易往来不用现汇逐笔结算,而是到期一次性结清。通过记账贸易获得的外汇称为记账外汇,一般仅用于协定国之间,不能用于同第三国的结算。

(3)易货贸易(barter trade)是指商品交易的双方依据相互之间签订的易货协定或易货合同,以货物经过计价作为结算方式,互相交换货物的一种交易行为。此种方式比较适用于那些外汇不足,或因其他各种原因无法以自由结汇方式进行相互交易的国家。政府之间的易货称为协定贸易;民间的易货包括补偿贸易,如伊拉克的"石油换食品"计划。

6. 按货物运送方式不同分类

按货物运送方式不同,国际贸易可分为陆运贸易、海运贸易、空运贸易、邮购贸易和多式联运贸易。

(1)陆运贸易(trade by roadway)是指采用陆路运送货物的贸易。

(2)海运贸易(trade by seaway)是指通过海上运输货物的贸易,占贸易量的三分之二。

(3)空运贸易(trade by airway)适合于贵重或数量小的货物,为了争取时间,赶上销售季节,往往采用航空运输。采用空运多为体积小、重量轻、价格贵、时间紧、需要快速运输的商品。

(4)邮购贸易(trade by mail order)适合于数量不多的交易,它采用邮政包裹方式寄送。邮购的货物,通常都是比较急需的;它比空运慢一些,但邮费较之稍便宜些。

(5)多式联运贸易(trade by multimodal transport)是指采取海、陆、空等运输方式中任何两种或两种以上的运输方式运送货物的贸易。

7. 按贸易方式不同分类

贸易方式(trade forms)是指国家(地区)之间进行交易的具体形式和方法。按贸易方式不同,国际贸易可分为包销、代理、寄售、展卖、拍卖、招标与投标、期货交易、租赁贸易、补偿贸易、对外加工装配贸易、对销贸易等。

(1)包销(exclusive sales/bought deal)是指出口商与国外经销商达成协议,在一定时期内,把指定商品在指定地区的独家经营权授予该经销商。有时作为对等条件,经销商承诺不经营其他来源的同类或可替代的商品。

(2)代理(agency)是指出口商(委托人)授权进口商(代理人)代表委托人向其他中间商或用户销售其产品的一种贸易方式。它是国际贸易活动中的常见做法。

代理人以委托人支付的佣金为代理业务的报酬,不享有所代理的商品的所有权,不用对委托人支付所代理商品的货款,不承担经营中的风险,不承担履行合同的责任,也不能擅自改变委托人规定的交易条件。

(3)寄售(consignment)是指由寄售人(consignor)先将货物运往国外寄售地,委托国外当地代销商(consignee)按照寄售协议规定的条件代为销售的一种交易方式。

货物销售后,由代售商扣除佣金和有关费用后,将所余货款通过银行汇付寄售人。从销售方式来看,寄售是一种先发运后销售的现货买卖方式。以寄售方式销售,可以让商品在市场上与用户直接见面,按需要的数量随意购买,而且是现货现买,能抓住销售时机。所以对于开拓新市场,特别是消费品市场,寄售是一种行之有效的方式。

(4)展卖(fairs and sales)是指利用展览会、博览会及其他交易会的形式,对商品进行展销结合、以销为主的一种贸易方式。它是国际贸易中一种广泛而有效的贸易做法。

展卖又称国际集市,是在一定地点定期举办的、由一国或多国共同组织、邀请各国商人参加的一种贸易活动,具有展销结合、边展边销、以销为主的特点。展卖的具体做法主要有国际博览会、商品交易会以及商品展示会等。

(5)拍卖(auction)是一种古老的交易方式。它是指专门经营拍卖业务的拍卖行接受货主的委托,在规定的时间和地点,按照一定的章程和规则,将货物公开展示,由买主出价竞购,把货物卖给出价最高的买主的一种贸易形式。拍卖是买主之间的竞争。国际贸易中采用拍卖方式进行交易的商品,是一些品质难以标准化或难以久存,或传统上有拍卖习惯的商品,如裘皮、木材、茶叶、水果、花卉、羊毛以及古玩艺术品等。

(6)招标与投标。招标(invitation to tender)是指招标人(买方)在规定时间、地点发出招标公告或招标单,提出准备买进商品的品种、数量和有关买卖条件,邀请卖方投标的行为。投标(submission of tender)是指投标人(卖方)应招标人的邀请,根据公告或招标单的规定条件,在规定的投标时间内向招标人递盘的行为。

招标与投标是一个贸易过程的两个不同方面。它是买方发出购买邀请,卖方递出销售实盘的过程。在招标、投标时,招标人及其目的只有一个,而投标人较多,相互之间存在着竞价销售的竞争。招标与投标较多地应用于政府机构、公用事业等大笔采购交易或国际工程承包等场合。

(7)期货交易(futures transaction)是指在期货交易所内,按一定规章制度进行的期货合同(futures contract)的买卖。1848年美国芝加哥商品交易所(CBOT)成立,被认为是近代最早的期货交易所。

期货交易与现货交易有着密切的联系,也有着本质的区别。现货交易是传统的货物买卖方式。在国际贸易中,无论是即期交货还是远期交货,本质上都是现货交易。在现货交易履约时,由于签约与履约不在同一时点上,中间会由于价格等条件变化,为当初签约双方带来意外风险。例如,价格下跌,会使买方在交货时支付较高的货款。如果不履约会带来声誉的损失,并招致赔偿罚款,如果履约则会增加购货成本,产生经济上的损失。在此情况下,就出现了未到期现货远期合约的转让。期货交易就是对这样一种标准化期货合约(standard futures contract)达成的远期交割的贸易方式。

现货交易与期货交易就相同商品而言,因受共同的供求关系及生产成本的影响,具有基本相同的价格变化趋势。人们利用这一点,可以通过现货、期货两个市场套做,实现商品买卖的套期保值。

(8)租赁贸易(leasing trade)是指将设备较长期地租给用户使用的一种贸易方式。租赁对象主要是资本货物,包括机电设备、运输设备、建筑机械、医疗器械、飞机船舶,直至各种大型成套设备和设施等。出租人一般为准金融机构,即附属于银行或信托投资公司的租赁公司,也有专业租赁公司或生产制造商兼营自己产品的租赁业务。承租人通常为生产或服务企业。

租赁贸易是在信贷基础上进行的。出租人向承租人提供所需设备,承租人则按租赁合同向出租人定期支付租金。设备的所有权属于出租人,承租人取得的是使用权。租赁期一般较长,是一种以融物的形式实现中长期资金融通的贸易方式。

租赁贸易往往是三边贸易,即有三个当事人:出租人、承租人和供货商。承租人选定所需设备和供应商后,由租赁公司洽谈购买,然后再由租赁公司租赁给承租人。

(9)补偿贸易(compensation trade)又称产品返销,是指买方在信贷的基础上进口机器设备或技术,然后再用返销产品或劳务的价款分期偿还进口价款的本金和利息。它可分为三种:直接产品补偿是补偿贸易中最基本的做法,指设备与技术的进口方以设备与技术生产出的直接产品来偿还设备与技术款的本息。间接产品补偿是补偿贸易中较常见的做法,指被用来偿还进口设备与技术款本息的不是直接产品,而是交易双方商定的其他商品。这实际上是互购方式中的一种情况,特别适用于进口设备与技术不生产有形的物质产品或设备与技术的出口方不经销直接产品的情况。劳务补偿常见于与来料加工或来件装配业务相结合的补偿贸易业务,由承接对外加工、装配业务的单位分期以加工费偿还其进口的加工或装配所需设备、技术价款的本息。

（10）对外加工装配贸易（foreign processing and assembling trade）是指由国外厂商提供原材料或零部件、元器件，委托国内企业按一定的技术、质量标准加工成成品交还对方，并对国内企业支付工缴费的贸易方式。在对外加工装配中，有时委托方也提供必要的生产设备，对委托方提供的设备价款，可结合补偿贸易的做法，以劳务所得的工缴费抵偿。

在这种方式下，整个贸易过程中不发生贸易所有权转移，来料来件及成品的所有权自始至终都属于国外厂商，加工企业只对国外厂商提供劳务，并从中赚取工缴费。因此，对外加工装配贸易实际上是以商品为载体的劳务出口。对外加工装配业务是我国企业开展来料加工和来件装配业务的总称。它与来样加工以及上文所述的补偿贸易同称为"三来一补"。

（11）对销贸易（counter trade）又称对等贸易，是指买卖双方不是单方面的进口方或出口方，而是互为进口方或出口方。双方都把进口与出口有机结合起来，都以自己的出口来全部抵偿或部分抵偿从对方的进口。由于对销贸易很少用外汇或不用外汇，故又称为无汇贸易。

常见的对销贸易有：①易货贸易（barter trade），一般是指买卖双方按照各自的需要，交换各自所能提供的价值相等或相近的商品，从而避免货币支付的一种贸易方式。②互购（counter purchase），又称平行贸易（parallel trade）或反向购买，就是交易双方互相购买对方的产品，它涉及使用两个既独立又相互联系的合同。③产品回购（product buyback），日本称为产品分成（product sharing），多用于设备的进出口交易中，即交易双方订立回购协议，先进口国以赊账或利用信贷购进技术或设备，同时由先出口国向先进口国承诺购买一定金额的、由该技术和设备直接制造或派生出来的产品的贸易方式。先进口方用出售这些产品所得货款分期偿还进口设备的价款或偿还贷款与利息。④转手贸易（switch trade）又称三角贸易（triangular trade），是政府间清算协定的产物，是专为记账贸易中的顺差方取得可自由兑换的硬通货而产生的。转手贸易一般涉及两个以上当事人，内容、程序较为复杂。

1.2.2　国际经济与贸易的相关概念

在长期的国际经济的理论研究和业务实践中，形成了一些与该学科相关的基本概念。

1. 国际贸易与对外贸易

国际贸易（international trade）是指各个国家（地区）之间商品、服务和技术的交换活动。它是一种世界性的交换活动，所以又称为世界贸易（world trade）。它是各个国家在国际分工的基础上相互联系的主要形式。

对外贸易（foreign trade）是指一国与其他国家进行的商品、服务和技术的交换活动。有些海岛国家，如英国、日本等也常将对外贸易称为海外贸易（oversea trade）。

国际贸易与对外贸易既相互联系又有所区别。首先，国际贸易与对外贸易观察的角度不同，国际贸易是站在全球的立场上，而对外贸易是站在一国的立场上来观察这种交换活动；其次，国际贸易与对外贸易是一般与个别的关系，国际贸易既包括本国与外国的贸易，又包括他国之间的贸易，而对外贸易仅指本国与外国的贸易，不包括他国之间的贸易。

传统的狭义的国际贸易，只是指国家之间商品进口和出口。一国从他国购进商品用于国内的生产和消费的全部贸易活动称为进口（import），而一国向他国输出本国商品的全部贸易活动称为出口（export）。在现代，广义的国际贸易除了包括实物商品的国际交换外，还包括服务和技术的国际交换,即在国际运输、保险、金融、旅游、技术等方面相互提供的服务。

2. 国际贸易值与国际贸易量

国际贸易值(trade value)是指用货币来表示的一定时期内各国的对外贸易总值。通常,国际贸易值是以美元为单位来计量的。对于某一单个国家而言,该国的对外贸易总值是指该国的出口值与进口值之和。但计算全世界的国际贸易总值时,为了避免重复计算,通常是将各国的出口值汇总起来。之所以不按进口值汇总,是由于各国的进口值一般都是按 CIF 价格(到岸价格)计算的,其中包括了运输及保险等项费用,而各国按 FOB 价格(离岸价格)来统计的出口总值则基本是纯的。

用货币表示贸易的规模虽然方便,但由于通货膨胀因素的影响,商品价格经常变动,国际贸易值往往不能准确地反映国际贸易的实际规模及其变化趋势。若以国际贸易的商品实物数量来表示国际贸易规模,虽能避免上述矛盾,但却无法直接将种类繁多、计量标准各异的实物量相加。所以,只能选定某一时点上的不变价格为标准来计算各个时期的贸易量(trade volume),以反映国际贸易实际规模的变动,即用出口价格指数来修正贸易金额以表示贸易量,进而可计算出不同时期国际贸易规模的实际变动幅度。

国际贸易量原意是指用数量、重量、长度、面积、容积等计量单位表示的反映一定时期内贸易规模的指标。就一种商品来说,用计量单位表示是十分容易的。但是,由于参加贸易的商品种类繁多,计量单位的标准各不相同,价值有大有小,差别很大,无法统一衡量,用计量单位来统计对外贸易或国际贸易的规模是不现实的。因此,为了反映贸易实际规模的发展变化,只能剔除价格变动的影响,以一定时期的不变价格来计算贸易量,以达到不同时期的可比较性。由此得出,贸易量的实际含义:它是指以固定年份为基期而确定的进出口价格指数去除报告期的进出口额而得出的按不变价格计算的贸易额,反映了贸易实际规模的发展变化。其计算公式为:

$$贸易量 = \frac{进出口额}{进出口价格指数}$$

$$价格指数 = \frac{报告期价格}{基期价格} \times 100$$

3. 对外贸易额与对外贸易量

对外贸易额又称对外贸易值(value of foreign trade),是用货币表示的反映一国一定时期内对外贸易规模的指标,它由该国的出口额加进口额构成。

目前,有的国家用本国货币表示,有的用外国货币表示。为了便于国际比较,许多国家同时又用美元计算。在计算时,出口额一般以 FOB 价格计算,进口额一般以 CIF 价格计算。

一国在一定时期内商品出口额与进口额相比而形成的差额,称为对外贸易差额。当出口额超过进口额时,为贸易顺差(trade surplus),也称为贸易出超;当进口额超过出口额时,为贸易逆差(trade deficit),也称为贸易入超;当出口额等于进口额时,叫作贸易平衡。例如,2018年中国对外贸易额 4.62 万亿美元(以人民币计超过 30 万亿元,世界第一),同比增长 12.6%,贸易顺差 3517.6 亿美元;而美国为 4.21 万亿美元,同比增长 8.2%,贸易顺差 8786.8 亿美元。

对外贸易量(quantum of foreign trade),是用商品计量单位(如数量、重量等)比较真实地表示一国贸易规模的指标。贸易值指数计算公式为:

$$贸易值指数＝贸易量指数×物价指数$$

贸易量比贸易值更真实地反映贸易规模，因为贸易值会受价格变化的影响。贸易值增加了，贸易量不一定增加，反而有可能减少。

4. 对外贸易商品结构与国际贸易商品结构

对外贸易商品结构(composition of foreign trade)是指一国一定时期内各类别进出口商品占整个进出口额的比重。它反映了一个国家的经济发展水平、产业结构状况及在国际分工中所处的地位。一般来说，一国出口制成品所占的比重越大，该国的经济发展水平就越高，在国际分工中所占的优势就越大；一个国家出口的商品结构越是多样化，就越能适应国际市场的需求和变化，该国在国际分工中的地位也就相对有利。

国际贸易商品结构(composition of international trade)是指整个世界在一定时期内各类别商品在国际贸易总额中所占的比重。它反映了世界总体的经济发展水平、产业结构状况及各类别商品在国际贸易中所占的地位。二战后，随着科学技术的进步、世界经济的发展，国际贸易商品结构也发生了重大变化，工业制成品所占的比重逐渐上升，初级产品所占的比重日趋减少。

5. 对外贸易地理方向与国际贸易地理方向

对外贸易地理方向(direction of foreign trade)又称对外贸易地理分布，是指一国在一定时期内对外贸易的地区分布和国别分布情况，即该国的出口商品流向哪里、进口商品来自哪里，通常以一定时期内世界上一些国家与该国的进出口额在该国进出口贸易总额中所占的比重来表示。它反映该国与世界各国(地区)经济贸易联系的程度，或者说世界上一些国家(地区)在该国对外贸易中所占的地位。据海关统计，2018 年我国与欧盟、美国和东盟前三大贸易伙伴进出口分别增长 7.9％、5.7％和 11.2％，三者合计占我国进出口总值的 41.2％。

对外贸易地理方向的影响因素为：①经济因素，主要是指经济上的互补性，主要包括自然条件、国际分工、跨国公司的投资流向、各国国民的需求偏好；②政治因素，主要包括社会制度、国际协议、国家之间的关系、贸易集团化。

国际贸易地理方向(direction of international trade)又称国际贸易地理分布，是指一定时期内世界贸易的洲别、国别(地区)分布情况和商品流向，通常以一定时期内世界各洲、各国(地区)的出口额(或进口额)占世界出口贸易总额(或进口贸易总额)的比重(排位)来表示。它反映世界各洲、各国(地区)在国际贸易中所占的地位。观察和研究不同时期的国际贸易地理方向，对于我们掌握市场行情的发展变化，认识世界各国之间的经济交换关系及密切程度，开拓新的国外市场，具有重要意义。

国际贸易地理方向的决定因素为：经济发展实力；一国本身的市场、人口和收入；贸易发展水平；等等。

6. 贸易条件

贸易条件(terms of trade)是指一国在一定时期内出口商品价格与进口商品价格之间的对比关系。它反映该国的对外贸易状况，一般以贸易条件指数表示，即以出口价格指数与进口价格指数的对比值表示。其计算公式为：

$$贸易条件指数＝\frac{出口价格指数}{进口价格指数}×100$$

通常,如果贸易条件指数大于100,说明出口价格比进口价格相对上涨,出口同量商品能换回比原来更多的进口商品,该国的该年度贸易条件比基期有利,即得到改善;如果贸易条件指数小于100,说明出口价格比进口价格相对下跌,出口同量商品能换回的进口商品比原来减少,该国的该年度贸易条件比基期不利,即恶化了。

7.对外贸易依存度

对外贸易依存度(foreign trade for existence degrees)是指一国进出口贸易值与国内生产总值(GDP)的比值。它是衡量该国(地区)经济对国外市场依赖程度高低的指标之一。其公式计算式为:

$$Z=\frac{X+M}{GDP}\times100\%$$

因进口不是该国在一定时期新创造的商品和劳务值,外贸依存度值较高。一般用出口依存度替代。其计算公式为:

$$Z_x=\frac{X}{GDP}\times100\%$$

该比重越大,说明该国的对外贸易依存度越大,反之则小。由于各国经济发展的水平不同、对外贸易政策的差异、国内市场的大小不同,导致各国的对外贸易依存度有较大差异。我们认为,贸易依存度要适中,太高,国内经济易受国外经济的影响;太低,就没有充分利用国际分工的利益。

8.跨境电子商务

跨境电子商务(cross-border E-commerce)是指分属不同关境的交易主体,通过电子商务平台达成跨境域的数字化交易、进行支付结算,并通过跨境物流送达商品、完成交易的一种国际商业活动。它既是一种商业模式,也是一种通关模式,相较于邮政的个人物品通关、一般贸易进出口通关,跨境电子商务即跨境电商通关。

跨境电子商务是基于网络发展起来的,网络空间相对于物理空间来说是一个新空间,是一个由网址和密码组成的虚拟但客观存在的世界,涵盖了营销、交易、支付、服务等各项商务活动。

1.3 国际经济与贸易的研究

1.3.1 国际经济与贸易的研究方法

古典经济学和新古典经济学的国际经济理论的基本着眼点是价格、交换、均衡、效益和福利,因而还只是局限在微观分析范围内。国际经济与贸易体系在二战后才臻于完成,其原因除国际经济与贸易实践发展的需要外,还直接与凯恩斯经济学的出现有关。20世纪30年代后,凯恩斯在经济分析中运用了总量分析方法,建立了一套系统的宏观经济学理论。正是在这一理论之上,关于国际收支均衡的各种宏观调整机制的分析才得以完成。

关于国际经济与贸易的研究方法,可以概括为如下几个方面:

1.局部均衡分析和一般均衡分析

局部均衡分析方法主要分析一种商品或一种要素市场上供求变动或政府政策对本产品价

格、产量以及直接涉及的消费者和生产者的影响。一般均衡分析方法则要考虑所有各个市场、所有各种商品的价格和供求关系变化,一般均衡分析有助于把握任何一种行为和政策对整个经济的影响。国际经济与贸易中经常采用的最简单的一般均衡模型是假定只有两种商品存在的市场模型。

2. 微观分析与宏观分析

国际经济与贸易中的微观分析主要考察的是国际市场的交易行为,研究国际市场的价格、资源配置、收入分配、经济效率和福利等问题。宏观分析主要研究的则是国际收支的均衡过程、国际收支的调整机制以及它们同国民收入的相互影响等。

3. 静态分析与动态分析

静态分析是指在研究某一因素对过程的影响时,假定其他变量固定不变的一种分析方法。动态分析则要求对事物变化的过程以及变动中的各个变量对过程的影响加以分析。大多数国际经济与贸易学者经常采用的一种分析方法是介于静态分析与动态分析之间的比较静态分析方法,它既不假定影响研究对象的诸条件是稳定不变的,也不对变量与过程的变动和调整本身加以研究,而是对变化的不同阶段的一些既定结果加以比较分析。

4. 定量分析与定性分析

定量分析侧重于对数量关系的变化进行考察,需要运用数学原理与公式形成一定的数学模型,来说明所研究的经济现象中所有的有关经济变量之间的依存关系。定性分析则旨在揭示事物和过程的质的、结构性的联系,强调用逻辑推理方法阐述事物性质与发展趋势。在国际经济与贸易分析中,学者们常常把两者结合起来使用。

5. 实证研究与规范研究

实证研究是用假说、定义对社会经济现象进行解释,其特点是要研究和说明经济贸易过程本身,回答"是什么"的问题,因而也叫作"客观的"研究。规范研究则是以一定的价值判断为基础,提出某些分析处理社会经济现象的标准,并研究怎样才能符合这些标准,回答"应当是什么"的问题。实证研究偏重于"纯理论"研究,而规范研究则有很强的政策倾向性。普遍认为,马歇尔以前的国际贸易理论是一种"纯理论",因而具有实证研究的特色。而在当代西方国际经济学者中,许多人致力于"政策探讨",偏重于政策分析和评价,似乎具有较强的规范研究特色。但在国际经济贸易的实际研究中,这两者往往是无法分清的。这是因为在对国际经济关系的研究中,往往既要说明某些事物是怎样,也要说明应该怎样。前者说明某种理论,后者又是用已叙述的理论来为其提出的政策提供理论依据。例如,李嘉图的比较利益学说,既可以说是在客观地阐述国际经济贸易的基础和过程,当属于实证研究之列,也可以说是在论证自由贸易的好处,为当时英国的自由贸易政策提供理论依据,从而又有规范研究的色彩。

1.3.2 国际经济与贸易的学习方法

1. 具有扎实的西方经济学基础

国际经济与贸易作为经济学的重要分支学科,其理论基础是微观经济学和宏观经济学。要很好地理解国际经济与贸易,必须有扎实的微宏观经济学基础知识。

2. 关注各原理的说明和分析方法

为了说明问题,国际经济与贸易中要使用一些图形、公式或数学推导,即把理论量化,使之更精确。

3. 注意理论联系实际

这种联系实际包括两个方面:一种是理论与实证相结合。一种理论观点从抽象推理方面看是合理的,但是可能与现实相矛盾。因此需要用现实的材料去证明理论的适应性。另一种是理论与实际相结合。当我们学习了理论后,要养成结合现实加以思考的习惯。学会用理论去分析、解决现实中发生的经济问题,避免形而上学的、空洞的、脱离实际的方法。

4. 注意吸收与评价相结合

国际经济与贸易是西方经济学的一个分支学科,具有西方经济学的普遍特点,如对于生产关系并不愿意进行研究,未从根本上揭示出国际经济与贸易关系中的不平等现象,从而引发了激进经济学派的批判。但国际经济与贸易中也有许多值得我们借鉴的地方,如调节国际经济贸易关系的政策手段、国际经济贸易运行机制等方面。因此,学习国际经济与贸易一定要注意评价与吸收相结合。

此外,还要注意学以致用,培养和提高自己分析问题与解决问题的能力。

思考与练习

1. 简述国际贸易与对外贸易的联系与区别。
2. 简述国际贸易与国内贸易的异同点。
3. 国际贸易有哪些主要风险?应如何应对这些风险?
4. 国际贸易的分类有哪些?
5. 什么是国际贸易额?如何计算国际贸易额?
6. 什么是国际贸易量?如何计算国际贸易量?
7. 什么是贸易条件?如何判断一个国家贸易条件的变化?
8. 什么是对外贸易商品结构?什么是对外贸易地理方向?
9. 什么是跨境电子商务?
10. 简述国际经济与贸易的研究对象与内容。

第2章 国际经济贸易的历史和作用

课前导读

马克思曾指出:"世界贸易和世界市场在 16 世纪揭开了资本的近代生活史。"自此以后,国际贸易使资本"力求在空间上更加扩大市场,力求用时间去更多地消灭空间"。(《马克思恩格斯全集》,第 46 卷下,人民出版社 1980 年版,33 页)

多少年来,美国一直努力通过各种机构和协议在全球范围内拆除贸易障碍。美国和它的贸易伙伴都从全球经济一体化中获益匪浅,许多美国消费者、企业和工人也因此而受益。(美国总统经济报告,2006 年 2 月)

2.1 国际经济贸易的产生与发展

2.1.1 国际经济贸易的产生

国际经济贸易属于历史范畴,它是在一定的历史条件下产生和发展起来的。国际经济贸易的产生必须同时具备两个基本条件:一是有可供交换的剩余产品(surplus product);二是在各自为政的社会实体(国家或地区)间进行产品(商品)交换。但同时国际经济贸易的产生还需要一个产生基础(必要条件),即人类社会生产力的发展和社会分工的扩大。

在原始社会初期,人类处于自然分工状态,生产力水平极其低下,人们只能依靠共同劳动获取极为有限的生产和生活资料,在氏族部落成员之间进行平均分配,没有剩余产品和私有制,也就没有商品生产和商品交换,更谈不上什么贸易行为。

随着人类社会的进步和生产力的发展,出现了社会分工和不同的产品占有,又有可供交换的剩余产品的存在,这样就产生了商品生产和商品交换的经济现象,也相应产生了实现商品交换的场所——市场。伴随着人类社会生产力的进一步发展,社会分工也逐步扩大和深化,商品生产和商品交换必然超出一国的界限,于是产生了对外经济贸易。

人类历史上的三次社会大分工,一步一步地使国际经济贸易产生的必要条件得以满足。第一次是畜牧业和农业之间的分工,它促进了生产力的发展,使产品有了剩余,在氏族公社的部落之间出现了部分剩余产品的交换。第二次是手工业从农业中分离出来,由此产生了直接以交换为目的的生产——商品生产。商品生产和交换的不断扩大,产生了货币,产品交换逐渐演变为以货币为媒介的商品流通,这直接导致了第三次社会大分工,即出现了商业和专门从事贸易的商人。

在原始社会末期,出现了阶级和国家,商品生产和商品流通超出了国界,于是产生了真正意义上的对外贸易。

2.1.2 自然经济向商品经济过渡时期的国际经济贸易

1. 自然经济条件下的国际经济贸易

奴隶主占有生产资料和奴隶,生产的目的主要是消费,商品生产很少,流通的商品更少。同时,由于交通工具落后,对外贸易非常受限。对外贸易的货物主要是奴隶主的奴隶和奢侈品,如宝石、装饰品、各种织物、香料等。主要贸易国家有腓尼基、希腊、罗马等,而希腊雅典是当时的奴隶贩卖中心。

当时我国处在夏商时代,进入奴隶社会,贸易主要集中在黄河流域。

在奴隶社会,对外贸易促进了手工业的发展和商品经济的扩大。

2. 商品经济萌芽时期的国际经济贸易

封建社会初期,地租采取劳役和实物形式,进入流通领域的商品不多;中期,商品生产不断发展,地租由劳役和实物形式转变为货币形式,商品经济进一步发展;晚期,随着城市手工业的发展,商品经济和对外贸易都有了较大的发展,资本主义因素已孕育生长。当时奢侈品仍是主要贸易商品,西方国家用呢绒、酒换取东方的丝绸、香料和珠宝。

我国的对外贸易发展较早。公元前2世纪,西汉时我国通过"丝绸之路",把中国的丝绸、茶叶、瓷器输往中东和欧洲;明朝郑和从1405年至1433年先后七下西洋,这在世界贸易史上都是创举。通过对外贸易,我国把四大发明传播出去,同时把欧洲各国的物产输入我国。

在封建社会,对外贸易促进了自然经济的瓦解和商品经济的发展。

2.1.3 商品经济发展时期的国际经济贸易

在资本主义生产方式下,人们生产的目的已不再是为了自己消费,而是为了交换。资本主义商品生产的这种性质决定了资本主义生产方式是国际经济贸易发展的最佳土壤。在资本主义生产方式下,商品种类日益繁多,国际经济贸易规模急剧扩大,贸易活动遍及全球,成为资本主义扩大再生产的重要组成部分。正如马克思所说:"对外贸易在资本主义生产方式的幼年时期是其基础;在资本主义生产方式的发展中,其内在必然性要求不断扩大市场,对外贸易成为其本身的产物。"

1. 资本主义生产方式准备时期的国际经济贸易

封建社会末期,西欧资本主义因素不断扩大,对外经济贸易促进了资本主义生产方式的产生。16—18世纪中叶是西欧各国资本主义生产方式的准备时期,资本的原始积累、工场手工业的广泛发展,使得劳动生产率得到提高,地理大发现使得世界市场初步形成,国际贸易大规模扩展的前提条件已初步具备。欧洲国家为了占领殖民地和争夺国际贸易霸权,从16世纪起发生了多起争夺海上霸权的战争。它们用武力和欺骗的办法对殖民地区进行掠夺性贸易,使参加国际贸易活动的国家和民族迅速增加,国际贸易范围空前扩大,交换的商品种类增多,工业原料和城市居民的消费品成为贸易的主要商品。

对外经济贸易对资本主义生产方式产生的作用具体表现在:它为资本主义生产提供了劳

动力、资本和市场。例如，由于英国 15 世纪出口的商品主要是羊毛与毛织品，出现了"羊吃人"的圈地运动，从土地上赶走了农民，这为资本主义生产提供了劳动力；对外贸易促进了商品经济与货币交换的发展，为资本主义生产提供了充足的货币资本；欧洲殖民主义者 16—18 世纪先后发动了一系列商业战争，占领旧市场，征服新市场，不仅扩大殖民统治，还扩大和开辟了市场，使非洲和拉美成为宗主国的市场和原料产地。

但要注意，对外贸易只是推动资本主义生产方式产生的必要条件，并不是决定因素；在这个过程中，对外贸易是通过社会发展的内在规律（生产力发展规律）而发生作用的。

2. 资本主义自由竞争时期的国际经济贸易

18 世纪后期至 19 世纪中叶是资本主义的自由竞争时期，对外经济贸易成为资本主义生产方式本身的产物。这是因为：①对外贸易可以提高利润率、阻止利润率下降。马克思曾指出，"投在对外贸易上的资本能提供较高的利润率"，对外贸易可以取得规模经济效益，从而降低成本、取得超额利润（一部分来自高于他国的劳动生产率，一部分来自对市场的垄断）；通过资本输出、就地设厂，提高了利润率（在世界范围内组织生产，绕过关税转移定价，外迁工厂节省环保费用）。②通过对外贸易，取得了国外市场。列宁曾经指出："在资本主义经济发展不平衡规律作用下，资本主义国家的生产需要国外市场。"③对外贸易有助于社会产品价值的实现（两大部类平衡；社会总产品各个部分的价值补偿和实物补偿）。对外贸易对于资本主义国家社会总产品的实现有很大的作用：扩大了市场，使得超过国内市场容量的产品有地方出清（英国 19 世纪中期，一半以上工业品靠国外市场实现，日本造船等重工业产品一半靠出口）；有助于实物形态的补偿（发达国家进口的初级产品种类更多、数量更大、来源更广）；制成品在出口产品中的比重更大，作为中间性产品的比重提高，新产品大量出现（半导体芯片）；转嫁经济危机和通货膨胀。④促进劳动生产率的提高。这主要表现在：对外贸易刺激资本家提高劳动生产率；提供提高劳动生产率的途径。⑤带动相关经济部门的发展。国民经济的各部门相互联系、互为市场，参加外贸的经济部门对于其他部门有一个示范效应和扩大效应，通过前连锁和后连锁效应带动上下游经济部门的发展。

随着蒸汽机的发明，欧洲国家先后发生了产业革命和资产阶级革命，建立了资本主义的大机器工业，国际分工开始形成，社会生产力得到空前的大发展，社会产品大大丰富，它们为国际贸易的发展提供了空前丰富的物质基础。同时，交通运输和通信联络获得了巨大的发展和广泛使用，缩短了国家之间的距离，推动了国际贸易的发展。

这个时期，随着资本主义生产力的巨大发展，国际经济贸易的各个方面都有显著的发展和变化：①国际贸易额迅猛增长。②贸易商品结构不断变化，商品的种类越来越多。工业品特别是纺织品的贸易迅速增加起来，谷物也成了大量交易的对象。③贸易方式多样化。贸易方式有了进步，现场看货交易发展为凭样品交易。④信贷关系发展起来，各种票据尤其是汇票开始广泛流行。⑤经营国际贸易的组织机构日益专业化，并且出现了很多为国际贸易服务的专业性组织（如轮船公司、保险公司、转运公司等）。⑥国家之间的贸易条约普遍发展起来，并且逐渐成为竞争和获取特权的工具。

从 18 世纪末到 19 世纪初，英国在国际经济贸易中处于垄断地位，整个世界成了英国大工业的销售市场和原料来源地。英国以它工业和贸易上的优势为基础，鼓吹和推行"自由贸易"政策，以便侵入其他国家市场。而其他国家如德国和美国为了保护其幼稚工业，则采取了"保护贸易"政策。到 19 世纪中叶，其他资本主义国家先后发展起来，在世界市场上与英国展开了竞争。

3.垄断资本主义时期的国际经济贸易

从19世纪末到20世纪初,各主要资本主义国家从自由竞争阶段过渡到垄断资本主义阶段(帝国主义阶段),对外经济贸易成为资本主义经济体系的重要组成部分。这是因为:对外经济贸易使资本主义商品形式的生产具有普遍的、世界的性质,商品生产和交换的范畴充分发展;对外贸易的发展,使商品货币关系在世界范围内扩大,即资本主义生产关系在世界范围内的扩展,促进了资本主义世界经济体系的形成。

由于生产和资本高度积聚和集中,垄断组织和财政资本控制了国际经济贸易。在资本输出推动下,世界各个角落都卷入错综复杂的国际经济贸易联系之中,国际经济贸易也出现了一些新的变化和特征:①国际贸易额绝对数量虽有显著增长,但其增长速度较自由竞争时期相对下降了,贸易格局发生了变化。②垄断开始对国际贸易产生严重影响。少数帝国主义国家不仅在世界市场上占据垄断地位,还渗透和垄断了殖民地和落后国家的对外贸易。③为了确保原料的供应和市场的控制,少数富有的帝国主义国家开始向殖民地输出资本。垄断组织利用资本输出,一方面作为争夺和垄断国外市场,控制和奴役殖民地、附属国的工具;另一方面,把资本输出作为推动和扩大商品输出的手段。这样,垄断组织就把商品输出和资本输出直接结合起来。④在帝国主义时期,竞争不但没有消失,而且日趋尖锐。各主要资本主义国家普遍建立了关税壁垒,相继采取了具有进攻性质的超保护贸易政策。为了奖励出口和限制进口,它们采取了许多新的贸易措施,如出口补贴、国家信贷担保、倾销、外汇管制、配额制、许可证制以及禁止进出口等。一些国家还组织了货币集团,如英国建立了帝国特惠制,以排斥和垄断市场。这些政策和措施,加深了帝国主义国家之间的矛盾,使争夺市场的斗争尖锐化。这种发展不平衡的日益加剧使国家之间的力量对比不断发生变化,后起的国家要求重新瓜分世界市场,帝国主义国家之间为重新瓜分市场采取了"和平的"与"武装的"斗争。两次世界大战,就是帝国主义国家为重新瓜分世界和争夺霸权而挑起的。⑤新技术的发明、工业生产的进一步发展、交通通信工具的显著改进,都促进了国际贸易的发展。⑥周期性的生产过剩危机的加深,尤其是1929—1933年资本主义世界的大危机,使国际贸易额出现了停止增长和缩减的现象,呈现出不稳定发展的状态。

资本主义社会经济发展的历史说明,在19世纪第一次科技革命导致生产力发展的基础上,开始形成了国际分工体系和生产国际化。20世纪初,发生了第二次科技革命,促进了资本主义生产的发展,垄断代替了自由竞争,导致国际分工进一步发展,形成了统一的世界市场,生产越来越走向国际化。特别是二战后,科学技术的进步迈向了一个新的高度,核能和电子计算机的广泛应用,引发了第三次科技大革命,从而导致了一系列新兴部门的产生,使得国际分工在世界各国经济发展中的作用加强了,各国经济对国外市场的依赖程度也加深了。同时,世界潮流也出现了新的转变,虽然还有局部战争,但总的趋势是转向和平;资本主义由垄断、掠夺、分化转向竞争、合作、均化;世界经济特别是第三世界由封闭、停滞、分散转向开放、发展、协调。

在社会主义社会,生产力得到解放,新技术革命得到推动,国际经济贸易获得了更大的发展。

总之,竞争与合作、发展与协调已经成为现代世界的主流,各国(地区)的生产和消费日益形成相互依赖、相互制约并息息相关的全球统一的市场。20世纪90年代东欧集团的瓦解及1991年底苏联的解体使二战后美、苏两大集团对峙的冷战局面得以结束,这极大地缓和了政治对立对经济贸易的影响。虽然民族矛盾与经济发展的不平衡仍然困扰着国际社会,但和平与发展已成为当代世界各国的两大主题。

随着国际经济贸易新秩序的形成与发展,以及新技术革命的推动和冲击,21 世纪国际经济贸易发展的前景将是极为广阔的。

2.2　对外贸易是各国对外关系的基础和纽带

2.2.1　对外贸易是各国对外经济关系的核心

对外贸易对各国经济发展具有十分重要的推动作用,主要表现在以下几个方面。

1. 可以充分参与国际分工,利用国际资源发展本国经济

国际分工促进了国际经济贸易的发展,国际经济贸易的发展反过来又促进了国际垂直分工和水平分工的深化和扩大。按比较成本的法则进行国际贸易,使各国的优势能够互补,扬长避短,资源在世界范围内得到有效的配置,节约社会劳动,获得国际分工的利益。从一个国家的角度看,要取得经济的发展,一方面要充分利用国内一切条件,另一方面还要积极参与世界经济循环,利用国际市场的一切资源和有利因素。通过国际市场的商品交换转换商品的使用价值形态,调节国内供需不足或过剩,满足人民提高物质生活水平的需要,改进国内扩大再生产时国民经济各方面的比例关系。

2. 可以实现本国商品的价值和增值,扩大积累,增加收入

对外经济贸易不仅可以实现本国商品的价值和增值,扩大积累和增加外汇收入,同时国家对进出口贸易征收关税和其他各种有关费用,也是财政收入的一个重要来源。

3. 可以利用国际技术转移、扩散的好处,吸引先进技术,提高劳动生产率

通过国际贸易,各国可以利用国际技术转移、扩散的好处,吸引先进技术,提高劳动生产率;同时,生产部门参与国际竞争,会产生提高技术、改进管理的紧迫感。

4. 可以扩大市场范围和生产规模,从而获得规模经济效益

对外贸易扩大了市场范围,使生产摆脱了国内生产的局限,那些具有规模经济的产业就能根据生产能力和市场需求来配置各种要素的投入,以获得规模经济效益。

5. 可以促进国内产业结构和商品结构的优化升级

国际贸易可以倒逼国内调整,优化国内产业结构和商品结构,满足国际市场需要,实现商品的价值。

另外,利用补偿、租赁、信贷等贸易形式也是筹集建设资金的可行途径。

2.2.2　对外贸易是国际经济贸易"传递"的重要渠道

传递是指一个国家的经济贸易运行状况如何去影响另一个国家。

传递机理是:世界市场价格变动→国内开放部门(经营对外贸易部门)价格变动→国内非开放部门价格变动;国内价格变动→产量与就业变动→整个经济的变动(上升或下降)。

实践中,影响传递的因素主要有:①一国经济开放度(对外开放度是用来衡量一个国家(地区)经济对国际市场和国外资金依赖程度高低的指标体系,它由两个量化指标组成——外贸依存度和外资依存度);②一国进出口在世界总进出口中的比重及一国某世界性商品的供求在该商品的世界总供给和需求中的比重;③双边经济贸易关系;④各国的经济贸易政策。

2.2.3 对外贸易是各国进行政治斗争、维护经贸权益的重要手段

通过对外经济贸易,维护本国的社会制度。例如,十月革命后,帝国主义国家武装干预新生苏维埃政权的同时,还中断贸易关系,进行封锁禁运;新中国成立后,帝国主义国家也对我国实行封锁禁运。当前,对外经济贸易又成为资本主义国家进行"和平演变"的重要手段。

社会主义国家则通过对外贸易来稳定和发展社会主义制度。例如,通过建立经济贸易集团,提高国际竞争力,争夺势力范围,坚持正义,维护世界和平;通过外贸,制裁违反联合国宪章的行为;通过外贸,扩大相互交往,促进经济贸易合作,改善国际环境。

可见,无论是社会主义国家,还是资本主义国家,都需要通过对外贸易推动对外经济关系发展,维护自己在国际上的地位和国际关系。

2.3 当代国际经济贸易

2.3.1 当代国际经济贸易发展的轨迹

二战后,在第三次科技革命、贸易自由化以及经济全球化的推动下,国际经济贸易形势发生了深刻的变化,发展速度与规模大大超过二战以前,对世界经济的拉动作用不断增强。其发展的轨迹大体可以划分为以下三个阶段。

1. 第一阶段

第一阶段为战后初期到 1973 年,这是国际经济贸易迅速发展阶段。这一阶段国际贸易增长速度之快在历史上是空前的。二战后,世界经济形势发生了深刻变化,世界生产和国际贸易快速发展,贸易结构和地理格局随之改变,国际贸易的增长速度大大超过战前。1948—1973年,国际出口贸易量的年均增长率为 7.8%,国际出口贸易量的增长速度超过同期世界工业生产的增长速度。战后,1948—1973 年,世界工业生产的年均增长率为 6.1%,低于同期国际出口贸易量的增长速度。

2. 第二阶段

第二阶段为 1973—1985 年,这是是国际经济贸易由迅速发展转向缓慢发展,甚至停滞的阶段。1973—1985 年,世界出口贸易量的平均增长率为 2.4%,较 1948—1973 年世界出口贸易量的年均增长率下降三分之二以上。出口贸易量的增长速度低于工业生产的增长速度。1973—1985 年世界工业生产的平均增长率为 2.9%,高于同期国际贸易出口贸易量的增长率。

3. 第三阶段

20 世纪 80 年代后半期至今为第三阶段,这是国际经济贸易发展速度回升和曲折发展的阶段。发达市场经济国家的商品和服务贸易的出口贸易量年均增长率从 1983—1992 年的5.8%提高到 1993—2002 年的 6.3%;国际出口贸易量的增长速度超过世界经济增长速度;2000 年世界贸易值达 76000 亿美元。2001 年世界货物贸易和服务贸易因受美国"9·11"恐怖

事件的冲击,均呈滑坡态势,全球货物和服务出口额分别下降 4% 和 1%,但 2002 年又开始回升,世界贸易值为 79640 亿美元,增长 6.5%。2003 年世界出口贸易额继续增长,世界出口贸易值为 90370 亿美元,增长 16%。

据 WTO 统计报告,2005—2015 年,世界货物贸易和服务贸易增长了近 1 倍;2015 年,世界贸易呈现疲软态势(世界贸易总量缓慢增长 2.7%,与世界 GDP 增速 2.4% 基本一致),主要是受中国经济增速放缓、巴西经济严重衰退、原油等商品价格大幅下滑以及汇率不稳定等影响所致。2017 年,全球商品贸易量增长 4.7%,商品贸易额增长 11%,均为 6 年来最高;全球服务贸易全面复苏,服务贸易出口增长 8%,进口增长 6%;运输行业服务贸易出口增长 9%;知识产权(IP)相关服务出口增长 10%,并带动其他商业服务出口增长。

2.3.2　当代国际经济贸易的新格局和新方式

二战后,世界经济的增长、科学技术的进步、国际投资的活跃、国际经济合作的加强以及各国市场的进一步开放,为世界经济贸易的发展注入了新的活力,国际经济贸易出现了新格局和新方式。

1. 当代国际经济贸易的新格局

(1)世界贸易继续保持较快增长,但服务贸易发展迅速。20 世纪 90 年代以来,世界贸易(包括货物贸易和服务贸易)增长迅速,规模不断扩大。据统计,1998 年全球贸易总额比上年增长 3.5%,为 53750 亿美元。2017 年全球贸易总额增长 4.3%,创 6 年来最高水平。

服务贸易作为世界贸易的组成部分,发展速度尤为迅速。进入 20 世纪 90 年代后,服务贸易由原来作为货物贸易的补充一跃成为独立重要的贸易方式,并成为各国贸易竞争的新领域。目前,发达国家在世界服务贸易中占绝对优势,尤其是在金融、电信、设计咨询、软件开发等知识密集型领域更是胜出一筹。未来世界服务贸易的发展将会如火如荼。

(2)世界贸易格局逐渐变化,区域内贸易日益活跃。从经济发展水平的角度分析,目前世界贸易仍以经济发达国家为主,但发展中国家的贸易增长率较高。据 WTO 统计,1990—1997 年,贸易增长率较高的国家(地区)集中在亚洲和拉美。其中在进口、出口两方面增长均很快的国家是中国、阿根廷、印度尼西亚、韩国、马来西亚、墨西哥、菲律宾、新加坡和泰国,这些国家出口额和进口额的增长率至少是同期世界平均水平(7.5%)的 1.5 倍。从发展趋势看,发展中国家(地区)在世界市场的地位将不断增强。

以 WTO 为中心的世界多边贸易体系已经形成,并发挥着重要的作用。以降低贸易壁垒、推进贸易自由化为宗旨的区域经济合作不断向广度和深度推进,并已成为全球现象。区域内贸易一体化协定激增,区域内贸易日益活跃和扩大,成为近年来全球贸易和投资自由化的主要推动力量。

(3)国际经济贸易的商品结构高级化。当代国际贸易商品结构智能化、高级化速度加快。一是初级产品比重下降,制成品上升;二是在初级产品贸易中,石油贸易增长迅速,而原料和食品贸易发展缓慢;三是高科技产品发展最快;四是服务贸易的范围不断扩大,速度超过了商品贸易额的增长速度。

(4)国际经济贸易地理分布和市场多元化。当代国际贸易的地理分布和市场呈现多元化的发展趋势,中国已经成为全球 120 多个国家(地区)的最大贸易伙伴。

(5)以知识经济为特征的新的贸易方式和新产品方兴未艾。以科学技术为基础的知识经济正深刻地改变着世界,信息和通信技术在知识经济的发展过程中处于中心地位。以知识经济为核心的新的贸易方式和贸易产品将成为未来贸易的重要内容。

当代信息技术的发展使电子商务和跨境电商成为新的贸易方式。这种方式不受地域和时间的限制,并且可以全天候地进行,节省了大量贸易成本。随着人们环保和可持续发展意识的增强,绿色环保产品日益受到人们的重视和追求,在未来贸易中的比重将会越来越大。

(6)经济贸易竞争综合化、集团化和有序化。在当代的国际经济贸易中,竞争格局也发生了很大的变化。一是竞争手段由单一向综合化发展。贸易各方把货物、服务、技术三大领域的竞争相结合,把对外自由贸易与对内保护相结合,把关税措施与非关税措施相结合,把国内竞争与国外竞争相结合。二是利益集团化的趋势非常明显。为了追求共同的贸易利益,贸易集团的结盟跨越了洲界,冲破了社会制度及其经济发展水平之间的限制。区域经贸集团的数量激增,类型多样。三是竞争趋于有序化,表现为国际贸易的法律、规则、标准逐渐融合趋同,贸易各方都极力利用世界贸易组织来实现和保护自身的利益。

(7)在贸易和投资的自由化趋势下,国际市场竞争日趋激烈。经济全球化迅速发展,这主要表现为贸易、投资和金融的自由化,同时也是世界贸易组织(WTO)的宗旨和努力方向。在未来若干年内,WTO在监督实施乌拉圭回合协议的基础上将继续进行有关农产品、服务贸易领域的后续谈判,还将对投资、竞争、环境、政府采购、贸易促进及劳工标准等新议题进行谈判,并制定出相应的规则,主动地寻求和开辟新的经贸合作途径,占领更大的市场份额,以获取更多的经济利益。因此,世界各国对世界市场的争夺更加激烈,矛盾也日趋尖锐。

(8)跨国公司对国际经济贸易的发展产生重要影响。二战后,对外直接投资的迅速发展直接促进了跨国公司的发展。据悉,目前外国子公司的销售额和产品出口额,分别占全球 GDP 和世界货物出口总额的十分之一和三分之一。

跨国公司加强了资本的国际流动,促进了国际分工的扩大与深化,带动了发达国家间贸易的发展,推动了资本主义世界的"贸易自由化",同时也使中间性贸易得到了扩大与发展。一方面促进了国际经济贸易的增长,加快了科学技术的传播,提高了发展中国家经济发展的速度;另一方面,对跨国公司的过分依赖导致经济的脆弱等问题也引起了国际社会的广泛重视。

2. 当代国际经济贸易的新方式

经济贸易方式是指进行贸易活动所采取的具体做法。二战后,特别是 20 世纪 90 年代以来,国际经济贸易的新方式不断出现。

(1)商品贸易与投资相结合。例如,贸易和融资于一体的 BOT 方式,即"建设-经营-移交"(build-operate-transfer,BOT)的国际工程承包模式。它是指国家将急需建设的大型资本技术密集型工程通过国际招标方式选择承包人,并同承包人组建合营公司,项目建设经营资金由承包人负责。项目建成后,合营公司负责经营管理,当各方收回投资并获得一定利润后(一般在 10 年以上),项目的所有权、经营权移交给发包的国家,成为其独有资产,该项目合同结束。再比如"三来一补"(来料加工、来件装配、来样制作或生产及补偿贸易的总称)贸易方式等。

(2)国际经济贸易信息化。一方面指信息技术产品成为国际贸易的重要内容;另一方面指对传统贸易方式具有革命性意义的电子商务(E-business/E-commerce)贸易新方式的出现。电子商务就是通过电信网络进行生产和销售的活动。

电子商务利用 Internet 技术,拓展了国际贸易的空间和场所,缩短了国际贸易的距离和时间,使国际贸易活动全球化、智能化、无纸化和简易化,成为 21 世纪最有活力、最具有发展前景的国际贸易方式。据联合国贸易和发展会议估计,如果在国际贸易中使用电子商务,每年可带来大约一千亿美元的收益。有专家预测,按照现在的发展,未来十年全世界国际贸易将会有三分之一通过网络贸易的形式来完成。贸易信息网络作为最大的中间商将对传统的中间商、代理商和专业进出口公司的地位发起挑战,引发国际贸易中间组织结构的革命。

近年来,随着跨境电商相关利好政策的实施,中国跨境电商的发展进入"黄金时期"。据统计,2018 年上半年中国跨境电商进口交易规模达 1.03 万亿元,同比增长 19.4%。2018 年中国跨境电商进口交易规模达到 1.9 万亿元,跨境网购用户规模达 8800 万人。世界银行报告指出:2018 年中国的跨境贸易排名从第 97 位跃升至第 65 位。

跨境电商的发展,也为整个物流体系的运行、管理和服务带来新的商业模式和新的运营体系。抢抓机遇的不仅有电商企业,还有各地政府。2018 年 7 月,国务院同意在北京、呼和浩特、沈阳等 22 个城市新增设立跨境电子商务综合试验区,积极深化外贸领域"放管服"改革。截至 2018 年年底,我国跨境电商综合试验区数量已达到 35 个。多地试验区推出相关改革措施,实现跨境电子商务自由化、便利化、规范化发展。未来中西部地区将会成为跨境电商的发展重点,而"一带一路"沿线国家将作为跨境电商开拓的重点,打开供给侧改革的新通道。

2.3.3　当代全球加工贸易的发展及其特点

随着国际贸易、金融和投资的自由化,世界范围内产业结构的调整以及生产分工的国际化日趋增强,加工贸易在全球的发展蒸蒸日上。除农、矿等资源性商品外,传统意义上纯粹"本国产品"的一般贸易出口越来越少,加工贸易产品呈上升趋势。当前,全球加工贸易发展的特点主要有以下几个方面。

1. 跨国公司内部贸易迅速发展

随着生产国际化程度的进一步扩大,跨国公司内部贸易获得长足发展。《世界投资报告2018》显示,2017 年全球跨国投资低迷,而中国吸收外资在世界排名第二,位居美国之后。报告指出,2017 年全球外国直接投资(FDI)下降 23%,为 1.43 万亿美元,这与全球 GDP 及贸易增长加快形成鲜明对比。外国直接投资下降主要是跨境并购大幅下降 22%所造成的。

随着跨国公司直接投资的迅速增加,生产国际化的趋势将越来越明显,跨国公司的企业内贸易(尤以通过加工贸易方式突出)越来越多。跨国公司母公司通过向国外子公司出口中间投入品然后再进口制成品,或者通过从国外子公司进口上游产品再在其他国家子公司加工为成品销往世界各地。特别是研究开发密集型行业和企业规模经济特征突出的行业,企业内贸易占有更加重要的地位。

2. 各国产业内贸易呈上升趋势

发达国家与发达国家及发展中国家之间的产业内贸易大量涌现,这是生产国际化的结果,可分为基于生产工艺分工的产业内贸易和基于产品差异化的产业内贸易。前者指企业将产品分成几个阶段,并由国内公司和国外子公司分别从事生产;后者的产品差别化也可分成垂直差别化和水平差别化。

产业内贸易的出现,一方面是发达国家产业结构的成熟和跨国公司全球战略的普遍运用,另一方面也反映了发展中国家出口结构的改善和劳动生产率的提高。但是发达国家与发展中国家之间的产业内贸易指数上升并不能说明两国已走向较高层次的水平分工,而主要体现为垂直性分工,即在同一产业内,发达国家向发展中国家出口技术和资本含量较高的产品,发展中国家向发达国家出口劳动密集型产品。

近年来,发达国家和发展中国产业内贸易大量增加,但发展中国家在整个国际分工中仍处于较低层次。

3. 发达国家和发展中国家产业间贸易进一步发展

传统贸易的显著特征是各国生产要素资源禀赋的丰裕程度的差别决定了生产过程中使用的要素比例的差异。资本存量丰富的国家由于资本要素价格相对便宜,大量资本的使用形成资本密集型产业和产品,劳动存量丰富的国家由于劳动要素价格相对便宜,劳动要素的大量使用形成劳动密集型产业和产品。贸易就会在这两个国家的两类不同产品间进行,资本和劳动要素的相对比例就会趋向平衡。

随着世界经济的进一步发展,发达国家基本上不再生产劳动密集型产品,而主要从事产品的研究、开发、设计和营销工作,向发展中国家出口一些资本和技术密集型产品;发展中国家通过来料或进料加工的方式,生产劳动密集型产品,再销往发达国家。

2.3.4　当代国际经济贸易的新问题

1. 区域经济贸易集团化对多边贸易体制的挑战

二战后,世界主要贸易国为保持其在全球市场上的竞争力,不断寻求与其他国家联合,通过各种组织形式,组建区域贸易集团,实现区域内贸易自由化。区域内贸易自由化的内容不仅涉及商品贸易,还涉及资本、技术、劳务、人员的国际流动,以及财政、信贷、货币政策的协调等。世界贸易集团化是世界经济走向一体化、全球贸易走向自由化的一个发展阶段和步骤。

但随着区域贸易集团化的纵深发展,区域贸易集团的排他性和程度不同的贸易转移效应对世界贸易产生了一些消极影响:第一,改变了国际贸易基本格局,区域内部的贸易活动扩大,而与区域外部的贸易比重不断下降;第二,导致了贸易保护主义的加强,使多边贸易体制受到冲击。如何规避区域贸易集团的消极影响,是当代国际贸易发展中需共同关注的问题。

2. 贸易与环境的协调发展

发展贸易和保护环境是人类提高生活水平的重要手段,两者可以相互促进,但在一定条件下也是互相矛盾的。自20世纪70年代以来,一方面发达国家通过出口贸易与对外投资向发展中国家转移污染产业,另一方面发展中国家资源的过度、不合理开发使生态环境不断恶化,给动植物和人类健康带来了越来越严重的不利影响。

20世纪90年代以来,与贸易有关的多边、双边环保协议及国家的环保法规大量出现。这些协议、法规直接或间接地限制或禁止某些产品的进出口贸易,对环境保护起到了一定作用,但是也对贸易的发展带来了一些新的问题,诸如:环境法规的差异影响了发展中国家产品的市场准入;环保措施的滥用导致了新的贸易保护主义出现,国际贸易中和环境有关的贸易摩擦与争端不断增加。如何科学地处理贸易与环境的冲突,真正实现贸易与环境的协调发展,是当代国际贸易发展中面临的又一新的挑战。1994年多边贸易谈判部长级会议达成的《贸易与环境的马拉喀什决定》将处理贸易政策、环境政策和可持续发展三者之间的关系作为WTO的一个优先考虑事项。

3. 国际贸易的标准化

近几十年来,标准化的发展速度惊人,制定标准的组织和机构不仅有政府,还包括一些产业组织、非政府组织,仅国际标准化组织现有的标准就已经达到了 65 万个。日益增多的各种标准对国际贸易产生了广泛而深刻的影响。标准化作为经济和社会发展的重要技术基础、产品和服务质量的重要保障、便利国际贸易的手段,极大地促进了国际贸易的快速发展。

但是,由于标准和与之相关的技术法规、合格评定程序具有技术性强、隐蔽性强、变化快、影响面广等特点,它们成为一些国家限制进口、进行贸易保护的工具。根据经济发展与合作组织(OECD)1999 年的统计,80% 的国际贸易(相当于每年 4 万亿美元)受到标准及相关的技术法规的影响。如何使与标准相关的多边贸易政策更为公平、合理,已成为当今国际贸易中的焦点问题。

4. 贸易摩擦的加剧

当前,各国经济发展的不平衡性、贸易利益分配的两级化趋势、区域贸易集团的排他性、政治经济制度的对撞和逆全球化等因素,都使得贸易保护主义层出不穷,导致贸易摩擦的数量不断增大,领域和范围日渐扩大,国际贸易进入了所谓的"摩擦贸易时代"。例如,2018 年美国挑起的影响深远的中美等多国贸易摩擦。

5. 贸易救济措施的滥用

贸易救济属于 WTO 自由贸易中的例外范畴,WTO 制定贸易救济规则的目的在于维护国际贸易公平和正常的国际竞争秩序,减少政府政策对国际市场的扭曲,使国际贸易的参与者真正依靠自身的比较优势进行竞争。

贸易救济措施主要有反倾销措施、反补贴措施和保障措施三种形式。

6. 道德贸易的兴起

进入 21 世纪以来,"道德贸易"(ethical trade)字眼频繁出现在国际经济活动中,由于发达国家直接把社会标准与经济贸易挂钩,而且具有了道义的理由,从而引申出国际贸易冲突中新的话语权。所谓道德贸易,从广义上讲,是指从事国际贸易的企业必须遵守一定的道德规范,即要求出口企业在组织商品出口赚取利润的同时,还要承担对员工、对消费者、对社区和环境的社会责任,包括遵守商业道德、生产安全、职业健康、保护劳动者的合法权益、保护环境等。

目前,道德贸易随着经济全球化的深入在全球范围内推进,形成了声势浩大的道德贸易运动浪潮,遍及世界各国。最近一份报告显示,英国道德消费者人数大约已达 170 万。发达国家的非政府组织、行业协会、工会等都相继制定了道德贸易准则,如欧洲"洁净衣服运动"组织发起的"成衣业公平贸易约章"、美国"社会责任国际"发起的"SA8000 认证"、美国"公平劳工协会"通过的《工作场所生产守则》、英国"道德贸易联盟"发起的"道德贸易运动"等。道德贸易运动将对企业发展、全球贸易产生深远的影响。

思考与练习

1. 为什么只有到了原始社会末期才产生了国际贸易?
2. 国际贸易产生必须具备哪些条件?
3. 为什么说地理大发现之后才形成了真正意义的国际贸易?
4. 国际贸易在促进资本主义生产的产生过程中发挥了哪些作用?

5.简要说明当代全球贸易发展的特点。

6.为什么说对外贸易是世界各国对外关系的基础和纽带?

7.论述对外贸易对各国经济发展具有的推动作用。

8.中国的对外贸易早于西方发达国家,但为什么近代以后,在规模和速度上都落后于西方发达国家? 1978年改革开放后如何?

9.简要说明当代全球加工贸易的发展及现状。

10.简要说明当代国际贸易的新方式和新问题。

第3章 国际分工与国际经济贸易

课前导读

　　15世纪末至16世纪中叶的"地理大发现"，使西欧殖民主义者用暴力手段，在亚洲、非洲和拉丁美洲进行大量掠夺，产生了国际分工的萌芽。16—17世纪，手工业向工场手工业过渡，资本主义进入原始积累时期，西欧国家推行殖民政策，他们在殖民地开发矿山、建立农作物种植基地、生产和提供本国不能生产的原料和农产品，并扩大本国工业品的生产和出口，出现了宗主国和殖民地之间最初的分工形式。分工是一种社会范畴，历史上曾出现过三次社会大分工，但是只有在国家出现和社会生产力发展到一定水平后，才产生了真正意义的国际分工。

3.1 国际分工

3.1.1 国际分工概述

　　国际分工(international division of labor)是指世界各国之间的劳动分工。它是社会分工发展到一定阶段，国民经济内部分工超越国家界限发展的结果。国际分工是国际贸易和世界市场的基础。

　　分工是一种社会历史范畴，历史上曾经出现过三次社会大分工，但是只有在国家出现和社会生产力发展到一定水平后，才产生了真正意义的国际分工，它奠定了国际贸易发展的基础。

　　国际分工的产生与发展大体经过了萌芽、形成、发展和深化四个阶段。

1. 国际分工的萌芽阶段(16—18世纪中叶)

　　在前资本主义社会，自然经济占统治地位，生产力水平低，各民族、各国家的生产方式和生活方式差别较小，商品生产不发达，所以只存在不发达的社会分工和地域分工。

　　随着生产力的发展，11世纪欧洲城市兴起，手工业与农业进一步分离，商品经济有了较快的发展。特别是15世纪末至16世纪中叶的"地理大发现"，16—17世纪手工业向工场手工业的过渡，资本进入原始积累时期，西欧国家推行殖民政策，使国际分工进入萌芽阶段。

　　在这个时期，西欧殖民主义者用暴力手段和超经济的强制手段，在拉丁美洲、亚洲和非洲进行掠夺，他们开发矿山，建立甘蔗、印度兰、烟草等农作物的种植园，生产和提供本国不能生产的农作物原料，扩大本国工业品的生产和出口，出现了宗主国与殖民地之间最初的分工形式。1699年，英国贸易与种植园高级专员说："我们的意图就是要把种植园安排在非洲，那里的人民应该专门生产那些英国不能生产的产品。"

2. 国际分工的形成阶段(18世纪60年代—19世纪60年代)

18世纪60年代—19世纪60年代的产业革命促使国际分工进入发展阶段。

随着产业革命的完成,英国等国建立了大机器工业和现代工厂制度,确立了资本主义生产体系,促进了社会分工和商品经济的发展,由此促成国际分工的形成。这一时期的国际分工具体呈现出如下特点:

(1)大机器工业的建立为国际分工形成奠定了物质基础。这是因为:①大机器生产使生产能力和规模迅速扩张,源源不断生产出来的商品使国内市场饱和,需要寻求新的销售市场;生产的急剧膨胀引起对原料需求的增加,大工业的快速发展要求开辟丰裕的廉价的原料来源,从而导致机器大工业日益脱离本国基地,依赖于国外市场。②大机器工业生产的物美价廉的商品成为英国资产阶级征服国外市场的武器,使得其他国家按照英国生产和消费的需要改变它们的产业结构,成为其原料产地和商品销售市场。③大机器工业改革了传统的运输方式,提供了电报等现代化的通信工具,把原料生产国和工业品生产国联系在一起,使国际分工成为可能。④大机器工业打破了以往地方和民族的自给自足、闭关自守的市场,把各种类型的国家卷入世界经济中。

(2)这时期的国际分工基本上是以英国为中心形成的。由于英国首先完成了产业革命,它的生产力和经济迅速发展,竞争能力大大加强。英国在实行全面的自由贸易政策以后,加强了对农产品、矿产品尤其是对进口的谷物和棉花的依赖,将亚洲、非洲、拉丁美洲落后的农业、矿业经济逐步拉入国际分工和世界市场体系中来,进一步推动了国际分工的发展。对英国在当时在国际分工中的地位,马克思写道:"英国是农业世界的伟大的中心,是工业太阳,日益增多的生产谷物和棉花的卫星都围绕着它运转。"

(3)随着国际分工的发展,世界市场上交换的商品日益为大宗商品所代替,这些商品包括小麦、棉花、羊毛、咖啡、铜、木材等。

3. 国际分工的发展阶段(19世纪中叶到二战)

19世纪末至20世纪初出现的第二次产业革命,促进了机械、电报工业的迅速发展,石油、汽车、电力等工业建立,交通运输工具也获得长足发展,特别是苏伊士运河和巴拿马运河的建成、海底电缆的出现,都大大地促进了资本主义生产的发展。在这个时期,垄断代替了自由竞争,资本输出成为主要的经济特征之一。资本主义国际分工的重要性,及宗主国与殖民地半殖民地间的分工、工业产品生产国与初级产品(农产品、矿产品)生产国之间的分工日益加深与强化,最终形成了国际分工体系,具体表现为以下几方面:

(1)亚洲、非洲、拉丁美洲国家的经济变为单一型经济,其经济发展主要依赖于一两种或两三种产品的生产和出口,从而造成了亚洲、非洲、拉丁美洲国家经济的两种依赖性:一是经济生活上依赖少数几种产品;二是高度依赖世界市场,特别是工业发达国家的市场。

(2)分工的中心从英国变为"美欧日为主"的一组国家,它们之间也形成了以经济部门为基础的国际分工关系。

(3)随着国际分工体系的形成,加强了世界各国之间的相互依赖关系及其对国际分工的依赖。罗萨·卢森堡以德国为例做了生动的描述:"德国的产品大部分输往其他国家及其他大陆,以供他国居民需要,其数额逐年不断增大……""另一方面,德国国民不管在生产上或日常消费上,每一步都免不掉依赖其他国家的产品。如我们吃俄国谷物制成的面包,匈牙利、丹麦及俄国家畜的肉类;我们消费的米,是从东印度及北美运来的;烟草是从东印度群岛及巴西运来的;我们还从西非获得可可豆;从印度获得胡椒;从美国获得猪油;从中国买到茶叶;从意大利、西班牙、美国买到水果;从巴西、中美、东印度群岛买到咖啡……"

4.国际分工的深化阶段(二战后)

二战后,第三次科技革命兴起。跨国公司的发展、殖民体系的瓦解、发展中国家的出现以及一批社会主义国家的成立,使国际分工进入深入发展阶段。

(1)在国际分工格局中,工业国与工业国之间的分工居于主导地位。二战前,工业制成品生产国与初级产品生产国之间的分工居于主导地位,然后才是工业国与工业国之间的分工。二战后,以自然资源为基础的分工逐步发展成以现代化工艺、技术为基础的分工,形成了以工业国之间的分工占主导地位的国际分工格局。

(2)各国之间工业部门内部分工有逐步增强的趋势。二战前,在工业国家之间的分工中,占主导地位的是各国不同工业部门之间的分工,形成在钢铁、冶金、机械制造、汽车、造船、造纸、纺织等工业间进行分工;二战后,随着科学技术的进步和社会分工的发展,原来的生产部门逐步划分为更多、更细的部门,越来越多的次部门跨越国界,形成国际的部门内部分工。

(3)发达国家与发展中国家之间工业分工在发展,而工业国与农业国、矿业国的分工在削弱。从国际分工产生到二战前,殖民主义宗主国主要从事工业制成品的生产,而殖民地、附属国和落后国家则主要从事以自然条件为基础的农业或矿产的生产;二战后,科技革命、发展中国家实施工业化战略、跨国公司的国际化经营都导致某些工业产品的生产从发达国家向发展中国家转移,从而促进了发达国家与发展中国家之间的工业分工,出现了高精尖的工业与一般工业的分工、资本技术密集型产品与劳动密集型产品的分工。

(4)参与国际分工国家的经济所有制形式发生了变化。二战前,参与国际分工的国家主要是以私有制经济为主的资本主义国家。二战后,一批社会主义国家的成立,为了发展生产力、实现经济现代化,社会主义国家广泛深入地参与国际分工。特别是1978年中国实行改革开放政策,加快了与其他国家的分工合作,社会经济飞速发展,2018年已成为第一大贸易国、第二大经济体。

(5)随着经济一体化的发展,区域性经济集团内部分工日趋加强。

3.1.2 影响国际分工发展的因素

1.社会生产力是国际分工形成和发展的决定性因素

(1)国际分工是生产力发展的必然结果。生产力发展是一切分工形成与发展的前提条件。一切分工(包括国际分工)都是社会生产力发展的结果,这表现在科学技术的重要作用上。迄今为止的三次科技革命,都深刻地改变了许多产业领域、工艺技术、劳动过程和生产过程,使社会分工和国际分工随之发生变革,建立了大机器工业,改善了交通运输工具,消灭了古老的民族工业,使一切国家的生产和消费具有世界性,出现了国际分工。第二次科技革命,加速了资本的积累与集中,资本输出成为重要的经济现象,形成了资本主义国际分工体系。第三次科技革命,使生产力的发展日益超越国家的界限,形成了生产的国际化,出现了大量的跨国公司,推动国际分工发展成为世界分工,使国际分工从部门之间扩大到产业内部。

(2)各国生产力水平决定其在国际分工中的地位。历史上,英国最先完成了产业革命,生产力得到巨大发展,成为"世界工厂",在国际分工中居于主导地位。继英国之后,欧美其他国家产业革命相继完成,生产力迅速发展,与英国一道成为国际分工的中心与支配力量。二战后,原来的殖民地半殖民地国家在政治上取得独立,努力发展民族经济,生产力得到较快的发展;一些新型的工业化国家经济发展迅速,它们在国际分工中的不利地位在逐步改善。

（3）生产力的发展决定国际分工的形式、广度和深度。随着生产力的发展,各类型的国家都加入国际化行列,国际分工已把其紧密结合在一起,形成了世界性的分工。各国参与分工的形式从"垂直型"向"水平型"和"混合型"过渡,出现了多类型多层次的国际分工形式。

（4）生产力的发展决定国际分工产品内容。随着生产力的发展,国际贸易中的工业制成品、高精尖产品不断增多;中间产品、技术贸易和服务贸易也出现在国际分工中。

2. 自然条件是国际分工生产和发展的基础

自然条件主要是指自然资源,如土地、矿藏、气候等,这是一切经济活动的重要物质基础。没有一定的自然条件,进行任何经济活动都是困难的,甚至是不可能的,如矿产品只能在拥有大量矿藏的国家生产和出口。自然条件也决定某些特定的地区能种植某个种类的作物,而其他地区则不适宜种植这种作物。例如,农作物、咖啡、茶叶、橡胶等的耕作,需要特殊的气候。

应当指出,自然条件对国际分工的确很重要,但是,随着生产力的发展,其对国际分工的作用在逐渐减弱。因此,自然条件只提供国际分工的可能性,并不提供现实性,要把可能性变为现实性,还需要一定的生产力作为条件。石油不能在没有石油的地区开采,但存在丰富石油的地区,只有科学技术和生产力发展到一定的程度,才能得到充分的开发和利用。因而,在生产力与自然条件之间,前者居于主导地位。

3. 资本流动成为国际分工向广度、深度、多层次发展的重要力量

资本输出（capital export）是国际分工体系形成和发展的重要条件之一。19世纪末以来,资本输出已成为重要的世界经济现象。当时国际资本的主要流向是殖民地、半殖民地和附属国,加深了传统的国际分工形式。

二战后,资本的国际化趋势大大加强,主要资本主义国家的资本输出迅速增加。战前,国际投资的大部分是投放在亚洲、非洲、拉丁美洲殖民地和附属国的初级产品生产和基础设施建设上;战后,国际投资大部分投放在制造业部门,而且是投放到发达国家,其结果是垂直型的国际分工逐步发展为水平型的国际分工。

在资本国际化中,跨国公司担当了重要角色,它的兴起和发展大大推动了国际分工。在资本主义国家国民经济内部,一般存在两种形式的分工:一是由市场力量调节的各部门之间、各公司之间或工厂之间的分工;二是由企业所管理的各个公司、各个企业内部的分工。后者随着垄断联合企业的发展,逐步扩大到垄断联合企业国的有关工厂之间。二战后,随着跨国公司的发展,这种企业内部的有组织、有计划的分工,已经扩展到世界范围,在发达资本主义国家投资的扩大,加速了水平型国际分工的形成;在发展中国家制造业的投资使传统的国际分工形式发生了变化。

此外,随着发展中国家尤其是新兴工业化国家（地区）的经济发展,社会主义国家对外开放政策,加强了国际资本的流动,使国际分工形式向多样化发展。

4. 上层建筑可以推进或延缓国际分工的形成和发展

上层建筑可以推动或延缓本国参与国际分工的广度和深度。

　　为了参与国际分工并能从中受益,各国均不同程度地利用了上层建筑的作用。如资本主义国家通过武力或签订不平等条约,使经济落后的国家沦为自己的附庸;通过关税壁垒和非关税壁垒以及各种政策措施,来改善并加强本国在国际分工中的地位;一国为了报复或控制另一国,也采取贸易制裁等办法,人为地割断一国和他国的分工关系,从而达到本国的目的。

　　此外,人口、生产规模和市场大小制约着国际分工的发展,国际市场关系决定国际分工的性质。

3.1.3　国际分工的类型

　　按参与国际分工国家的经济发展水平来分类,国际分工可划分为三种形式。

1. 垂直型国际分工

　　垂直型国际分工(vertical international division of labor)是指经济技术发展水平相差悬殊的国家之间的纵向国际分工。

　　垂直分工是水平分工的对称,它分为两种:一是指部分国家供给初级原料,而另一部分国家供给制成品的分工形态,如发展中国家生产初级产品、发达国家生产工业制成品,这是在不同产业间的垂直分工。初级产品与制成品这两类产业的生产过程构成垂直联系,彼此互为市场。二是指同一产业内技术密集程度较高的产品与技术密集程度较低的产品之间的国际分工,或同一产品的生产过程中技术密集程度较高的工序与技术密集程度较低的工序之间的国际分工,这是相同产业内部因技术差距所引致的国际分工。

　　从历史上看,19 世纪形成的国际分工是一种典型的垂直型国际分工。当时少数欧美国家是工业国,绝大多数不发达的殖民地、半殖民地成为农业国,工业先进国家按自己的需要强迫落后的农业国进行分工,形成了工业国支配农业国、农业国依附工业国的不平等的国际分工格局。迄今为止,工业发达国家从发展中国家进口原料而向其出口工业制成品的情况依然存在,垂直型的国际分工仍然是工业发达国家与发展中国家之间的一种重要的分工形式。

2. 水平型国际分工

　　水平型国际分工(horizontal international division of labor)是指经济发展水平相同或接近的国家(如发达国家以及一部分新兴工业化国家)之间在工业制成品生产上的国际分工。

　　当代发达国家的相互贸易主要是建立在水平型国际分工的基础上的。水平分工可分为产业内与产业间水平分工。前者又称为差异产品分工,是指同一产业内不同厂商生产的产品虽有相同或相近的技术程度,但其外观设计、内在质量、规格、品种、商标、牌号或价格有所差异,从而产生的国际分工和相互交换,它反映了寡头企业的竞争和消费者偏好的多样化。随着科学技术和经济的发展,工业部门内部专业化生产程度越来越高。部门内部的分工、产品零部件的分工、各种加工工艺间的分工越来越细。这种部门内水平分工不仅存在于国内,而且广泛地存在于国与国之间。后者则是指不同产业所生产的制成品之间的国际分工和贸易。

　　从历史看,发达国家的工业发展有先有后,侧重的工业部门有所不同,各国技术水平和发展状况存在差别。二战后,由于科学技术与工业的迅速发展,因此,各类工业部门生产方面的国际分工日趋重要。各国以其重点工业部门的产品去换取非重点工业部门的产品。工业制成品生产之间的分工不断向纵深发展,由此形成水平型国际分工。例如,美国与加拿大、美国与日本、美国与欧盟之间的生产专业化与协作,就是水平型国际分工的典型。

3. 混合型国际分工

混合型国际分工(mixed international division of labor)是把垂直型和水平型分工结合起来的国际分工方式。德国是混合型国际分工的典型代表。其对第三世界是垂直型的,从发展中国家进口原料,向其出口工业品;而对发达国家则是水平型的,进口的主要是发达国家的机器设备和零配件,对外投资则主要集中在西欧发达资本主义国家。

通过国际分工,各参与国可以发挥各自的优势,取得绝对利益和比较利益,节约社会劳动,促进社会生产力的提高和生产的社会化、国际化。

3.2 国际分工与国际经济贸易

马克思指出:"自然分工发生在交换之前,产品作为商品的这种交换,起初是在各个公社之间而不是在同一个公社内部发展起来的。……当然,产品发展成为商品,商品交换又会反作用于分工,因此交换和分工互相发生影响。"社会分工是商品经济的基础,也就是交换的基础。通过频繁的交换,生产者之间、地区之间建立了经常性的市场联系。没有分工,就没有交换,也就没有市场。交换的深度、广度和方式都取决于生产的发展和分工的发展水平。同样,国际分工也是国际贸易的基础,没有国际分工,就没有国际贸易。国际贸易是随着国际分工的发展而发展的。但是,也必须指出,国际商品交换的种类、数量、方式等对国际分工产生了重大的影响,国际贸易的发展对国际分工起着强有力的推动作用。

3.2.1 国际分工是国际经济贸易的基础

1. 国际分工的发展速度决定国际贸易的发展速度

在国际分工发展缓慢时期,国际贸易发展较慢或处于停滞状态。在资本主义自由竞争时期,以英国为中心的国际分工形成并发展,其对外贸易出现了高涨,资本主义世界在对外贸易中的比重从 1820 年的 13% 提高到 1870 年的 22%。而且,整个国际贸易迅速增长,其增长速度超过了世界生产。1800—1913 年,世界人均生产每 10 年增长率为 7.3%,而世界人均贸易额每 10 年增长率为 33%。

二战后,随着国际分工的深化发展,世界贸易的增长率超过世界生产的增长率。1965—1985 年,世界出口贸易额年平均增长率为 7.4%,而同期世界制成品生产年平均增长率只有4.5%。1990—1994 年,世界商品出口量年均增长率为 5.0%,而同期世界商品生产量年均增长率为 0.5%。2000—2007 年,世界商品出口量年均增长率为 3.0%,而同期世界商品生产量年均增长率为 0.35%。2015 年,世界贸易呈现疲软态势——世界贸易总量缓慢增长 2.7%,与世界 GDP 增速(2.4%)基本一致。2017 年,世界贸易增长率为 4.6%,而同期世界经济增长率 3.8%。2018 年,世界贸易表现不佳,增长率为 3%,而同期世界 GDP 增长率为 2.9%。

2. 国际分工发达的国家在国际贸易地区分布中居于主导地位

从 18 世纪到 19 世纪末,英国一直是国际分工的中心国家,在发达国家对外贸易中一直独占鳌头。其在发达国家对外贸易中所占比重 1820 年为 18%,1870 年上升到 22%;但随着英国在国际分工中地位的下降,在发达国家对外贸易中所占的比重也在下降(2007 年降为 15%)。

19 世纪末以来,发达资本主义国家成为国际分工的中心国家,其在国际贸易中一直居于支配地位,在世界出口中所占的比重 1950 年为 60.8%,1980 年为 62.5%,1992 年为 72.4%,2007 年为 73.2%。2018 年全球贸易总额中,美国占 10.87%,日本 3.8%,世界最不发达的 47 个国家(超过 10 亿人口)占比仅为 1.1%。

3. 国际分工的发展水平制约着对外贸易地理方向

国家之间相互分工的发展水平对对外贸易地理方向有着重要的制约作用;对外贸易地理方向与各国相互分工的程度成正方向变化。19 世纪国际分工的主要形式是殖民主义宗主国与殖民地附属国的垂直分工,因此,当时的国际贸易关系主要是这两大类国家之间的关系。

二战后,国际分工由垂直型向水平型转变,发达国家与发展中国家的分工形式出现了变化,既有垂直分工,又有水平分工。由于发达国家居于国际分工的中心位置,故其一直成为世界贸易的主要国家。2007 年,发达国家之间的相互出口占到总出口的 75.8%,发展中国家对发达国家的出口占总出口的 62.4%。2017 年,世界贸易组织公布的数据显示,在全球贸易总额排行榜前十的经济体中,除了中国内地外,其余的都是发达经济体。其中:中国内地贸易总额 4.1052 万亿美元,排名第一,占全球比重为 11.48%;美国 3.9562 万亿美元,排名第二,占比 11.06%;德国 2.6153 万亿美元,排名第三,占比 7.31%;日本 1.3700 万亿美元,占比 3.83%;荷兰 1.2263 万亿美元,排名第五,占比 3.43%;法国 1.1599 万亿美元,排名第六,占比 3.24%;中国香港 1.1401 万亿美元,排名第七,占比 3.19%;英国 1.0890 万亿美元,排名第八,占比 3.04%;韩国 1.0521 万亿美元,排名第九,占比 2.94%;意大利 0.9588 万亿美元,排名第十,占比 2.68%。

4. 国际贸易商品结构随国际分工的发展而优化

国际分工的发展,使国际商品结构与各国的进出口商品结构不断优化。二战后,这种变化表现在以下几方面:

(1)工业制成品在国际贸易中所占比重超过初级产品所占的比重。二战前,以殖民主义宗主国与殖民地附属国的垂直型分工为主,故初级产品在国际贸易中的比重一直高于制成品。

(2)随着发达国家与发展中国家分工形式的变化,发展中国家出口中工业品和制成品在世界出口额中的比重不断增加。

(3)国际分工从部门之间向部门内部的深化,使制成品产业内贸易不断发展,制成品贸易的比重不断提高。

5. 国际分工中的地位影响各国贸易利益的分配

国际分工可以扩大到整个国际社会劳动的范围,贸易参加国家可以扬长避短,发挥优势,有利于世界资源的合理配置,节约全世界的劳动时间,从而提高国际社会的生产效率,使国际贸易的利益不断增加。

但是,由于在资本主义国际分工体系中,发达国家处于中心主动位置,发展中国家处于边缘被动地位,这决定了发达国家取得的贸易利益远远超过发展中国家。二战后,这种状况有所改善,但并未发生实质性的变化。

6. 国际分工的发展使贸易依存度不断提高

国际分工的发展使对外贸易依存度不断提高,主要表现在以下方面:

(1)随着国际分工的发展,尤其是二战后国际分工的深入发展,整个世界贸易依存度都在不断地提高。据 WTO 和 IMF 的统计,1960—2012 年,世界外贸依存度从 25.9% 上升到 60.6%。

(2)不同类型的国家贸易依存度都有了程度不同的增长。1950—2007 年,发达资本主义国家的出口依存度从 7.7% 增加到 14.7%。2018 年,美国外贸依存度为 20.5%(其中,出口依存度 8.1%,进口依存度 12.4%);韩国外贸依存度约为 68.7%;中国作为转型中的发展中大国,外贸依存度也逐年提高,在全球化高峰时期的 2006 年出现 70.6% 的峰值水平,2018 年约为 33.7%(其中,出口依存度约 18.1%,进口依存度约 15.6%)。

3.2.2 国际经济贸易是国际分工实现的条件

1.国际经济贸易是国际分工的纽带

自国际分工出现以来,随着科学技术的进步、生产力的高度发展,各国之间的分工向纵深发展,国际社会经济形成了一个有机整体。这个有机体越是向前发展,它的各个部分、各种经济之间的联系就越紧密、越复杂。因而,国际商品交换作为国际经济有机体的联结系统,也就愈加成为这个有机体不可分割的部分,它的纽带功能也就日益加强。这就是说,国际商品交换作为国际社会经济有机体的经络系统和循环系统,既在推动国际分工的深化过程中不断强化自身的功能,同时又推动着互为市场、互相依靠的国际社会经济体系向更高阶段发展。

2.国际经济贸易制约着国际分工功能的实现

分工是生产的范畴,马克思把分工称为一种"社会劳动的自然力"。从生产力构成的要素来看,它既不是劳动者,也不是劳动手段,更不是劳动对象,而是一种再生产过程中劳动者之间互相联系的一种社会劳动关系。国际分工也是生产的范畴,是各国生产者之间通过市场而形成的一种基本形式,是社会一切具体经济活动的基础。国际分工对国际经济生活、社会生产力的发展可起到如下的作用:

(1)国际分工能提高国际经济的种属能力。国际分工能摆脱各国劳动的局限性,扩大活动范围,缩短达到一定目标所需要的劳动时间,形成单个国家不能发挥出来的巨大力量,促进社会生产力的发展。具体它可以扩大国际社会劳动的范围、劳动的种类,使人类的总体能力向各方面延伸。

(2)国际分工能提高各国的劳动者技能,积累劳动经验,发挥优势,取长补短,使生产要素配置合理。

(3)国际分工能节约整个国际社会的劳动时间。马克思指出:"真正的经济节约是劳动时间的节约。"国际分工是节约整个国际社会劳动时间的重要因素。一是生产专业化缩短了各国制成一件产品所耗费的劳动时间;二是造成各国劳动各阶段之间的依赖性和统一性,迫使个别国家的劳动接近国际必要劳动时间。

(4)国际分工可以降低劳动成本,改进劳动、交通等工具。它打破了各国(地区)之间的对立状态,扩大了各国(地区)之间的交往范围,建立起不同国家(地区)、部门之间经济联系的必然性,使国际社会物资交流成为再生产的条件。建立在国际分工基础上的商品生产增大了投入市场的商品量,这又促使交通通信工具不断革新,以便把众多的商品输送到世界各地。

3.国际经济贸易的规模和发展速度制约着国际分工的发展

(1)国际商品交换的规模影响国际分工的规模。在参加国际分工的条件下,一个国家企业的资金在循环过程中每个环节的分配额,一方面是由生产本身的特点所决定,另一方面则取决于商品流通状况,如果国际商品交换渠道通畅,商品适销对路,则会扩大国际分工规模;反之,则会缩小国际分工规模。

(2)国际商品交换发展速度影响国际分工扩大的程度,国际商品交换发展速度影响着参加国际分工企业的资金周转速度。在生产技术、管理水平和劳动生产率一定的情况下,产品的生产时间是一定的,从而决定资金周转时间的因素就是流通时间。如果国际贸易迅速扩大,参加国际分工企业的资金通过流通过程所需要的时间则较短,如企业产品在国际市场出售迅速,生产所需要的原材料及零部件购买方便、供应及时,就会大大缩短流通时间。这样,就可以减少企业在流通环节占用的资金,使其把更多的资金用于生产,扩大生产规模;同时,可使等量的资金发挥更大的作用。其结果,均有利于企业的发展,扩大国际分工的深度。

4. 国际贸易可以协调参与国际分工主权国家的分工利益

国际商品交换可以把各种不同经济制度的国家结合在一起,实现它们的分工利益。国际商品交换是各国通过国际分工分别生产不同商品,在不同国家商品生产者之间进行的一种经济行为。但是,国际商品交换并不需要特定的国家商品生产者和所有者。也就是说,尽管生产商品的国家不同,但都可以通过国际贸易交换产品,实现国际分工下的比较利益,促进各国的经济发展。

在国际分工下,各国的商品生产是为了国际交换而生产。因此,各国生产的商品在使用价值上是否符合消费者的需要,它们的价值能否得到国际社会的承认,成为各国生产者时刻关心的重要问题。如果,各国商品生产者不了解国际消费者的需要,或者了解不全面,生产的商品就不易销售,生产就会萎缩,分工就会中断。国际消费者的需求,是通过世界市场上价格变动而反映出来的。价格信息通过国际商品交换传递到各国生产领域,各国企业据此做出有关生产和分配的决定。围绕该决定,各国企业的生产、供应部门等都要做出相应的反应,围绕决定目标采取行动,进而形成不同的分工形式和分工方向。

思考与练习

1. 什么是国际分工? 其影响因素主要有哪些?

2. 试述国际分工与国际贸易的关系。

3. 为什么说生产力的发展是国际分工形成与发展的决定因素?

4. 国际分工的形成与发展经历了哪几个主要阶段?

5. 大机器工业对国际分工的发展有何影响?

6. 案例分析:冬季玫瑰

1996 年的情人节,恰好与关键的新罕布什尔州初选日期 2 月 20 日相隔不到一周。这一天,共和党总统候选人帕特里克·布坎南在苗圃停留,为他妻子购买一打玫瑰。他趁此机会做了一次演讲,谴责美国日益增长的鲜花进口将美国鲜花种植者挤出了该行业。确实,美国的冬季玫瑰有一部分是由南美进口,且所占的市场份额日见上升。但这是一件坏事吗?

案例思考:什么是比较优势? 通过"冬季玫瑰"说明比较优势在国际分工中的作用。

第4章　世界市场及其进入

课前导读

世界市场是世界各国之间进行商品和劳务交换的场所,由世界范围内通过国际分工联系起来的各个国家内部以及各国之间的市场共同组成。它的发达程度取决于参加国际交换国家的数目、商品交换的数量和规模以及运销信息网络的机制等。

现今,各国交换商品、服务和技术都离不开世界市场,无论是生产者还是消费者,也无论是出口商还是进口商,市场和价格始终是他们关注的核心。那么,世界市场是如何形成和发展的呢?影响世界市场价格变化的因素又有哪些?通过本章的学习,我们将对世界市场与价格有一个正确认识,并加深对价值规律在国际贸易中的作用的理解。

4.1　世界市场及其依赖

4.1.1　世界市场的形成与构成

1. 世界市场的形成过程

世界市场(world market)是指世界各国之间进行商品和劳务交换的场所。它是伴随着社会生产力水平的提高和国际分工的发展形成和发展起来的,与资本主义的产生和发展密切联系在一起。对世界市场的形成起决定作用的是资本主义大工业的建立,世界市场是在资本主义生产方式占了统治地位后才最终形成和发展起来的。但就世界市场形成的根本原因来说,则是社会生产力水平的提高和国际分工的发展。因为社会生产力提高,生产出了大量商品,才有可能建立世界市场,而国际分工的发展又有必要建立世界市场。从世界市场的形成看,大致可以分成三个阶段。

(1)世界市场的萌芽阶段(15世纪末—16世纪初)。15世纪末—16世纪初,由于工场手工业的发展、东西方新航路的开辟以及资本的原始积累,商品交换超出了一国的范围,发展成为国际性的商品交换,出现了世界市场的萌芽。地理大发现以前,人们对世界的认识是很不全面的,因此当时只有区域性市场,还没有世界市场。在各个区域性市场之间,产品的价格是不统一的,即使在一个国家的不同市场之间,同种产品的价格也可能会有很大差异。一个国家只有在形成统一的民族市场之后,才可能逐步形成统一的国内市场价格。当然,这并不意味着全国各地的价格完全相同,而是指全国各地通过国内市场的流通使各地的价格维持一种动态的平衡。

地理大发现为世界市场的产生和形成奠定了基础。欧洲航海事业的发展,使各个区域性市场不断扩大范围,并使各个区域性的市场彼此联系起来。于是,亚洲、美洲、非洲、大洋洲的许多商品都开始到欧洲市场上来了,而其他地方对欧洲国家的各种产品,特别是工场手工业产品的需求也增加了,这导致国际贸易额的迅速增加,并开始形成了世界市场。欧洲各国为了争夺市场而开展激烈竞争,最终由大西洋沿岸的一些城市取代了原来地中海沿岸的一些城市,成为当时世界市场的中心,里斯本、安特卫普、阿姆斯特丹、伦敦变成具有世界商业意义的大都市。与此同时,与世界性的贸易相适应的海上运输、银行、保险公司、交易所和股份公司相继出现。这时候在世界市场上交易的商品大多数是奢侈品,占支配地位是商业资本,它对开拓市场和资本的原始积累起了很大的作用,并促使封建主义生产方式向资本主义生产方式过渡。我们把这一时期看作是世界市场的萌芽期。

(2)世界市场的扩展时期(18 世纪中叶—19 世纪六七十年代)。在世界市场扩展时期具有决定作用的是工业革命。海外市场的扩大、商品需求的激增,提出了生产技术的变革要求,于是发生了工业革命;而工业革命在英国的开展及向其他国家的扩展,提高了生产力发展水平,资本主义各国为夺取原料产地和商品市场,按照自己的意志改造世界。1857 年第一次世界性经济危机的爆发,说明世界市场初步形成。此时期进入世界市场的商品发生重大变化,如棉纱、纺织机、铁制品、运输工具及各种工业半成品,还有各种资本主义发展所需的原材料。尽管各地经济发展水平不同,但其经济已越来越按同一市场的运行机制运行。由于当时资本主义工业化尚处于早期阶段,世界还未被瓜分完毕,所以世界市场只是初步形成。这段时期世界市场形成的特点是:

①大机器工业只有在经常扩大生产、夺取新市场的条件下才能生存,因此,这种扩大再生产的压力驱使资产阶级超越已有的市场范围去寻找新市场。生产技术和工艺的发展与进步就意味着需要更大的市场来容纳这个新的生产力。事实表明,19 世纪资本主义国家每一次新的工业快速增长,都是与国外新市场的开辟(世界市场的扩大)同时发生的。

②大机器工业既需要不断扩大世界销售市场,同时也需要不断扩大其原材料的供应来源。大机器工业成为吸纳各种农产品和矿产品原料的巨大市场。产业革命以后英国等国工业迅速增长,使它们越来越多地到世界市场,特别是到殖民地、半殖民地购买大生产所需的原材料。这样,资本主义大机器工业把越来越多的原料来源地区卷入到世界市场上来了。

③产业革命以后,工厂规模和数量的扩大使人口不断向城市集中,在发达资本主义国家形成了许多大工业中心城市。这些工业中心城市所需的大量食品及其他消费品,已不可能单靠国内生产来供应,因而需要不断从世界市场去采购输入。

④社会生产力的快速增长,加快了人们对荒芜原野的开发。19 世纪国际移民运动有了极大的发展,数以百万计的欧洲移民到了北美、大洋洲及其他地方,中国、印度等国的大批劳动力也以各种形式移往世界各地。这种国际劳动力市场的发展,无疑也促进了世界各国之间的贸易规模不断扩大。

⑤大机器工业为加强国内以及国际的经常性经济联系所需的交通运输工具提供了发展的物质技术基础。大工业需要把大量原材料及产品进行远距离的运输。蒸汽机的发明和应用,推动了铁路的大发展;电报的发明极大地便利了世界市场各部分之间的联系。商品生产和交换越来越具有世界规模,世界各国之间的经济联系以及它们之间的相互依赖程度都加强了。

(3)世界市场最终确立时期(19 世纪 70 年代—20 世纪初)。产业革命以后的一百年间,世界市场已有了很大的发展,但一直到 19 世纪中叶,世界市场上还只有英国处于支配地位。西欧、北美诸国处于刚开始工业革命的阶段,这些国家刚刚开始大修铁路,使本国的国内和国际市场更紧密地联系起来。从全世界的角度看,资本主义生产关系对于像中国等亚洲大陆国家来说才刚刚开始,此时还不能认为统一的世界市场已经完全形成。之后,在第二次工业革命推动下,主要资本主义国家纷纷向垄断资本主义过渡,列强加紧争夺原料市场、商品市场和投资场所,掀起了一股瓜分世界的狂潮。亚洲、非洲、拉丁美洲绝大多数国家(地区)在经济上成为资本主义世界经济体系的一部分,资本输出成为国际经济往来的主要特征。世界市场的形成是人类社会经济发展史上的重大事件,对各国(地区)的经济增长和国际关系的加强产生了推动作用。到19世纪末20世纪初,资本主义进入垄断时期,才可以认为最终形成了统一的无所不包的世界市场。其标志如下:

①帝国主义列强已把世界瓜分完毕。20世纪初,全球任何一个国家(地区)都已处在资本主义生产关系的支配之下。欧洲一些国家和美国在19世纪中叶开始的新科技革命中迅速地发展了自己的生产力,使它们的生产力水平开始接近最早实现工业化的英国。到19世纪末20世纪初,美国、德国的经济实力已超过英国。这些发达资本主义国家进入垄断阶段以后,加强了资本输出。为了保证本国产品的销售市场和原料产地,帝国主义纷纷掠夺殖民地,在世界上划分势力范围。到20世纪初,世界上已没有什么国家(地区)可以脱离世界市场去进行经济活动了。

②多边贸易多边支付体系的形成。19世纪末,随着国际分工的发展,西欧大陆各国和美国这些发达资本主义国家从不发达的国家(地区)进口的农产品和原材料越来越多,而不发达国家(地区)从西欧大陆和北美进口的数量则相对较少,因而欧洲大陆的工业国和美国对不发达国家有大量的贸易赤字。与此同时,英国因实行自由贸易政策,从西欧大陆工业国和美国输入的工农业产品持续增长,出现了英国对这些新兴工业化国家的贸易赤字。当时世界上不发达国家(地区)进口的工业品,很大部分来自英国,因此又存在着不发达国家(地区)对英国贸易的赤字,这样就出现了对多边支付的需求。英国需要用其对不发达国家的贸易顺差来弥补对西欧大陆和美国的贸易逆差;不发达国家(地区)需要用它们对西欧大陆工业国和美国的贸易顺差来弥补其对英国贸易的逆差;西欧大陆工业国和美国则需要用它们对英国贸易的顺差,来弥补对不发达国家(地区)的贸易逆差。由于英国作为一个老牌资本主义国家在海外有大量的投资收入需要汇回,它的航运业、银行业、保险业每年也要从世界各地赚得大量收入,这就使当时的英国成为世界多边贸易、多边支付体系的中心,伦敦因此成为国际金融中心。这使得国际贸易参加国都可以在伦敦完成国际债权债务的清偿,有助于资本输出和国际资金流动。

③国际金本位制度的建立与世界货币的形成。世界市场与世界货币是密切相关的,两者相互促进、相辅相成。世界货币(world currency)是指在世界各国都能通用的担任一般等价物的商品,它为参与世界市场的人们所接受。早期的世界货币是黄金和白银并用,是一种复本位制,1816年英国过渡到单一的金本位制。但国际金本位制的建立则是在1873—1897年的事,当时欧洲许多国家和美国、日本等主要资本主义国家纷纷放弃复本位制而采用单一的金本位制。到20世纪初,世界上大多数国家都实行了金本位制。

④各国共同受世界市场行情变化的影响。从19世纪末到20世纪初,世界上已形成了许多大型的商品交易所,不少地方举办的博览会把世界各地的客商及产品汇集到一起。这一切都使世界各地的同类产品的价格有趋于一致的倾向,形成了许多产品的世界市场行情。这有利于航运、保险、银行及各种机构的健全,交通设施和运输工具的进一步完善。并且,人们通过

长期的实践,已在世界市场上大体形成了一整套有利于各国贸易往来的规则和惯例,这保障了国际贸易的顺利进行。这一切都使世界市场的各个部分紧密结合在一起,各国的进出口贸易,无不受到世界市场行情变化的影响。

2.当代世界市场的构成

(1)各种类型的国家。按联合国统计局的分类,参加世界市场活动的国家(地区)可以分为四组:发达的市场经济国家;东欧国家,即原"经互会"(council for mutual economic assistance)成员国;亚洲社会主义国家;发展中国家(地区),包括上述国家以外的所有非洲国家、美洲、大洋洲国家中的发展中国家。

(2)订约人。在世界市场的订约人中,按照活动的目的和性质可分为三类:公司、企业主联合会、国家机关和机构。公司是指追求商业目的的订约人,是在工业、贸易、建筑、运输业、农业、服务业等方面以谋利为目的而进行经济活动的企业。企业主联合会是企业家集团的联合组织,在政府机构里代表参加联合会的企业家集团的利益。国家机关(政府各部和各主管部门)和机构只有在得到政府授权后才能进入世界市场,进行外贸业务活动。

(3)标的对象。标的对象是指世界市场上交易的对象,主要包括商品、技术和服务等。

(4)国际商品市场和销售渠道。这一类型的市场主要包括三种市场:一是有固定组织类型的国际商品市场,如商品交易会、拍卖、博览会等;二是没有固定组织类型的国际商品市场,如单纯的商品购销和其他方式的商品购销;三是商品销售渠道,如进出口商、中间商等。

(5)国际市场运输与信息网络。国际市场运输网络由铁路运输、公路运输、水上运输、航空运输、管道运输、集装箱运输等组成。信息网络由国际电话、电视、广播、报刊、通信卫星、计算机联网组成,它是世界市场的中枢。

(6)其他。其他包括各种市场组织机构,国际贸易规章、条约、契约与惯例,它们有助于市场的运行。

4.1.2　当代世界市场的特征

1.世界市场的规模大大增加

二战后,由于一系列殖民地国家独立,它们不再由宗主国来安排进入世界市场,而是以独立主权国家的身份进入世界市场,世界市场的参与主体大大增多了。另外,各国卷入世界市场的深度也在增加,表现为各国对外贸易额占其国民生产总值的比重(即外贸依存度)有提高的趋势。同时,国际贸易的方式也呈现多样化。各国之间贸易除了传统的商品贸易之外,还开展多种形式的资金、技术、服务等合作和联合投资,共同开发生产各种新产品,共同开发新市场。

2.国际贸易方式多样化

国际经济合作形式的多样化促进了国际贸易方式的多样化。除了传统的国际贸易方式,如加工贸易、补偿贸易、易货贸易、租赁贸易、边境贸易、代理、展览会、国际贸易博览会、世界商品交易中心以外,还出现了一些新贸易形式,主要有网络贸易等。

3.国际贸易商品结构发生了重大变化

二战后,由于国际分工格局的变化,国际贸易商品结构也发生了相应的变化。战前初级产品与工业制成品在世界贸易中所占的比重大约是 60% 与 40%,战后这个比例开始倒过来了。

在工业制成品中,机械产品、电子产品等与新技术有关的产品比重在加大。造成这种情况的根本原因是,科技革命带来国际分工的深化,部门内分工的发展使国际贸易中的中间产品大大增加。同时,大量的合成材料代替了原先的初级产品原料,发达资本主义国家的新技术使它们在产品价值含量提高的同时所消耗的物质量减少。世界 GDP 在增长,但单位 GDP 消耗的能源资源是下降的,如 20 世纪 80 年代石油需求占世界产出比重 7%,但 20 世纪 90 年代后期仅占1.5%。

4. 世界市场上的垄断与竞争更为剧烈

二战后,世界市场由卖方转向买方市场,垄断进一步加强,使得市场上的竞争更为激烈。为了争夺市场,资本主义国家的企业和政府采取了各种各样的方式:①组织经济贸易集团控制市场;②通过跨国公司打进他国市场;③国家积极参与世界市场的争夺;④从价格竞争转向非价格竞争,非价格竞争的手段和方法主要包括提高产品质量和性能、改进产品设计、做好售前售后服务等;⑤开拓新市场,使市场多元化。

5. 国际服务贸易发展迅速

二战后,科技革命的飞速发展和经济的高速增长,在加深国际分工的同时,也使各种生产要素在国家之间的流动加强,于是国际服务贸易迅速发展起来。不但传统的服务贸易项目,如银行、保险、运输等随着国际贸易发展而发展,其他的服务项目,如国际租赁、国际咨询和管理服务、技术贸易、国际旅游等也在战后得到快速发展,服务贸易的增长速度大于同期商品贸易的增长速度。目前,世界服务贸易总额已相当于世界商品贸易额的 25% 左右。

6. 区域经济一体化和跨国公司对世界市场影响巨大

世界各国经济联系日益加强,有一部分国家通过结成地区性经济集团,在一个区域的范围内追求更加紧密的国际经济联系。于是在一个世界市场的范围内,存在许多跨国家的区域性市场。这些区域性经济集团,对内实行程度较高的自由贸易,对外则实行一定程度的歧视或排斥政策,如欧盟、北美自由贸易区等就是这样的区域经济一体化组织。看起来这似乎使世界市场被分割为一些板块,使世界市场变小,但世界上众多国家在参加到世界市场中去的时候,原本就实行内外有别的政策。因此,世界上有多少国家(地区)就可以认为世界市场被分割为多少板块。现在区域经济一体化只是使一些较小的板块合并为大一些的板块而已,并大大促进了集团内的国际分工和国际贸易。战后的贸易自由化大大打破了国际关税和非关税壁垒,使国与国之间或板块与板块之间的经济联系进一步增加。因此,战后的区域经济一体化并没有使世界市场变小,而是在世界自由贸易程度提高的同时,在某一区域内实行更高程度的自由贸易,因而区域经济一体化起着促进世界市场发展的作用。

二战后,跨国公司的大发展也给世界市场以巨大影响。它们利用雄厚的资本和科学技术上的优势,通过对外直接投资,绕过别国的关税和非关税壁垒,进入别国市场。它们采用多种组织形式和策略,垄断着世界的销售市场和原料产地,从而垄断世界市场上很大一部分贸易。当今世界上国际贸易的 80% 与跨国公司有关,而跨国公司的内部贸易在资本主义世界贸易中的比重约占三分之一。

4.1.3 各国对世界市场的依赖性

发达国家在世界贸易中占支配地位,这是国际贸易的主要特征之一。这种特征是在 19 世纪形成的,在 20 世纪上半叶保持下来,在当代仍然未变。发展中国家因为经济发展程度比较低,在世界贸易额中所占比重比较低,而且呈下降的趋势,贸易条件除个别年份外都处于不利地位。

1. 美国对世界市场的依赖

美国是当代最发达的资本主义国家,高度发达的工业、农业和庞大的政府采购以及巨额的高消费,使美国具有广阔的国内外市场,在世界市场中占据领先地位。

据美国商务部统计,2017 年,美国货物进出口额为 38896.4 亿美元,比上年(下同)增长 6.9%。其中,出口额为 15467.3 亿美元,增长 6.6%;进口额为 23429.1 亿美元,增长 7.1%。贸易逆差为 7961.7 亿美元,增长 8.1%。分商品看,机电产品、运输设备、化工产品和矿产品是美国的主要出口商品,2017 年出口额分别为 3759.0 亿美元、2666.4 亿美元、1597.8 亿美元和 1468.4 亿美元,分别占美国出口总额的 24.3%、17.2%、10.3% 和 9.5%,分别增长 5.1%、0.6%、3.9% 和 44.2%。在机电产品中,机械设备出口额为 2016.5 亿美元,增长 5.8%;电机和电气产品出口额为 1742.5 亿美元,增长 4.3%。机电产品、运输设备和矿产品是美国的前三大类进口商品,2017 年进口额分别为 6931.7 亿美元、3248.1 亿美元和 2009.2 亿美元,分别占美国进口总额的 29.6%、13.9% 和 8.6%,分别增长 8.4%、3.1% 和 26.4%。在机电产品中,电机和电气产品进口 3514.0 亿美元,增长 6.2%;机械设备进口额为 3417.7 亿美元,增长 10.6%。矿产品、化工产品和贱金属及制品等也是美国的重要进口产品。

2018 年美国国民生产总值为 20.5 万亿美元(实际增率是 0.7%),居世界第一位。货物进出口额为 42067.9 亿美元(其中,出口额为 16640.6 亿美元,进口额为 25427.3 亿美元),贸易逆差 8786.8 亿美元(同比增长 10.4%),外贸依存度为 20.5%(其中,出口依存度 8.1%,进口依存度 12.4%)。

2. 日本对世界市场的依赖

日本是一个后起的发达国家。二战中,日本成了战败国,经济遭到严重破坏。但战后日本经济恢复很快,其国民生产总值和工业生产分别于 1954 年和 1956 年恢复到战前最高水平。日本国民生产总值在 1968 年超过原联邦德国,仅次于美国,长期居世界第二位。

二战后,日本经济和对外贸易额增长十分迅速,出口贸易额的增长尤为突出。这主要依赖于战后日本经济的高速发展以及大力引进国外先进技术、优化出口商品结构;同时,战后日本历届政府重视对外贸易,把"贸易立国"作为"不变国策",而且一直把重点放在出口方面,政府制定出口战略,从组织机构、政策措施上予以保证。1950—1955 年,日本出口贸易增长速度高于同期世界和工业发达国家出口贸易增长速度的 11.1% 和 11.3%。20 世纪 60—80 年代,日本经过 30 年的蓬勃发展,创造了惊人的"日本速度",日制汽车和电器全世界通行无阻,东京 225 指数达到了惊人的 38915 点,东京地价达到顶峰,银行开始追着企业放贷,日本成为美国国债最大持有国,日元值钱的信心膨胀,大规模国际热钱涌入,导致房地产市场火爆异常,股市疯涨。1990 年,日本发生了其历史上最严重的经济危机,造成经济严重衰退、5000 亿的银行坏账、大量企业倒闭,人们对未来感到前所未有的恐慌,失业率和自杀率屡创新高,曾经的日不落暗淡了。自 1996 年起,日本的对外贸易由升转降,1997 年出口总值和进口总值分别降至 4211 亿美元和 3401 亿美元,1999 年更分别降至 4194 亿美元和 3107 亿美元。

2018 年日本国民生产总值为 54328.5 亿美元,居世界第三位,GDP 实际增速是 0.7%,折合美元约为 4.9682 万亿美元,而同期的进出口贸易总额约为 14865.7 亿美元,比上年增长 8.5%(其中,出口额为 7382.0 亿美元,进口额为 7483.7 亿美元),贸易逆差 101.7 亿美元。其外贸依存度就是 29.92%(其中,出口依存度约为 14.86%,进口依存度约为 15.06%)。

日本政府促进出口的政策措施有:①利用财政金融手段扶植出口。一是通过出口信贷促进出口的发展;二是对出口商品予以补贴。②通过汇率政策推动本国出口。战后,日本政府长期实行低汇率政策,特别是在 20 世纪 60 年代日本经济高速增长、经济实力增强的情况下,日本仍然维持日元的低汇率,使本国商品以低廉的价格打入国际市场。③大力扶植出口产业。战后初期,政府在原材料、燃料供应方面,优先照顾出口产业,保证出口产业能源的供应。近年来,日本对外贸易由升转降的主要原因是:工业生产增长缓慢,公共投资大幅度减少,失业人数增加,日元急剧升值导致国内产业空心化等恶性循环。

二战后,日本对发达国家与发展中国家(地区)的出口大体上各占 50%。不过,它对发达国家的出口总的趋势是下降的,而对发展中国家(地区)的出口总的趋势则是上升的。日本对发达国家的出口占其出口总额的比重,从 1970 年占 54.3%下降到 1995 年 48.6%;同期,它对发展中国家(地区)的出口则从 41.3%升至 51%。战后日本的出口在巩固传统市场的基础上,又开拓新的市场。北美和东南亚是日本的两个主要传统市场,日本对这两个市场的出口经常占其出口总额的一半以上。

日本是世界第三大货物贸易国。据世界贸易组织统计,2012 年日本对外货物贸易总额为 16850 亿美元,其中出口额为 7990 亿美元,进口额为 8860 亿美元,均列国别第三。若将欧盟整体纳入排名,日本贸易总额及进出口额分别居世界第四。自 2002 年以来,中国连续多年是日本第一大贸易伙伴国,中日贸易额占日本对外贸易额的 20%左右。日本出口结构现状:①机电制造业是出口龙头产业;②汽车、机床是出口主力产品;③周边和欧美是主要出口市场,中国、美国、东盟、欧盟是日本重点出口市场。2012 年日本对四大贸易伙伴出口额分别为中国 1446.88 亿美元(占总出口份额的 18%,下同)、美国 1406.24 亿美元(17.5%)、东盟 1297.88 亿美元(16.2%)、欧盟 817.42 亿美元(10.2%),合计为 4968.42 亿美元,占日本出口额的 62%。

3. 欧盟对世界市场的依赖

欧洲统计局公布数据显示,2017 年美国(6310 亿欧元,占欧盟贸易总额的 16.9%)和中国(5730 亿欧元,占比 15.3%)仍然是欧盟的两大主要货物贸易伙伴,远超瑞士(2610 亿欧元,占比 7%)、俄罗斯(2310 亿欧元,占比 6.2%)、土耳其(1540 亿欧元,占比 4.1%)和日本(1290 亿欧元,占比 3.5%)。这些主要贸易伙伴与欧盟的贸易占比随着时间推移呈现不同的发展趋势。2000—2011 年,美国与欧盟的贸易占欧盟贸易总额的比重几乎是连续下降的,之后在 2015 年和 2016 年增至接近 18%,2017 年略有下降。自 2000 年以来,中国的占比几乎增加了两倍,从 5.5%升至 2017 年的 15.3%。俄罗斯的占比自 2012 年以来一直在下降,从近 10%降至 2016 年的约 6%,并在 2017 年略有回升。日本的占比下降超过一半,从 2000 年的 7.5%降至 2017 年的 3.5%。至于瑞士和土耳其,它们各自的占比在整个时期内相对持稳。机械和运输设备、其他制成品和化学品是欧盟贸易产品的主要类别。

2017 年,28 个欧盟成员国出口总额为 5.226 万亿欧元,其中 3.347 万亿欧元(占比 64%)出口到另一个欧盟成员国(即欧盟内部贸易)。除了德国、爱尔兰、英国(主要出口美国)、塞浦路斯(主要出口利比亚)和立陶宛(主要出口俄罗斯),2017 年几乎所有欧盟成员国都主要出口商品到另一成员国,而德国是大多数成员国的主要出口目的地。总体来看,德国是17个成员国的主要出口目的地,在22个成员国出口目的地中排名前三位。2017年,28个欧盟成员国进口总额为5.131万亿欧元,其中3.276万亿欧元(占比64%)来自另一个欧盟成员国。除了立陶宛(主要从俄罗斯进口)和荷兰(主要从中国进口)外,德国是欧盟一半以上成员国的主要进口来源地。除爱尔兰和塞浦路斯外,德国在其他所有欧盟成员国进口来源地中排前三位。

4.发展中国家(地区)对世界市场的依赖

全世界发展中国家(地区)有170多个,分布在亚洲、非洲和拉丁美洲,它们过去都是殖民地和附属国。二战后,随着殖民体系的瓦解,它们取得了政治上的独立,走上发展民族经济的道路。由于各国的地理位置、自然条件、历史传统和长期遭受殖民主义的统治,在政治独立初期,工农业落后,经济结构畸形、单一,社会结构多元,大多数人民生活水平低下。经过自身的努力和外国的投资与援助,发展中国家在经济上有所发展,但发展很不平衡。

二战后,发展中国家对外贸易性质发生了显著变化,其主要表现是:①不少发展中国家收回了外贸主权,建立了自己的对外贸易管理机构和企业,自己管理和经营对外贸易。②根据本国经济发展的需要,制定相应的对外贸易政策和贸易模式,为本国经济发展服务。③组织经济贸易集团和原料输出国组织,开展南南合作,维护发展中国家的贸易权益。④组成"77国集团",开展建立国际经济贸易新秩序的斗争。

发展中国家在世界舞台上的地位显著提升,但两极分化日益显现:①以巴西、俄罗斯、印度、中国和南非为代表的新兴经济体对世界经济的影响力显著增强。主要表现在:一是发展中国家已成为全球贸易的引擎,占全球总出口份额超过50%。2000—2009年,发展中国家出口增长80%,而全球总出口增幅为40%。二是G20成员中的发展中国家出口占全球总出口的三分之一。2002—2010年,中国出口额翻了两番,印度出口额增长超过三倍。三是尽管发展中国家之间的贸易壁垒数量多于发达国家和发展中国家之间的壁垒,但自2007年以来,南南贸易额已超过南北贸易额。2010年,南南贸易额达4.5万亿欧元,高于南北贸易额的3.75万亿欧元。中国、印度和巴西等发展中国家从一体化程度不断增强的全球市场中获取了大量利益,跻身全球最大和最有竞争力的经济体行列。这些国家数以百万计的人民脱离了贫困。②发展中国家各自发展水平并不均衡。一些发展中国家,特别是撒哈拉以南非洲的最不发达国家,尽管也在一定程度上实现了经济和贸易的增长,但其在全球市场竞争中仍处于边缘地位,在提高生产率、实现出口多样化、有效利用全球和区域市场方面仍面临困难。但也有部分最不发达国家,如孟加拉国和柬埔寨,借助劳动密集型制造业的专业化发展(特别是纺织业),取得了巨大的成就。一些不从事石油和商品出口的非洲国家,在过去十年亦在服务业出口方面获得了成功。

过去十年,发展中国家的两极分化主要体现在:①G20成员中的发展中国家人均GDP增长115%,其中中国增长223%,俄罗斯增长310%。与此同时,最不发达国家人均GDP增幅为88%,且主要由非洲产油国拉动。②最不发达国家出口增长1倍,而发展中国家总体出口增长1.5倍。③最不发达国家仍是净进口国,其经济主要依赖进口,出口能力依然有限。④G20成员中的发展中国家吸引外国直接投资额增长75%,达3万亿欧元。而最不发达国家吸引外国直接投资额增幅虽达到82%,但总额仅有940亿欧元。

4.2 世界市场价格

4.2.1 世界市场价格的种类

1. 世界"封闭市场"价格

"封闭市场"(closed market)价格是指买卖双方在一定的约束关系下形成的价格,商品在国际间的供求关系,一般不会对它产生实质性的影响。世界"封闭市场"价格主要有以下几种:

(1)调拨价格。调拨价格又称转移价格,是跨国公司为了最大限度减轻税负、逃避东道国的各种贸易管制,与其分公司或子公司之间转移货物而采用的价格。这种价格不是按照生产成本和正常的营业利润或国际市场价格水平来确定的价格水平,而是根据其全球性经营的战略部署,人为地加以确定的价格。

(2)垄断价格。垄断价格是指国际垄断组织利用其经济力量和市场控制力决定的价格。在国际市场上,垄断价格有买方垄断价格和卖方垄断价格两种。在垄断价格下,均可以获得超额利润。在国际贸易中,还有国家垄断价格或国家管制价格。

(3)区域性经济贸易集团内的价格。第二次世界大战后,成立了许多区域性的经济组织或贸易集团。在这些经济组织或贸易集团内形成了内部统一价格,而外部不实行这种统一的价格。

(4)国际商品协定下的协定价格。国际商品协定下的协定价格,是指协定各方为了把某种商品价格稳定下来而签订的价格协定,它有利于减少市场价格波动。

2. 世界"自由市场"价格

世界"自由市场"(free market)价格是指在国际市场上,在不受垄断组织或国家垄断力量干扰的条件下,由独立经营的买者和卖者之间进行交易的价格。这个价格完全由国际市场供求规律确定,反映了商品的国际市场供求关系。

"自由市场"是由较多的买主和卖主集中在固定的地点、按一定的规则、在规定的时间进行交易。尽管这种市场也会受到国家垄断和国家干预的影响,但是,由于商品价格在这里是通过买卖双方公开竞争而形成的,所以它常常比较客观地反映了商品供求关系的变化。例如,世界上各大商品交易所的价格,基本上都是世界"自由市场"价格。

4.2.2 世界市场价格形成和变动规律

1. 国际价值是世界市场价格的基础

世界市场价格(world market price)是指在一定条件下某种商品在世界市场上实际买卖所依据的价格。它是衡量社会必要劳动耗费大小的标准,是国际商品价值的货币表现,其形成是以国际价值为基础的。在世界市场上,各方面的竞争结果使所有同一种类和品质相同的商品逐步取得同一的世界市场价格,使得世界市场价格接近国际生产价格。

国际价值是在国别价值的基础上形成的国际性一般社会劳动的凝结。商品是在国际交换中体现生产的国际关系的经济范畴。影响国际价值量变化的因素主要有:①世界劳动生产率。

国际劳动生产率越高,单位商品的国际价值量越小;反之亦然。②国际劳动强度。价值量与劳动强度成正比,在同一时间内强度较大的劳动比强度较小的劳动创造的价值大。③国际贸易量。

2. 世界市场的供求关系决定商品国际价格的形成

在世界市场上,商品的价格是不断变动的,商品的国际生产价格是商品价格变动的中心。价值规律要求商品的交换依据商品的价值来进行,但这并不是说,在每一次商品交换时,国际价格都是与国际生产价格相一致的。

这是因为,在世界市场上,由于市场竞争和生产无政府状态规律在起作用,商品的供给和需求是经常不平衡的,从而导致商品世界市场价格经常低于或高于国际生产价格。在商品的供给超过需求时,世界市场价格会低于国际生产价格;反之,世界市场价格则高于国际生产价格。同时,国际价格的变动又会反过来影响供给和需求的变化,使它们趋于平衡,从而使世界市场价格接近国际生产价格。这就是世界市场价格形成和变动的规律。

4.2.3　影响世界市场价格变动的因素

1. 商品的国际供求状况

在世界市场上,商品的供求关系基本上反映了国际生产和国际需求之间的矛盾运动。

供求关系是确定商品世界市场价格的直接因素。商品价格与国际价值或国际生产价格达到完全一致是非常偶然的事情,因为商品的供给和需求经常处于不平衡状态,因此,世界市场价格总是围绕国际价值或国际生产价格这个轴心,随着供求关系的变化而不断地上下波动。而实际世界市场价格的确定总是直接取决于供求对比的状况。

一般来说,当世界市场上的某种商品的供给小于需求时,世界市场价格就会上涨而超过商品的国际价值或国际生产价格,受高利润的驱使,许多国家的商品生产者就会纷纷增加这种商品的生产,从而导致生产和供给的扩大;相反,当供给大于需求时,世界市场价格就会下跌到国际价值或国际生产价格以下,为避免最小利润,许多国家的商品生产者就会减少这种商品的投资和生产,从而导致生产规模的萎缩和商品供给的减少。而世界市场价格的上涨和下跌反过来也会调节需求。

2. 垄断

垄断组织为争夺世界市场和获得最大限度利润,往往使出各种方法控制世界市场价格。随着资本主义进入帝国主义阶段,垄断在资本主义经济中和在世界市场上日益占据统治地位,其对世界市场价格的影响越来越大。垄断对世界市场价格的影响首先取决于对市场的垄断程度,即取决于某个垄断企业或垄断集团对某种商品的生产、销售、原料来源、许可证和专利等的控制程度以及同大银行的联系程度等。市场垄断程度越高,少数垄断企业或集团越容易互相勾结,瓜分市场,确定垄断高价。

垄断分为两种,即卖方垄断和买方垄断。跨国公司规模庞大,分支机构遍布全球各地,利用其垄断力量控制了许多商品的世界市场价格。垄断操纵世界价格的主要手段主要有:一是建立各种国际卡特尔,采取共同行动提高价格。国际卡特尔是经营同类商品的若干资本主义大企业在规定商品销售价格、销售条件、瓜分销售市场、确定商品产量、分配利润、限制竞争等方面达成协议而形成的垄断联盟。各国垄断资本在控制了本国市场后,为了避免在世界市场上相互竞争,广泛实行对内联合、统一对外策略,它们建立出口卡特尔实行卖方垄断,建立进口卡特尔实行买方垄断,组织国际卡特尔对世界市场实行垄断。二是单个大垄断集团或是跨国公司对某种商品的世界市场实行控制,规定垄断价格。三是跨国公司实行"划拨价格"的内部定价策略。划拨价格是跨国公司为了达到全球战略目标而人为地加以确定的,它不仅和价值相背离,而且不受市场一般供求的影响,只服从于追求最大利润的需要。

3. 经济周期

经济周期(business cycle)也是影响世界市场价格的一个重要因素。资本主义经济的发展具有周期性,每个周期大体上包括危机、萧条、复苏、高涨四个阶段。这种周期性的收缩和扩张,制约着供求变动,从而影响世界市场价格的变化。资本主义经济危机是生产和消费、供给和需求深刻矛盾强制性爆发的体现。伴随着资本主义经济周期的不断循环,市场价格也周期性地发生波动。

一般来说,危机期间大批商品找不到销路,商品不能及时出售,只得降价售出。在萧条期间,由于市场需求不振,表现为价格疲软。而当复苏、高涨来临时,由于固定资本的更新和扩大,带动经济回升,必然引起市场需求急剧增加,使商品供给出现短缺,从而引起价格不断上升。价格的上涨势必刺激生产的扩大,为新一轮的危机创造条件。如此周期波动,导致价格也形成周期性的波动状态。正如马克思指出的:"资本主义的生产要通过一定的周期性的循环。它要通过消沉、逐渐活跃、繁荣、生产过剩、危机和停滞等阶段。商品的市场价格和市场利润率,都随着这些阶段而变化,有时低于自己的平均水平,有时高于自己的平均水平。"价格的周期性变化反映了经济的周期性变化,这种反应的程度对不同的商品来说是不同的。一般地说,原料价格对周期变化的反应十分敏感,一旦发生危机,价格就会下降,一旦经济有所回升,价格就会上涨;而制成品特别是机器设备的价格,对周期变化的反应就比较迟缓。这是因为原料商品的供给弹性和需求弹性都是很小的,而制成品价格由于要经过一个加工期,因而原料价格波动影响制成品价格波动的速度比较缓慢。但是无论其反应程度的大小有多么不同,经济周期对价格的影响都是客观存在的。

4. 各国政府采取的政策措施

每个国家都会制定一些对外贸易方面的政策和措施,以保护其国内市场,这些政策与措施都会影响进入该国的商品价格。有时这些政策与措施会演变成国际贸易壁垒,形成对国外商品进入的障碍。当然有些国家也制定了一些有利于该国产品在世界市场竞争的政策措施,从而影响世界市场价格。

二战后,国家垄断资本主义的作用普遍得到加强,各国政府纷纷采取许多政策措施对经济施加影响。由于资本主义国家的国内经济与整个世界经济存在着密切的联系,因而资产阶级政府采取的许多政策措施都不同程度地影响着世界市场价格,特别是在对外经济关系方面采取的政策措施对世界市场及其价格产生的影响更大。有的国家为增加出口而支付出口奖励金,通过支持价格和其他补贴方式,人为地压低了某些商品的外贸价格,提高了它们在世界市场上的竞争力。许多国家实行的税收政策也对世界市场价格有着重大影响,特别是关税的变化对进出口价格的变化影响更为直接。许多国家为保护其国内市场,对进口商品往往征收高关税,一方面限制进口,另一方面也限制了它的竞争能力;反之,降低关税,则是鼓励进口。其他一些政策措施,如进出口管制政策、外汇政策、通货膨胀政策等,都不同程度地影响着世界市场价格的形成。

5. 商品销售中的各种竞争策略

在国际贸易或国际市场营销中,每个企业都会制定各种市场竞争策略,这些竞争策略也会影响世界市场价格。

(1)各国卖主之间的竞争。生产同种商品的不同卖主之间为了尽快将商品卖出去而展开激烈的竞争。如果有一家卖主在市场上要价过高,而另一些卖主则以较低的价格出售,以便从销售量的扩大中增加利润。在这种情况下,竞争规律发生了作用,要价过高的卖主因在市场上找不到消费者而被迫降低价格。卖主之间的竞争使价格降低。

(2)各国买主之间的竞争。在世界市场上,在某种商品的供应量一定的情况下,买主为了尽快购到所需的商品,往往不惜出高价。这时如果有的买主只愿意出低价购买,交易就不会成功,因为一方面有其他买主愿意出高价,另一方面卖主也绝不会舍弃高价卖出的机会而低价出卖。买者之间彼此竞争的结果是卖主将价格抬高。

(3)买主和卖主之间的竞争。作为买主总想低价买进,作为卖主总想高价卖出,双方竞争中哪一方的力量更强,价格将会向哪一方倾斜。假如在世界市场上买方的力量更强大,则最后交易的结果是价格向下倾斜,反之亦然。各方竞争的结果,使各国出口的同一种类和品质的商品逐步取得同一的世界市场价格,这就是所谓一种商品一个价格的规律。

6. 自然灾害、政治动乱、战争等非经济因素等

世界市场价格的变动,除了受以上一些因素的影响外,还受一些非经济因素的影响,如自然灾害、战争、政治动乱、投机、季节等都可能对价格的波动产生影响。当发生自然灾害的时候,某些商品的供给或需求就会发生变化,从而影响其价格的高低。假如这时再伴以投机活动,则价格的变动会持续很久。此外,在政治动乱和战争期间,投机活动也会加剧,甚至在个别场合会对价格产生重大影响。有些商品受季节变化的影响较大,如农产品价格常随季节变化而波动。

4.3　世界市场的进入

4.3.1　世界市场的交易程序

1. 交易前的准备

为了提高交易的成功率,完成进出口任务,在洽谈交易前,必须做好各项准备工作。

(1)出口交易前的准备。在市场竞争十分激烈的条件下,为了使本企业生产的产品能够销往世界市场,在出口交易前需要做好以下工作:

①选择市场。在选择国外市场时:首先,必须加强对国外市场进出口商品品种的调查研究,摸清来自不同国家的商品对某一市场的适销情况,特别是要研究市场畅销品种的特点,积极主动适应市场的需要。其次,需要了解国外市场供需状况和价格动态,应根据市场供求变动的规律和价格变动趋势,结合商品供应的可能,选择最有利的市场推销商品,并合理地确定市场布局。再次,对国外市场有关进出口的政策、法规、措施和贸易习惯也应进行调查研究,以便做到心中有数。

②选择客商。在出口业务中,有无一批稳定的客户关系,是能否扩展出口业务的重要条件。选择外商的基本原则应该是:政治上对我友好,资信可靠,经营作风正派,经营能力较强。因此,在交易之前,对客商的政治背景、经营范围、支付能力、经营能力、经营作风等要进行全面调查,并分类排队,筛选出最合适的客户建立业务关系。

③制订出口商品经营方案。出口商品经营方案,是对某种(或某类)商品在一定时期内出口推销的设想、做法和全面安排,它是对外洽商交易、安排出口业务的依据。其主要内容包括:货源情况;国外市场与出口经营情况;推销计划和措施。

对于大宗商品或重点推销的商品一般需要逐个制订出口商品经营方案;对一般商品可以按商品大类制订经营方案;对中小商品,制订内容较简单的价格方案即可。此外,在出口交易前,还应做好广告宣传及商标注册工作。

(2)进口交易前的准备。对我国各类外贸企业来说,进口业务分为自营进口和代理进口两类。在自营进口业务中,申请进口许可证的手续由外贸企业自办,外汇也由自己负责解决;在代理进口业务中,申请进口许可证的手续和所使用的外汇,原则上都由委托单位负责。具体办理进口业务的部门和人员,必须认真落实进口许可证和外汇来源确无问题时,才能着手办理进口洽商订货业务。

外贸企业对外订立合同和办理进口业务是以用货部门提交的进口订货卡片为依据的。进口订货卡片内容包括商品品名、规格、包装、数量、生产国别、估计单价和总金额、要求到货时间、目的地等项目。外贸企业根据平时积累的资料和市场情况,对订货卡进行认真审核,必要时,拟订一个进口商品经营方案,作为开展订购业务的依据。

2. 交易的磋商

在国际贸易洽谈中,一般都看不到全部商品,这就必须对买卖商品的各项交易条件进行具体洽商。交易磋商就是通过函电或口头形式,对某种商品的交易条件往返交换意见,最后取得一致意见,达成交易的过程。

交易磋商的内容涉及拟签订买卖合同的各项条款,其中包括品名、品质、数量、包装、价格、装运、保险、支付、商检、索赔、仲裁和不可抗力等。在实际业务中,并非每笔交易都必须对这些交易条件一一协商,有些条款如商检、索赔、仲裁、不可抗力等通常作为一般交易条件已印就在合同中成为固定格式,只要对方没有异议,就不必重新协商。

磋商交易的程序一般经过询盘、发盘、还盘、接受和签订合同。其中,发盘和接受是必不可少的两个重要环节,是合同成立的两个基本要素。

3. 合同的签订

在交易磋商过程中,一方肯定的发盘被另一方有效接受之后,交易即告达成,合同即告成立。但是,根据国际贸易习惯,买卖双方还要正式签订书面合同,以进一步明确合同双方的权利和义务。

书面合同的作用主要在于它可以作为合同成立的证据,有时还是合同生效的条件,并可以作为合同履行的依据。

4. 合同的履行

合同签订后,买卖双方都应受其约束,都要本着"重合同、守信用"的原则,切实履行合同规定的各项义务。履行合同关系到交易双方的利害得失,如果合同一方违约,致使另一方的权利受到损害时,就应承担相应的法律责任。

出口合同的履行过程包括的工作环节和手续较多,但归纳起来主要是货(备货、报验)、证(催证、审证和改证)、船(租船订舱、报关装船)、款(制单、结汇)四大环节。

各种单据在制作时,应认真细致,切实做到"单证相符、单单一致、单货一致",以利于及时、安全收汇。

4.3.2　进入世界市场的途径

1. 直接进入战略

(1)生产进入战略。生产进入战略是指跨国经营企业通过对目标国投资经营环境及其市场条件的科学分析,以直接投资兴建或合资经营的方式,在目标国建立生产基地或制造工厂,直接进行产品生产的战略。

生产进入战略的进入途径是:①直接投资兴建。在具有条件的目标国投资建设工厂,生产产品,并就地销售,进入并获得当地市场份额。直接生产方式进入的经营形式有两种,一是采取直接投资形式,二是采用合资经营形式。②授权生产或许可生产进入。选择目标国企业,通过授权或许可,让其生产或经营自己的品牌产品。③控制进入。选择目标企业,通过并购或其他股权参与形式实现控制,从而调整或改变国外企业的生产线,使其生产自身的品牌产品。

生产进入战略的优点是:通过资源外取弥补自身某些生产资源的不足,扩展多样化经营;克服国际经营市场进入障碍;降低国际经营费用,获得国际经营成本优势;建立国际优势替代。其缺点是:面临较高程度的经营风险;巨大的资本资源投入;经营周期较长,投资回收相对较慢。

(2)产品进入战略。产品进入战略是指跨国经营企业通过特定产品进入世界市场(目标市场)的基本战略,产品是其进入市场并获得内在市场份额的基本手段。

产品进入战略的基本途径是:①产品直接扩散。产品直接扩散是指跨国经营企业利用其在国内生产的产品或在国内市场上具有主导意义的产品直接进入世界市场,即利用原创产品到世界市场上寻求新客户或建立新的营销网络。直接扩散的方式无须调整或改变生产体系,无须增加研发,因此对于某些一般性产品较为适用。如日本企业就曾利用此方式,成功地将其国内生产的照相机、普通家用电器、小型机器工具等直接扩散到美国市场。但对于那些具有较强竞争性的产品来说,这种方式的效率极其有限。②产品适应。产品适应是指通过技术性或工艺性的变革与创新,对原创产品进行改变,以使其更加适应目标市场的消费需求。如美国通用食品公司生产出来的咖啡,具有混合特性,可以供应具有不同偏好的消费者。③产品创新。产品创新是指发明或创造新产品,以便进入世界市场。产品发明有两种形式:一种是前向发明,即重新引入过去的产品形式;另一种是后向发明,即创造新产品。

无论采取何种产品进入的方式,都必须充分考虑三方面因素:市场条件、生产条件、技术条件。产品进入战略的优点是:有利于迅速形成明确的国际经营市场定位;建立产品销售国际网络;避开在位企业的优势或强项,从市场的薄弱环节和空挡入手,建立滩头阵地。

(3)价格进入战略。价格进入战略是指跨国经营企业通过综合运用必要的价格手段进入世界市场的基本战略。价格进入战略的核心是通过一定的价格,为跨国经营企业的产品进而为其生产进入世界市场打开通道。这里的价格手段既包含制定价格,也包含策划价格变动。

制定价格是指跨国经营企业在进入世界市场时,对自己的产品所制定的市场价位,基本要求是适当合理。策划价格变动是指在进入世界市场以后,根据世界市场行情的变化,及时进行价格调整,以保证产品价格与市场需求和产品营销策略的一致性。

价格进入战略的基本途径是:①竞高价格进入。竞高价格进入是指以制定高于竞争对手的价格销售产品,进入市场。竞高价格进入在表面上看是一种不符合市场逻辑的方式,但是,对于某些特殊产品来说,竞高价格恰恰是阻止竞争对手进一步进入的障碍。因此,对于跨国经营企业来说,是否采取竞高价格进入策略,取决于三个方面的条件:一是企业所拥有的市场在位优势;二是产品本身的特性,即竞争性;三是市场需求情况。当跨国经营企业在特定时间和特定产品市场上,具有较高或显著的在位优势或产品本身的技术特性、技术性能、技术品质高,而市场又显示出特定旺盛的需求时,运用竞高价格是正确选择。②竞低价格进入。竞低价格进入是指以制定低于竞争对手的价格销售产品,进入市场。在一个竞争性的市场上,当产品具有基本相同的质量,价格就成为主要的竞争手段。企业以较低的价格进入市场,能够迅速扩大市场吸引力。是否采取竞低价格进入,由三个因素决定,即企业的生产成本基础、产品的技术性能、长期和短期利益。当跨国经营企业具有相对成本优势,并且主要基于企业长期发展的预谋,采取竞低价格进入是正确选择。

直接进入战略具有迅速、准确、规模性等特点,但直接进入战略在实际运用时,通常会遇到更强大的障碍。因此,在运用直接进入战略时,配之以必要的间接进入战略,必将使跨国经营获得更大的灵活性和战略适应性。

2. 间接进入战略

间接进入战略是跨国经营企业基于对国际经营环境的分析和世界市场细分,确立目标进入市场,综合运用营销策划、市场渗透、国际公共关系等基本手段和途径,实现市场进入的战略。当代跨国经营中,主要运用的间接进入战略如下:

(1)营销进入战略。营销进入战略是指跨国经营企业通过国际目标市场细分,准确了解和把握市场特性,综合运用各种营销手段和策略,实现产品有效进入市场的基本战略。营销进入战略的前提是准确分析市场特性,其关键是营销方式,核心是营销策略。

(2)产品渗透进入战略。产品渗透进入战略是指跨国经营企业通过产品开发、产品创新和完善产品服务体系等手段,实现市场扩张的战略。

产品渗透进入战略的基本途径是:①产品的深度发展。它是指产品系列的完善,表现为两方面:首先是由低级产品不断向中高档产品深化的过程,其本质是产品质量、性能、规格和品种等的不断完善;其次是以中档产品为基础向两端分向发展的过程,包括向低级方向发展和向高级方向发展。②产品的宽度发展。它是指增加产品的品种或系列,使产品的式样或型号多样化,即形成"多品种、多规格、多型号"。③产品的质量发展。质量是产品市场生命力之源,也是可持续市场营销的根本保证。

(3)渠道渗透进入战略。在激烈竞争的世界市场上,为了获得稳定的客户份额,企业必须致力于建立一个有效的营销网络和产品销售的渠道。渠道渗透战略是指跨国经营企业通过渠道或网络介入,或直接建立分销体系等手段,实现有效进入世界市场的基本战略。

渠道渗透进入战略的主要途径是:①渠道或网络介入。渠道或网络介入是指借助于当地市场上或某些其他公司的现有营销网络,有计划地"借船登陆"。这样做的好处是:充分利用现有渠道或网络的形象与知名度,促进企业产品迅速地被用户所接受,同时实现在较低成本上为建立独立分销体系奠定基础。②建立分销体系。建立分销体系是指企业依据对世界市场的细分和世界市场定位,建立和健全营销网络,从而实现稳定市场占有率的长期目的。

思考与练习

1. 试述当代世界市场的基本特征。

2. 当代世界市场是如何构成的?

3. 世界市场价格形成的基础是什么?

4. 世界市场价格是否围绕商品价值上下波动?

5. 简述世界市场价格的种类。

6. 世界市场的形成与发展也可以说是经济全球化的过程,对经济全球化的起源,西方学者有三种观点。①短时段:19 世纪末资本主义世界殖民体系的形成;二战后国际机构(联合国、世界银行、关贸总协定等)的建立;冷战结束。②中时段:16 世纪资本主义的世界性扩张。③长时段:全球化在资本主义兴起和扩张之前很久就开始了,资本主义不过是这一过程的一种结果。世界体系不是 500 年,而是 5000 年。结合本专题有关材料,你赞同哪一种观点? 并简要说明理由。

7. 简述国别价值与国际价值的关系。

8. 影响世界市场价格变动的因素有哪些?

9. 进入世界市场的途径有哪些?

10. 世界市场价格形成和变动的基本规律是什么?

第5章 古典自由贸易理论

课前导读

适用于家庭的行为准则同样适用于国家。如果外国能够为我们提供一种产品,比我们自己生产的要便宜,最好用我们有些优势的工业生产出来的部分产品来和外国交换,如果能够买到的产品比我们自己制造的要便宜,我们自己再去生产,当然是得不偿失的。

——亚当·斯密

中国地大物博,宝藏很多,可用于开采及生产的土地总量很大,但是耕地却很少,大家只好暂时吃少一点。

——毛泽东

要充分发挥比较优势,促进中部地区崛起。

——温家宝

促进区域协调发展,发挥好各地区比较优势。

——习近平

5.1 古典贸易理论

古典贸易理论,主要是指以古典经济学派的亚当·斯密、大卫·李嘉图等人为代表的自由贸易理论。在国际贸易理论界占据主流地位的是以李嘉图比较优势理论和赫克歇尔-俄林要素禀赋理论为代表的主张自由贸易的传统贸易理论。

5.1.1 绝对优势理论

1. 绝对优势理论产生的背景

亚当·斯密(Adam Smith,1723—1790)是英国著名的经济学家、资产阶级古典经济学派的主要奠基人之一、国际分工及国际贸易理论的创始人。

在亚当·斯密所处的时代,英国产业革命逐渐展开,经济实力不断增强,新兴的产业资产阶级迫切要求发展资本主义。但这时,存在于乡间的行会制度严重阻碍了生产者和商人的正常活动,重商主义的理论和政策占据统治地位,极端保护主义严重阻碍了对外贸易发展,使新兴资产阶级从海外获得生产所需的廉价原料并为其产品寻找更大海外市场的愿望难以实现。亚当·斯密站在产业资产阶级的立场上,在 1776 年发表的《国民财富的性质和原因的研究》(简称《国富论》,*The Wealth of Nations*)一书中,批判了重商主义,创立了自由放任(laissez-faire)的自由主义经济理论。在国际分工、国际贸易方面,提出了主张自由贸易的绝对优势理论

(theory of absolute advantage)。

2. 绝对优势理论的含义

绝对优势(absolute advantage)是指在某一商品的生产上,一国所耗费的劳动成本绝对低于另一国所产生的在该产品生产上的优势。

亚当·斯密的绝对优势理论主张自由贸易,他认为,每个国家都有其适宜于生产某些特定产品的绝对有利的生产条件,因而生产这些产品的成本会绝对地低于他国。如果每个国家都按照其绝对有利的生产条件去参与国际分工,进行专业化生产,然后通过国际贸易进行交换,将会使各国的资源得到最有效率的利用,大大地提高劳动生产率和增加各国的物质福利,最终对所有国家都是有利的。

3. 绝对优势理论的主要论点

亚当·斯密主张自由贸易的思想是建立在他的国际分工学说基础上的。他由个人分工推及社会分工进而到国际分工,论述了分工及引起分工的原因,促进分工的条件和前提。

(1)分工可提高劳动生产率。亚当·斯密认为,财富的增长要靠劳动效率的提高和劳动数量的增加来实现,而分工可以提高劳动生产率,因而能增加国家财富。亚当·斯密以手工制针工厂为例,论证了分工对提高劳动效率的积极作用,主要体现在三个方面:①分工使工人的技巧因业专而日进,提高熟练程度;②分工使每人专门从事一项工作,免除转换工作所浪费的时间;③分工便于改进生产工艺和发明工具、机器。

(2)分工的原则是绝对优势。亚当·斯密认为,如果每个人都能生产其最具优势的产品,然后互相进行交换,那么每个人都能从中获利。亚当·斯密指出:"如果一件东西在购买时所费的代价比在家内生产时所花费的小,就永远不会想要在家内生产,这是每一个精明的家长都知道的格言。裁缝不会试图自己做鞋,而是从鞋匠那里买鞋。鞋匠不想制作他自己的衣服,而雇裁缝裁制。农民不想缝衣,也不想制鞋,而宁愿雇用那些不同的工匠去做。"在亚当·斯密看来,适用于一国内部的不同职业之间、不同工种之间的分工原则,也适用于各国之间。"如果外国能以比我们自己制造还便宜的商品供应我们,那么,我们最好就用我们具有某些优势的行业中生产出来的部分产品来向他们购买。"

(3)分工的基础是有利的自然禀赋或后天的有利条件。绝对优势是通过生产成本的比较确定的。亚当·斯密认为,各国的绝对优势可能来源于两个方面:①各国固有的自然禀赋(natural endowment),如地理、环境、土壤、气候、矿产等自然条件;②后来获得的某些有利的自然条件(acquired endowment),如民众特殊的技巧和生产工艺。这些优势可以使一个国家生产某种产品的成本绝对低于别国,因而在该产品的生产和交换上处于绝对有利地位。

4. 绝对优势理论的模型分析

假定世界上只有葡萄牙和英国两个国家,只生产两种产品——葡萄酒和布,投入的资源为劳动,也就是通常说的2×2×1模型。葡萄牙生产1单位的酒,投入的劳动时间仅为1个小时,而英国则需要2个小时,在酒的生产上,葡萄牙拥有绝对优势;生产1单位布,英国仅用了1个小时,而葡萄牙需要2个小时,英国在布的生产上具有绝对优势,如表5-1所示。

表 5-1　英国和葡萄牙的绝对优势

	布(1 单位)	酒(1 单位)
英国	1 小时	2 小时
葡萄牙	2 小时	1 小时

在没有进行国际分工和国际贸易的条件下,葡萄牙和英国都需要生产两种产品以满足国内需要,即各生产1单位布和1单位酒。在两国实行专业化分工后,按照绝对优势原理,葡萄牙专门生产酒,英国专门生产布,即葡萄牙将生产布的2个小时转移到生产酒的部门,英国将生产酒的2个小时转移到生产布的部门。在这种情况下进行分工,则两国的生产状况如表5-2所示。

表 5-2　英国和葡萄牙的产品状况(分工后)

	布	酒
英国	3 单位	
葡萄牙		3 单位

与分工前相比,两国生产的布和酒都增加了1个单位,社会财富的总量增加了。假定分工后,按照1∶1的交换比例,英国拿出1.2单位布与葡萄牙交换1.2单位酒,这样英国比自给自足时多消费了0.8单位布和0.2单位酒,而葡萄牙比自给自足时多消费了0.2单位布和0.8单位酒(见表5-3)。两国比贸易前都增加了消费,都超过了自给自足时的消费水平,这就是分工和贸易带来的"双赢"。

表 5-3　英国和葡萄牙的消费状况(贸易后)

	布	酒
英国	1.8 单位	1.2 单位
葡萄牙	1.2 单位	1.8 单位

5. 对绝对优势理论的评价

绝对优势理论在历史上第一次从生产领域出发,解释了国际贸易产生的部分原因,也首次论证了国际贸易不是一种"零和博弈",而是一种"双赢博弈"的思想,从而为科学的国际贸易理论的建立做出了重要的贡献。从某种意义上说,这种"双赢"理念仍然是当代各国扩大开放、积极参与国际分工贸易的指导思想。

但是,斯密的绝对优势理论本身只能解释国际贸易中一部分国家的贸易,即具有绝对优势的国家参与国际分工和国际贸易能够获利。但在现实世界中,有些国家技术先进,可能在各种产品的生产上都具有绝对优势,而另一些国家可能没有任何一种产品处于绝对有利的地位,那这些国家还能不能参加国际贸易呢? 对这个问题,斯密的绝对优势理论无法解释和回答。

5.1.2　比较优势理论

1. 比较优势理论产生的背景

大卫·李嘉图(David Ricardo,1772—1823)是英国著名的经济学家、资产阶级古典经济学的完成者。李嘉图所处的时代正是英国工业革命迅速发展、资本主义不断上升的时代。1815年英国政府颁布了《谷物法》,导致粮价上涨、地租猛增,严重地损害了工业资产阶级的利益。英国工业资产阶级和土地贵族阶级围绕《谷物法》的存废,展开了激烈的斗争,他们迫切需要从理论上论证废止《谷物法》、实行谷物自由贸易的正确性。大卫·李嘉图在这场斗争中站在工业资产阶级立场,他继承和发展了亚当·斯密的绝对优势理论,在其 1817 年出版的代表作《政治经济学及赋税原理》(*Principles of Political Economy and Taxation*)一书中提出了著名的比较优势理论(theory of comparative advantage),解决了绝对优势理论不能回答的问题,指出即使一国各个行业的生产都缺乏效率,没有绝对优势产品,仍能通过国际贸易活动获取利益。

2. 比较优势理论的含义与主要内容

如果 M 国生产 A、B 两种产品的劳动成本的比率低于 N 国生产这两种产品的劳动成本的比率,即 $\left(\dfrac{C_A}{C_B}\right)_M < \left(\dfrac{C_A}{C_B}\right)_N$,则 M 国在 A 产品的生产上具有比较优势(comparative advantage),相应,N 国具有生产 B 产品的比较优势。

大卫·李嘉图在阐述比较优势理论时,也采用了由个人之间的经济关系推及国家之间的经济关系这种实证的方法。他举例说,如果两个人都能制造鞋和帽,其中一个人在制鞋时比另一个人强三分之一、在制帽时比另一个人强五分之一,那么这个较强的人专门制鞋,而那个较差的人专门制帽,然后进行交换,则对双方都有利。李嘉图由个人推及国家,认为国家之间也应该按照"两优取其重、两劣取其轻"的比较优势原则进行分工。

大卫·李嘉图以比较优势为基础,阐述了比较优势理论的主要内容。他认为,在国际分工和国际贸易中起决定作用的不是绝对优势,而是比较优势。各个国家应专业生产并出口那些它们具有比较优势的产品,其基本原则是"两优取其重、两劣取其轻"。这样,可以增加产品数量、节约劳动成本,形成互惠互利的国际分工和贸易。即使效率最低、成本最高的国家也有自己的比较优势,也能从对外贸易中获利;即使最先进和最落后的国家之间也存在着互惠互利的国际分工和国际贸易。

3. 比较优势理论的模型分析

我们仍然沿用两个国家、两种产品、一种生产要素投入即劳动,也就是 $2 \times 2 \times 1$ 模型来进行分析。假定英国、葡萄牙两国同时生产葡萄酒和呢绒,其成本如表 5-4 所示。

表 5-4　英国和葡萄牙的生产成本

	呢绒(1 单位)	酒(1 单位)
英国	100 天	120 天
葡萄牙	90 天	80 天

由表 5-4 可以看出,葡萄牙在呢绒和葡萄酒这两种商品上的劳动生产率与英国相比都处于绝对优势地位。按斯密的理论,在以上的情况下,英国、葡萄牙两国之间不会发生贸易,因为英国两种产品的劳动成本都绝对高于葡萄牙,英国没有什么东西可以卖给对方。但是,经过李嘉图的分析,即使在这种情况下,两国仍能进行对双方都有利的贸易。

虽然英国生产这两种产品成本均高,都处于绝对劣势,但是相对于葡萄牙,英国生产呢绒的劳动消耗(100/90)与生产葡萄酒的劳动消耗(120/80)相比劣势较小,所以应分工生产呢绒。葡萄牙两种产品成本都比英国低,但两相比较,酒的成本最低、优势最大,所以应该分工生产酒。上述即为"两优取其重、两劣取其轻"的分工原则。分工后,两国的生产状况如表5-5所示。

表5-5　英国和葡萄牙的生产状况(分工后)

	呢绒产量(单位)	酒产量(单位)
英国	(120+100)/100=2.2	
葡萄牙		(80+90)/80=2.125

表5-5显示,英国与葡萄牙在进行专业化分工后,两种产品的产量都有所增加,呢绒多产出0.2单位,葡萄酒多产出0.125单位,社会财富总量增加了。假设英国用呢绒来换取葡萄牙的葡萄酒,交换比例为1∶1,则交换后的情况如表5-6所示。

表5-6　英国和葡萄牙的消费状况(贸易后)

	呢绒	酒
英国	1.2单位	1单位
葡萄牙	1单位	1.125单位

通过国际贸易,英国比分工前自给自足情况下多消费0.2单位呢绒,葡萄牙比分工前自给自足情况下多消费0.125单位酒。可见,即使一国在两种产品的生产上都处于不利地位,通过国际分工和贸易,双方仍可获益。

4.对比较优势理论的评价

比较优势理论是国际贸易理论的基石。正如美国经济学家萨缪尔森所言,它是经济学中最深刻的真理之一,它为国际贸易提供了坚实的理论基础。可以说,现代西方经济学的国际贸易理论都是在比较优势理论基础上发展起来的。与斯密的绝对优势理论相比,李嘉图的比较优势理论更具有普遍意义。因此,可以将绝对优势理论看作是比较优势理论的特例。

在李嘉图比较优势理论的影响下,最终促使英国废除了《谷物法》,并先于其他国家从保护贸易转向了自由贸易政策,对加速英国的社会经济发展起了重要的推动作用,为英国奠定其经济霸主地位推波助澜,对整个世界经济发展、带动世界各国工业生产水平提高都产生了深远影响。

然而,李嘉图的比较优势理论也存在一定的局限性。例如,该理论没有明确国际交换价格的确定,更没有涉及贸易利益在两国之间如何分配等重要问题;假定生产要素同质,并把劳动看作是唯一的生产要素,忽视了资本、土地、技术等其他要素的作用。

5.比较优势理论的现代经济学分析

在李嘉图的理论中,劳动是唯一的生产要素并且是同质的。然而,这并不能够完全覆盖经济实际中的全部情形。

实际上,经济中的要素总是多种的,任何国家生产任何一种产品所需要的资源或要素不仅存在数量要求而且存在结构或种类的配置问题。那么,针对多种要素(如两种要素)条件下的产品生产的贸易问题,奥地利经济学家哈伯勒(Haberler)在继承李嘉图理论分析框架的基础上通过引入并运用机会成本的概念,对李嘉图古典贸易理论进行了演绎。

5.1.3　相互需求理论

1. 穆勒的相互需求理论

约翰·穆勒(John Stuart Mill,1806—1873)是李嘉图的学生,是 19 世纪中叶英国最著名的经济学家,其代表作为《政治经济学原理》。在该书中,他提出了相互需求理论(reciprocal demand theory),并对比较优势理论做了重要的说明和补充。他在相互需求理论的基础上,用两国商品交换比例的上下限解释互惠贸易的范围。

(1)比较成本确定互惠贸易的范围。穆勒认为,交易双方在各自国内市场有各自的交换比例,在世界市场上,两国商品的交换形成一个国际交换比例(即贸易条件),这一比例只有介于两国的国内交换比例之间,贸易双方才都可以获利。现以英、美两国按照比较优势理论生产和交换小麦和玉米为例,假定两国劳动投入是相同的,但生产的商品数量不同,产出情况如表 5 - 7 所示。

表 5 - 7　美国和英国两种商品的交换比例

	小麦(吨/年人)	玉米(吨/年人)	国内交换比例
美国	6	4	3∶2(1∶2/3)
英国	1	2	1∶2

分工前,在美国国内,1 吨小麦可换取 2/3 吨玉米;在英国国内,1 吨小麦可换取 2 吨玉米。按照比较优势理论,分工后,美国专门生产小麦,英国专门生产玉米,再相互交换产品。如果两国之间的交换比例为 1 吨小麦交换 2/3 吨玉米,即按美国国内的交换比例进行交换,美国并不比分工前多获产品,即未获得贸易利益,因而会退出交易而使国际贸易不可能发生。显然,两国交换比例不可能低于 1 吨小麦交换 2/3 吨玉米。同理,如果两国间的交换比例为 1 吨小麦交换 2 吨玉米,即按英国国内的交换比例进行交换,英国不能从两国贸易中获益也会退出交易,国际贸易也不会发生。显然,这个比例更不能高于 1 吨小麦交换 2 吨玉米。因此,两国间小麦和玉米的交换比例必须介于美、英两国的国内交换比例之间,才会使两国都能够从贸易中获益。即

1 吨小麦交换 2/3 吨玉米<1 吨小麦交换玉米的数量<1 吨小麦交换 2 吨玉米

可见,两国这两种产品的国内交换比例或比较优势决定了它们的国际交换比例的上下界限。实际的国际交换比例或国际贸易条件,必定介于由两国国内交换比例所确定的界限之内。

(2)贸易条件影响贸易利益的分配。国际贸易能给参加国带来利益。贸易利益的大小取决于两国国内交换比例之间范围(互惠贸易范围)的大小。而贸易利益的分配中孰多孰少,则取决于具体的贸易条件。国际商品交换比例越接近于本国国内的交换比例,对本国越不利,本国分得的贸易利益越少,因为越接近于本国国内的交换比例,说明本国从贸易中获得的利益越接近于分工和交换前自己单独生产时的产品量。相反,国际商品交换比例越接近于对方国家国内交换比例,对本国越有利,分得的贸易利益就越多,因为越接近于对方国家国内交换比例,意味着离本国国内的交换比例越远,本国从贸易中获得的利益超过分工和交换前自己生产时的产品量越多。

(3)相互需求状况决定具体的贸易条件。穆勒将需求因素引入国际贸易理论之中,他认为,贸易条件或两国之间商品交换比例是由两国相互需求对方产品的强度决定的,它与两国相互需求对方产品总量之比相等,这样才能使两国贸易达到均衡。

如果两国的需求强度发生变化,则贸易条件或两国之间的交换比例必然发生变动。一国对另一国出口商品的需求愈强,而另一国对该国出口商品的需求愈弱,则贸易条件对该国愈不利,该国的贸易所得愈少;反之,则贸易条件对该国愈有利,该国的贸易所得愈大,这就是相互需求法则(又称国际需求方程式)。

综上所述,可总结出相互需求理论的基本内容:贸易参与国的国内交换比例决定了互惠贸易的范围,均衡贸易条件取决于进行贸易的两个国家各自对对方商品需求的相对强度。外国对本国商品的需求强度愈是大于本国对外国商品的需求强度,贸易条件愈是接近于外国的国内的两种商品的交换比例,这个贸易条件就对本国愈是有利。

(4)对穆勒相互需求理论的评价。穆勒的相互需求理论强调了需求因素在确定国际贸易商品交换的比例,即贸易条件上的重要作用,以比较利益为基础阐述了国际贸易商品交换比例确定的过程,为比较优势理论的进一步完善做出了贡献。首先,穆勒的相互需求理论补充了国际贸易能够为双方带来利益的范围问题。而在李嘉图的比较优势模型中,两国的交换比例只是在这个范围内的一个交换比例,他没有说明所有的交换比例。其次,穆勒的相互需求理论补充了贸易利益如何进行分配的问题。而李嘉图的比较优势理论只是强调国际贸易能够给双方带来利益,但却没有进一步论证带来的利益有多少及贸易双方各得多少。

2.马歇尔的相互需求理论

穆勒的相互需求理论虽然能够解释国际贸易交换比例的确定,但不够精确。英国经济学家马歇尔(A. Marshall)在穆勒的理论基础上,用均衡价格理论来解释描绘贸易条件的提供曲线,来说明供给和需求是如何共同决定贸易条件的。

提供曲线(offer curve)也称相互需求曲线(reciprocal demand curve),它表示一国为了进口其需要的某一数量的商品而愿意出口的商品数量。提供曲线既可以看成是一国的出口供给曲线,也可视为一国进口商品的需求曲线。作为出口供给曲线,它表示在不同的贸易条件下,一国愿意提供出口产品的数量;作为进口需求曲线,它表示在不同的贸易条件下,一国对进口产品的需求量。如果把贸易双方的供给和需求曲线放在一个坐标图上,只要两条曲线在原点有不同的斜率,即两国国内的均衡价格不同,它们总会在某处相交,因为两国国内均衡价格存在差异。如果两国开展贸易,它们将相互出口本国具有优势的商品。若贸易失衡,它们将改变两种商品的相互需求和供给状况,驱使商品价格进行调整,直到与均衡价格相等为止。

5.2 新古典贸易理论

古典贸易理论认为比较优势的产生是由于各国之间劳动生产率的差异,但没有解释产生这种差异的原因。20世纪30年代由瑞典经济学家赫克歇尔和俄林在比较优势理论的基础上提出的要素禀赋理论认为,各国之间劳动生产率的不同只能解释贸易产生的部分原因,贸易还来自各国之间的资源差异。这是现代国际贸易理论的新开端,被誉为国际贸易理论的基石,具有里程碑意义。

5.2.1　要素禀赋理论

1. 要素禀赋理论的提出

要素禀赋理论(factor endowment theory)也称要素比例理论,是 20 世纪 30 年代由瑞典经济学家赫克歇尔(Eli Heckscher)和俄林(Bertil Ohlin)提出的。因此,这一理论被称为赫克歇尔-俄林理论,或简写成 H-O 理论。

1919 年,赫克歇尔在纪念经济学家戴维的文集中发表了题为《对外贸易对收入分配的影响》的著名论文,提出了要素禀赋理论的基本论点。这些论点当时并没有引起人们的注意,直到 10 年以后,他的学生,另一位瑞典经济学家俄林才在这篇文章的基础上做了进一步的研究。俄林于 1933 年在哈佛大学出版的名为《区际贸易与国际贸易》的博士论文中,深入而广泛地探讨了国际贸易产生的深层原因,使要素禀赋理论得以成型。鉴于其在国际贸易方面的贡献,俄林于 1977 年获得诺贝尔经济学奖。

2. 要素禀赋理论相关的几个概念

要理解要素禀赋理论,必须首先了解该理论所涉及的相关概念。这些概念主要包括生产要素、要素价格、要素密集度、要素密集型产品、要素禀赋、要素丰裕度等。

(1)生产要素和要素价格。

①生产要素(factor of production)是指生产活动必须具备的主要因素或在生产中必须投入或使用的主要手段。生产要素通常指土地、劳动和资本三要素,加上企业家的管理才能称为四要素,也有人把技术知识、经济信息当作生产要素。

②要素价格(factor price)则是指生产要素的使用费用或要素的报酬。例如,土地的租金、劳动的工资、资本的利息等。

(2)要素密集度和要素密集型产品。

①要素密集度(factor intensity)是指商品生产中所需要的各种要素之间的投入比例。各种商品由于属性不同,生产中所要求的要素比例也不同,比如农产品要求较多的土地,纺织品则要求较多的劳动。

②根据商品生产中所要求的不同要素间的比例,可以把产品划分为不同种类的要素密集型产品(factor intensive commodity)。如果某种要素在某种特定的商品中投入的比例最大,则称该商品为该要素密集型产品。例如,生产小麦投入的土地占的比例最大,便称小麦为土地密集型产品;生产纺织品劳动所占的比例最大,则称纺织品为劳动密集型产品;生产计算机资本所占的比例最大,则称计算机为资本密集型产品。在通常情况下,经济学家将商品划分为资源密集型、劳动密集型、资本密集型、技术密集型四种基本类型。

在只有两种商品(X 和 Y)、两种要素(劳动和资本)的情况下,如果 Y 商品生产中使用的资本和劳动的比例大于 X 商品生产中的资本和劳动的比例,则称 Y 商品为资本密集型产品,而称 X 商品为劳动密集型产品。这里的密集型是一个相对的概念,如果计算机生产中投入的资本与劳动的比例高于纺织品生产中资本与劳动的比例,那么计算机就是资本密集型产品,纺织品就是劳动密集型产品;反之,计算机就是劳动密集型产品,纺织品就是资本密集型产品。

(3)要素禀赋和要素丰裕度。

①要素禀赋(factor endowment)是指一国所拥有的可用于生产商品和劳务的各种生产要

素的总量。这里的生产要素既包括"自然"存在的资源,也包括"获得性"资源(如技术和资本)。国家之间生产要素禀赋的差异,并不是指生产要素的绝对量在两个国家不同,而是指各种生产要素的相对量在两个国家不同。

②要素丰裕度(factor abundance)是指在一国的生产要素禀赋中某要素供给所占比例大于别国同种要素的供给比例而相对价格低于别国同种要素的相对价格。衡量要素丰裕程度有两种方法,一是以生产要素供给总量来衡量,另一种是以要素相对价格来衡量。

在第一种方法中,如果 B 国的可用总资本与可用总劳动的比例(TK/TL)大于 A 国的这一比例,我们就说 B 国是资本丰裕的国家。在使用这种方法定义时,我们使用的是总资本与总劳动的比率,而不是总资本与总劳动的绝对数量。在第二种方法中,如果 B 国资本的租用价格和劳动租用价格的比率(P_K/P_L)小于 A 国的这一比率,我们就说 B 国是资本丰裕的国家,相对而言,A 国是劳动丰裕的国家。

要素丰裕度也是一个相对概念。如果美国的人均资本高于中国,美国就是资本丰裕的国家,中国就是劳动丰裕的国家。但是,如果中国与越南或柬埔寨相比,中国又该称作资本丰裕的国家。

3. 要素禀赋理论的基本内容

(1)要素禀赋理论的基本假设条件。要素禀赋理论是建立在一系列简单假设之上的,其基本的假设主要包括以下九个方面:

①2×2×2 假定。假定只有两个国家,两种商品 X、Y,两种生产要素 K、L。

②自由贸易假定。假定没有运输成本、关税以及其他限制商品自由流动的障碍。

③要素流动性假定。生产要素只能在一国范围内自由流动,在国家之间不能自由流动。

④完全竞争假定。假定两个国家的商品市场和要素市场都实现完全竞争。参与市场交易的供给者、需求者众多,生产要素、商品是同质的,具有完全信息。在长期内完全竞争市场商品的价格等于生产商品的边际成本,同时等于商品的边际收益。

⑤规模收益不变假定。假定两国在两种商品的生产上保持规模收益不变,产量增加的比例等于生产要素投入量增加的比例。

⑥技术相同假定。假定两国具有相同的技术水平,具有相同的生产函数,投入同样数量的生产要素,生产同等数量的某种商品。

⑦要素密集度假设。假设两种商品的要素密集度不同,一种为劳动密集型,另一种为资本密集型。由于两个国家生产同种产品的技术相同、生产函数相同,所以同种商品在两个国家密集度是相同的。

⑧消费者偏好相同假定。假定两国消费者对两种商品偏好相同,两国的社会无差异曲线在形状和位置上一致。

⑨资源充分利用假定。假定两国在贸易前后都能生产出最大可能的产量,生产点总是落在生产可能性边界上。

(2)赫克歇尔-俄林定理(H-O 模型)。从上面所述的假设出发,可以这样表述赫克歇尔-俄林定理:一国应当出口该国相对丰裕和便宜的要素密集型产品,进口该国相对稀缺而昂贵的要素密集型产品。简言之,一个国家在国际分工中应该遵循"靠山吃山、靠水吃水"的原则,劳动相对丰裕的国家拥有生产劳动密集型产品的比较优势,因而应该生产和出口劳动密集型产品,而进口资本密集型产品;而资本相对丰裕的国家拥有生产资本密集型产品的比较优势,因而应该生产和出口资本密集型产品,进口劳动密集型产品。

在所有造成国家之间相对价格差异和比较优势的原因中,赫克歇尔-俄林理论认为各国的相对要素丰裕度(各国的要素禀赋)是国际贸易中各国具有比较优势的基本原因和决定因素。正是这个原因,赫克歇尔-俄林理论常常又被称为要素比例或要素禀赋理论。

4. 要素价格均等化理论

以上根据要素禀赋理论说明了两国由于资源赋予的不同进行贸易所需要的条件,并在此基础上决定了两国贸易的走向。那么,两国发生了贸易以后,其各自资源赋予情况会发生什么变化?

假设有甲、乙两国,甲国劳动力相对丰富,而乙国资本相对丰富,两国发生贸易后,劳动密集型产品由甲国出口到乙国,资本密集型产品由乙国输入甲国。随着贸易的深入和扩大,甲国的劳动力愈来愈多地被雇用来生产出口货物,劳动力需求的增加使它逐渐变成比较稀缺的要素;而资本密集型产品输入量的增加,使得对资本的需求得到缓和,资本逐渐成为甲国国内数量比较丰富的生产要素。于是劳动这种本来丰富的要素变得比较稀缺时,它的价格上涨;资本这种本来稀缺的要素变得比较丰富时,它的价格下降。对于资本相对丰富的乙国来说,国内发生的情况与甲国恰恰相反。

国际贸易可能导致要素价格均等化的论点最早是由赫克歇尔提出的。俄林认为,虽然各国要素缺乏流动性使世界范围内要素价格相等的状态不能实现,但商品贸易可以部分代替要素流动,弥补缺乏流动性的不足,所以国际贸易使要素价格存在着均等化的趋势。在赫克歇尔-俄林要素禀赋理论的基本假设条件下,美国经济学家萨缪尔森(Paul Samuelson)证明了以下结论:自由贸易不仅使两国的商品价格相等,而且使两国生产要素的价格相等,以致两国的所有工人都能获得同样的工资率,所有的资本(或土地)都可以获取同样的利润报酬,而不管两国生产要素的供给与需求模式如何。

要素价格均等化理论(factor-price equalization theory)可表述为:在满足要素禀赋理论的全部假设条件下,国际贸易会使得各国同质生产要素获得相同的相对与绝对收入。这样一来,国际贸易就代替了国际生产要素的流动。这个理论建立在赫克歇尔-俄林模型的基础上,并由萨缪尔森发展,所以,要素价格均等化理论又被称为赫克歇尔-俄林-萨缪尔森理论,简称赫-俄-萨理论(H-O-S 理论)。

根据这一理论,国际贸易不仅可以合理配置资源,而且可以"调节"各国之间的收入分配,最终缩小各国之间的经济差距。比如,美国、日本、印度、新加坡等国工人收入水平的差距将趋向消失。

但是,在现实中,自近代国际贸易历史开始以来,国际贫富差距不但没有缩小,反而继续扩大。这是为什么呢?可以认为,存在着一系列阻碍国际生产要素自由流动的因素,从而使得理论的假设前提条件不能够得到满足。

5.2.2　里昂惕夫之谜及其不同的解释

1933—1953 年的 20 年间,要素禀赋理论被公认为是经济学中的一颗"明珠"。经济学家惊异于其逻辑的严谨、模型的精巧,以及对诸多现实问题的解释能力。从 20 世纪 50 年代初开始,随着对该理论所做的实证检验工作不断深入,这一理论的不足也开始暴露出来了。在众多的研究中,美国经济学家瓦西里·里昂惕夫(Wassily Leontief)对该理论适用性进行的检验,既是第一次也是最具代表性的一次,对要素禀赋理论的后续发展产生了重大影响。

1. 对要素禀赋理论的检验:里昂惕夫之谜

里昂惕夫深信要素禀赋理论,他想通过美国的数据来检验赫克歇尔-俄林的要素禀赋理论的正确性。根据要素禀赋理论,一国出口的是密集使用本国丰富要素生产的产品,进口的是密集使用本国稀缺要素生产的产品。在第二次世界大战结束之初,人们普遍认同美国是个资本丰富而劳动力稀缺的国家,因而里昂惕夫期望能够得出美国出口资本密集型产品、进口劳动密集型产品的结论。

为了检验要素禀赋理论,1953 年里昂惕夫在美国《经济学与统计学杂志》上发表了一篇文章。在文章中,他运用自己首创的"投入-产出"分析法,并利用美国 1947 年的数据测算了美国 200 个行业进、出口商品的要素含量,试图证明 H-O 模型的正确性。他把生产要素分为资本和劳动两种,然后选出具有代表性的一篮子出口品和一篮子进口替代品,计算出每百万美元的出口品和每百万美元的进口替代品所需要的国内资本和劳动量及其比例。里昂惕夫的测算结果如表 5-8 所示。

表 5-8　美国每百万美元出口产品和进口替代品的资本和劳动需求(1947 年)

	出口商品	进口替代品
每百万美元所含资本 K(美元)	2550780	3091339
每百万美元所含劳动量 L(人·年)	182.313	170.004
资本-劳动比率 K/L(美元/人·年)	13991	18184

资料来源:Dominick Salvatore:《国际经济学》(第五版),清华大学出版社,第 101 页;薛敬孝、佟家栋、李坤望主编《国际经济学》,高等教育出版社,第 65 页。

里昂惕夫的计算结果令人震惊。由表 5-8 可知,美国出口商品的资本-劳动比例是 13991 美元/人·年,进口替代品的资本-劳动比例是 18184 美元/人·年。美国进口替代品的资本密集度是美国出口商品的资本密集度的 1.3 倍。这意味着,美国进口的是资本密集型产品,出口的是劳动密集型产品。这一结果与 H-O 理论恰恰相反,这就是著名的里昂惕夫之谜(Leontief paradox)。

由于里昂惕夫之谜的出现,使 H-O 理论处于一种颇为尴尬的境地。问题究竟出在哪里?这吸引了许多经济学家试图从各个方面来解释这一令人困惑的现象,这种探索推动了战后国际贸易理论的巨大发展。

2. 对里昂惕夫之谜的不同解释

对里昂惕夫之谜产生的原因,主要有两类解释:一类是对里昂惕夫的统计方法及统计资料的处理提出不同的意见;另一类是对 H-O 理论本身进行新的研究和探索。代表性的解释有以下方面:

(1)劳动者技能水平的差异。这个观点最早是由里昂惕夫本人提出的。里昂惕夫曾反思自己没有认真评估美国的要素禀赋,想当然地认为美国是资本丰富的国家。对此,他从有效劳动(effective labor)的角度做出了如下解释:由于劳动素质各不相同,在同样资本的配合下,美国工人的劳动生产率比他们的外国同行要高得多,因此若以他国作为衡量标准,则美国的有效劳动数量应是现存劳动量的数倍。从有效劳动数量看,美国应为(有效)劳动相对丰富的国家,而资本在美国则成为相对稀缺的要素。这样一来,矛盾现象似乎就不存在了。但若此观点正确,美国就无所谓划分劳动密集型还是资本密集型的产品了。这一解释没有被广泛接受,里昂惕夫自己后来也否定了它。

(2)人力资本说。受里昂惕夫有效劳动解释的启发,后来一些学者在要素禀赋理论的框架下引入人力资本这一因素。由于质量上的差异,一般劳动可区分为熟练劳动和非熟练劳动两类。其中熟练劳动是指具有一定技能的劳动,这种技能不是先天具备的,而是通过后天的教育、培训等手段积累起来的。这种后天的努力类似于物质资本的投资行为,所以我们称熟练劳动为人力资本。这样一来,资本的含义更广泛了,它既包括有形的物质资本,又包括无形的人力资本。美国在人力资本上的投入远远超过了其他国家,这就意味着美国劳动力含有更多的人力资本,这使美国出口商品的资本密集度要大于进口商品的资本密集度。但这种解释的困难在于,人们很难准确地获得人力资本的真正价值以及相关的数据。

(3)自然资源说。该种解释认为,在 H-O 理论中,只考虑了两种生产要素——资本和劳动,而忽略了自然资源要素,如土地、矿藏、森林、水资源等。许多贸易产品都是资源密集型的,自然资源要素与资本要素之间存在相互替代关系。如果生产某种商品的自然资源不足,就必然要投入较多的资本(先进设备等)。阿拉伯半岛石油资源丰富,开采方便,所需要的设备简单,因此,投入的资本相对较少。而在石油稀缺的地方,即使投入大量的资本,也只能生产出成本较高的石油。研究表明,美国的多数进口商品正是美国资源稀缺的商品,作为进口竞争品在美国生产,必须投入较多的资本。而对于出口国来说,这些产品是资源密集型的,所需投入的资本相对较少,生产成本较低。在考虑自然资源这一因素后里昂惕夫之谜也得到解释。从自然资源的角度看,实际上美国进口的是其稀缺的自然资源,而不是资本。

(4)贸易保护说。H-O 理论是建立在完全自由竞争的假设之上的,而现实的国际贸易中存在着大量的关税和非关税壁垒。美国的贸易政策是:限制高技术产品(一般是资本密集型的)的出口,阻碍劳动密集型产品的进口。事实上,美国政府为了解决国内就业,制定对外贸易政策时有严重保护本国劳动密集型产品的倾向。一些研究表明,美国进口劳动密集型产品比进口资本密集型产品受到更严格的进口壁垒限制,特别受到保护的是技术落后的产业和非熟练、半熟练的劳工集团。另一方面,别的国家也可能对其进口的资本密集型产品进行较高的保护,这样会使得美国资本密集型产品的出口受到一定的影响。

(5)要素密集度的逆转。在 H-O 理论中,我们曾假设,无论在什么情况下,X 与 Y 的要素密集度的关系都是不变的,即 X 总是劳动密集型的,Y 总是资本密集型的。但在现实中,要素密集度可能发生逆转。要素密集度逆转(factor intensity reversal)是指同一种商品在劳动丰裕的国家是劳动密集型产品,在资本丰裕的国家又是资本密集型产品的情形。例如小麦,在美国由于资本相对丰裕,可以用资本密集(机械化)的方式生产,在中国由于劳动力相对丰裕,则可以用劳动密集(手工作业)的方式生产。这样,美国的进口品在其国内生产时,属于资本密集型产品,而在其出口国,则属于劳动密集型产品。因此,从要素密集度逆转的角度同样能解释里昂惕夫之谜。经济学家格鲁贝尔(H. G. Grubel)1962 年对 19 个国家的 24 个行业进行了统计分析,发现有 5 个行业存在生产要素密集度的逆转。迈可耳·霍德的研究表明,在美国和英国的双边贸易中,两国出口的商品在本国都是资本密集型的。然而,要素密集度逆转只存在于少数行业中,不具有普遍性,否则的话,整个国际贸易的经典理论就要重写了。

至此,我们可以说,里昂惕夫之谜已经解开,也可以说谜还保持着。因为每一个解释都有一定说服力,但同时又存在这样那样的不足或缺陷。因此新的探索还在进行,新的理论还在不断形成。

3. 里昂惕夫之谜引发的启示

里昂惕夫之谜是传统国际贸易理论发展史上的一个转折点,它引发了人们对要素禀赋理论的完善和修正,推动了战后国际贸易理论的新发展,使当代国际贸易理论的研究更接近现实。上述有关里昂惕夫之谜的种种解释弥补了要素禀赋理论的不足,增强了要素禀赋理论的现实性和对战后国际贸易实践的解释能力。

但是,它们并未能突破传统贸易理论的局限性,特别是未能突破古典和新古典经济学的假设前提,它们的解释力也相当有限。"谜"及其"谜"的检验告诉我们:要素禀赋理论已不能对战后国际贸易的实际做出有力的解释,因为该理论对国际贸易模式的解释仅仅依靠各国的要素禀赋,战后科学技术、熟练劳动力在生产中的作用日益加强,这些已经构成国际贸易中非常重要的因素。二战后,国际贸易实践中出现了一些新现象和新问题,特别是大量兴起的产业内贸易现象是所有传统贸易理论无法解释的。

总的看来,赫克歇尔-俄林的要素禀赋理论仍然成立,仍然被誉为传统国际贸易理论的基石,但对现实世界的解释范围越来越小,国际贸易理论需要有新的发展。

思考与练习

1. 试述比较优势理论的主要内容及其局限性。

2. 比较亚当·斯密和大卫·李嘉图的贸易分工理论的异同,解释为什么说斯密的"绝对优势理论"是李嘉图"比较优势理论"的特殊形式。

3. 中国的土地面积比澳大利亚大得多,但为什么澳大利亚的农产品比中国更具有竞争力?

4. 给定以下条件:

	A产品价格(单位:元)	B产品价格(单位:元)
甲国	3	4
乙国	(3—8)	8

试问:依照比较优势理论,乙国如果要出口A产品的条件是什么?

5. 假设世界上打字最快的打字员恰好是个律师,他应该自己打字还是雇佣一个秘书?请予以解释。

6. 市场经济是强者经济,在与发达国家开展贸易时,发展中国家往往会吃亏。请对上述观点加以评论。

7. 什么是要素价格均等化理论?

8. 要素价格均等化能够实现吗?请说明能或不能的理由。

9. 什么是"里昂惕夫之谜"?如何解释"谜"的产生?

10. 运用比较优势理论讨论经济全球化条件下发展中国家如何参与国际分工。

11. 有人认为,中国是一个土地资源稀缺的国家,中国应减少粮食生产,而从世界市场进口粮食解决中国的吃饭问题。对此你有何评论?

第6章 现代自由贸易理论

课前导读

二战后,特别是20世纪50年代之后,随着科学技术的进步和生产力的不断发展以及国际政治经济形势的相对稳定,国际贸易的规模也越来越大,国际贸易的商品结构和地区分布与战前相比发生了很大的变化。如美、日、欧之间的汽车与汽车贸易,或电器产品与电器产品的贸易。同时,由于产品差异性的存在,无论是国际市场还是国内市场,普遍存在的是不完全竞争市场。这些新情况,用传统国际贸易理论难以做出有力的解释。因此,经济学家们试图从规模经济、技术的动态转移与要素流动、需求条件变动等角度对传统国际贸易模式做一些解释和补充。

6.1 产业内贸易理论

20世纪中叶后,第三次科技革命的兴起推动了生产力的巨大发展,促进了世界经济的发展。国际分工的广度和深度得到了空前发展,分工的形式由原来的产业间、垂直型分工转化为产业内、水平型分工。作为国际分工表现形式的国际贸易也由产业间贸易向产业内贸易转化。产业内贸易更多是在发达国家之间进行,表现出了新的贸易特点。

6.1.1 产业内贸易的含义与特点

1.产业内贸易的含义

产业内贸易(intra-industry trade)是产业内国际贸易的简称,是指一个国家(地区)在一段时间内,同一产业部门产品既进口又出口的现象。比如:日本向美国出口轿车,同时又从美国进口轿车的现象;中国向韩国出口某种品牌的衬衣,同时又从韩国进口某种T恤的贸易活动。产业内贸易还包括中间产品的贸易,即某项产品的半制成品、零部件在两国之间的贸易。

在产业间贸易(inter-industry trade)中,同一产业产品基本上是单向流动,即要么进口,要么出口;而产业内贸易是双向流动的,因此产业内贸易又叫双向贸易(two-way trade)。产业间贸易是不同产业间产品的贸易,如一国生产的工业品和另外国家生产的农产品进行交易,而产业内贸易则主要是工业产品中的某一类产品间的贸易。传统的产业间贸易,一般是通过分别处于不同国家的独立厂商交易来完成,而产业内贸易则通过内部和外部两个市场来实现。现在,由于跨国公司的兴起和快速发展,使国际贸易的很大一部分贸易是在跨国公司的子公司和子公司、子公司和母公司之间进行的。这种跨国公司利用特殊优势所形成的内部化交易机制被称为内部市场。与此相对应的买卖双方独立进行交易所形成的市场称为外部市场。

由此可知,产业内贸易可以更精确地表述为:同一产业内的产品,主要是制成品通过外部市场与内部市场在不同的国家(地区)之间的双向流动。

2.产业内贸易的特点

从对产业内贸易概念的界定和分析可以看出,产业内贸易有以下几个特点:

(1)它是产业内同类产品的相互交换,而不是产业间非同类产品的交换。

(2)产业内贸易的产品流向具有双向性,即同一产业内的产品在两国之间相互进出口。

(3)产业内贸易的产品类型多样化,既有资本密集型产品,也有劳动密集型产品,既有高新技术产品,也有标准化产品。

(4)产业内贸易的商品必须具备两个条件:一是在消费上能够相互替代,二是在生产上需要相近或相似的生产要素投入。

(5)随着经济和贸易的发展,产业内贸易在贸易中的比重日益增加。

(6)经济上比较发达的国家产业内贸易在国际贸易中所占比重比较高;经济上愈是不发达的国家,产业内贸易愈不发达。

3.产业内贸易与产业间贸易的差异

与产业内贸易相对应的是产业间贸易。产业内贸易模式与产业间贸易模式相比具有以下差异:

(1)根据要素禀赋理论,产业间贸易是建立在国家之间要素禀赋差异产生的比较优势之上,而产业内贸易则以产品的异质性和规模经济为基础。因此,国家之间的要素禀赋差异越大,产业间贸易的机会就越大;国家之间的要素禀赋越相似,经济发展水平越接近,产业内贸易发生的可能性就越大。产业间贸易反映的是自然形成的比较优势,而产业内贸易反映的是获得性的比较优势。

(2)产业间贸易的流向可以凭借贸易前同种商品的价格差来确定,而产业内贸易则不可以简单地凭贸易前同种商品的价格差来确定贸易模式。因为在产业内贸易发生之前,价格是由于规模不同造成的,一个大国可能由于国内市场容量大而生产成本较低。但发生产业内贸易之后,各国都以世界市场作为自己的市场,因而无论是大国还是小国,所有国家利用规模经济降低成本的机会是相同的,所以很难事先预测哪个国家将生产哪一种商品。

(3)按照要素禀赋理论,产业间贸易会提高本国丰裕要素的报酬而降低本国稀缺要素的报酬,而产业内贸易是以规模经济为基础的,所有的要素都可能从中受益。这可以用来解释欧盟的形成和战后制成品的贸易开放都没有遭到利益集团的阻挠,而发达国家向新兴发展中国家的开放却受到了来自劳工力量的强烈反对的原因。其主要原因是后一种贸易模式是产业间贸易而不是产业内贸易,这会引起工业化国家某些产业的完全崩溃和大批劳动者的失业。

(4)产业间贸易是由各国要素禀赋之间存在的差异引起的,要素的流动在一定程度上是贸易的一种替代品。但是在一个以产业间贸易为主的世界里,要素流动带来了作为产业内贸易载体的跨国公司的兴起,从这点上看,产业内贸易与要素流动之间存在着一定的互补关系。

6.1.2 成因分析及其对我国的启示

1.产业内贸易的成因分析

产业内贸易形成的原因及主要制约因素涉及面比较广,经济学家主要是从产品差异性、规模报酬递增理论及偏好相似的角度对产业内贸易现象进行了理论说明。

(1)同类产品的异质性是产业内国际贸易的重要基础。不同国家相同产业部门的产品要进行相互贸易和交换,那么这些被相互交换的产品肯定不是同质产品,而是存在着广泛的产品差别,完全同质的产品没有必要进行相互交换和贸易。同类产品的异质性具体表现在质量性能、规格型号、使用材料、色彩、商标牌号、包装装潢等方面,即使是同样产品,也可能由于信贷条件、交货时间、售前服务、售后服务、广告宣传、企业形象、企业信誉等方面的差异而被视为异质产品。同类产品的异质性差别正是产业内国际分工和产业内国际贸易的基础。例如,服装有丝绸的、亚麻的、纯棉的等,因此,在国际贸易中,有的国家出口丝绸服装,而又进口亚麻服装。又如,家具有木制的,有钢和木结合制成的,有东方样式的,有西方样式的,一些西方人喜欢使用进口的东方样式的家具,而东方人喜欢使用进口的西方样式的家具。尽管都是小轿车,有的国家,如美国,生产的汽车相当多的是豪华型的大轿车,有的国家,如日本,生产的汽车相当多的是小型的节油车。同是小轿车,因其有着不同的特性,出现了美国、日本等国既出口汽车又进口汽车的现象。各国不同阶层消费者在收入水平、购买习惯和使用商品的爱好上也不一样,因此,这种同类不同质的产品可以满足不同消费心理、消费欲望和消费层次的消费需要,从而导致不同国家之间产业内贸易的发生与发展。

(2)自然条件的差异是造成产业内贸易的直接原因。出现这一现象的原因在于,地球上的不同地区,在同一时期有着季节的差异,导致一些地区在某一个季节出口这一产品,而在另一个季节又进口同种产品。例如,南半球和北半球季节的差别,在北半球的国家处在冬季之时,南半球的国家处在夏季,南半球的国家出口水果到北半球的国家;在北半球处于夏季时,北半球的国家出口水果到南半球的国家。出现产业内贸易的原因还在于,一些国家国土面积比较辽阔,国内贸易运输费用常常比国际贸易的运费要高,因此,通过国际贸易可以节约运输费用和时间。例如,加拿大从西部到东部的边界线很长,如果其西部的阿尔伯塔省需要化肥,而东部的魁北克省有化肥供应,但从成本的观点看,它不需要从相距4022.5公里的魁北克运输化肥,只需要从美国的蒙大拿州进口化肥,既节省运费,又节省了运输时间。又如,美国的西部和南部生产石油,而东部需要石油,由于海上的运费远远低于陆路运输,因此,美国的东部从海外进口石油,而西部又出口石油。

(3)企业内部规模收益递增是产业内贸易的重要原因。产业内贸易是以产业内的国际分工为前提的,产业内的国际专业化分工越精细、越多样化,不同国家的生产厂家就越有条件减少产品品种和规格型号,从事更加专业化的生产。这种生产上的专业化有助于企业采用更加专业化、高效率的生产设备,从而提高生产效率、降低成本。如果生产厂家之间分工越精细、越多样化,企业生产一个品种或者一个规格的产品就越容易,满足部分消费者的需求也就越容易,这有助于减少生产企业之间的市场竞争程度。生产厂家之间的国际专业化分工越细,越有利于扩大生产规模和市场规模,充分实现企业生产的内部规模经济效应。因为生产和市场的细分化虽然减少了国内消费者数量,但企业可以面对同类型的更大规模的国际消费群体进行生产和销售,从而使从事国际生产和国际贸易的微观企业具有经济上的合理性和可行性。

企业内部规模收益递增作为产业内贸易的直接利益来源不是无条件的,它必须具备四个前提条件:每一个产业内部存在着广泛的差别产品系列;每一个产业内部存在着不完全竞争的国际市场条件,即差别产品的不同生产者之间存在着垄断竞争关系;每一个产品品种的生产收益随着生产规模的扩大而递增;国际市场必须是开放的和一体化的。

(4)需求偏好的相似性和多样性是产业内贸易的内在动力。产品的差别性只是为产业内贸易的发生准备了可能性条件,而产业内贸易的内在动力来自不同国家的需求结构的多样性和相似性。

人均收入水平是决定购买力水平和购买商品结构的重要因素。国家之间人均收入水平差别越大,社会需求结构差别就越大,国家之间的产业结构和产品结构差别也就越大,此时,国家之间发生产业间贸易的可能性越大,发生产业内贸易的可能性越小。反之,国家之间人均收入水平越相近,社会消费需求结构也越相似,国家之间的产业结构和产品结构也越相似,发生产业内贸易的可能性越大,发生产业间贸易的可能性越小。

需求偏好的相似性对于产业内贸易的发生仍然是必要条件而不是充分条件,充分条件在于消费需求偏好的多样性:人均收入水平越高,消费需求结构越复杂,从而产品差别的重要性越大,产品的细小差别都可能导致消费者的不满意而丧失市场。人均收入水平越低,消费需求结构越简单,国民对产品差别的重视程度不高。人们只追求产品的主要使用价值而对次要的产品差别不关心。比如市场营销通常所称的市场细分,就是指对异质产品的需求市场。当两国之间人均收入水平趋于相等时,必然会引发需求偏好的相似性,以及由此形成的消费结构的相似性,这样,产业内贸易发展的趋势会更加强烈。由此可见,需求偏好的多样性既是产业内贸易的动因,也是产业内贸易的利益来源,这种利益主要是指不同的消费者偏好由于消费不同产品而得到了的满足。

2.产业内贸易理论对我国的启示

当前,我国理论界与政策制定者均已认识到产业内贸易能够提高一国参与国际分工的层次和对外贸易竞争力,对经济发展有积极影响,因此,大力倡导发展产业内贸易。改革开放以来,我国对外贸易在总量上增长的同时,贸易方式和结构也都发生了重大变化,产业内贸易呈现快速增长。值得注意的是,我国产业内贸易的发展均与加工贸易紧密相连,加工贸易在我国整体对外贸易中占有大约一半的份额,这一贸易形式是我国参加国际垂直专业化分工的表现,其发展又带动了产业内贸易的发展。但是,在加工贸易中我国主要是利用廉价的劳动力优势,从事的是技术含量相对较低的生产环节,贸易附加值也较为有限。因此,如何提高我国在国际分工与贸易中的地位和水平,是我国必须面对和解决的问题。

产业内贸易已经成为国际贸易的主流,为了改善我国的贸易结构,提高对外贸易竞争力,我国应该继续积极发展产业内贸易,逐步形成以产业内贸易为主的贸易格局,特别是要发展高层次的产业内贸易。产业内贸易建立在规模经济与不完全竞争的基础上,因此,可以从产业组织的角度入手发展产业内贸易。具体说,一是要优化产业组织结构,提高产业集中度,培育有利于规模经济发展的市场结构;二是要促进差异产品生产,产品差异化是增加出口附加值的重要手段,应当注意在品牌、技术、营销等方面实施差异化竞争策略;三是要培育优势企业,特别是具有国际竞争力的跨国公司,跨国公司是产业内贸易的主体,建造一批有实力的大型跨国公司才能在国际竞争中赢得主动权。但是,主要由跨国公司控制的跨国界垂直生产与贸易链条在不同国家的分布是不均衡的,往往是产品研发在发达国家进行,产品生产在发展中国家进行,或者知识、技术密集型生产环节在发达国家进行,劳动密集型生产环节在发展中国家进行,发展中国家成为发达国家的"加工厂"。我国在以现有要素禀赋为基础积极参与国际垂直专业化分工与贸易的同时,必须努力摆脱位于垂直专业化链条低端的被动地位,争取从中获得更大利益。

6.2　国家竞争优势论

迈克尔·波特(Michel E. Porter)是美国哈佛大学商学院教授。他在 20 世纪 80 年代发表了著名的三部曲《竞争战略》(1980 年)、《竞争优势》(1985 年)、《国家竞争优势》(1990 年),系统地提出自己的竞争优势理论。该理论反映了当时的需要,对 20 世纪 90 年代美国对外贸易政策产生了重大影响。

6.2.1　钻石模型(竞争四要素模型)的含义

波特的国家竞争优势理论内容十分丰富,既有国家获取整体竞争优势的因素分析,也有产业参与国际竞争的阶段分析,以及企业具有的创新机制分析。波特认为,财富是由生产率支配的,或者它取决于由每天的工作、每一美元的所投资本以及每一单位所投入的一国物质资源所创造的价值。生产率根植于一国(地区)的竞争环境,而竞争环境则产生于某一框架,这一框架在结构上如同一枚由四个基本面所构成的钻石,因而通常被称为“钻石理论”。钻石理论认为,生产要素、需求因素、相关和支持产业与国内竞争状态所构成的不同组合是一国在国际贸易中取得成功的关键决定因素。

1. 生产要素

波特把生产要素分为基本要素(basic factors)和高等要素(advanced factors)两类。基本要素包括自然资源、气候、地理位置、非熟练劳动力、债务资本等一国先天拥有或不需太大代价便能得到的要素;高等要素包括现代化电信网络、高科技人才、高精尖技术等需要通过长期投资和后天开发才能创造出来的要素。对于国家竞争优势的形成而言,后者更为重要。

在特定条件下,一国某些基本要素上的劣势反而可能刺激创新,使企业在可见的瓶颈、明显的威胁面前为提高自己的竞争地位而奋发努力,最终使国家在高等要素上更具竞争力,从而创造出动态竞争优势。但这种转化需要条件:一是要素劣势刺激创新要有一定限度,不可各方面都处于劣势,否则会被淘汰;二是企业必须从环境中接收到正确信息;三是企业要面对相对有利的市场需求、国家政策及相关产业。

2. 需求因素

一般企业的投资、生产和市场营销首先是从本国需求来考虑的,企业从本国需求出发建立起来的生产方式、组织结构和营销策略是否有利于企业进行国际竞争,是企业是否具有国际竞争力的重要影响因素。

所谓有利于国际竞争的需求,取决于本国需求与别国需求的比较:一是需求特征的比较,这包括:①本国需求是否比别国需求更具有全球性;②本国需求是否具有超前性,具有超前性需求会使为之服务的企业能相应走上其他同行企业领导者的地位;③本国需求是否最挑剔,往往最挑剔的购买者会迫使当地企业在产品质量和服务方面具有较高的竞争力。二是需求规模和需求拉动方式的比较,当地需求规模大的某一产品有利于提高该行业的国际竞争力。而在需求拉动方式中,消费偏好是很重要的,一国国民的普遍特殊消费偏好容易激发企业的创新动力。三是需求国际化的比较,一国的需求方式会随着本国人员在国际上的流动而传播到国外,反过来本国人员在异国接受的消费习惯也会被带回国并传播开来。因此,只要一国对外开放程度越高,其产品就越容易适应国际竞争。

3. 相关和支持产业

对一国某一行业的国际竞争力有重要影响的另一因素是该国中该行业的上游产业及其相关行业的国际竞争力。相关和支持产业的水平之所以对某一行业的竞争优势有重要影响,其原因有:有可能发挥群体优势;可能产生对互补产品的需求拉动;可能构成有利的外在经济和信息环境。是否具有发达而完善的相关产业,不仅关系到主导产业能否降低产品成本、提高产品质量,从而建立起自己的优势;更重要的是,它们与主导产业在地域范围上的邻近,将使得企业之间互相频繁而迅速地传递产品信息、交流创新思路成为可能,从而极大地促进企业的技术升级,形成良性互动的既竞争又合作的环境。

4. 企业战略、组织结构和竞争状态

良好的企业管理体制的选择,不仅与企业的内部条件和所处产业的性质有关,而且取决于企业所面临的外部环境。因此,各种竞争优势能否被恰当匹配在企业中,很大程度上取决于国家环境的影响。国家环境对人才流向、企业战略和企业组织结构的形成的影响都决定了该行业是否具有竞争能力。波特强调,强大的本地本国竞争对手是企业竞争优势产生并得以长久保持的最强有力的刺激。正是因为国内竞争对手的存在,会直接削弱企业相对于国外竞争对手所可能享有的一些优势,从而促使企业努力去苦练内功,争取更为持久、更为独特的优势地位;也正是因为国内激烈的竞争,迫使企业向外部扩张,力求达到国际水平,占领国际市场。

除了上述四个基本因素外,波特认为,一国所面临的机遇和政府所起的作用对国家整体竞争优势的形成也具有辅助作用。他主张政府应当在经济发展中起催化和激发企业创造能力的作用。政府政策和行为成功的要旨在于为企业创造一个宽松、公平的竞争环境。

6.2.2 竞争优势发展阶段

波特的竞争优势理论特别重视各国生产力的动态变化,强调主观努力在赢得竞争优势地位中所起的重要作用。他把一国优势产业的发展划分为四个不同阶段。

(1)要素推动阶段。此阶段的竞争优势主要取决于一国在生产要素上拥有的优势,即是否拥有廉价的劳动力和丰富的资源。这种表述与传统的比较优势理论的表述是一致的,表明比较优势蕴含在竞争优势之中。按波特的标准,几乎所有的发展中国家都处于这一阶段,某些资源特别丰富的发达国家,如加拿大、澳大利亚,也处于这一阶段。

(2)投资推动阶段。此阶段的竞争优势主要取决于资本要素,大量投资可更新设备、扩大规模、增强产品的竞争能力。按波特的标准,只有少数发展中国家进入这一阶段。二战后,只有日本和韩国获得成功。

(3)创新推动阶段。竞争优势主要来源于产业中整个价值链的创新,特别要注重和投资高新技术产品的研究和开发,并把科技成果转化为商品作为努力的目标。按波特的标准,英国在19世纪上半叶就进入了创新驱动阶段;美国、德国、瑞典在20世纪上半叶也进入这一阶段;日本、意大利到20世纪70年代进入这一阶段。

(4)财富推动阶段。在这一阶段,产业的创新、竞争意识和竞争能力都会出现明显下降的现象,经济发展缺乏强有力的推动,这就提醒人们要居安思危。通过促进产业结构的进一步升级来提高价值链的增值水平,避免被淘汰。按波特的标准,英国已经进入这一阶段。还有其他

一些国家,如美国、德国等在 20 世纪 80 年代也开始进入这一阶段。

6.2.3　钻石模型的理论意义与局限性

波特提出的竞争优势理论是对传统的国际贸易理论的一个超越,是对当代国际贸易现实的接近。竞争优势理论对于解释二战以后国际贸易的新格局、新现象具有相当大的说服力。波特第一次明确地阐述了竞争优势的内涵。他关于竞争优势来源于四个基本因素和两个辅助因素的观点,关于竞争优势取得的关键在于是否具有适宜的创新机制和充分的创新能力的观点,关于政府的主要作用是为企业提供一个公平竞争的外部环境的观点,关于国家竞争优势发展四个阶段的观点,对任何一个国家提高国际竞争力、取得或保持竞争优势,对任何行业和企业来说都具有重大的借鉴意义。

但是,波特的竞争优势理论也存在着一些局限性。这表现在竞争优势理论中对产业的选择是基于已经存在的结构化产业而言的。在一个已结构化的产业中,企业生存发展的空间十分有限。因为产业结构化程度越高,产业内的竞争强度就越大,企业选择的余地(竞争空间)也越小,并且边际产出递减。这样,企业要在所选择的产业中取得领先地位是相当困难的。此外,波特的竞争优势理论尽管研究角度新、理论框架较为完整,但基本上是一般经济学原理的重新组合,逻辑性不是很强,其产业结构的分析方法也略显不足。产业结构分析适用于描述竞争力的内涵(某企业或产业容易获利的优势何在),波特的注意力都集中在探讨成本、质量、顾客服务、营销等竞争优势上,而对企业"为什么"的问题反而忽略了,即:为什么有些企业能不断开创新的竞争优势而有些企业却停滞不前? 我们的理论不仅应该发掘企业现有的竞争优势,更重要的是能够解释企业为什么具有优势,只重视知其然,而不注重知其所以然,那么竞争优势落后的企业将永远难以取得竞争优势。波特竞争优势理论的不足之处还表现在,它过多地强调了企业和市场的作用,而对政府在当代国际贸易中所扮演的角色的重要性认识还不足,仅把政府的作用作为一个辅助的因素。

6.3　规模经济理论

6.3.1　规模经济理论的含义

规模经济(economies of scale)是指对一家工厂或一个产业投入增加一倍,而其产出会超过一倍,即长期平均总成本具有随产量增加而减少的特征。规模不经济是指长期平均总成本具有随产量增加而增加的特征。波音公司每月生产 9 架飞机,成本是每月 9000 万美元,如果每月生产 10 架飞机,成本变成 9500 万美元,波音公司表现出的就是规模经济。

规模经济可分为内部规模经济(internal economies of scale)和外部规模经济(external economies of scale)。内部规模经济包括工厂规模经济(plant-size economies of scale)和企业规模经济(firm economies of scale),即随着企业规模的扩大,产量的增加大于投入的增加,单位产品的成本下降,从而发挥了内部规模经济的效益。内部规模经济主要来源于企业本身规模的扩大。由于生产规模的扩大和产量的增加,企业就能够充分发挥各种生产要素的效能,更好地组织企业内部的劳动分工和专业化,提高厂房、机器设备的利用率,从而使分摊到单位产品的固定成本越来越少,进而使产品的平均成本降低。具有内部规模经济的一般为大企业,多集中在汽车、钢铁等资本密集型产业中。外部规模经济是产业规模经济(industry economies of scale),即随着产业规模的扩大,该产业产品的成本随之下降,经济效益提高,它与企业规模的大小无关。外部规模经济主要来源于行业内企业数量的增加所引起的产业规模的扩大。由于同行业企业的增加和相对集中,使得企业能够更好地利用交通运输、通信设施、金融机构、自然资源、水利资源等生产要素,从而促使企业在运输、信息收集、产品销售方面成本的降低,如瑞士的钟表业、美国的硅谷、中国义乌的"小商品市场"、中国北京的"中关村电脑城"等。

企业要取得规模经济利益,就必须扩大生产规模,但并非规模越大效益越好。当规模扩大到一定程度时,其产量的增加会低于其投入的增加,单位产品的成本开始上升,收益下降,从而变成规模不经济。可见,规模经济是要受到各种条件的限制的。例如,它们要受到生产要素供应的限制、交通运输条件的限制、企业管理水平的限制,最主要的是要受到市场条件的限制。工厂规模、企业规模和产业规模的建立要与市场规模相适应,否则会造成经营困难或规模不经济。可见,市场规模对于规模经济有着重要的作用。

国际贸易能够扩大市场规模,这是因为国家之间进行贸易,从而将各国的个别市场结合为统一的世界市场。统一的世界市场远远大于任何一个国家的国内市场。在进行贸易的条件下,每一个国家可以进行专业化生产,生产较少的品种,这样每一种产品都扩大了生产规模,为世界市场生产,发挥规模经济的效益。贸易的双方都能提高经济效益,消费者不仅能消费到各种产品,而且能获得比较便宜的产品。

二战后,国际贸易大部分发生在发达国家之间,而发达国家之间在生产要素的比例上,特别是在资本-劳动的比率上、在技术水平上愈来愈接近,因此用比较优势理论或要素禀赋理论都不能说明获利的主要原因。例如,欧洲一些国家的生产要素比例相似,技术水平相近,但是彼此之间的贸易十分发达,并在不断地扩大。其原因主要在于,国家之间进行专业化分工,发挥规模经济的效益,从贸易中都能获利,例如,瑞士比较集中地生产手表和医药,卢森堡比较集中地生产钢铁,丹麦比较集中地生产家具,荷兰比较集中地生产蔬菜和花卉,瑞典比较集中地生产电子通信设备等。值得重视的是,在发达国家之间的贸易中,产业内贸易占有相当大的比重,产业内贸易获利的主要原因在于专业化生产和规模经济的效益。

6.3.2　规模经济理论对我国的启示

1. 重视国际贸易的规模经济效应

从我国国情来看,我国很符合传统比较优势理论中传统贸易产品出口国的特征,但简单地强调这种贸易模式对我国经济的长远发展是不利的。当前,我国出口劳动密集型产品占相当比重,出口额大但出口利润不高,单个企业的出口规模偏小。由于传统贸易产品的技术进步缓慢、国际市场萎缩,这些贸易部门实际上并没有很好地起到带动国内经济发展的作用,有的甚至造成国民经济结构的畸形。规模经济贸易理论则强调了国际贸易的规模经济效应,这表现在生产厂商的边际成本随产出的增加而下降,扩大该产品产量从而扩大该产品的市场占有率可以有效地降低成本,增强竞争能力。

一般来讲,在那些与技术进步、资本密集密切相关的行业才会出现规模经济的特征。这些行业比传统贸易部门技术等级和资金密集程度的要求高,大规模开展这种贸易的意义绝不是传统意义上的出口创汇,其核心目的应该是通过改进技术和提高工艺,在享受规模经济的专业化分工中处于有利地位。而且,这样做还可以形成一批具有国际先进技术的产业,这些产业面向日新月异的国际市场,技术等级和管理水平领先,可以有效地带动国内其他产业的成长。国家在制定贸易政策时,可以有意识地利用东部地区雄厚的工业基础、人力资本和技术优势,打"规模经济"牌,扶植起一大批强大的集团企业参与国际分工和贸易。

2. 利用国内、国外两个市场发展规模经济

我国在发展规模经济的条件上与一般的发展中小国是不一样的。我国疆域辽阔、人口众多,目前的经济增长较快,国内市场容量广阔,发展潜力也相当大,加上国内的资源条件,这都为发展专业化和规模经济提供了必要条件。因此,我们完全有可能依托国内市场需求发展规模经济。

但要看到,我国已建立的部门比较齐全的现代产业是在国家的高度保护下建立起来的,有规模小、生产效率低、布局不合理的特点,行政区划导致的地方主义和国内交通运输通信的不完善从主客观方面造成了市场分割。因此,需要打破行政垄断和地方封锁,促进企业联合兼并,成立大型企业集团,规范市场行为,真正为发展规模经济创造条件。在利用国内市场的同时,我们还要想方设法在扩大开放和扩大对外贸易中利用国际资源和国际市场发展规模经济,提高竞争能力。

3. 更好地把产业政策与出口贸易政策结合起来

我们的产业政策必须要与出口贸易政策有机地结合起来。我国由贸易大国转变为贸易强国,必须抓紧提升出口产业层次,迎合规模经济贸易发展的需要。当前,我国在适当发展劳动密集型产业特别是轻纺工业的同时,应重点发展重化工业,包括钢铁、机电、能源、交通工具(如汽车、铁路、飞机)和各类化学工业,明确其出口导向的战略目标。对于高科技工业,我国在某些领域已有一定基础,但与发达国家相比仍有相当距离。目前阶段以吸收消化改进为主,国家在财政许可的条件下应多方面资助其发展,以期将来走高科技出口强国之路。

4. 注意寻求和开辟规模经济的贸易利益新来源

要注意开掘和利用各种外部和内部的、静态和动态的规模收益递增形式。厂商一旦成为出口型企业,将面对远大于国内市场的国际市场,因而能够进一步拓展生产规模,获得更多的规模经济效益。对那些尚未达到最佳规模经济水平而又面临国内市场限制或国外贸易壁垒的厂商来说,实行跨国经营不失为进一步寻求规模经济发展之上策。跨国企业可以有意识地将某些原材料、零部件和中间产品的生产集中在某一东道国的子公司,并将研究开发活动集中到母国总部或其他合适地点,令其为全公司的国际生产和市场服务,从而赋予其适度的规模经济,有效地突破东道国和所在国一地一隅的市场规模限制。跨国公司集下属子、分公司各点的规模经济于一身,必能综合成一种更大的规模经济。同时,如果我们能加入经过选择的区域一体化组织,还可以在更大区域范围内开掘和形成规模经济。

6.4 技术差距理论

6.4.1 技术差距理论的含义

美国经济学家波斯纳(M. A. Posner)于 1961 年在他的《国际贸易与技术变化》一文中提

出技术差距论(technological gap theory)。这一理论以不同国家之间技术差距的存在,作为对贸易发生原因的解释。

技术差距论认为,技术进步或技术创新意味着一定的要素投入量可以生产出更多的产品,这样技术进步会对各国生产要素禀赋的比率产生影响,从而影响各国产品的比较优势,对贸易格局的变动产生作用。因而,技术差距也是国家之间开展贸易的一个重要原因,一国的技术优势使其在获得出口市场方面占优势,当一国创新某种产品成功后,在外国掌握该项技术之前产生了技术领先差距,可出口技术领先产品。但因新技术会随着专利权转让、技术合作、对外投资、国际贸易等途径流至国外,当一国创新的技术为外国模仿时,外国即可自行生产而减少进口,创新国渐渐失去该产品的出口市场,因技术差距而产生的国际贸易逐渐缩小。随着时间的推移,新技术最终将被技术模仿国掌握,使技术差距消失,贸易即持续到技术模仿国能够生产出满足其对该产品的全部需求为止。

波斯纳在描述技术差距时,提出了模仿时滞(imitation lag)的概念。波斯纳把产品创新到模仿生产的时间称为模仿时滞。模仿时滞可分为三类:第一类是需求时滞(demand lag),指新产品出口到其他国家,一时因消费者尚未注意或不了解,而不能取代原有的老产品所需的时间差;第二类称为反应时滞(reaction lag),指一个国家在新产品进口后,需求逐渐增加,使进口国的生产商感到不能再按照旧的方法生产老产品,因此要进行调整来生产新产品,但这中间需要有一段时间,即为反应时滞;第三类是掌握时滞(mastery lag),即仿制国家从开始生产到国内生产扩大、进口变为零的时间间隔。

关于技术差距与国际贸易的关系,波斯纳认为,新产品总是在工业发达国家最先问世,新产品在国内销售之后进入国际市场,创新国便获得了初期的比较利益。这时,其他国家虽然想对新产品模仿生产,但由于先进工业国家之间存在的技术差距,需要经过一段时间的努力之后才可能做到,在这段时间内,创新国仍保有在该产品上的技术领先地位,其他国家对该产品的消费仍需通过进口得到满足,因而技术差距所引起的国际贸易必然继续进行。

技术差距理论证明了即使在要素禀赋和需求偏好相似的国家之间,技术领先也会形成比较优势,从而产生国际贸易。这也较好地解释了实践中常见的技术先进国与落后国之间技术密集型产品的贸易周期,但不能解释为什么某些国家处于技术领先地位,而另一些国家则处于落后地位,也不能令人满意地解释模仿时滞。产品生命周期理论则有助于理解这些现象。

6.4.2　技术差距理论对我国的启示

从 20 世纪 80 年代开始,随着世界产业的分解转移,中国工业化发展从最初纯粹的组装加工业,发展到具有一些高新技术产业的加工制造环节,传统产业和高新技术产业不断融合,产业创新的能力也不断增强。但是,从现实来说,中国目前的确与发达国家存在着技术差距,与东南亚各国也还存在着技术差距。对于中国来说,较多的是吸收他国的技术外溢,模仿发达国家技术。其实这种模仿也可以看成是对自身技术的一种创新行为,因为这种通过别国外溢而获得的技术仍然比自身的技术要先进。根据蛙跳理论,发展中国家可能在刚开始吸收新技术时,掌握的技术效率没有早就掌握技术的发达国家效率高,但是新技术总是含有巨大的潜力的,最终还是会带来发展中国家收入水平的提高和贸易地位的提升,达到“蛙跳”的效应。日本、新加坡、马来西亚等东南亚国家的经济都是通过这种引进技术的方式发展起来的。可见,成为技术的吸收国并非是一件坏事,在国际分工中成为世界重要的产品生产加工基地反而更加有利于获取技术外溢,更加容易实现"蛙跳"。

同时,我国在吸收引进技术的时候,应注意所引进技术的先进性和适用性,不能一味引进世界领先技术,而应选择"合适的"技术,并考虑引进技术的成本和后续日常管理费用,考虑国内生产操作工人和技术人员的消化吸收能力,切实把技术转化为生产力。对引进的技术,要加以适当的改进和创新,使之更适合国情;要对引进的技术加以消化吸收,培育和最终形成自我创新能力。

6.5 产品生命周期理论

6.5.1 国际产业大转移及其对传统理论的挑战

1. 国际产业转移的含义

国际产业转移主要是指发达国家(地区)通过国际贸易和国际投资等多种方式,把产业(主要是制造业或劳动密集型产业)转移到次发达国家(地区)以及发展中国家(地区),带动移入国产业结构的调整和优化升级。随着经济全球化特别是跨国公司的迅猛发展,发达国家与发展中国家之间传统的垂直分工已经向水平分工转变并迅速普及。

20 世纪 60 年代开始,以纺织业为代表的劳动密集型产业从西方工业化国家向外转移,韩国、新加坡、中国台湾、中国香港不失时机地承接了这次国际产业大转移,借此实现了工业化过程。20 世纪 90 年代以后,伴随着经济全球化和知识经济的到来,全球制造业和劳动密集型产业由发达国家向发展中国家转移的速度明显加快。

2. 国际产业转移对传统理论的挑战

传统贸易理论较好地说明了静态贸易格局,但不能令人满意地解释国际贸易格局随时间所发生的变化,不能回答诸如"创造"比较优势、产业转移、贸易政策与经济增长的关系问题,而新增长贸易理论着重于解释动态贸易利益的问题。其关注的中心是技术创新、技术转移在国际贸易格局变动及对外直接投资中的决定作用。该理论以熊彼特的技术创新理论为基础,被称为熊彼特主义,其直接形成源自弗农描述的"产品生命周期"假想,认为每一种产品都经历了一个在发达国家发明、出口、转移到不发达国家、再向发达国家出口这样几个阶段,进而构造了贸易动态均衡模型。

生命周期理论考察了技术的外溢问题,从而说明了发达国家的夕阳工业在发达国家的选择在于不断开发新产品,而发展中国家的选择在于引进外资、加速技术进步,以提高资源利用效率、改善贸易条件以及保持国际资本的自由流动,以利于知识技术的国际传递。

6.5.2 产品生命周期理论的基本观点

产品生命周期理论(product life cycle theory)是由美国经济学家弗农于 1966 年在《产品生命周期中的国际投资与国际贸易》一文中首先提出的,这是解释工业制品贸易流向最有说服力的理论之一。根据这一理论,凡制成品都有一个生命周期。在产品的整个生命期间,生产所需要的要素是会发生变化的,因此在新产品的生产中可以观察到一个周期,即产品创新阶段、产品成熟阶段和产品标准化阶段构成的产品生命周期。在产品生命周期中,产品的创新国在开始时出口这种新产品,但随着产品的成熟与标准化,创新国逐渐失去优势,最后变成这种产品的进口国。弗农认为,之所以出现这种周期,是因为各国技术进步的贡献不同。

产品生命周期理论撇开传统国际贸易理论的前提,提出了如下假设:①国与国之间的信息传递受到限制;②生产函数是可变的,而且当生产达到一定水平后会产生规模经济;③产品在生命周期的各阶段所表现的要素密集特点是各不相同的;④不同收入水平国家的需求和消费结构是有差异的。

产品生命周期理论认为,一种产品从生产者到消费者手里,需要很多不同的投入成本,如研究与开发、资本和劳动、促销及原材料等投入。随着技术的变化,产品像生物一样,从出生到衰落,完成一次循环。在产品生命周期的不同阶段,各种投入在成本中的相对重要性也将发生变化。由于各国在各种投入上的相对优势不同,因此,各国在该产品不同阶段是否拥有比较优势取决于各种投入在成本中的相对重要性。例如,如果在某一阶段,资本在生产成本中居支配地位,而资本又是某一国的相对丰裕要素,那么该国在这一阶段就处于比较优势地位。

该理论将产品生命周期划分为创新、成熟、标准化三个阶段,说明在产品生命周期的不同阶段,各国在国际贸易中的地位不同,并把企业的区位选择与海外生产及出口结合起来进行系统的动态分析。该理论将世界各国大体上分为三种类型,即创新国家(一般是发达国家)、次发达国家和欠发达国家。

1. 产品创新阶段

产品创新阶段(phase of introduction)也称创始阶段或新产品阶段,它是指新产品开发与投产的最初阶段。这一阶段的特点是:从技术特性看,创新国企业发明并垄断着制造新产品的技术,但技术尚需改进、工艺流程尚未定型;从生产地特性看,由于新产品的设计和设计的改进要求靠近市场和供应者,因此新产品生产地确定在创新国;从产品要素特性看,产品设计尚需逐步改进,工艺流程尚未定型,需要科学家、工程师和其他高度技术熟练工人的大量劳动,因此,产品是技术密集型的;从成本特性看,由于这时没有竞争者,所以成本对于企业来说不是最重要的问题;从产品的价格特性看,这一阶段,生产厂商数目很少,产品没有相近的替代品,因此产品价格比较高;从产品的进出口特性看,制造新产品的企业垄断着世界市场,国外的富有者和在创新国的外国人开始购买这种产品,出口量从涓涓细流开始。

2. 产品成熟阶段

产品成熟阶段(phase of maturation)是指新产品及其生产技术逐渐成熟的阶段。这一阶段的特点是:从技术特性看,生产技术已经定型,且到达优势极限,由于出口增大,技术诀窍扩散到国外,仿制开始,技术垄断的优势开始丧失;从生产地特性看,创新国从事新产品制造的公司,开始在东道国设立子公司进行生产;从产品要素特性看,由于产品大致已定型,转入正常生产,这时只需扩大生产规模,使用半熟练劳动力即可,因此生产的产品由技术密集型转变为资本密集型;从价格特性看,由于这一阶段是产品增长时期,产品有了广泛的市场,参加竞争的厂商数很多,消费需求的价格弹性加大,厂商只有降低价格才能扩大自己的销路;从产品成本特性看,随着出口增加及技术的扩散,其他发达国家也开始制造创新国企业制造的新产品,由于其他发达国家不需支付国际运费和关税,也不需要像创新国在创始阶段花费大量的科技发明费用,因而,成本要比创新国的进口产品低;从进出口特性看,东道国的厂商在本国生产新产品的成本虽然能够和创新国进口产品相竞争,但在第三国的市场上就不一定具有成本上的比较优势,不一定能和创新国企业的产品相竞争,因为这些厂商和创新国企业一样要支付国际运费和关税,并且在开始生产时,它们不具有创新国企业已获得的规模经济效益。因此,在成熟阶段,创新国虽然可能对东道国的出口有所下降,但对其他绝大多数市场的出口仍可继续,当然出口增长率要减慢。

3.产品标准化阶段

产品标准化阶段(phase of standardization)是指产品及其生产技术的定型化阶段。这一阶段的特点是:从技术特性看,产品已完全标准化,不仅一般发达国家已掌握产品生产技术,就是一些发展中国家也开始掌握这种产品技术;从产品生产地的特性看,产品生产地已逐渐开始向一般发达国家,甚至发展中国家转移,范围在不断扩大;从产品要素特性看,由于产品的标准化,劳动熟练程度已经不是重要因素,因而这时的产品更具有资本密集型的特点;从成本特性上看,由于其他国家的厂商产量不断增加,生产经验不断积累,加之工资水平也低,所以产品成本开始下降;从产品进出口特性看,其他国家的产品开始在一些第三国市场上和创新国产品竞争,并逐渐替代了创新国而占领了这些市场,当这些国家成本下降的程度抵补了向创新国出口所需的运费和关税外,还能与创新国的产品在创新国市场上竞争,则创新国的产品开始从出口转变为进口。

产品生命周期理论的基本观点如表 6－1 所示。

表 6－1　产品生命周期理论基本观点

阶段	产品特征	比较优势	贸易方向
创新	技术密集	技术	创新国家→其他发达国家
成熟	资本密集	资本	其他发达国家→发展中国家
标准化	劳动密集	劳动	发展中国家→创新国家

当创新国家推出新产品后,出口逐渐增加;随之而来的是,一些发达国家也开始跟随生产这种产品,这时创新国就会从出口的高峰上降下来,而这些发达国家开始从进口的谷底逐渐上升;当一些发达国家的产品打入创新市场并具有一定份额后,创新国出口极度萎缩,并逐渐走向进口谷底,与此同时,这些发达国家开始走向出口的高峰;当产品生命周期进入标准化阶段,一些发展中国家开始向创新国和一些发达国家出口产品,原来处于出口高峰的发达国家也开始滑向进口的深谷。这时这些发达国家要想挽救销售,以免丧失市场,必须提高和改进技术,使产品升级换代,才能在竞争中取胜,保住市场。但是,与其花力气在国内研究改进技术,不如将一些标准化的产品转移到技术水平较低、劳动力价格低廉、地价便宜的发展中国家生产。这样,这些发展中国家就开始把产品出口到创新国家和一些其他发达国家,并开始从进口的深谷走向出口的高峰。

事实上,同一种产品在不同的产品生命周期上,各国之间的贸易显出不同的特点,这些不同的特点来自不同类型的国家在不同阶段上具有不同的相对优势。创新国家工业比较先进,技术力量相当雄厚,国内市场广阔,资源相对丰富,在生产新产品和增长产品方面具有相对优势;国土较小而工业先进的国家,由于拥有相对丰富的科学和工程实践经验,在生产某些新产品方面具有相对优势,但是由于国内市场狭小,生产成熟产品缺乏优势;发展中国家相对丰富的不熟练劳动弥补了相对缺乏的资本存量的不足,因此生产标准化产品具有优势。当今对于各国来说,各国都有其自身优势,只要适当运用其优势,就可以获得极大的动态效益。

从以上分析可见,由于技术的传递和扩散,不同国家在国际贸易中的地位不断变化,新技术和新产品创新最初在技术领先的发达国家,随后传递和扩散到其他发达国家,再到发展中国家。新技术和新产品的转移和扩散像波浪一样,一浪接一浪地向前传递和推进。目前,美国在生产和出口计算机、宇航、生物和新材料等新兴产品方面处于领先地位,其他发达国家则生产和出口汽车和电视等产品,而纺织品和半导体设备生产通过前两类国家已转移到发展中国家。近年来,新技术扩散滞后期大为缩短,使得新产品的生命周期变得越来越短。

6.5.3 产品生命周期理论的评价及其对我国的启示

1. 对产品生命周期理论的评价

产品生命周期理论首次将对外直接投资与国际贸易、产品生命周期纳入同一个分析框架,同时将静态分析和动态分析有效地结合起来,因此,具有重要的理论意义。

该理论有两个特点:①该理论将垄断优势与区位选择结合起来进行综合分析,较为全面地阐述了开展对外直接投资的动机、时机与区位选择之间的动态关系。这对解释产业内贸易、跨国公司跨国经营现象都有一定的价值。②实现了比较优势观念由静态到动态演变的飞跃,说明企业的比较优势会随着产品生命周期的阶段性发展而发生动态变化。该理论还说明,由于新技术不断涌现,产品生命周期日益缩短,为保持技术领先地位,企业必须更加重视研究与开发,不断创新。

该理论的局限性在于:①它难以说明当贸易双方各种要素禀赋(包括技术)不存在差异或差异较小的情况下,如何进行贸易的问题;②对于大部分发生在美国、欧盟与日本等发达国家产业内的双向投资行为,该理论无法解释;③无法解释跨国公司全球生产体系建立起来以后遍及全球的投资行为,也无法说明非替代出口的投资增加以及跨国公司海外生产非标准化产品的现象。它所解释的投资区位的变化只适用于当时的美国跨国公司,而非普遍规律。这反映了国际投资发展的变化要比产品生命周期更为复杂。

2. 产品生命周期理论对我国发展对外贸易的启示

这一理论对我们有着多方面的启示,各国应顺应产品生命周期,根据自身的资源禀赋和比较优势开展跨国生产和国际贸易。基于新技术的创新,一国能够获得短暂的垄断地位,从而易于进入世界市场。随着模仿时滞的克服和产品生命周期的缩短,其他国家可能获得这种产品的比较优势。换句话说,落后国家开始时只能进口技术创新产品,然后在国内进行进口替代生产。随着替代效率的提高,落后国家就有可能获得这些成熟产品的比较优势,从而变成这种产品的出口国。

产品生命周期理论告诉我们技术进步对经济发展和出口贸易发挥着越来越重要的作用。技术进步是提高产品国际竞争力的根本因素。现代社会产品的生命周期越来越短,一个国家想要保持出口优势、在激烈的国际市场上占主动地位,就必须不断地进行技术创新,保持技术的先进性。在引进技术的基础上进行学习、模仿和改进,最后实现技术的自主开发和自立,是促进技术进步、实现技术追赶的捷径。

作为发展中大国的中国,选择一条适合我国技术跳跃式发展的道路,做到"有所为有所不为",引进和开发并重,在引进的基础上自主开发,实现技术的良性循环,是获得先进技术、与发达国家形成水平分工、提高国际竞争力的必由之路。

6.6 需求偏好相似理论

6.6.1 需求偏好相似理论的含义

瑞典经济学家林德(S. B. Linder)在 1961 年出版的《论贸易与转变》著作中,在国际贸易理论方面,重点从需求方面探讨了国家之间贸易的原因、模式,提出了需求偏好相似理论(theory of demand preference similarity)。从需求角度揭示了产业内贸易现象。

需求偏好相似理论的核心思想是,两国之间贸易关系的密切程度是由两国的需求结构与收入水平决定的;收入水平越相近的两个国家之间需求结构越相似,则它们进行贸易的可能性越大。相反,如果两国的收入水平相差很大,则需求结构也必定存在显著差异,产业内贸易的可能性越小。

一国的经济增长带来的收入水平提高,会使得该国的代表性需求向着某种比较昂贵的商品移动。不同国家由于经济发展水平不同,对商品需求偏好也不同。基于需求偏好相同的要素禀赋理论只能解释初级产品的贸易,而不能解释工业品的贸易。这是因为前者的贸易模式主要是由供给要素决定的,而后者的国际贸易模式是由需求决定的。国际工业品贸易的发生,往往是先由国内市场建立起生产规模和国际竞争力,而后再拓展国外市场,因为厂商总是出于利润动机首先为它所熟悉的本国市场生产新产品,当发展到一定程度、国内市场有限时才开拓国外市场。因此,两国经济发展程度愈相近,人均收入愈接近,需求偏好愈相似,相互需求就愈大,贸易可能性也就愈大。如果两个国家的需求结构和需求偏好完全相似,一国可能进出口的产品,也就是另外一国可能进出口的产品;相反,如果两国之间收入水平相差较大,会使得两国需求偏好差异较大,相互之间对对方生产消费的商品没有需求,从而使相互之间的贸易难以发生。例如,在欧美的一些高收入国家,高尔夫球是一项普及运动,但对于非洲低收入国家而言,它们大量需求的则是食品等生活必需品。

根据要素禀赋理论,两国的资本劳动比率愈相近,比较成本的差异将愈小,两国的贸易量将愈小。但根据偏好相似理论,两国的资本劳动比率愈相近,表明两国的经济发展程度愈接近,因而人均收入的差异将愈小,重叠的市场部分将愈大,两国的贸易量将愈大。因此,林德的偏好相似理论较赫克歇尔-俄林的要素禀赋理论,似乎更适合于解释贸易发生在发达国家之间的现象。林德的结论既符合产品生命周期理论的有关说法,也与我们观察到的第二次世界大战后发达国家之间制成品贸易增长最快的现象一致。

6.6.2 需求偏好相似理论对我国的启示

1. 该理论已受到当代理论界的挑战

一国企业的生产首先是满足国内市场的需求的这种观点已经受到当代理论界的挑战。国内消费需求结构与国内产业结构之间的密切联系已随着经济全球化趋势下的国内市场更加开放而正在弱化,特别是跨国公司在全球范围内的快速发展。因为跨国公司的许多产品从开始设计的时候就是为国外市场设计的,直接考虑的就是满足国外市场需求,甚至没有考虑国内市场需求的问题。

2. 该理论观点暗含着一个条件

该理论观点暗含着这样一个条件,即一个国家的进口商品和出口商品往往具有许多共同特征。而传统理论观点以及对各种比较优势理论的总结显示,一个国家的进口商品和出口商品往往具有许多相反的特征。正如兰开斯特(Lancaster)所指出的,即使在产业内贸易中,"背景中也还是有比较优势的成分在里头的"。事实上,要素禀赋差异决定的产品差异不只是反映在产业间贸易中,在要素禀赋比较相似的时候(如在发达国家之间),产品差异也仍然反映在占主导地位的产业内贸易中,只不过是大范围的求同存异。

6.7 存在性理论

6.7.1 存在性理论的含义

存在性理论(availability theory)亦称可获得性说,是美国经济学家克拉维斯 1956 年在《可获得性与其对贸易商品结构的影响》一文中首先提出来的。

克拉维斯认为,国际贸易商品可区分为可获得性商品和不可获得性商品。所谓可获得性商品,是指一国能以有利的条件,如特殊的资源、先进的技术进行生产的供给弹性大的产品;不可获得性商品,是指一国无法生产或即使能生产也必须付出很高代价、供给弹性小的商品。例如,铜和石油是赞比亚和中东等国家的可获得性商品,而对于没有铜矿和石油资源的国家而言则是不可获得性商品;咖啡、香蕉等热带产品,对加勒比海和太平洋地区的国家来说是可获得性商品,但对北美、西欧等国家来说,因其自然条件不适于生产这些商品,即使能在温室中培养,也要花极高的代价,因而是不可获得性商品。又如,某些高技术产品,如计算机、飞机等在某些国家(如美国)能通过采用先进技术、开发新产品等方式降低成本,供给弹性较大,因而是这些国家的可获得性商品;而在另一些国家(如柬埔寨、老挝等)由于种种条件的限制不能生产或生产成本较高,供给弹性较小,因而是这些国家的不可获得性商品。

基于对商品的可获得性和不可获得性的认识,克拉维斯认为,各国对某种商品的获得可能性的不同,即可获得与不可获得的差别,亦即供给弹性的差异,是国际贸易产生的一个重要原因。拥有可获得性商品的国家将出口这种商品到不可获得这种商品的国家,对某种商品供给弹性大的国家将向对该商品供给弹性小的国家出口这种商品,这就是可获得性说的内容。

在实际的经济社会,不乏因拥有某些特殊资源或先进技术而产生国际贸易的例子。除上述提及的产品出口外,英国出口毛纺织品和威士忌酒、法国出口高级香水、日本出口照相机、瑞士出口手表等,均适用可获得性理论。因为这些产品的出口是通过优良的品质或成功的广告而为人所知的,因而具有良好的信誉。这种良好的信誉实则是一国特殊的无形经济资源。

可获得性理论只能用以解释少部分、特殊的贸易事件,而无法用以说明一般的贸易现象。因此,一般的产品贸易还是必须借助成本的差异来说明其发生的原因。

6.7.2 存在性理论对我国的启示

根据存在性理论,我国在选择自己的产业结构和发展出口贸易时,应考虑自然资源、生产要素、技术等方面的可获得性差异。

我们应从可持续发展的角度出发,发展要素资源丰富、技术先进、具有竞争力的产业和产品,而对本身资源禀赋稀缺的要素密集型产品,则主要从国外进口,以减轻对国内经济发展的压力。同时,我们应努力创造某些后天条件,增加和提高我国可获得性资源和要素的数量和质量。

6.8　人力资本理论

6.8.1　人力资本理论的含义

人力资本理论(human capital theory)是美国经济学家舒尔茨(T. W. Schultz)创立的。该学说用人力资本的差异来解释国际贸易产生的原因和一国开展国际贸易的模式。

舒尔茨和许多其他西方经济学家认为,劳动不是同质的,这种不同质表现在劳动效率的差异上,而劳动效率的差异主要是由劳动熟练程度决定的,而劳动熟练程度的高低又取决于劳动者受教育、培训等智力投资的影响,因此,高素质的劳动力是一种投资的结果,是过去资本支出的结果。商品生产中的资本除了包括物质资本以外,还应该包括人力资本。物质资本指厂房、机器设备、原材料等有形资本,它是对物质资料投资的结果。人力资本指寓于人体中的人的智能,表现为人的文化水平、生产技巧、熟练程度、管理才能及健康状况,它是人力投资的结果,即政府、企业和个人投资于教育和培训的结果。各国人民的天赋是相近的,而人的智能差别则是后天人力投资的结果。一国通过对劳动力进行投资,可以使劳动者的素质得到极大的改善,大大提高劳动生产率,从而对该国的对外贸易格局产生重要影响。一般来说,人力资本丰富的国家(如美国、日本)在知识、技术密集型产品生产和出口上具有比较优势,而人力资本比较缺乏的发展中国家在知识、技术密集型产品生产上则处于劣势地位。

人的智能之所以称为资本,是因为这种智能的获得需要通过教育和训练来获得,并能够促进劳动生产率的提高。有的国家在二战后虽然是一片瓦砾,却能飞跃式地发展,其重要原因之一是战前积累的人力资本保存了下来。战后大萧条时期,美、日等国的家长含辛茹苦供子女上学,寄生存于教育,也为其后来的经济发展积累了大量的人力资本。

人力资本在比较优势的决定中所起的重要作用,则是由于不同产品生产需要的人力智能高低、多寡不同。初级产品的生产需要较少、较低的人力智能,因而人力资本缺乏,但自然资源和劳动力丰富的发展中国家具有生产和出口优势;而信息、生物、空间、新材料、新能源等新兴产业的产品需要较高的人力智能,因此,人力资本丰富的发达国家具有比较优势。

资本丰裕的国家,教育都比较发达,因而人力资本资源也比较丰富,它在需要大量人力资本的产业方面就具有相对比较优势。因此,美国在生产商品时就投入较多的人力资本,拥有更多的熟练劳动力,因此,美国出口的产品中含有较多的熟练劳动力。如果把熟练劳动力的收入高于简单劳动力的收入看作人力资本并同有形资本相加,经过这样的处理之后,美国仍然是出口资本密集型产品。这个结论符合要素禀赋理论,从而很好地解释了里昂惕夫之谜。

6.8.2　人力资本理论对我国的启示

20 世纪中叶,日本战后经济迅速恢复和发展,20 世纪 60 年代末开始成为世界经济大国,到 20 世纪 80 年代,日本人均国民收入及工业技术水平已经达到欧美发达国家水平,部分工业技术甚至已超过欧美发达国家,成为仅次于美国的世界第二经济大国。日本能够创造世界经济发展史上的奇迹,除了有利的国际环境外,在国内条件下,人力资本在经济追赶中发挥了积极的驱动作用。人力资本在日本经济起飞时曾经发挥了巨大的经济功能。关于人力资本积累在日本经济追赶中的作用,日本前首相吉田茂指出:教育在现代化中发挥了主要的作用,这大概可以说是日本现代化的最大特点。日本人由于战争而损失了许多财产,可最为重要的人的能力却没有丧失。明治维新时期对教育的重视使日本能够克服国内外各种困难,同样,高超的教育程度成了日本战后复兴的巨大力量。

在21世纪的今天,人力资本在一个国家(地区)经济发展中越来越发挥着主导作用。根据日本的成功经验和人力资本理论,我国在人才培养和促进人力资本积累方面应着手做好以下工作:①加快我国教育体制改革,促进人力资源能力建设;②建立产学结合的人才培养机制,不断调整人才培养结构;③大力培养优秀创新型人才,缩小与发达国家的科学技术差距;④大力培养现代化企业管理人才,促进科学技术向现实生产力的转化。

思考与练习

1. 产业间贸易和产业内贸易的基础是什么?据此分析当代国际贸易的格局。

2. 根据下列进出口水平,分别计算产业内贸易程度。

进口值	出口值
2000	2000
2000	1000
2000	0

3. 根据波特的竞争优势理论,一个国家的竞争优势主要由哪些因素决定?比较优势与竞争优势之间的关系如何?

4. 下列例子中,决定贸易模式的最主要因素是比较优势还是规模经济?

(1)世界上大部分的铝是由加拿大或挪威冶炼。

(2)日本是世界上最主要的传真机出口国。

(3)Intel生产了世界上半数以上的CPU。

(4)美国和日本相互出口复印机。

(5)世界上半数以上的大型喷气式飞机在西雅图生产。

(6)中国是主要的电视机出口国。

(7)中国大量出口纺织品。

(8)东南亚国家大量出口运动服装和鞋。

5. 简述产品生命周期理论的发生机制。它是对比较优势贸易理论的否定吗?

6. 如果各种新产品都经过产品生命周期,发达国家是否会在竞争中处于劣势?为什么?

7. 20世纪50年代,欧洲盛产打火机,20世纪60年代末起逐渐被日本、韩国等以价格优势取而代之,20世纪90年代之后中国温州又再次以同样理由取而代之。试分析打火机产业转移的原因。

8.日本在 20 世纪 70—80 年代将大量劳动密集型产业转移到中国台湾地区,进入 20 世纪 90 年代以后,台湾又将这些产业转移到大陆。试从经济发展中要素的变动来解释该现象。

9.日本经济在二战后迅速恢复和发展,试利用人力资本理论分析其原因,对中国有何启示?

10.我国的一些家电产品从以前的大量进口转为现在开始逐步扩大出口,请用贸易理论来说明这一现象。

第7章 保护贸易理论

课前导读

在华盛顿、汉密尔顿、克雷、林肯以及后来的共和党总统所建立的关税墙后面,美国在一个世纪里,从一个沿海的农业共和国变成了一个世界上绝无仅有的工业强国。然而就是如此成功的政策在今天却被贬低地称为保护主义。

——布坎南(美国保守主义政治家)

自国际贸易产生以来,无论就世界范围还是就单一国家(地区)而言,也无论是在学术界还是在实际部门,都始终存在着自由贸易主义和保护贸易主义两种主张。他们各自提出不同的理由,要求政府实施不同的贸易政策和措施,这两股力量角逐的结局往往决定着贸易政策的倾向、贸易政策的程度和范围、贸易政策的各种效应等。而现实世界中的贸易政策常处于完全的自由贸易政策与完全的保护贸易政策两极之间,是斗争妥协的产物。

7.1 重商主义的贸易保护

从历史上看,自资本主义制度发展之初,就存在着两种根本对立的贸易政策:一是自由贸易政策;二是保护贸易政策。前者的主要内容是:国家取消对进出口贸易的限制和障碍,取消对本国进出口商品的各种特权和优惠,使商品自由进出口,在国内外市场上自由竞争,形成国际统一的商品市场。而保护贸易政策的主要内容是:借助于设置各种贸易壁垒,限制进出口商品的数量、种类、价格等,保护国内市场免受外国商品的竞争,并且对本国商品出口给予优待和补贴等以鼓励出口。

7.1.1 重商主义产生的背景

在工业文明的萌芽阶段,一些注重海外贸易的国家注意到,同样的人力物力资源投入,依靠海外贸易的发展可以获得更多的物质财富。于是人们很自然地认为,这个增量财富的来源是流通、是贸易。这就是"重商主义"产生的客观基础。

重商主义是代表资本原始积累时期商业资产阶级利益的经济思想和政策体系。它的主要观点体现在,一是重视经营金银(当时的一般等价物),二是主张贸易保护政策。重商主义者认为,世界上的资源是一定的、有限的,因此本国商人、制造业和航运业为获得更大的利润而扩大业务时,或迟或早必然会同其他国家发生冲突。政府为了支持和保护本国商人、制造业和航运业在国际贸易中的利益,就必须保持国家的强大。因此,利用一切方法增强国家实力,就成为当时西欧新兴国家的最主要目标。增强国家实力主要表现在陆海军武装力量的壮大。为了实现这一目标,就需要积累大量的财富,并由国家来统治整个经济活动。

重商主义者认为,金银货币是财富的唯一形态,一切经济活动的目的都是为了获取金银。国家力量的基础在于它所拥有的金银货币的数量。法国重商主义代表人物之一的安徒安·德·孟克列钦(1575—1622)就这样说过:"货币是军事的神经,黄金比钢铁更有威力,所以大国都在寻找获得黄金的办法,并且证明获取黄金的最重要方法是商业。"

7.1.2 重商主义的基本观点

1. 早期的重商主义

早期的重商主义者以货币差额论为核心,主张直接采取行政手段,禁止货币输出,认为一旦进口以后,就应留在国内。他们把目光直接盯在货币收支上,把商品和货币对立起来,认为商品不是财富,只有金银才是财富;在贸易上则主张多卖少买或不买的原则。这种把货币禁锢在国内作为积累财富的思想,称为货币差额论,其代表人物可推英国的威廉·斯塔福(Willam Stafford,1554—1612)。

在实际政策措施方面,早期重商主义是直接利用国家立法和行政措施来保证对每个国家和每笔贸易都实现顺差,绝对禁止金银外流,所以也称重金主义。例如:对金银进行管理,禁止出口(西班牙法律规定,运金银出口者处死刑);对殖民地的贸易进行独占垄断(英国航运法规定,一切自殖民地输出及向殖民地输入的货物,必须用英国船舶)。

2. 晚期重商主义

晚期重商主义则并不单纯地直接依赖立法和行政手段来取得和保存金银,而是更多地要求通过国家干涉来促进本国的生产和出口,实现贸易顺差,但不必每一笔贸易都是顺差,允许对个别国家有贸易逆差,只要这有利于实现总的贸易顺差。例如,当时英国对东印度有贸易逆差,但由东印度输入的产品却可畅销欧洲大陆,从而保证了总的贸易顺差。

晚期的重商主义者是不主张直接控制金银货币的输入输出,而主张把立足点放在贸易上。如货币输出能导致大量的贸易盈余,它就不应受到阻止。他们认为:增加财富积累的最好手段就是保持国际贸易顺差。当一国对外贸易出现顺差时,外国必须用金或银来偿付两者的差额。因此重商主义者认为,一国只有发生贸易顺差,金银财富才会不断流入国内,这样才意味着通过对外贸易获得了利益;贸易顺差是取得金银的手段,货币只有投入流通才会增值。这就是所谓的"贸易差额论",这个结论是重商主义国际贸易理论的核心。贸易差额论才是真正的重商主义。其代表人物托马斯·孟有句名言:"货币产生贸易,贸易增多货币。"

晚期重商主义的具体政策措施主要有:征收关税制度,进口征高税,出口免税或退税;奖出限入,原料进口鼓励,原料出口禁止(英国禁止活羊、羊毛、毛纱出口,出口者,处断臂至死刑);对航运进行管理(英国航海法规定,除欧洲货物输入英国时允许用原产国船舶外,一律用英国船只);扶植手工业;招聘外国技工,禁止优秀技工离开本国,鼓励人口增殖,压低工资;改善信用制度,扶植对外贸易。

总之,重商主义学说导致了当时西欧各国对其贸易实行严格的管制和保护措施,它建立在这样一个信念上,即国际贸易是单方面有利的,一国之所得必为另一国所失,不可能出现两国互利的贸易。这样,发生贸易关系的各国在利益上是冲突的和不相容的。因此,其国际贸易基础是不牢靠的。

重商主义学说在其发展过程中产生过压倒一切的影响,它的一些政策主张仍然影响着目前资本主义各国的对外贸易。

7.1.3　对重商主义的评价

重商主义理论和政策在历史上曾起过积极和进步作用,促进了资本主义原始积累,推动了当时国际贸易和商业运输业的发展。重商主义主张国家干预对外贸易,积极发展出口产业,实行关税保护措施,通过贸易差额从国外取得货币的观点,对各国根据具体情况制定对外贸易政策是有参考价值的。

但是,重商主义也有严重缺陷,主要表现为:①重商主义的财富观是错误的。财富不是金银,金银也不是财富的唯一形态。贵金属只是获得物质财富的手段或媒介,真正的财富是该国国民所能消费的本国和外国的商品和服务的数量和种类。②重商主义是经商致富论。它认为财富都是在流通领域中产生的,特别认为国际贸易是财富增殖的源泉,这种观点是不科学的。其实财富是在生产过程中产生的,流通中纯商业活动并不创造财富。③重商主义只研究如何从贸易中获得金银,而没有探讨国际贸易产生的原因。重商主义认为一国只有在他国损失的前提下才能获利,而没有认识到国际贸易有促进各国经济增长的重要意义。如果一个国家无利可得或者只有损失,那它就会拒绝贸易,这样国际贸易就不会发生。只有各国都能从贸易中获利,它们才会自愿进行贸易。

需要指出的是,虽然重商主义不适合自由竞争和自由贸易的需要,但重商主义的影响从来没有消失过。20世纪80年代以来,随着被高失业控制的国家试图通过限制进口来刺激国内生产,新重商主义有卷土重来的势头。事实上,除了1815—1914年的英国,没有一个西方国家曾彻底摆脱过重商主义的观点。

7.2　古典保护贸易学说

7.2.1　古典贸易保护学说产生的背景

19世纪中叶,英国经济实力达到顶峰时,曾通过修改《航海条例》和废止《谷物法》,提出了(包括鸦片在内的)自由贸易,但在当时同中国的贸易中却是由东印度公司独家垄断。美国和德国则因国力不敌英国,分别采取了汉密尔顿(1791)和李斯特(1841)的贸易保护理论和政策,并利用了第二次产业革命和世界经济增长的有利时机,到第一次世界大战前就赶上和超过了英国。当英国的世界经济领先地位丧失时,随即在20世纪20年代初通过《染料法》和《工业保护法》,放弃了自由贸易政策。

二战后,虽然从1947年开始的日内瓦回合到1995年结束的乌拉圭回合,在关贸总协定的范围内,通过多边谈判导致了各成员国特别是发达国家关税的削减,促进了贸易自由化的发展。但是,当日本、德国以及一些新兴工业化国家和发展中国家依靠适当的贸易保护而迅速地强大起来,在某些方面赶上和超过了美国,在同美国的贸易中占有了更多的贸易利益时,美国又祭起了贸易保护的大旗,在关税已经降低的同时,非关税壁垒成为主要的保护手段。

7.2.2　汉密尔顿的保护关税论

1.产生背景

18 世纪,美国独立之初,经济上仍受英国控制,美国以南部的棉花、小麦等农产品与英国的工业品交换。由于工业基础落后,美国无法与英国竞争。

早在美国独立后不久的 1791 年,汉密尔顿(Hamilton)作为美国独立后的首任财政部部长,在向国会提出的《关于制造业的报告》中就说明了保护制造业的必要性及措施,该文献被视为保护贸易理论的经典文献。

2.汉密尔顿保护关税论的基本观点

汉密尔顿认为,实行产业保护的必要性主要有:①促进社会分工;②推广机器使用;③促进就业;④吸引外国移民;⑤人尽其才,鼓励进取;⑥保证农产品销路。他总结性地认为,创造出一个新的国内市场远胜过国外市场。

汉密尔顿认为实行贸易保护的措施主要有:①实行保护贸易关税;②禁止进口或限制进口;③禁止原材料出口;④实行出口补贴或出口奖励制度;⑤对以进养出者,实行进口免税或退税;⑥鼓励新的工业发明;⑦引进外国专利权。

美国逐步提高保护程度,作为主要保护手段的关税不断提高,从 1798 年的 5%～15%提高到 1828 年的 45%、1890 年的 49.5%和 1931 年的 53.2%。此外,1807 年美国还公布了禁运法案及保护关税税则。19 世纪初,美国开始工业革命,为了抵御英国工业品的竞争,扶植国内工业的发展,美国不断提高关税。1816 年关税率为 7.5%～30%,1824 年平均关税率提高到40%,1825 年又提高到 45%。18 世纪 80 年代,美国工业跃居世界首位,1900 年美国在世界外贸总额中仅次于英国,居世界第二位。美国的工业在高度保护的条件下迅速发展,直至 20 世纪 30 年代的经济大萧条之后,美国才放弃了保护关税政策,转向了自由贸易,在 20 世纪初取代英国成为世界头号工业强国。自特朗普上台后美国又重回贸易保护主义,2018 年 7 月 11日美国政府公布拟对华 2000 亿美元输美产品加征 10%的关税清单,这使得 2018 年 9 月后美国对华贸易制裁涉及商品规模达到 2500 亿美元。

7.2.3　李斯特的幼稚工业保护论

1.产生背景

19 世纪初,德国的纺织、采矿、冶金、机械制造业等都有所发展,但与当时处于"世界工厂"地位的英国相比还相当落后,受英国廉价工业品的冲击很大。为此,德国历史学派经济学家李斯特(Liszt)于 1841 年出版了《政治经济学的国民体系》,提出了幼稚工业保护理论。

李斯特批评古典贸易理论"没有考虑各个国家的性质以及它们各自的特有利益和情况。""两个同样具有高度文化的国家,要在彼此自由竞争下共同有利,只有当两者在工业发展上处于大体上相等的地位时才能实现","在自由竞争下,一个无保护的国家要想成为一个新兴工业化国家已经没有可能","保护制度是使落后国家在文化上取得与优势国家同等地位的唯一方法"。李斯特认为古典学派的"比较成本说"的观点存在错误。因为按比较成本原理购买国外的廉价产品,表面上看起来虽然有利可图,但实际上却影响了本国该产业的发展,从而会长期处于落后和从属于外国的地步。而如果放弃这种短期利益,对这种幼稚工业实行保护政策,虽然一开始该产品的价格会上升,但经过一段时期,不但本国的产业可以得到充分发展,而且生产力提高后,商品的价格也会下跌,甚至会低于外国的进口价格。李斯特认为,"财富的生产力比财富本身,不晓得要重要多少倍"。在李斯特的影响下,通过保护政策的扶植,德国经济在短期内有了迅速的发展,终于赶上了英国。

2. 李斯特幼稚工业保护论的基本观点

构筑关税壁垒是德、法、美等国保护幼稚工业贸易政策的基本特征。经济发展阶段论是李斯特保护幼稚工业论的理论依据。李斯特认为"从经济方面看来,各国都必须经历如下五个经济发展阶段:原始未开化时期、畜牧时期、农业时期、农工业时期、农工商业时期"。各个国家在不同的阶段(历史时期),应该采取不同的对外贸易政策。农业阶段的国家应实行自由贸易政策,以促进农业发展,培植工业基础;农工业阶段的国家,由于本国工业还未发展到与外国产品相竞争的程度,故必须实行保护关税制度;在工业化的中期阶段,实施保护贸易可以迅速发展起本国的民族工业,但在民族工业具有一定的国际竞争力时,必须果断地放弃保护。

李斯特认为,保护的目的是为了促进和维持本国工业生产力的发展,但不是保护所有产业;保护的手段是以实行关税壁垒保护为主;保护的重点是对国民经济有重要意义的幼稚工业和新兴工业;保护的程度,他主张针对工业中的不同部门根据不同情况给予不同的保护,关税高低与工业发展相适应;保护的期限,他认为保护期限过长将会出现保护低效率的结局,因此,对工业部门的保护期限最长不应超过30年;保护贸易的实施必须有一定的条件限制;保护贸易政策应通过国家干预经济来实行。

生产力理论是李斯特保护幼稚工业论的理论基础。在他看来,财富本身固然重要,但是发展生产力更为重要。因为生产力是创造财富的源泉,财富是生产力的结果。因此一个国家开展对外贸易,也应该着眼于生产力,而不能着眼于财富存量的多少。

3. 简评

李斯特的保护幼稚工业理论具有十分重要的实践意义。这一理论的提出,确立了保护贸易理论在国际贸易理论体系中的地位,标志着从重商主义分离出来的西方国际贸易理论两大学派——自由贸易学派和保护贸易学派的完全形成。李斯特的保护幼稚工业理论的许多观点是有价值的,整个理论是积极的,对落后国家制定对外贸易政策有一定借鉴意义。他关于经济发展的不同阶段应采取不同的对外贸易政策的观点是科学的,为落后国家实行保护贸易政策提供了理论依据;他关于以保护贸易为过渡和仅以幼稚工业为保护对象的主张是积极的,说明了他同时承认国际分工和自由贸易的利益;他对保护贸易政策的得失的分析是实事求是的,揭示了建立本国高度发达的工业是提高生产力水平的关键。李斯特的保护幼稚工业理论在德国资本主义的发展过程中起过积极的作用。它促进了德国资本主义的发展,有利于资产阶级反对封建主义势力的斗争。

但是,李斯特的保护幼稚工业理论也存在一些缺陷,如他对影响生产力发展的各种因素的分析是十分混乱和错误的,因而不能揭示生产力和经济发展的根本原因,也不能揭示物质生产本身是社会经济生活的决定性基础这一根本原理;他以经济部门作为划分经济发展阶段的基础也是错误的,歪曲了社会经济发展的真实过程。

自由贸易论者穆勒曾说过,幼稚工业保护论是保护贸易可以成立的唯一理由,从此这个理论在贸易理论中占据了重要地位。它不但是现代发展中国家工业化和贸易的中心问题,而且也是发达国家保护增长产业的重要理论支柱。

注意:保护贸易与自由贸易向来就是国际贸易领域里两种相互对立的观点。在自由贸易成为当今世界主流的情况下,我们也应当看到,自由贸易存在许多负面效应。对于竞争力不强的发展中国家来说,自由贸易往往对本国产业造成冲击,一些新兴的工业往往会被外国产品"扼杀在襁褓中",甚至根本就没有产生的可能。产业结构与贸易结构便也难以升级,但是,保护有"保护先进"与"保护落后"之分,即使保护幼稚产业,也应是有条件和有期限的。

7.3　现代保护贸易理论

现代贸易保护理论,又叫新贸易保护主义或超保护贸易论,它是 20 世纪 70 年代中期以来的一种贸易保护主义思潮。其发源并生长于美国,20 世纪 80 年代下半期其思潮几乎席卷全球。与传统贸易保护主义相比,现代贸易保护理论有着显著的特点和更广泛的理论基础。

7.3.1　凯恩斯的贸易保护理论

虽然凯恩斯本人并没有系统地论述国际贸易理论,但其追随者如美国的汉森、萨谬尔森和英国的哈罗德等人发展了他在国际贸易方面的观点或思想,从而构成其贸易保护理论中的三个重要组成部分:新贸易顺差论、外贸乘数论和国家干预论。

1. 新贸易顺差论

在对外贸易中追求贸易顺差,是重商主义理论的基本特征之一。凯恩斯主义也主张贸易顺差,但与重商主义不同,它将贸易顺差与就业理论联系在一起。

他们认为一国的贸易顺差可以为该国带来黄金,扩大支付手段,从而压低利率,刺激物价上涨、扩大投资,缓和国内经济危机,扩大就业;相反,贸易逆差则会造成黄金外流、利率上升、物价下跌、投资减少、经济萧条、失业者增加。因此,凯恩斯主义指出,古典自由贸易理论在说明"国际收支自动调节机制"时忽视了国际收支在调节过程中对一国国民收入与就业的影响,事实上,一国外贸顺差或逆差对于该国的经济盛衰起着重要的作用。

2. 外贸乘数论

为了说明投资变动给国民收入量与就业带来的影响,凯恩斯曾在他的《就业、利息与货币通论》(1936 年)一书中提出乘数原理,认为投资增长与国民收入扩大之间存在着一种倍数关系。一笔投资会引起收入与消费的变动,产生乘数效果;而收入与消费的变动反过来又会引起投资变动,两者相结合便产生乘数加速效果。凯恩斯的乘数原理后来被他的追随者所发挥。

一国的出口与国内投资一样,属于"注入",对就业和国民收入有倍增作用。而进口与国内储蓄一样,属于"漏出",对就业和国民收入有倍减作用。一国输出商品和劳务,从国外得到的货币会使进口部门收入增加,消费也随之增加,这必然引起其他部门生产增长,就业和收入也随之增加。如此反复下去,国民收入增加将是投资增加和出口增加量的若干倍;进口则正相反。因此,一国只有当贸易出超或国际收支顺差时,对外贸易才会增加就业,提高国民收入水平。此时,国民收入的增加量成为贸易出超的数倍,这就是对外贸易乘数。

外贸乘数论表明:①任何自发性的支出增加或政策诱发的支出增加都会使一国的产出、收入、就业提高数倍。②开放经济也对收入产生附加影响。在贸易顺差时,对外贸易与国内投资一样也起着乘数加速效果。这一结论为新贸易保护主义追求贸易顺差、实行贸易保护政策增添了新的理论依据。

3. 国家干预论

自21世纪30年代凯恩斯理论出现后,美国贸易保护理论的国家干预思想又注入新的内涵。以前的联邦主义认为国家干预的主要目的是扶植幼稚产业的发展以实现工业化;而凯恩斯主义的国家干预的主要目的是增加有效需求、扩大就业,是出于反危机的需要。

国家干预的手段主要包括:财政政策、货币金融政策、收入分配政策以及对外经济政策等一系列宏观经济管理和调节措施。其理论前提是否定市场机制具有神奇作用,认为在现代资本主义条件下,市场机制已不能充分发挥自动调节经济的作用,因此需要发挥国家干预和调节经济的作用。

凯恩斯主义国家干预论是新贸易保护理论的基础,根据这一思想,现代保护贸易理论要求政府加强进口管制(如实行配额制),要求生产国自动限制对美出口,规定最低进口价格等;要求政府采用经济手段(诸如优惠贷款)、出口补贴等措施来鼓励出口;通过制定和实施有关对外贸易法规来干预贸易活动,从而达到恢复国际收支平衡、保护和促进国内生产、实现充分就业的目的。

7.3.2 其他现代贸易保护理论

1. 工资差异论和国际劳动力价格均等化论

该理论由哈根提出,认为一国工业部门的工资常常高于农业部门的工资,由此影响到工业生产成本。这样,某些工业虽与外国工业相比具有比较利益,但在价格上不能与外国进口品竞争,因而仍难以发展,为此需设置关税加以保护,使之尽可能地发展,资源得到充分利用,国民所得达到最大。后来哈根又对自己原先提出的比较利益的观点做了修正,认为所谓比较利益,是指一国边际转换率与进口品相对价格的比较,而不是一国内不同商品以货币表示的相对生产成本与进口同类商品的相对价格比较。这样,本国生产的工业制成品与农产品相比较,尽管其价格高于外来品,但可以增加国民的经济福利。因此,这类工业只有在保护政策下才能生存。

现代保护贸易理论(新贸易保护理论)吸取了这种分析工资差异的方法,将农业与工业两个部门的比较扩大到各国之间的比较,又衍生出国际劳动力价格均等化论。其基本观点是:认为各国工资水平有所不同,发展中国家或经济发展相对落后而劳动力资源丰富的国家,工资水平往往较低,由此生产成本也较低;而经济发达国家的工资比较高,生产成本也就较高(假使不考虑劳动生产率这一因素的话)。因此,如果自由进口,发达国家会在大量廉价品的冲击下,难以维持较高的工资和生产水平,会造成发达国家工人的工资水平向低收入国家的工资水平看齐,从而导致发达国家生活水平的下降,所以有必要实施贸易保护措施。因此发达国家应该对发展中国家的劳动密集型产品实行贸易限制。进入20世纪80年代以来,发达国家受到低增长和高失业率的困扰,增加了大工业的保护,抵制发展中国家的进口,1993年发展中国家将近三分之一的出口产品受到发达国家的配额制和其他非关税壁垒限制。

2. 贸易保护就业论

贸易保护就业措施对短期内缓和失业压力有一定意义,尤其是在严重失业时期,例如 20 世纪 30 年代,保护不失为缓和失业的有效补救措施。此外,对那些处于衰落的工业部门应该给予暂时性保护。因为这些工业部门吸收了大量的劳动力,一旦这些行业与外国竞争,且在竞争中处于不利地位,就会带来大量的失业人口;这些工业的落后不是工业本身落后于社会的需要,而是该行业采用的生产技术落后于其他国家。因此只要假以时日,对现有的生产技术进行更新改造,就可以使该生产部门重新获得竞争力。

但是,保护并非解决失业问题的最佳途径。首先,它不一定十分有效。若一国通过关税等措施限制进口,其贸易伙伴的出口便会相应减少,贸易伙伴国的就业和收入随之下降,对进口品的支出因而减少,该国通过保护措施所增加的就业因此在很大程度上被抵销。其次,其他国家的报复,使关税等保护措施所获得的就业和收入提高无法长久维持。再次,保护这些工业所付出的代价是比较大的,保护措施的长期效果并不能增加就业。据有关方面统计,美国为保护钢铁业的一个就业机会,每年要付出 14 万美元的代价。

在国际竞争和经济发展过程中,一些行业的衰落是不可避免的,单纯保护它们的代价也会越来越大。从长期看,一个国家必须有进口才能维持出口的扩张,真正增加就业。而保护只是使劳工由出口产业转到保护产业,使资源使用效率降低、福利水平下降。故要提高本国就业水平,财政和货币政策远比保护政策来得有效。

3. 改善国际收支论

改善国际收支论主张以关税、配额等贸易保护措施限制进口,减少外汇支出,以达到迅速、有效改善国际收支的目的。改善国际收支论作为临时性紧急措施,能使一国的国际收支逆差状况改善暂时奏效,发达国家和发展中国家不时求助于关税壁垒以减少其逆差。

但是,该论点忽略了一个事实:国际收支状况是出口和进口(或外汇流入与流出)的一种差额,仅减少进口并不能保证国际收支一定获得改善。若在本国限制进口的同时,外国采取报复手段或本国资源由出口部门转移至进口部门生产而使本国出口减少;或本国对进口品的需求缺乏弹性,关税也无法有效减少进口;或用于出口品生产的中间投入物进口减少或价格上涨而削弱出口能力;或本国进口减少导致外国的进口能力也随之下降;或本国进口减少而致本国货币上升;等等。这些情况的发生,均会使本国无法达到改善国际收支的目的。因此,改善国际收支的更为有效的办法应是改善经济结构、提高要素生产力,以增强本国产品的国际竞争力,使出口增加,吸引外汇流入。

4. 保护公平竞争论

该论点认为国际贸易中倾销、补贴等做法破坏了公平贸易这一国际贸易规则,因而必须以反倾销税、反补贴税等保护手段来抵制,以维护国际贸易的公平竞争。此论点在关贸总协定、世界贸易组织及许多国家的贸易立法中被采用。但是,在实践中,保护公平竞争论常常被滥用。一方面,因为一些国家实行保护,有时不加区别地对待普通的商业策略和不公平贸易行为。例如,有的国家对贸易对手国以低于国内市场价格进行的销售不分青红皂白地征收反倾销税。另一方面,各国对不公平竞争解释的不一致也导致了以公平贸易为由的保护手段的滥用。不公平竞争的定义已从最初针对国际贸易中因为政府参与而出现的不公平竞争行为发展到现在的伙伴国的市场开放不对等,甚至比较成本的差异这一贸易基础也被歪曲为不公平竞争。保护措施的滥用会使国际贸易偏离公平更远,因此,各国应自觉采取真正能限制不公平贸易的正当措施。

5. 投资保护论

投资保护(investment protection)是指东道国为了本国的政治经济利益采取种种措施限制或禁止外国资本进入本国的一些行业部门,或严格控制外资在产业中的投资比例,以确保本国的政治经济安全。

传统的贸易保护理论是建立在生产要素的国际不可流动性基础上的,贸易投资一体化虽然使传统的贸易保护前提条件失败,但产生贸易保护的政治、经济因素依然存在。在资本可以跨国流动的条件下,贸易保护政策将逐步让位于投资保护政策。

6. 地区经济主义新贸易保护论

1994 年,英国学者蒂姆·朗和科林·海兹在《新贸易保护主义》一书中提出,地区经济主义新贸易保护论"旨在通过减少国际贸易和对整个经济的重新定位及使其多样化,让它朝向地区或国家内生产的最大化方向发展,然后以周边地区作为依赖对象,并且只把全球贸易作为最后选择"。他们认为在目前的世界环境中,自由贸易所带来的问题比其期望解决的问题多,鉴于自由贸易无法解决贸易与发展、贸易与环境等问题,因此必须用新的贸易保护主义取代它。

新贸易保护主义主张:首先要加强地区间合作,实施新型的地区主义。"自力更生应该成为国家内部以及一个地区的国家之间的一个共同目标,这样可以使它们在力所能及的范围内最大程度地满足需要和提供服务,如果经济活动是为自力更生提供服务,那么它们对国际贸易的依赖程度就会降低,经济增长受到无情竞争的影响也会减少,当生产和就业必须一致为了满足地方需要而服务时,就应该重新将经济活动定位,使其摆脱出口导向的模式。"实行地区性贸易保护主义后,既可以利用本地资源,促进经济发展,增加福利,又可以改变发展中国家在国际贸易结构中的不利地位,同时也可以保护环境,促进人类可持续发展。其次还主张为使地区经济发展,来实现贸易平衡和保护世界环境。这就需要一国根据预期的出口量控制进口量并且要使两者严格平衡,并制定高标准的进出口限制规则。

7. 环境优先新贸易保护论

环境优先新贸易保护论的主要论点是:由于人类生态系统面临巨大威胁,在国际贸易中应该优先考虑保护环境,减少污染产品的生产与销售,为了保护环境任何国家都可以设置关税和非关税壁垒控制污染产品进出口,同时任何产品都应将环境和资源费用计入成本,使环境和资源成本内在化。

8. 民族自尊论

尽管世界各国之间的相互依赖在不断加强,但各国还是要力争体现本民族的特点,并以本国生产的产品来展示自己的经济实力。进口商品的品种、质量常常反映了别国的文化和经济发展水平,而且进口商品上都往往带有"某国制造"的标签,以示和本国产品的区别。一般来说,进口货总比国产货要"物美价廉"(否则不会进口),尤其是发展中国家所进口的先进工业产品,许多是本国不能制造的。在消费者"赞洋崇洋"的时候,政府往往会觉得有损民族自尊心。为了增加民族自豪感,政府一方面从政治上把使用国货作为爱国主义来宣传,另一方面企图通过贸易保护政策来减少外来冲击,发展民族工业。当日本的产品大量涌入美国市场时,美国的舆论惊呼,如果美国不设法保护本国市场,总有一天制造星条旗的布也是从日本进口的了。

9. 国家安全论

国家安全论认为,自由贸易会增加本国对外国的经济依赖性,这种情况可能会危及国家安全。一个国家没有永远的敌人,也不会有永久的朋友,一旦战争爆发或国家之间关系紧张,贸易停止,供应中断,过度依赖对外贸易的经济就会出现危机,在战争中可能会不战自败。

以国家安全为理由限制贸易的思想由来已久,可以追溯到 17 世纪英国的重商主义,当时的贸易保护主义就以国家安全为依据,主张限制使用外国海运服务和购买外国商船。20 世纪以来,战争连续不断,第二次世界大战后又经历了长期的东西方"冷战",国家安全论也就经久不衰。国家安全论认为,建立强有力的国防工业是十分重要的,有关国家安全的重要战略物资必须以自己生产为主,不能依靠进口。在这些行业面临国际市场竞争时,政府应加以保护。这些重要的商品包括钢铁、粮食、石油等重要原料与燃料。对某些不友好国家的出口也要加以限制,任何可能增强对方实力、威胁自身安全的商品都要严加控制。1984 年,美国制鞋业的主席严肃地告诉国会军事委员会说:"一旦战争或国家处于其他紧急状态时,国内制鞋业要为全国军民提供足够的鞋是极不可能的……我们不能等着从中国台湾地区,或韩国,或巴西,或中东的船只运来鞋子……不合适的鞋子能造成无谓的伤亡,并且把必胜化为失败。"

主张自由贸易的学者认为,解决战略物资短缺的较好办法是平时廉价进口它们,并将其储存起来。因此美国可以考虑储存廉价的进口鞋,而不以较高的成本在国内生产。就像美国从 20 世纪 70 年代中期以来实行战略石油储备计划时所做的那样。

总之,自由贸易与保护贸易的争论根源于全球经济利益与各国经济利益之间相互矛盾的一面。如果自由贸易更有助于各国经济的发展,它们将自觉地贯彻自由贸易理论;相反,如果自由贸易与各国的经济利益相冲突,各国就倾向于贸易保护。尽管经济学的尺度只有一个,但是从利益分配的角度看,各国总是偏爱自己的。

7.3.3 古典贸易保护学说与现代贸易保护理论的比较

1. 保护的目的与影响不同

古典贸易保护学说是经济较落后国家为了发展本国民族经济、实现工业化目标,通过对某部门或行业实行保护措施来促进这些部门或行业迅速成长的理论或思潮。而现代贸易保护理论是经济发达国家为保住昔日的经济优势地位,通过广泛实行保护措施来维持其政治与经济利益的理论或思潮。前者在贸易政策行为上不改变国际贸易政策总趋向,而后者则可能影响到国际贸易政策的总趋向。

2. 保护的对象不同

古典贸易保护主义保护的是幼稚工业或弱小的新兴工业;现代贸易保护理论保护的主要是陷入结构性危机的产业部门。农业作为一个特殊产业在大多数国家的任何时期都受保护。

3. 保护的领域不同

古典贸易保护理论主要在商品贸易与资本贸易领域实行保护,而现代贸易保护理论的保护领域扩展到了服务贸易和技术贸易领域。

4. 保护的措施不同

古典贸易保护主义的保护措施主要采用关税壁垒,包括征收进口税、出口税、过境税、进口附加税、差价税、特惠税、普惠制等。而现代贸易保护理论采用非关税壁垒,包括烦琐的海关程序和海关估价制度、条件苛刻的技术标准、复杂的健康与环境卫生检疫、内容和手续繁杂的商品包装和标签规定、进口许可证制、进口押金制度、最低限价和禁止进口、"自动"出口配额制、有秩序行销协定、歧视性政府采购政策、外汇管制、进口国家垄断、各种国内税、补贴和进口配额制等。新、老保护主义在措施上的另一个区别在于,传统保护主义奖出限入的重点在限制进口,而新贸易保护主义的重点在鼓励出口。

5.保护的基础不同

古典贸易保护主义以国家贸易壁垒为基础;而现代贸易保护理论趋向区域性贸易壁垒,即由一国贸易保护演变为区域性贸易保护。在区域范围内,国家之间仍实行自由贸易,而对区域外国家则实行共同的关税壁垒。

7.4 保护贸易新理论

7.4.1 战略性贸易政策

1.产生背景

传统贸易理论建立在完全竞争的市场结构之上,与之相应的实施自由贸易方式的措施顺理成章地成为最优政策。然而,在当代现实经济生活中,不完全竞争和规模经济却是大量和普遍存在的现象。20世纪70年代中叶以来,世界产业结构和贸易格局发生了重大变化。传统的产业间贸易逐步被发达国家之间的产业内贸易所取代,贸易竞争激烈。在这种背景下,一些经济学家力图从新的角度探讨政府干预对外贸易的理论依据,提出了战略性贸易政策和管理贸易论等保护贸易的新理论。

战略性贸易政策理论是20世纪80年代初期由斯宾塞和布兰德等人首次提出的,后经巴格瓦蒂和克鲁格曼等人的进一步研究形成比较完善的理论体系。该理论借鉴了产业组织理论的最新成果,打破了传统贸易理论完全竞争的假定和二维假定,把比较优势和规模经济统一起来,同时恢复了外部经济的应有地位。

2.战略性贸易政策的含义与作用

战略性贸易政策(strategic trade policy)是指一国政府在不完全竞争和规模经济条件下,可以通过生产补贴、出口补贴或保护国内市场等政策手段,扶持本国战略性工业的成长,增强其在国际市场上的竞争能力,从而谋取规模经济之类的额外收益,并借机劫掠他人的市场份额和工业利润,最终实现增加本国福利的目的。

在不完全竞争的环境下,实施这一贸易政策的国家不但无损于其经济福利,反而有可能提高自身的福利水平。战略性贸易政策是把贸易中的不完全竞争当作一种博弈处理,并考虑政府的政策性介入。"战略"两个字是从博弈论中引用过来的。狭义的战略性贸易政策主要包括战略出口政策、战略进口政策和以进口保护促进出口的政策,广义的战略性贸易政策还包含了基于外部经济存在而进行的干预。

战略性贸易政策是指国家从战略的高度出发,用关税、出口补贴等奖出限入措施,对现有或潜在的战略性产业(部门、企业)进行支持和资助,使其取得竞争优势,最终实现增加本国福利的目的。其作用在于:①强化了自由贸易优于闭关锁国的传统规范结论,为贸易利益的取得提供了新的解释。②为发达国家之间产业内贸易提供了有效的解释,对发展中国家贸易制度和政策的选择也提供了有益的启示。

实质上,战略性贸易政策主要是本国政府通过贸易政策将市场利润尽可能大地转移给本国企业,在此过程中,本国企业所获得的利润在很多情况下是以牺牲别国企业的利润为代价的。一般来讲,战略性贸易政策分别通过出口补贴、关税以及保护幼稚产业等三种途径来实现利润的转移。

3. 战略贸易理论的适用性

(1)战略性贸易政策理论比传统贸易理论对现实更具解释力。一是战略性贸易政策理论放松了传统贸易理论关于世界市场是完全竞争市场的假设,从而确定了研究在现实状态而不是理想状态下前进的方向;二是战略性贸易政策理论的研究采用了经济学中如博弈论、信息经济学及产业组织理论等现代理论和方法,从而为该理论的研究在这种现实状态下的进行提供了可行方法。

现实中,有许多战略性贸易政策在发挥作用,这包括在 WTO 框架内的对出口国征收反倾销税的过度运用和美国的超级"301"等,其中美国超级"301"称得上是战略性贸易政策最为出色的运用,这在最近几年中美、美日贸易谈判中可见一斑。

(2)由于战略性贸易政策理论是建立在不同的假设的基础上的,政策的实施要求对市场结构、厂商行为和厂商预期利润等有比较准确的掌握,这样就面临着一个信息问题。与此相联系的就是政府是否能够避免企业的"寻租",从而保证政策的有力实施。

战略性贸易政策为不完全竞争条件下政府的贸易干预提供了新的依据,但要将这一理论付诸实践,必须满足一定的条件。从西方学者对战略性贸易理论众多的研究文献中可以归纳出两类实施条件,一类是前提条件,另一类是约束或限制条件,前者是实施战略性贸易政策必不可少的,后者关系到政策能否正确制定和收到预期效果,这两类条件又可分别称为战略性贸易政策实施的必要条件和充分条件。

战略性贸易理论本来主要从发达国家的角度进行研究,所要求的适用条件也是针对西方发达国家而言的。目前,一些发展中国家也在借鉴和运用战略贸易政策。由于发达国家与发展中国家经济发展阶段和发展水平上存在很大差距,因此,发达国家的战略贸易政策对绝大多数发展中国家是否适用以及在多大程度上适用需要研究。

传统贸易理论与战略性贸易政策理论争论的实质就是干预主义与自由主义的争论。自由主义认为政府的干预只会产生经济扭曲,经济问题只能靠市场解决;而干预主义认为扭曲来自市场失灵,必须通过政府干预进行纠正。

7.4.2 管理贸易论

管理贸易论(managed trade theory)主张一国政府应对内制定各种对外经济贸易法规和条例,加强对本国进出口贸易有秩序地发展的管理,对外签订各种对外经济贸易协定,约束贸易伙伴的行为,缓和与各国之间的贸易摩擦,以促进出口,限制或减少某些产品进口,协调和发展与各国的经济贸易关系,促进对外贸易的发展。

管理贸易论是适应发达国家既要遵循自由贸易原则,又要实行一定的贸易保护的现实需要而产生的,其实质是协调性的保护。它将贸易保护制度化、合法化,通过各种巧妙的进口管理办法和合法的协定来实现保护。例如,在国际贸易领域中,国际商品协定、国际纺织品协定、多种纤维协定、"自动"出口限制协定、有秩序的销售安排、发达国家的进出口管制、欧盟共同农业政策等都属于管理贸易措施的具体反映。近年来,发展中国家也开始采用管理贸易论,并将其应用于区域性贸易集团。

思考与练习

1.研究显示,发达国家中消费者为每一个被保护的工作付出的代价都不小,为什么政府仍要保护这些行业?

2.保护幼稚工业理论的理论基础与理论依据是什么?

3.简要说明凯恩斯的贸易保护理论。

4.什么是对外贸易乘数?

5.为什么要用限制进口的政策来改善国家收支状况?现实中效果如何?

6.发达国家常以"保护公平竞争""保护就业""保护社会公平"为理由对贸易进行干预,结合本杰明·富兰克林在1779年的一句名言"从来没有一个国家是被贸易所摧毁的",评析这些贸易政策。

7.既然自由贸易有诸多贸易保护所不具有的好处,为什么到目前为止没有任何一个国家实行完全的自由贸易?你认为什么时候"自由贸易时代"才会到来?

8.比较说明古典贸易保护学说与现代贸易保护理论。

9.什么是战略性贸易政策?

第8章 发展经济学的国际贸易理论

课前导读

那些土地肥沃国家的人们往往过于娇气、懒惰和懦弱;相比之下,那些生活在荒芜国土上的人们则是出于生存的需要而表现得更为稳健。

——让·博丁(Jean Bodin,法国哲学家,1530—1596)

发展才是硬道理。

——邓小平

对外贸易是发展经济学研究的重要问题之一。国际经验显示,对外贸易对经济发展具有重大的推动作用,这决定了该国采取什么样的贸易战略和贸易政策。对此,一些经济学家也从理论和实践的不同角度做过研究。

8.1 对外贸易与经济发展相互关系的理论

对外贸易对一国经济发展的影响有重要意义,特别是对发展中国家经济发展影响的研究曾经成为各国发展研究的热门话题,其中无论是持自由贸易还是持贸易保护观点的经济学家都对发展中国家的外贸和发展表现出极大兴趣,提出了不同的观点。

8.1.1 西方传统理论关于对外贸易促进经济增长的思想

西方传统理论关于对外贸易促进经济增长的思想中对以后的理论发展有重要影响的主要有古典学派和新古典学派的贸易动态效应思想、亚当·斯密的"剩余出路"论、因尼斯的"大宗商品"理论、马克斯·科登的"供给启动"论、罗伯特逊和纳克斯的"增长引擎"等理论。

1. 对外贸易的动态利益思想

亚当·斯密认为,分工的发展是促进生产率长期增长的主要因素,而分工的程度则受到市场范围的强烈约束。对外贸易是市场范围扩展的显著标志,因而必然能够促进分工的深化和生产率的提高,加速经济增长。在斯密看来,对外贸易和国内贸易并无本质区别。

大卫·李嘉图认为,英国通过废除《谷物法》转向谷物的自由贸易,不仅将获得建立在比较优势原理之上的静态利益,而且通过降低食品价格,制造部门可吸收更廉价的劳动力,从土地所有者那里转移更多的利润,增加资本家的利润和投资,加快制造部门的扩展和整个经济的增长,从而获得动态贸易利益。

约翰·穆勒认为,对外贸易对于一个资源未能开发的国家来说,可以起到工业革命的作用。他还认为,对外贸易不仅能够取得直接的经济利益,还可获得间接的效果。他说:"市场的每一次扩大都具有改进生产过程的趋向,比国内市场大的市场进行生产的国家,可以采用更广泛的分工,可以更多地使用机器,而且更有可能对生产过程有所发明和改进。"

杰罗德·迈耶将穆勒所论述的这些贸易对经济发展的间接作用(效果)归纳为三类:①扩大市场范围,创新和提高生产率;②增加储蓄和资本积累;③灌输新需求和新嗜好,通过转移技术、工艺和企业家精神,带来教育效应。

对外贸易的这些间接动态作用还可以进一步细分为:①需求效应;②资源效应;③结构效应;④关联效应;⑤学习效应;⑥竞争效应;⑦规模效应。

古典学派和新古典学派关于对外贸易的动态效应的思想反映了他们已从某些角度联系经济发展来研究贸易问题。这些思想为对外贸易与经济发展关系理论奠定了一定基础。

2."剩余出路"论

"剩余出路"论(vent-for surplus theory)是 18 世纪由亚当·斯密提出来的,其论点是:通过对外贸来扩大本国市场,刺激需求,以产生促进本国经济增长的动力。

亚当·斯密假定,一国在开展对外贸易之前处于不均衡状态,存在闲置的资源或剩余产品。当该国由封闭转向开放后,便可出口其剩余产品或由闲置资源生产的产品,即对外贸易为本国的剩余产品提供了"出路"。他指出:"不管对外贸易在哪些国家之间发生,它都具有两种明显的利益,即它使用本国土地和劳动力生产出来的剩余产品得以实现,并且换回本国有需求的其他产品,通过用剩余产品与国外产品相交换,'剩余'产品也就被赋予了价值。"由于出口的是剩余物或由闲置资源生产的产品,因而无须从其他部门转移资源,也不必减少其他国内经济活动。出口所带来的收益或由此而增加的进口也没有机会成本,因而必然促进该国的经济增长。

以贸易前一国存在闲置资源或剩余产品为假设前提的"剩余出路"论得出了对外贸易必然促进一国经济增长的结论。而在比较利益论中,出口部门的扩张是通过进口替代部门转移资源来实现的,涉及进口替代部门的缩减,并不必然得出经济总量同时增加的结论。因此,"剩余出路"论可在一定程度上与比较利益论互补。

3."大宗商品"理论

"大宗商品"理论(staple theory)是加拿大经济学家因尼斯(H. Innis)于 20 世纪 30 年代根据加拿大对外贸易和经济发展的史实总结出来的。

该理论是假定"大宗商品"的供给,即原材料进口在新商品中转移,从而产生新的需求。这种新的需求就会成为国内新产业建立和发展的刺激因素。同时,其他国家对该国产品的需求也会刺激出口部门增加产量、改进质量,从而推动经济的增长。

4."供给启动"论

"剩余出路"论和"大宗商品"理论主要从需求的角度分析对外贸易带动经济的增长。澳大利亚经济学家马克斯·科登则将对外贸易与宏观经济变量联系起来,从供给的角度剖析对外贸易对经济增长的影响,他关于对外贸易对经济增长率的影响的理论被称为"供给启动"论。该理论特别强调对外贸易对生产要素供给量的影响和对劳动生产率的作用。

科登认为,一国开展对外贸易,将产生五个效应:①收入效应;②资本积累效应;③替代效应;④收入分配效应;⑤要素加权效应。

科登进一步认为,对外贸易对宏观经济产生的这五个方面的影响都是累积性的,这意味着对外贸易对经济增长的促进作用将随着经济的发展而不断加强。

5.“增长引擎”论

“增长引擎”论(engine of growth)又称对外贸易,是经济“增长的发动机”学说,最先由经济学家罗伯特逊(Dennis H. Robertson)提出,20 世纪 50 年代由纳克斯(Ragnar Nurkse)进一步补充和发展。

纳克斯在对 19 世纪英国和新移民地区的经济发展的原因进行研究时认为,19 世纪国际贸易为许多国家的经济发展曾做出重要的贡献。这种贡献不仅来自对外贸易的直接的静态利益,即各国按比较优势原则进行专业化分工而后开展贸易,使资源得到更为有效的配置,产量增加,消费水平提高。国际贸易为经济发展所做的贡献还来自对外贸易的间接动态利益,即对外贸易发展使生产规模扩大而取得规模经济利益,以及传递经济增长的利益。纳克斯说,19世纪的国际贸易“具有这样的性质:中心国家经济上的迅速成长,通过国际贸易而传递到外围的新国家去。它是通过对初级产品的迅速增加的需求而把一定数量的资源加以最适当的配置的手段,它尤其是经济成长的发动机”。

罗伯特逊、纳克斯及其追随者认为,对外贸易,尤其是出口贸易的高速增长是通过以下途径来带动经济增长的:①一国的出口扩大意味着进口能力增加,而进口中的资本货物对促进经济增长具有特别重要的意义。②出口增长使一国愈趋于按比较优势原则配置资源,提高生产专业化程度,从而提高劳动生产率。③出口增加使一国的市场扩大,从而能够进行大规模生产获取规模经济的利益。④出口发展使一国出口产业及相关产业面临激烈的竞争,迫使企业加速技术改造,降低成本,提高质量,提高经营管理水平。⑤出口发展会鼓励国内外投资,刺激国民经济各部门的发展。

8.1.2 发展经济学关于对外贸易与经济增长关系的理论探讨

基于传统理论关于对外贸易促进经济增长的思想和观点,发展经济学家联系发展中国家的对外贸易和经济发展实际,将对外贸易促进经济增长问题进行了深入的分析探讨,发展和完善了传统理论的思想和观点,也提出了某些质疑。

1.资源的非充分利用与剩余出路论

传统对外贸易理论关于自然资源充分利用和劳动力充分就业的假定不适合发展中国家的实际情况。发展中国家普遍存在着大量的剩余劳动力。从这一实际出发,缅甸经济学家 H.迈因特发展了亚当·斯密的“剩余出路”论的思想。迈因特认为,发展中国家不必花费多少成本甚至零成本就能扩大生产能力,出口剩余产品,换回国内需要的进口品,提高消费水平,加速经济增长。

在大卫·李嘉图的动态利益思想基础上,刘易斯(W. A. Lewis)于 1954 年提出了与发展中国家关系特别密切的二元经济模型。他把发展中国家的经济划分为资本主义部门(工业部门)和非资本主义部门(传统农业部门)。资本主义部门运用再生产资本,雇佣工资劳动力,进行以利润最大化为目的的生产活动;非资本主义部门受制度和组织形式及资源条件的约束,劳动的边际产品低,常常低于其平均产品,劳动力供给因而具有“无限”的特点。资本主义部门通过积累和吸收非资本主义部门的剩余劳动力,必然推动整个经济的增长,尤其是在剩余劳动力尚未吸收完、资本主义部门工资不上升的情况下,利润和积累在国民收入中的比重将不断上升,经济增长将加速。如果资本主义部门生产的是出口产品,传统部门生产的是进口产品,对外贸易无疑将有助于扩大资本主义部门产品的市场和需求,并降低劳动力的工资,从而进一步增加资本主义部门的利润和积累,促进经济增长。

2. 出口促进论

受到"增长引擎"论启发,巴拉萨(Bela Balasa)、迈凯利(M. Michaely)、泰勒(W. Tyler)、费特(G. Feder)等经济学家利用跨国家的横截面数据或单个国家的时间序列数据,对出口和经济增长之间的关系做了大量回归分析,得出出口促进经济增长的结论,因而倡导"出口促进"(export promotion)。

但这类研究在方法上的缺陷严重影响了其结论的说服力。出口作为国民生产总值的一个组成部分,必然与之存在"自相关"关系。再者,回归分析时舍去国民生产总值其他组成部分的影响,必然夸大出口的作用。

3. 新增长理论

20 世纪 80 年代中期以来,以罗默(P. Romer)、卢卡斯(R. Lucas)等人为代表的新增长理论的发展,为对外贸易与经济发展相互关系的理论提供了新的依据。新增长理论基于发达国家经济增长的大部分归功于生产率提高的事实,构造了一系列模型,将创新活动内生化视为有目的的研究和开发投资——一种既能带来更高的利润率又有溢出效应和外部收益的投资活动的结果,进而把创新作为推动生产率增长的核心因素。

由于对外贸易与创新活动有着较为密切的联系,因此,从新增长理论中可以引申出外贸促进经济增长的新依据:如果对外贸易通过更为广阔的市场、更为频繁的信息交流和更加激烈的竞争能够刺激一国的创新活动,便能促进该国的经济增长。

4. 战略贸易论

一些学者研究了国际贸易在哪一方面起引擎作用对发展中国家是最有利的。根据联合国专家钱纳里的分析,一个国家的对外贸易战略同这个国家产业结构的比较优势相联系,一个国家对外贸易战略的调整又同这个国家的产业结构的比较优势的改变相联系。这就是说,只有在国际贸易能起到推动本国产业结构优化和升级时,这种引擎作用才是最需要的。

发展中国家扩大开放和扩大对外贸易的主要目的是要利用国际资源和国际市场提升国内的产业结构,推进本国经济的现代化。按照创造产业优势的要求,本国在开放型经济中不仅仅是要获得借助劳动密集型产品出口所带来的比较利益,而且要借助开放型经济提升和优化自己的产业结构,提高技术密集产业的比重。

在经济全球化的大背景中,调整和优化产业结构不能封闭地进行,需要利用国际资源,需要利用国外资金和技术,需要引进国外先进产业。为了使对外贸易产生带动本国经济发展的效应,不仅要引进国外先进生产要素来发挥自己的劳动力优势,还应该注意引进国外的先进产业,逐步培植本国的产业优势。其可能性在于在发达国家发展新经济的背景下出现的与其产业升级相联系的产业转移。但是发达国家向发展中国家转移的产业一般是成熟产业,而不是在未来市场上具有竞争力的产业。这意味着单靠引进外资并不一定能培植战略产业。

发展中国家,特别是发展中的大国,发展开放型经济的目标应定位在提升自己的产业结构和增强国际竞争能力,应该重视国际上在 20 世纪 70 年代末兴起的战略贸易理论。按照战略贸易理论,为了创造具有国际竞争优势的产业,国家要在市场选择的基础上,通过技术引进和高科技投入等途径,有重点地培植一批技术含量高、出口前景好的产业部门,增强其国际竞争力。同时对进入本国的外商投资企业要逐步提高进入壁垒(主要是技术含量门槛),鼓励高技术产业进入本国。

8.1.3　对外贸易促进经济增长的机制和条件

1. 对外贸易促进经济增长的机制

无论是出口贸易还是进口贸易,对经济增长都有重大的促进作用。

(1)进口促进增长的机制主要有以下三个方面:

①技术和设备的进口将直接促进国内生产的发展和生产率的提高,其作用类似于创新对增长的刺激,而且还节省了创新的成本。

②新产品的输入对本国的生产和消费活动可能产生示范效应,因而可加速本国的新产品开发和进口替代型生产,促进经济增长。

③持续的进口产品的激烈竞争,必将加速低效率企业退出市场的过程,并促使高效率的企业达到合理的规模,从而优化本国的市场结构,改善本国企业的实绩。

(2)出口对经济增长的促进作用更为直接,其促进增长的机制主要包括以下六个方面:

①出口的扩大,意味着本国收入的增加,从而可将更多的投资用于扩大再生产,增强经济活动的基础,加快经济的增长。

②出口发展,使一国愈趋于按比较优势原则配置资源,提高生产专业化程度,从而提高劳动生产率,促进经济增长。

③出口的扩大意味着市场的扩大,使企业能够扩大生产规模,提高生产效率,降低单位成本,获取规模经济利益,增加利润,增强国际竞争力,这无疑有益于经济的增长。

④出口扩大,可以加强出口部门与其他产业和地区的联系,使出口扩张的影响辐射到整个经济中去。出口需求会引发对本国的基本生产要素、中间产品以及一些服务产品的派生需求(derived demand),因此出品扩大会带动这些要素和产品部门的发展。当这些相关产业与出口产业不在同一地区时,又意味着一个地区的出口会带动其他地区的发展,进而推动整个国民经济的增长。

⑤出口扩大,有助于鼓励外资流入,解决国内投资不足,并促进先进技术和管理知识的引进。而投资、先进技术和管理知识对经济增长是至关重要的。

⑥出口扩大和市场扩大,可使创新活动所能获得的收益上升,从而刺激本国企业的产品和技术创新,促进经济增长。

显然,充分发挥以上机制的作用,将有助于加速经济的增长。

2. 对外贸易促进经济增长机制发挥作用的条件

如上所述,对外贸易具有促进经济增长的种种机制,但那些促进机制要顺利发挥作用,都离不开一定的条件。

(1)国民经济结构必须较为合理。以出口为例,如果国民经济结构不合理,出口的扩大会导致国内资源分配过度倾斜于出口部门,从而加大出口部门与非出口部门的差距,使出口增长的牵引作用变得极为有限,出口的增长并不能带来经济的增长,进而影响出口的进一步扩大。

(2)市场机制必须比较健全。以进口为例,如果缺乏生产品要素市场,由进口所引起的资源流动以及在地区、行业和企业之间的重新配置都难以实现;再以出口为例,如果缺乏全国统一的产品市场和要素市场,出口部门扩张的影响将难以传递到其他产业部门和地区,以致出现只有出口增长而没有整个经济显著增长的情况。

(3)企业必须具有追求利益的精神。以进口为例,如果企业缺乏追求利益的精神,即使有进口竞争的压力,它们也不会努力谋求自身效率的提高,即使有进口的技术和设备,它们也可能不充分利用这些技术设备,增加产量。再以出口为例,如果企业缺乏追求自身利益的动力,那么企业便不会因为出口引起的市场扩大而积极从事创新活动,不会谋求最大限度的规模经济,由出口而获得的收入也将得不到最有效的利用,以致不能实现出口增长引致经济增长的良性循环。

(4)出口产业与国内经济其他产业部门在生产、技术和市场等各方面必须有着较为密切的联系。这种联系越广泛、越深入,出口对本国经济的刺激就越大,因而对增长的贡献也更显著。如果这种联系程度比较低,即使出口形成了潜在的动力,但由于传递渠道的中断,或其他部门无法做出积极反应,因此不能真正实现促进经济的增长。

(5)贸易量必须足够大和持续的时间足够长,以保持足够的出口收入及其收入的稳步增长,从而保持对国内经济持续的、足够的刺激。

(6)要实现对外贸易对经济增长的促进作用,还必须保证本国能够获得来自贸易的利益。如果对外贸易为他国所控制,外国的贸易中介组织如批发商、银行、运输公司和保险公司都参与贸易利益的瓜分,则本国的生产者和商业组织所能获得的贸易利益就很有限,这必然减少本国可用于再生产的资金,削弱贸易对国内经济的刺激。

综上所述,对外贸易与经济发展之间并不是简单的线性关系,而是复杂的非线性关系。只有具备一定的条件,对外贸易才能促进经济的发展。历史上,因不具备上述基本条件,对外贸易未能显著促进经济增长的事例不少。例如,19 世纪后半叶到第一次世界大战前,大部分热带殖民地国家之所以未能像加拿大和澳大利亚那样通过出口增加而实现经济增长,一个重要的原因就是,它们的对外贸易活动大多为外国人控制,绝大部分的贸易利益被外国的中介组织瓜分掉,其本国获得的利益很少;阿根廷在第一次世界大战后的 20 世纪二三十年代之所以不能像 1880—1914 年一战前利用初级产品的出口,迅速实现经济的快速增长那样继续成长为发达国家,一个关键的因素就是它未能很好地运用进出口所获得的剩余,出口剩余的大部分被用于进口大土地所有者所需要的奢侈品,而不是有效地用于扶持国内新兴产业的发展,使出口和进口构成国内经济的“体外循环”,对国内经济的刺激自然很小。二战后的 20 世纪五六十年代,阿根廷则走向另一个极端,由于对工业部门实施了过度的保护,严重损害了对外贸易的发展,打击了出口活动,使出口促进增长的机制不能发挥作用,整个国民经济陷入长期的停滞。

8.2　对外贸易发展战略理论(模式)

8.2.1　进口替代战略模式

1.进口替代战略的含义

进口替代(import substitution)战略是指通过建立和发展本国的工业,替代制成品进口,以带动经济增长,实现工业化,减少贸易逆差,改善国际收支状况。这是一种内向型的发展战略。

进口替代战略的配套措施通常是工业制成品进口限制、本国币值高估及进口替代工业扶植和保护。该战略实施的进程一般为:首先,发展加工工业,如纺织品、鞋类、加工食品和家用电器等产品,实行消费品进口替代;其次,发展中间产品生产,实行中间产品进口替代;最后,发展到重化工业产品生产,实现资本货物进口替代。

但是,由于发展中国家各国基本条件不同,各国实施进口替代的具体进程有一定差异。工业基础比较薄弱的国家,一般从消费品进口替代入手,再根据工业发展水平依次过渡到中间产品进口替代和资本货物进口替代。工业基础相对较好、二战前已建立一定规模的工业的国家,可直接从中间产品进口替代开始,并逐步向资本货物进口替代过渡。

2. 进口替代战略的理论依据

发展经济学家基于对发展中国家实施进口替代战略的直接观察,从理论上论证了进口替代的依据。

(1)实行工业化。进口替代是发展中国家摆脱发达国家剥削和控制、避免贸易条件恶化和国际不平等交换的重要途径。普雷维什持这种观点。他从初级产品贸易条件恶化的观点出发,认为发展中国家应自己生产制成品,这样既可避免受"中心"国家的剥削,又可以建立起国内独立的工业体制。一些激进派学者比普雷维什走得更远,认为发展中国家应通过进口替代战略的实施,不断减少从"中心"国家的进口,以致最后与资本主义世界经济体系"脱钩",彻底摆脱"外围"国家的依附地位。

(2)进口替代是工业化的主要推动力。一些发展经济学家对发达国家的经济发展历史的研究结果显示,基于进口替代的工业增长占工业总增长的很大比重,因而认为国内生产对进口的替代是工业化的强大推动力,发展中国家也不例外。世界银行高级经济顾问钱纳里曾指出,在很多情况下,进口替代带来的工业增长因素占工业化的 50%。另一位发展经济学家赫希哲指出,经济发展就是从最后的生产阶段不断向前进行进口替代的过程,即从最终产品到中间产品再到基础工业原材料的进口替代的工业化过程。

(3)进口替代是发展中国家平衡国际收支的重要手段。一些发展经济学家认为,制成品较高的需求收入弹性和初级产品较低的需求收入弹性使发展中国家的进口需求一般比出口需求增长更快,因此,发展中国家必须一方面抑制进口需求的增长,另一方面通过建立国内生产,实行进口替代,以解决进口需求与出口需求的不一致,平衡国际收支。

(4)进口替代是发展中国家扩大就业的有效途径。一些发展经济学家认为,通过限制进口实施的进口替代战略,因使国内需求改由国内供给来满足而刺激了国内投资的增加、原有产业和企业规模的扩大,以及新产业、新企业的建立,相应地增加了许多就业机会,因而能够吸收大量剩余劳动力,扩大就业。

以上关于进口替代的种种理论在很大程度上是与保护贸易理论联系在一起的。可以说进口替代战略与保护贸易存在着必然的联系,民族工业只有在保护政策的扶植下,才能逐步地发展起来。

3. 简评

从 20 世纪 50 年代起,许多发展中国家相继实施了进口替代战略。这一贸易战略对于一些发展中国家的进口替代工业部门的发展起一定的作用。例如,战后初期,泰国只有一些碾米业、锯木业和采锡业。实施进口替代战略后,到 20 世纪 60 年代泰国已发展了纺织、制糖、水泥、炼油、车辆、电器装配等。但是,随着进口替代工业化的发展,进口替代面临着一系列严重的问题,因此,越来越多的发展经济学家、国际经济学家、世界银行等对"进口替代"战略持否定态度,认为进口替代战略实施的结果,并未达到预期目标,甚至偏离了预定目标。

(1)改善国际收支状况的目的未能达到。随着进口替代工业的发展,进口替代工业所需的生产设备和原材料、中间产品的进口也相应增加,形成了以生产设备和原材料、中间产品进口代替消费品进口。结果不仅不能减少外汇支出、平衡国际收支,反而导致了国际收支的恶化。

(2)带动国民经济发展的宗旨难以实现。由于对进口替代工业实行保护政策,产品成本高、价格贵。其作为其他部门的投入,因价格高而减少需求,前向连锁(forward link)减弱。而高估币值则导致从国外进口原材料和半成品,从而减少对国内原料的需求,后向连锁(backward link)也减弱,因此很难对整个国民经济的发展起带动作用。

(3)进口替代工业的进一步发展难以维持。进口替代工业主要面向国内市场,其发展难免遇到国内市场相对狭小的限制,而不能进行大规模生产以获取规模经济利益,加上一些工业部门的生产率低,生产成本高,缺乏国际竞争力,难以发展出口,因而阻碍了进口替代工业的进一步发展。

(4)非进口替代工业部门和农业部门得不到正常发展。进口替代产业在政府保护下畸形发展,造成资源配置不合理,使非进口替代工业部门和农业部门处于发展缓慢,甚至停滞的困境,结果影响了整个国民经济的发展和工业化进程。

(5)收入不均现象加剧。由于币值高估伴随进口替代实行,发展中国家出口的初级产品竞争力因价格提高而削弱,因而打击了初级产品部门,减少了低收入阶层的收入,从而扩大了资本所有者与低收入阶层的收入差距。

二战后,许多发展中国家采取进口替代战略的重要原因之一就是它们对通过贸易来促进工业化和经济发展抱悲观的态度。然而,这些采取进口替代战略的国家总的来说没有少数推动鼓励出口战略的国家(地区)那么成功。于是,就有呼声要求这些国家实施贸易改革,调整贸易战略。但是进行贸易改革并非易事,它需要具备一定的条件。

8.2.2 出口导向战略模式

出口导向(export promotion)战略是指将经济发展重点放在出口贸易上,通过出口增长推动整个国民经济的增长。这是一种外向型的发展战略,它又分为初级品出口战略和出口替代战略。

1. 初级品出口战略

初级品出口战略即出口食物和农矿原料,进口发达国家的工业制成品。初级品出口战略是初级外向战略。

提出这种战略的经济学家认为,发展中国家应从政治独立后人口大多数仍在农村和农矿产品生产在国民经济中仍占举足轻重地位的实际出发,通过发展初级产品出口来积累工业化资金,同时在此基础上发展农矿产品出口加工工业,促进国民经济的发展。

初级产品出口战略在历史上确有成功的先例。19 世纪美国、加拿大、澳大利亚等国的经济发展时期就是实行这种贸易模式。二战后直到 20 世纪 60 年代以前,发展中国家也都是这种贸易格局。但是,由于发展中国家的初级产品贸易条件恶化、开发资金缺乏,以及初级品在发展中国家国内连锁效应不能很好发挥等多方面原因,初级品出口战略对发展中国家经济发展的作用越来越有限。

尽管如此,初级品出口目前对很多发展中国家仍有实践意义。其一,以初级产品出口为主的国家,初级品出口仍是进口国民经济必需物品的主要外汇来源;其二,发展中国家由于对粮食、肉类、水果、蔬菜以及咖啡、可可、香蕉等热带产品需求的收入弹性和价格弹性均较高,因此对这些产品的吸收能力较强,加强"南南合作"使发展中国家的经济发展有着广阔的前景;其三,初级品行业是劳动密集型行业,扩大出口有利于劳动就业。

2. 出口替代战略

(1)出口替代战略的含义和条件。为了克服进口替代战略的种种弊端和弥补初级品出口对发展中国家经济发展作用的有限性,发展经济学家于 20 世纪 60 年代中期提出了出口替代(export substitution)战略,即发展面向出口工业,以工业制成品和半制成品的出口代替传统的初级品出口,以增加外汇收入,带动工业体系的建立和国民经济的持续增长。出口替代战略是次级外向战略。

发展经济学家认为,出口替代战略的成功实施,需要具备一定的内部和外部条件。内部条件,如一定的工业基础、一定数量和质量的特殊生产要素、一系列的出口鼓励政策等都是最为基本的。外部条件包括较好的地理位置、与世界市场有较稳固的贸易金融联系、筹措资金较容易等。

(2)出口替代战略的模式。出口替代战略主要包括初级品加工、劳动密集型装配和出口加工、制成品出口三种模式。

初级品加工模式是通过对初级产品进行一定程度加工和提高原有初级产品的加工程度以替代初级品出口。马来西亚、泰国、科特迪瓦等国均走过这一条路。

劳动密集型装配和出口加工模式是通过建立出口加工、装配工业,对进口的半成品或零部件进行加工或装配后再进行出口。韩国、新加坡等国曾按这一模式发展对外贸易。

制成品出口模式是在进口替代基础上发展制成品出口,以推动经济发展。韩国、新加坡、巴西、墨西哥等国家及中国台湾地区从 20 世纪 60 年代中期起都先后按这一模式从进口替代转向出口导向的对外贸易发展战略。

(3)简评。出口替代具有许多优势:①出口替代有利于较为合理地配置资源。在实施出口替代战略时,因推行一定程度的贸易自由化,使本国生产要素能够较为迅速地转移到经济效率较高的产业,从而使出口的产品较为客观地体现本国的比较优势。同时,市场的相对开放鼓励了竞争,从而进一步激发了企业内部的技术创新,技术水平和管理水平会迅速提高,资源配置更趋合理。②出口替代有利于提高产品的国际竞争力。实施出口替代战略,企业和产业面向国际市场,其规模不再受到国内市场相对狭小的限制,因而能够按照生产的技术性质达到经济效益最高的最佳规模,有利于提高产品在国际市场上的竞争能力。③出口替代有利于改善国际收支状况。出口替代推动的出口增长,尤其是具有较高需求弹性的制成品出口增长可大大增加外汇收入,有效改善本国的国际收支状况,成为经济发展的资金源泉,促进本国经济的发展。④出口替代更有利于提高就业水平。由于出口替代产业往往是劳动密集型产业,并面向广阔的国际市场,因此,出口替代产业比进口替代产业能够吸收更多的劳动力。而且由于面对国际市场竞争,不仅就业规模扩大,就业结构亦趋于合理,劳动力素质也会不断提高。

出口导向战略的成功在 20 世纪 70 年代令人瞩目。一些发展中国家(地区),特别是一些新兴工业化国家(地区)通过实施出口导向战略加速了工业化进程,极大地促进了经济的增长。被称为亚洲"四小龙"的韩国、新加坡、中国香港和中国台湾以及南美的巴西堪称出口导向战略成功的楷模,在 1965—1979 年,其国民生产总值平均增长都在 8.6% 以上。制造业在国内生产总值中的比重也迅速提高,20 世纪 70 年代中期,新加坡、巴西、韩国的重化工业占制造业的比重已提高到 50% 以上,新加坡则达 78%,竞争力不断加强。

但是,出口替代战略也存在一定的局限性:①出口替代工业主要面向国际市场,因而加深了这些经济部门对国外市场、资金和技术的依赖性。②出口替代战略的实施加剧了经济发展的不平衡。出口替代工业部门发展较快,而一些面向国内市场的中小型工业和农业部门却发展缓慢,处于落后状态。③发展出口替代工业引进大量外资,使本国主要经济部门为外国资本所控制,从而使大量利润外流,外债急剧增长。④实施出口替代战略,收入不均现象同样存在,新兴工业化国家(地区)的出口替代工业化只给少数的资产阶级带来利益,广大劳动者仍然很贫困,阶级矛盾尖锐,蕴藏着深刻的社会危机。

综上所述,进口替代和出口导向(含初级品出口和出口替代)贸易战略可以看成一国在不同经济发展阶段所采取的相应战略。从初级品出口到进口替代再到出口替代具有由低级到高级的阶段性和连续性。由于各国的情况不同,有的国家对外贸易战略的变换呈现阶段性和连续性,有的国家对外贸易战略的阶段性和连续性不明显。

世界银行的专家们根据各国经济发展所采取的不同战略,把 41 个国家(地区)分成四种类型,以考察一国对外开放的程度、贸易自由化与经济发展的关系。他们总结的四种经济发展战略类型是:坚定外向型战略、一般外向型战略、一般内向型战略和坚定内向型战略。他们对过去 20 多年的经济发展实绩做了比较,得出的基本结论是:采取外向型经济发展战略的国家(地区)比采取内向型经济发展战略的国家(地区)经济发展要快,其中采取坚定外向型经济发展战略的国家(地区)经济发展的速度最快,其次是一般外向型,再次是一般内向型,采取坚定内向型经济发展战略的国家经济发展速度最慢。世界银行通过对选定国家各种经济发展指标的总结、比较得出结论,并向各发展中国家推荐:采取外向型经济发展战略更有利于一国经济的发展。

8.3　发展经济学家的贸易保护理论

二战后,随着殖民体系的瓦解,广大发展中国家政治上独立,实行民族经济自主,但旧的国际分工格局阻碍了民族经济发展,迫切需要理论指导。一些发展经济学家根据部分发展中国家出口的增长并没有带来经济的发展这一不可回避的现实,对传统理论关于对外贸易促进经济发展的基本结论、一些推论和旧的国际分工体系提出了多方面的质疑和挑战。

8.3.1　普雷维什的"中心-外围"论

1950 年,当代拉丁美洲著名的经济学家劳尔·普雷维什(Raul Prebisch)向联合国提交了一个题为《拉丁美洲的经济发展及其主要问题》报告,即著名的"拉丁美洲经委会宣言"。他站在发展中国家的立场上,首先提出了"中心-外围"结构,其基本观点如下。

1. 国际经济体系分为中心和外围两类国家

普雷维什把世界分为两大类国家:一类是西方高度工业化国家,其处于世界体系的中心。

它们的经济增长是全面的、自主性的，它们出口工业品或高附加值产品，而进口原材料或初级产品，它们是技术创新的源头，但也占有了技术进步所带来的几乎全部利益，甚至借技术进步进一步掠夺外围国家；在政治上，它们实行帝国主义政策，"一旦外围有意无意地损害了这种经济和政治利益时，中心——特别是主要中心——往往就会采取惩罚的措施，在极端的情况下甚至会通过军事干预的手段进行报复"。另一类是没有实现工业化或畸形工业化的国家，其处于世界体系的外围。它们的经济往往有增长而无发展，严重受制于前者的经济周期，而且常常是用出口单一的原材料换回各种工业制品。

2. 外围国家贸易条件恶化论

普雷维什（R. rebisch）、辛格（H. singe）和缪尔达尔（G. Myrdal）等人从发展中国家的贸易条件出发，认为对外贸易已成为发展中国家经济进步的阻力。普雷维什和辛格认为，由于存在初级产品贸易条件不断恶化的趋势，出口初级产品的国家不可能由于对外贸易而提高其长期经济增长率，而缪尔达尔则主张对外贸易将会使发展中国家的经济落后领域持久化，甚或创造出更多的落后领域。这种贸易悲观主义观点支配着许多发展中国家 20 世纪五六十年代的贸易战略选择，引导它们走上了内向型进口替代工业化的发展道路。

普雷维什认为，在比较优势基础上的国际贸易不利于发展中国家，而有利于西方发达国家，中心与外围进行着严重不平等的交换，中心的存在以外围的存在为前提，中心的发展以损害外围的发展为代价，其结果就是造成发展中国家贸易条件的恶化。其逻辑结论是，只要"中心-外围"结构（即所谓国际经济的旧秩序或旧的国际分工）不改变，或外围国家不脱离资本主义世界体系，外围国家的发展就没有希望。

普雷维什认为，造成外围发展中国家贸易条件恶化的主要原因有：①技术进步利益分配不均。科技发明往往发生于中心国家，而这些发明直接用于中心国家的工业发展，使得中心国家在高科技产品上具有绝对优势。外围国家由于自身工业基础等条件的限制和中心国家的管制而几乎享受不到世界科技进步的利益，只能充当长期向中心国家提供初级产品的角色。②工业制成品和初级品需求的收入弹性不同。一般地，工业制成品需求的收入弹性比初级产品需求的收入弹性大。随着人们收入的增加，对工业品的需求会有较大的增加，因而工业品的价格就会有较大程度的上涨。反之相反。所以，以出口初级产品为主的外围发展中国家的贸易条件存在长期恶化趋势。③中心外围工会的作用不同。中心国家的工人有强大的工会组织，在经济高涨时，可以迫使雇主增加工资；在经济萧条时，可以迫使雇主不降或少降工资，因而使工业品的价格维持在较高水平上。而外围国家工会组织不健全，影响力小，情况恰恰相反，因而使外围国家初级产品价格较低。这是造成外围发展中国家的贸易条件恶化的又一原因。

普雷维什和辛格认为，100 多年来，初级产品的价格和制成品的价格相比下降得相当大。由于发展中国家的贸易格局主要是出口初级产品、进口制成品，这种情况必然引起整个初级产品贸易条件的恶化，发展中国家必须出口愈来愈多的产品才能换回既定数量的进口品。不发达世界之所失，正是发达国家之所得，贸易条件愈来愈有利于发达国家。发展中国家贸易条件的长期恶化是阻碍这些国家经济成长的重要因素。

3. 主要政策主张

根据以上论点，普雷维什等人认为，外围国家必须实行工业化，独立自主地发展民族经济。他提出的政策主张是，发展中国家应集中更多的资源来扩大它们的现代化工业，而把较少的资源用于扩大初级产品的生产出口。

其具体措施为：①采取保护贸易政策，改善贸易条件；②利用保护贸易政策，提高本国工业化程度；③外围国家建立区域性共同市场，开展区域经济合作；④中心国家放宽贸易限制，向外围国家开放市场。

8.3.2　简评

普雷维什关于发展中国家贸易条件持续恶化的结论，是根据1949年联合国对英国贸易的一项研究做出的。该项研究表明，1876—1938年，原材料产品与制成品价格之比，即两者的贸易条件下降了35.9%。也就是说，一定量的初级产品在19世纪70年代所能购买到的制成品，到20世纪30年代只能买到其中的64.1%。贸易条件变得愈来愈不利于原料出口国，即原料出口国的贸易条件长期恶化了。发展中国家贸易条件持续恶化这一事实是肯定的，发展中国家在国际贸易中愈来愈处于不利的地位。

近年来又有人证明，虽然普雷维什等人的结论在程度上稍微有些出入，但基本上是正确的。发展中国家要求实现工业化，建立国际经济新秩序的愿望越来越迫切。因此，普雷维什的观点有积极意义。其具体表现为：①为发展中国家争取建立新的国际经济秩序提供了理论武器；②提出的贸易发展战略的发展中国家早期的工业化具有指导和借鉴意义。

一些西方经济学者比如金德尔伯格等认为，普雷维什等人得出的发展中国家贸易条件恶化的结论比较含糊，分析一个包括所有初级产品在内的总的贸易条件，其意义是不大的。在初级产品中，有的初级产品（如天然橡胶、小麦等）是持续恶化的，但也有的商品的贸易条件是改善的，或是比较稳定的。再则，进出口价格指数和由此计算出来的贸易条件无法反映商品质量的变化，如50多年来，咖啡、棉花、粮食、煤等与过去一样，没有什么质量上的改进，但发达国家出口的一些产品如汽车、无线电、机械产品等，质量已大为改善。为此，一些学者陆续对发展中国家贸易条件进行了重新验证。1956年金德尔伯格对1870—1952年的统计资料进行研究，发现发展中国家对西欧贸易条件恶化是轻微的。1963年，李普西（R. E. Lipgey）发现，1880年到1960年，发展中国家的贸易条件并不是始终恶化的，有时还有所改善。因此，普雷维什观点有一定的局限性，主要表现在：①"中心-外围"国家不是相互促进，而是对抗与持续冲突的结论；②片面倡导"进口替代"发展战略；③尤其反对市场机制的观点等有很大的局限性。

思考与练习

1. 简要说明西方传统理论关于对外贸易促进经济增长的思想。

2. 对外贸易有哪些动态间接作用？它们是否都能起积极的作用？为什么？

3. 简要说明进口替代战略模式。

4. 简要说明出口导向战略模式。

5. 普雷维什的"中心-外围"论的主要观点是什么？

6. "像埃塞俄比亚、坦桑尼亚这样的国家之所以没有通过贸易带动经济的增长，是由于它们实行了内向的进口替代发展战略。如果它们能够实行贸易改革，调整贸易战略，转向外向的出口导向发展战略，贸易就一定能够推动经济的发展。"请对此进行讨论。

第9章 生产要素的国际流动

课前导读

（我们）必须理解什么造就了美国。

——乔治·沃克·布什（美国总统）评价美国新的移民法

道不行，乘桴浮于海。

——孔子

9.1 国际劳动力流动

9.1.1 国际劳动力流动概况

国际劳动力流动是指劳动者自由跨越国界在不同国家寻找合适的工作机会。其条件包括：一是劳动者必须可以在国内外劳动力市场上自由选择；二是流动的目的一定是要寻找工作机会，即经济目的。劳动力流动的原因是复杂的，但是经济发展不平衡所导致的劳动力收入的差别是引起劳动力在国际转移的根本原因。劳动力流动主要有移民和外籍劳工两种形式，其中：移民（immigrant），即不是因为战争或其他原因的移民，而是通过办理一定的手续合法移民到其他国家；外籍劳工（gastarbeiter）是指到外国临时工作。劳务输出就是一种重要的国际劳动力流动形式。

劳务输出（labor service export）是指劳动者通过签订劳动合同，以一定形式的组织机构派遣到国外工作。这种劳动力移动的主要目的也是获得经济利益，合同履行完毕劳动者回国，所以他们在合同限制、停留时间、社会福利等方面与移民都有着本质区别。劳务输出也可按提供劳务的内容分为生产性劳务输出和服务性劳动输出，前者是指劳动力在工农业生产部门提供劳务，而后者主要是为物质生产和直接消费等方面提供服务。发展中国家的劳务输出主要集中在生产性服务和消费服务等方面。因为发展中国家劳动力整体素质较低，一般从事技术含量低、投资不大、对劳动力技术要求不高的工作。印度、巴基斯坦和菲律宾等国家都是劳务输出的大国，有些国家劳务输出已经成为国家的经济支柱。发达国家的劳务输出主要是科技人员、高级管理人员和熟练劳动工等直接参与物质生产服务的高层次人才。国际工程承包也是劳务输出的重要形式，发达国家在国际工程承包方面也具有独特的优势，因为他们的工程承包公司规模大、资本充足、技术先进、人员素质高，而国际工程承包的对象一般都是大型基建项目，所以发达国家的公司可以得到更多的工程承包合同。虽然发展中国家在国际工程承包方面有了很大的发展，但并不能改变发达国家在此方面的主导地位。

9.1.2 国际劳动力流动的成因

国际劳动力的流动是十分复杂的。美国著名经济学家巴格瓦蒂(J. N. Bhagwati)认为,在商品、资本和劳动力三者的国际流动中,劳动力的国际流动是最困难的,特别是大规模的劳动力流动,如移民。在现代条件下,劳动力很难像大规模资本流动那样容易地进行。劳动力的国际流动是多种因素作用的结果,但是主要还是经济因素。劳动力的流动会对劳动力市场产生影响,进而影响一国经济的发展。从经济学的意义上看,移民的主体是劳动力在各国间的移动。

影响移民的因素很多,主要归结为两类:一类是拉,另一类是推。拉的因素包括较高的生活水平和良好的教育设施等。就较高的生活水平而言,它几乎成了发展中国家的居民向发达国家移民的主要拉力。人均收入水平的巨大差异构成了发达国家对发展中国家居民的吸引力,发达国家良好的教育设施构成了对发展中国家年轻人的又一个重要吸引力。从推动因素看,包括人口过多、就业机会相对过少等。因此,一些有潜力的人希望到有希望得到较满意的工作机会的国家去,以期解决收入水平低、工作机会少、竞争激烈而用武之地较少的问题。

移民或劳动力的流动与世界经济的变动周期,特别是移入国经济状况关系密切。当经济不景气时,流入国需要的劳动力要少一些,从而对流入劳动力的接受能力要弱一些;相反,经济上升时期,需要的劳动力要多一些。因此,这种流动会随着经济状况而在流动方向上有所变化,其中政府政策越来越成为劳动力流动的调节力量,比如一些国家政治局势不稳定或与政府持不同政见也会导致某种移民。但是无论何人,到新的国度面临的首先是生存问题。

9.1.3 劳动力流动与国际经济贸易

劳动力的流动会影响到国家之间的资源配置和国际贸易。例如,在其他资源条件不变的情况下,劳动力的流出会使墨西哥的劳动力减少,从而使得其他资源相对丰富。而美国的情况恰恰相反,劳动力的流入会使美国的其他资源变得相对稀缺,而劳动力相对丰富,因而会对国际贸易产生一定的影响。墨西哥作为劳动力丰富的国家,劳动力的大规模流出会造成劳动密集型出口产业的相对萎缩,使其生产和出口也相对出现收缩。而美国作为劳动力的流入国,由于劳动力供给的增加,会使其劳动密集型部门生产能力扩大,造成其进口代替的劳动密集部门产量增加,从而对这些产品的进口下降。因此,劳动力国际流动对于劳动力密集型产品的进出口产生了一定程度的替代效应。

9.1.4 移民的其他外在收益和成本

移民作为生产要素本身和所有者的统一,它不仅会通过流出国和流入国劳动力市场供求的变化对不同国家的贸易和福利产生影响,而且还会给流入国和流出国带来很多外在收益和成本。其主要表现在财政影响、人才流失和外在成本与收益等。

1.移民的外在收益

(1)对于流入国的收益。从政府财政收入来看,移民尤其是年轻、有技能的移民,其收入水平比较高,一般是流入国国家税收的净贡献者。据美国《侨报》报道,美国一项新出炉的研究报告显示,美国移民使用医保服务的频率远低于在美国出生的公民,实际上他们可能还在一些医疗保健项目上资助了后者。来自哈佛大学和塔夫茨大学医学研究所的研究人员系统地分析了自 2000 年以来与美国移民有关医疗保健支出的 188 篇同行评议研究报告。最终他们指出,包括一些在医疗保健行业工作的许多美国人错误地认为移民是美国医疗保健体系的一个财政消耗,甚至超过了出生在美国的公民,而实际上,他们自己消耗的医疗保健成本更高。包括已入籍移民和无证移民在内的所有移民在 2002—2009 年,向医疗保险信托基金贡献的资金要比他们取出使用的金额多出 140 亿美元。2000—2009 年,无证移民平均每年花费的医疗保健支出仅为 965 亿美元,而美国出生的人则花费了 1 万亿美元。

(2)对于流出国的收益。大量的移民流出以后,并没有隔绝与流出国的联系,他们还会通过各种途径给流出国带来收益。对于许多国家来说,移民侨汇是其外汇收入的重要来源,尤其对于一些非洲、拉美国家来说,侨汇是其外汇收入的主要来源之一,这对这些国家(地区)的经济与社会的发展起了重要作用。大量的移民与流出国之间保持着密切的投资、技术、交流上的往来,这对于促进流出国经济和科技的发展也起了重要的作用。并且,一些移民在母国经济社会条件改善后选择回国,还会给母国带来资金、先进的技术和管理经验,促进了母国福利水平的提高。

2. 移民的外在成本

(1)对于流入国的成本。大量的低技能劳动力的流入,会给流入国尤其是高福利发达国家造成额外的成本,因为对于移民接收国来说,流入的移民同样享受社会福利,他们所缴纳的各项税收可能无法弥补他们所享有的福利开支,这会增加政府的福利开支,加重政府的财政负担。美国国家研究院的研究预测也表明,到达美国时高中学历以下、年龄在 20～40 岁的移民,一生中总的净财政负担为 6 万～15 万美元。另外,移民尤其是非法移民、低技能移民的存在所造成的拥挤成本、社会摩擦等问题也是不容忽视的。

(2)对于流出国的成本。当今国际移民的一个主要特点是发展中国家向发达国家的移民。对于发展中国家来说,大量的移民尤其是中、高技能人才的流出意味着一种人才损失。而这些人才正是发展中国家发展本国经济最稀缺的资源,这些人才的流出不仅仅是他们的损失,对于流出国来说,由于缺少专门的技术和管理人才所造成的国内剩余资源的浪费意味着更大的损失。美国学者 Nadeem U. Haque 通过构建内生经济增长模型论证了单项的人力资本流动会降低流出国的经济增长速度,降低程度与流出人力资本占该国总人力资本存量的比例成正比。

9.2　国际资本流动

9.2.1　国际资本流动概况

1. 国际资本流动的方式

如同劳动力流动一样,资本在国际间的流动也会对贸易产生影响。但不同的是,资本流动的形式比较多样,可分为两大类:单纯的货币资本流动或称资产组合投资(portfolio investment)和伴随着技术管理等的外国直接投资(foreign direct investment,FDI)。

(1)资产组合投资。这是国际资本流动的一种主要方式,它可分为两种形式:一是国际借贷(balance of international indebtedness),它是指期限在一年以上的政府贷款、国际金融机构贷款、国际商业银行贷款、国际租赁信贷以及中长期出口信贷。许多国家和企业不愿外国资本控制本国经济但又缺乏资本,通常采用从国外借款的方式获得资本。同时,国际上有许多资本在寻找投资机会,也愿意通过借贷的方式获得收益。二是国际证券投资,它又可分为国际股票投资和国际债券投资。国际股票投资包括让境外投资者直接购买本国上市或境外上市公司的股票,以及本国投资者利用海外存托凭证①获得对非本国公司股票的所有权。国际债券投资是指投资者在国际债券市场上购买外国企业或政府发行的债券,并按期获取债息收入和到期收回本金而进行的投资活动。

(2)外国直接投资。除了货币资本投资以外,资本要素国际流动的另一种主要方式是国际直接投资。国际直接投资(international direct investment)是投资者以生产资本在国外投资创办企业或于当地资本合营企业而进行的一种对外投资,其特点是控制企业的有关措施,并且参与企业的管理决策。直接投资往往是和生产要素的跨国界移动联系在一起的,这些生产要素包括生产设备、技术和专利、管理人员等,因而,直接投资是导致资源分配的真实资本的流动。

在东道国创立新企业和并购东道国的企业是国际直接投资的两种基本方式。新企业的创立既可以是由外国投资者投入全部资本,在东道国创立一个拥有全部控制权的独资企业,也可以由两个或两个以上的投资者共同创立一个国际合资企业,投资合作者可以是东道国的投资者,也可以是第三国的投资者。目前在发展中国家的外资投资主要采取合资企业的形式。并购的一般做法是从证券市场取得企业的股权证券,或者在企业增资时以适当的价格取得企业增发的股权证券,或者是同企业直接谈判购买条件以取得企业的所有权。跨国公司的海外投资往往采用直接投资的方式。

2. 国际资本流动的现状

二战后,尤其是 20 世纪 90 年代之后,国际资本流动有了巨大的发展和变化。从规模上看,国际金融市场上债券和股票交易数量有了大幅增加。从结构上看,外国直接投资和证券投资已经取代了商业银行贷款,占据了国际资本流动的主导地位。从资本流向来看,发达国家仍然是国际资本市场上的主要融资者,但发展中国家的市场份额呈上升趋势。

国际资本流动的发展是世界经济发展和变化的结果。首先,技术进步降低了国际投资的成本,为国际资本流动的发展提供了必要的条件。其次,主要工业化国家金融市场的放松管制和许多发展中国家进行的宏观经济改革,为国际资本流动的自由化创造了有利的条件。

外国直接投资(FDI)是国际资本流动的一个重要形式,它的迅猛发展成为 20 世纪后半期国际资本流动发展中的一个显著特点。FDI 的流向不平衡状况也是导致国际资本流动整体不平衡发展的一个重要原因。

进入 21 世纪,国际资本流动又出现了新的变化。从规模上,作为国际资本流动一个重要组成部分的跨国投资规模不断呈下降趋势,跨国并购的速度已经放缓,跨国直接投资的增长动力明显不足。从结构上看,国际资本增加了对传统产业的技术改造和对新兴产业的投资方面的关注,技术资本投资呈增长的趋势。从资本的流向上看,更多的国际资本正在加速流向发展中国家(地区),尤其是亚洲一些市场容量和需求潜力较大的经济体。流入发达国家资本总量有所减少。在发达国家内部,美国仍然是国际资本流动的主要目的地,但是资本流入速度已经

---

① 存托凭证代表投资者对非本国公司股票的所有权,是一种可转让的凭证,它可以避开当地法律对外国公司在注册手续、财务报表和消息披露等方面的严格要求,使外国公司的股票比较方便地进入当地证券市场。

放缓；欧盟对国际资本的吸引力大大增强；日本吸收外国直接投资的能力有所减弱。2016 年，由于全球经济增长复苏乏力、世界贸易量持续疲软，全球外国直接投资下降到 1.52 万亿美元左右，比上一年减少了 13％。

在国际资本流动的新趋势中，美国对国际资本吸引力的下降。从实体投资来看，2001 年前 10 个月美国的全球并购交易总额比上年同期减少 54％，2002 年美国资本流入的下降趋势更为明显。从投资性资本的流动来看，美国股市在 2002 年 3 月的第一周出现了 7 周中最大的资产净流出。流入美国的国际资本比例下降是多种因素共同作用的结果。从美国国内经济情况来看，"9·11"事件的打击，能源巨头安然公司的破产以及一系列大公司财务丑闻引发的企业信用危机，IT 产业和股市泡沫的破灭，都对美国吸引国际资本造成不利影响。与此同时，一些转型国家（中国、俄罗斯、越南等国）体制和市场的进一步开放则加快了国际资本的流入。随着特朗普上台，美国国内并购量持续两年强劲增长，2017 年美国并购总体交易额达到自金融危机后的第三高，而与 2017 年同期相比，2018 年上半年的交易额上升 30.5％，至 7948 亿美元。其主要因素之一在于特朗普政府推行的减税政策，目前美国公司税率从 35％下调至 21％，这提升了企业利润空间，并为投资腾出了现金。而将海外收益引回美国的激励机制也导致了资金进一步的回流。

由于世界经济还处在不断调整的发展进程中，国际资本流动受其影响也会不断地出现新变化和新特点。

9.2.2　国际资本流动的利益变动分析

我们可以通过分析资本市场供求变动来考察国际资本流动带来的利益变动和社会福利变化。

从资本输出国的角度看，对外投资不仅使外流资本的收益增加（否则这些资本不会投到国外去），也使留在国内的资本变得相对稀缺，平均收益上升。对于资本输出国的工人来说，本国资本的外流则会减少他们的工作机会，使本国劳动力的平均工资下降。近年来，美国等发达国家中的许多大公司因国内劳动力成本太高，纷纷将工厂搬至发展中国家进行生产，引起这些发达国家工人的强烈反对。由此可见，资本输出会使本国劳动力利益受损。但是，从整体来看，资本的收益会大于劳动力的损失，整个社会从资本流动中获得净收益。此时，如果政府能通过适当的税收和转移支付政策来分配收益，也有可能使劳动力保持其在资本输出前的状况而资本获得额外收益，从而不仅使整个社会的福利水平上升，而且减少了社会矛盾。

对于资本输入国来说，得益的主要是劳动力。资本和技术的流入使就业水平和劳动生产率都得到提高，因此劳动力的收益增加。另一方面，外来资本的流入会使国内原有资本的收益率下降。当然，这只是一种不考虑资本流动外部效应的静态分析结果。事实上，引进资本还会产生许多外部经济效应。如果引进外资的同时引进了先进的技术等，使本国的许多未开发资源或闲置劳动力得到更充分的利用，由此带动的经济发展和经济起飞不仅使外来资本和本国劳动力的收益提高，也会使国内资本的收益增加。不过，即使不考虑这些外部效应，引进外资给本国劳动力所带来的收益也会超过本国资本的损失。因此，资本的国际流动使资本输入国也获得净收益。

总之，资本的国际流动会使资本输出国和输入国都获得净收益，因此提高了整个世界的福利水平。

9.3 跨国公司与国际经济贸易

二战后,跨国公司快速发展,其作为国际资本流动的推动者和主要载体,常常利用公司内贸易、转移定价和战略联盟等策略对国际经济贸易活动产生重要影响。跨国公司(multinational corporations,MNCs)是指在两个或两个以上国家(地区)拥有工厂、矿山、生产企业、销售机构或其他资产,在母公司统一决策体系下从事国际性生产经营活动的企业。它可以由一个国家的企业独立创办,也可以由两个或多个国家企业合资、合作经营,或控制当地的企业使其成为子公司。

9.3.1 跨国公司的内部贸易

内部化理论(theory of internalization)的根本来源于 20 世纪 30 年代的科斯(R. Coase)关于公司的理论,其基本原理如下:由于公司内部和市场机制在执行不同类型的交易时涉及不同的效率(当市场完善时,市场交易具有最高效率;当市场存在外部性或失灵时,在公司内部的交易具有更高的效率),因此它们是公司生产可采取的不同形式。当利用市场经济的资本(交易成本)大于在公司内部进行同样活动的成本时,公司会选择内部化的组织形式。应用在跨国公司方面,如果内部化成本(例如内部交易成本和管理成本)小于与出口有关的成本时,公司会选择将其在外国的活动内部化,或者将其外国公司收购为己有,或者在外国直接设立子公司。因而,市场交易在内部化的过程中产生了企业,而当这种内部化过程跨越国界时,便产生了跨国公司。跨国公司的出现,及其在国际经济活动中所起的作用日渐显著,使协调国际分工的机制也多样化和复杂化了。目前世界上许多国际贸易活动都与直接投资有关,或在一些大公司的控制下进行,并且发生在公司的内部,被称为跨国公司内部的国际贸易。这种国际贸易现象反映了公司存在回避外部市场的动机。由于跨国公司企业内部交易的增多,这使得国际贸易中企业内贸易的比重不断上升。国际分工也不再单纯依靠市场机制来协调,跨国公司已经成为国际分工日益重要的协调者和组织者。传统意义上的国际分工也越来越多地转变为跨国公司企业内部的分工。

人们一般把在母公司控制下的跨国界的贸易称为公司内贸易。它包括在母公司控制下子公司之间的贸易或是母公司与子公司之间的贸易,以及母公司与母公司之间的贸易。虽然有关公司内贸易的详细、准确的统计很难获得,但是一般都认为公司内贸易已经成为当今国际经济活动中的普遍现象。这种观点是基于对外直接投资与跨国公司在全球范围内的迅速发展,它的增长快于世界贸易与生产的增长。随着各国对直接投资实行各种鼓励政策,公司现在能够在全球范围内分配它的资源、安排它的活动以及发挥它的竞争优势。公司内部贸易随着国际生产的发展而发展,它在国际贸易中的重要性越来越明显。

据《2018 年世界投资报告》统计,目前,中国吸收外资在世界排名第二,位居美国之后。该报告指出,2017 年全球外国直接投资(FDI)下降 23%,为 1.43 亿美元,这与全球 GDP 及贸易增长加快形成了鲜明的对比。外国直接投资下降的主要原因是跨境并购大幅度下降 22% 所造成的。报告显示,中国仍然是发展中国家最大的吸收外资国和对外投资国。2017 年中国对外投资在全球排名第三,位居美国和日本之后。不过,当年中国对外投资的额度也减少了36%,降至 1256 亿美元。这是近年来中国对外投资的第一次下降。

当今国际贸易活动大致分三类:①在广义的比较优势基础上所进行的国际贸易。这是以国家资源为基础的比较优势论,可以解释要素禀赋不同与经济发展水平不同的国家之间的国际贸易,或称之为产业间国际贸易。②以规模经济、市场结构和不完全竞争的市场结构为基础产生国际贸易。这种贸易发生在两个要素禀赋相同或需求结构相似的国家之间,并且通常是在产业内部进行。③以降低交易成本、避免外部市场的不确定性而产生的公司内贸易。

9.3.2　跨国公司的转移定价

1.国际转移价格的含义

国际转移价格(transfer price),亦称划拨价格、调拨价格、转让价格,是指跨国公司内部母公司与子公司之间、子公司与子公司之间进行商品和劳务交换时所执行的内部交易价格。这种价格不受市场一般供求关系的影响,不是独立各方在公开市场上按"独立核算"的原则确定的价格,而是以跨国公司全球战略和谋求最大限度的利润为目标,由跨国公司总部最高管理人员在综合分析评估交易各方所在国的外汇政策、税收政策、利率水平、经济环境及政治气候等因素以及所属子公司盈利能力等之后确定的价格。

国际转让价格的产生有其客观必然性。①国际转让价格是跨国公司内部贸易发展的产物。②国际转让价格又是跨国公司组织管理控制形式变化的产物。最初是跨国公司总部对下属公司控制的一种手段;也使跨国公司整体得到利益,并且通过转让价格还可作为评价和监督子公司的一种手段。③国际转让价格也是跨国公司实现全球战略、谋求最大利润的重要手段。

2.国际转让价格的表现形式

跨国公司内部贸易包括有形产品贸易和无形产品贸易两个方面,因此,国际转让价格在形式上就包括有形产品的转让价格,还包括无形产品的转让价格。具体地说,国际转让价格的表现形式有以下几种:

(1)实物价格。在跨国公司的转让价格中,实物价格占有很大的比重。所谓实物,包括了生产过程中的原材料、零部件、中间产品、制成品和机器设备等。公司通过使实物的转让价格高于或低于正常交易原则下的市场价格,可以实现利润的转移和资金的流动。

(2)服务费用。在跨国公司体系中,母公司与子公司之间以及子公司与子公司之间提供服务,收取高额或低额的服务费用,这也是国际转让价格的一种。

(3)特许权使用费。这是一种重要的国际资金流量,对特许权使用费的支付,可以用单纯的形式隐藏在其他价格中。由于特许权一般具有不可比性,很难掌握其真实的价格,所以跨国公司可以在这方面大做文章,灵活性较大。

(4)贷款利息。在母公司对子公司进行投资的过程中,贷款相对于参股具有更大的灵活性。因为子公司用股息形式偿还母公司的投资,在纳税时不能作为费用扣除,但支付利息则可作为费用扣除。所以,母公司可以根据整个公司的情况规定利息率的高低,以达到一定的目的。

(5)租赁费。租赁是一项相对较新的经济活动形式,近年来获得了迅速的发展。租赁费可以作为转让价格的一种形式,如利用较低的租赁费在跨国公司内部将一个公司的资产转移给另一个公司,实现其经营目的。

3.国际转让价格的影响

国际转让价格能够从内部和外部两方面影响跨国公司的决策。从内部讲,国际转让价格能够提供数据、激励附属公司的管理人员、评估附属公司和其管理人员的业绩;从外部讲,国际转让价格可以影响到跨国公司的关税、利润的转移及其全球范围内的所得税的大小等。当然,跨国公司与其子公司之间的国际转让价格可能不符合市场上通行的价格,这必然增加和加剧国际社会的经济和政治问题。不少国家已着手管理国际转让价格的制定,主要是防止逃税避税。

应该看到,国际转让价格的影响不仅仅局限于税收方面,它对跨国公司本身,对接受跨国经营的各国政府,以及对国际资本的流动都有广泛的影响。为此,一些国际机构如联合国跨国公司委员会、经济合作与发展组织、国际商会等都十分关注转让价格的制定,颁布了关于制定转让价格政策的各种建议和指令。

9.3.3 跨国公司的战略联盟

1. 战略联盟的含义与动因

20世纪90年代以来,由于冷战的结束和发展中国家的迅速发展,跨国公司迫于竞争压力,开始大规模的合作竞争,其中最主要的形式之一就是建立企业战略联盟。

战略联盟(strategic alliances)是指由两个或两个以上有着对等经营实力的企业(或特定事业和职能部门),为达到共同拥有市场、共同使用资源等战略目标,通过各种协议、契约而结成的优势互补、风险共担、要素水平式多向流动的合作伙伴关系(或松散的组织形式)。

战略联盟的形成与发展,主要有以下几个动因:

(1)降低高新技术产品研制和开发成本的需要。一般而言,大型跨国公司在参与国际市场竞争时,其产品往往具有技术和资金密集的特性,然而,随着技术的日益复杂化和外部环境的变化,新产品的生命周期明显缩短,使得新产品、新技术研究与开发风险加大,要求不断缩短研究与开发时间,降低研究开发成本,分散研究开发风险。世界主要跨国公司为了保持和扩大生存和发展的空间,纷纷组建了不同形式的跨国战略联盟,加强在高新技术研究中的合作与交流,从而推动了跨国公司的科研开发日益走向国际化。

(2)提高国际市场竞争力的需要。在技术日益分散化的今天,已经没有哪个企业能长期实行技术垄断,企业单纯依靠自己的能力已经无法掌握竞争的主动权。为此,跨国公司都尽量采用外部技术资源,与其他企业结成战略联盟,借助与联盟内企业科研人员的相互合作、相互传递技术,加快研究与开发的进程,并积极创造条件实现内外资源的优势相长。实践证明,跨国战略联盟更有利于开辟新市场或进入新行业,因而具有更强的国际市场竞争力。

(3)优化生产要素配置的需要。跨国公司为了适应世界市场的复杂性、降低新产品研制过程中的成本和风险,在生产国际化水平不断提高的基础上,更加重视在全球范围内进行生产要素的优化配置。在这种情况下,企业自然要从技术自给转向技术合作,以避免单个企业在研究开发中的盲目性,或因孤军作战导致重复劳动和资源浪费,降低风险。

(4)企业组织战略性革新的需要。由于企业规模的扩大、管理层次的增加、协调成本上升,使得一些跨国公司向官僚式的低效率迈进。跨国战略联盟的经济性在于不涉及组织规模扩大和机构膨胀,避免带来企业组织的僵化,使企业保持灵活的经营机制和资源使用的高效率。战略联盟还是绕开关税和贸易保护主义的有效措施,以避开反垄断法对企业规模过大的制裁。

2. 国际战略联盟的特点

与 20 世纪七八十年代的联盟方式相比,近几年国际战略联盟有以下主要特点:①主要是规模巨大的垄断企业间的相互兼并;②主要集中在高技术产业和以金融服务为主的第三产业;③企业合并通过股票市场进行。

"通过合作竞争"已成为公司有效开展竞争及维持竞争优势的先决条件。跨国公司战略联盟的新态势意味着跨国公司间的竞争已不再是依托一个跨国公司内部资源的竞争,而是依托一个乃至数个"跨国公司集合"的资源的竞争。但是,它对东道国企业、对未参加联盟的跨国公司却产生了重大威胁。显然,作为经济全球化下国际经营的一种有效战略,跨国公司战略联盟对发展中国家企业也是适用的。

9.4　要素流动与国际经济贸易的关系

9.4.1　要素流动与经济贸易的替代关系

美国经济学家蒙代尔(Mondale)认为,如果两国生产函数相同,即两国采用同样的生产技术,则根据 H-O-S 定理及 H-O 理论,即可得出要素国际流动与产品贸易是完全替代关系的结论。蒙代尔的分析基于如下假定:两国、两种商品及两种要素的模式,生产函数是一次齐次的,要素密集度不发生逆转,实行不完全的国际分工。

从这些意义上讲,要素流动与自由贸易并非完全没有差别,因此两者也并非是完全的替代关系。可以看出,尽管蒙代尔模式具有某种机械的、静态的特征,其结果也过于模式化、理想化。但蒙代尔所揭示的贸易与要素流动之间具有一定程度的相互替代关系则是有一定道理的,特别是在静态或较短的一段时间内,这种替代关系较为明显,这种相互替代关系使得要素流动在某种程度上具有逆贸易导向的特征。

9.4.2　要素流动与经济贸易的互补关系

蒙代尔分析的情况对货币资本流动效果的解释具有重要的意义,但对直接投资的解释则还需进一步分析。日本学者小岛清教授认为,与货币资本流动相比,直接投资有以下两个特点需要强调。

1. 直接投资是组合要素的流动

直接投资不仅是资本要素的流动,而且还包括资本、技术、技能、经营管理知识以及信息等要素的总体转移,即组合要素的流动。其核心不单是货币资本的流动,因为货币资本可以部分地在当地筹集,部分由出资方筹集,即可以采用合办的形态。出资(股权安排)部分多数是以体现为机器、设备或者中间产品等含有先进技术的生产资料的形式进行单方面价值转移的,再加上工人的技术培训、经营管理、市场销售等技能的转移——这一切才是直接投资的基本内容。因此,在理论模式中,可以不考虑投资国与接受国之间为数不多的货币资本的增减或转移,而把直接投资视为包括销售问题在内的先进生产函数的转移或移植就可以了。

2. 直接投资是资本、技术、经营管理知识等的综合体

由投资国的特定产业部门的特定企业向要素输入国的同一产业部门的特定企业(子公司、

合资企业等)的转移。它不同于单纯的货币资本流动,即不是作为流动性很高的一般生产要素流入要素输入国的。因此,也不会同该国的国内资本一起再分配到各种产业部门、各个企业。但是,一般来说,通过对工人、经营者的培训,以及诱发当地资本建立竞争性企业等形式,直接投资所带来的先进的生产函数将逐渐普及是需要时间的,而且在不同的产业部门,由于新的生产函数和原有生产函数之间的差距大小、资本密集程度大小、劳动和经营训练难易程度等方面不同,它的普及也将有所不同。因此小岛清认为:既然以投资国资本丰富为前提,那么要素输入国的商品越是劳动密集型的,就越容易具有比较优势;投资国和要素输入国的技术差距越小,技术就越容易移植、普及和固定下来。

小岛清还进一步指出,要使直接投资能够导致贸易发展,必须具备下列条件:要由投资国潜在的比较劣势产业进行对外直接投资,从而提高要素输入国有潜在比较优势的产业的生产函数,并使之成为显在的比较优势产业。而对于要素输入国来说,直接投资除了报酬还流问题外,可以被当作技术进步的效果来处理。若它是发生在要素输入国的比较优势产业部门,则是偏于顺贸易型的,反之,若发生在比较劣势产业部门就会是偏于逆贸易型的。

思考与练习

1. 在国际劳动力流动过程中,对于移民自身来说,移民成本主要有哪些?
2. 国际资本流动的成因除了本章中讲到的,你还能想到哪些因素?
3. 假设墨西哥是劳动力充裕的国家,美国是资本充裕的国家。北美自由贸易协定签订后,美国的资本大量到墨西哥投资。请分析美国和墨西哥两国资本市场各方的利益变动。墨西哥是否从吸引美国资本中获得利益? 美国呢?
4. 20世纪末,我国香港和台湾劳动密集型产业内的资本大量向我国沿海地区转移,这对海峡两岸和内地与香港之间的劳动密集型产品贸易有什么影响?
5. 简述国际资本流动的利与弊。
6. 跨国公司的国际联合方式有哪些?
7. 国际哪些要素的流动与贸易成互补关系?
8. 国际哪些要素的流动与贸易成替代关系?

第10章 外汇及其风险

课前导读

外汇是国际经济金融交易的基本支付手段和对外财富的载体,汇率作为外汇的价格,是影响国际金融的基础变量,也是一国平衡国际收支与调节对外经济运行的重要工具。随着世界经济一体化的发展及各国普遍实行浮动汇率制,外汇成为国际经济活动中最常见、最普遍使用的工具,汇率成为影响各国经济和世界经济的热点因素之一。同时,我们也应看到加强市场监管、防范外汇风险已经成为国际金融领域的紧迫课题。2008年美国华尔街金融风暴对全球经济的强力冲击,再次证明加强金融监管的重要性。

10.1 外汇与汇率概述

10.1.1 外汇

由于各国货币制度不同,货币的价格标准和价格符号不同,所以一国的货币通常只能在本国流通。当清偿国际间的债权债务时,需要进行国与国之间的货币兑换,这种金融活动就是国际汇兑,这是外汇的最初含义。

外汇(foreign exchange)是国际汇兑的简称,它有动态和静态的双重含义。动态含义是指国际汇兑行为,是人们用一种货币兑换另一种货币的过程。它强调的是清算国际债权债务过程中的货币兑换过程,也就是国际汇兑行为。静态含义是指以外币表示的媒介国际经济活动的工具。它强调的是清算国际债权债务过程中的支付手段或工具。一般地说,外汇是以外币表示的,可以用来清偿国际间债权债务的支付手段和资产。人们通常所说的外汇,一般都是就其静态意义而言,就是外国货币或以外国货币表示的能用于国际结算的支付手段。

国际货币基金组织(IMF)给外汇下的定义是:外汇是货币行政当局(中央银行、货币管理机构、外汇平准基金组织及财政部)以银行存款、财政部库券、长期政府债券等形式所持有的在国际收支逆差时可以使用的债权。

2008年8月新修订的《中华人民共和国外汇管理条例》第3条规定:"外汇是指下列以外币表示的可以用作国际清偿的支付手段和资产:①外币现钞,包括纸币、铸币;②外币支付凭证或者支付工具,包括票据、银行存款凭证、银行卡等;③外币有价证券,包括债券、股票等;④特别提款权;⑤其他外汇资产。"

10.1.2　汇率的含义及标价方法

汇率(foreign exchange rate)又称汇价,即以一国货币表示的另一国货币的价格。例如,USD 1＝CNY 6.7131即以人民币表示美元的价格,说明了人民币与美元的比率或比价。在不同的环境下,汇率有不同的称谓。从直观上看,汇率是一国货币折算成另一国货币的比率,因此汇率又可称为"兑换率";从外汇交易的角度来看,汇率是一种资产价格,即外汇价格。外汇作为一种特殊的商品,可以在外汇市场上买卖,这就是外汇交易,进行外汇交易的外汇必须有价格,即"汇价"。由于外汇市场上的供求经常变化,汇价也经常发生波动,因此汇率又称为"外汇行市""外汇牌价"。

折算两个国家的货币,先要确定用哪个国家的货币作为基准。由于确定的基准不同,就存在着外汇汇率的两种标价方法:直接标价法和间接标价法。此外,根据外汇市场惯例,还有一种美元标价法和非美元标价法,现分别介绍如下。

(1)直接标价法。直接标价法(direct quotation)亦称应付报价,即以本币表示外币的价格,也是以单位外币作标准,折合为若干数量本币的方法。这是除英、美两国外,其他国家所采用的方法。用这种标价方法计算时,外币的数额固定不变,而本币的数额则随着外币币值或本币币值的变化而变化。

(2)间接标价法。间接标价法(indirect quotation)亦称应收报价,即以外币表示本币的价格,也是以单位本币作标准,折合为若干数量外币的方法。世界上只有英、美两国采用此方法。所以,间接标价法标出的实际上是美元和英镑的价格。用这种标价方法计算时,本币的数额固定不变,而外币的数额则随着本币币值或外币币值的变化而变化。

10.1.3　汇率的种类

1. 按银行业务操作情况划分

(1)买入价(buying rate),即买入汇率,是银行买入外汇时所使用的汇率。

在直接标价法下,外汇的买入价是前一数字,即数字较小的一个。例如,USD 1＝CNY 6.8220—6.8494,意味着银行所买的外汇是单位美元,在等式的左端,银行买外汇是收进美元,付出人民币,即带有下划线的数字。

在间接标价法下,外汇的买入价是后一数字,即数字较大的一个。例如,USD 1＝CNY 6.8220—6.8494,意味着银行所买的外汇是若干人民币,在等式的右端,即带有下划线的数字。银行买外汇是收进人民币,付出美元;而这时美元是本币。

(2)卖出价(selling rate),即卖出汇率,是银行卖出外汇时所使用的汇率。

在直接标价法下,外汇的卖出价是后一数字,即数字较大的一个。例如,USD 1＝CNY 6.8220—6.8494,意味着银行所卖的外汇是单位美元,在等式的左端。银行卖外汇是付出美元,收进人民币。而收进的人民币数额就是等式右端带有下划线的数字,即单位外汇——美元的卖出价。

在间接标价法下,外汇的卖出价是前一数字,即数字较小的一个。例如,USD 1＝CNY 6.8220—6.8494,意味着银行所卖的外汇是若干人民币,在等式的右端,即带有下划线的数字。银行卖外汇是付出人民币,收进美元;而这时美元是本币。

买入价和卖出价是在银行与非银行客户交易时所使用的汇率,也叫商人汇率。其买入和卖出是站在银行角度而言的。

(3)中间价(middle rate),即中间汇率或挂牌价格,往往是官方汇价。它是外汇买入价和卖出价的平均数,是市场报价时所使用的汇率。中间价也叫同业汇率,一般在银行间外汇市场上使用。

(4)现钞价(bank note rate),即现钞汇率,是买卖外币现钞时使用的汇率。外币现钞买卖一般为外汇零售业务。由于外币现钞不能直接用于大宗国际贸易支付,而只能运回其母国才能正常使用,因此可能会发生运费、保险费等费用。所以,外币现钞的买入价要比外汇买入汇率低,是从外汇买入价中扣除掉其运费。

2. 按外汇买卖交割的期限不同划分

(1)即期汇率(spot exchange rate),又称现汇率,是指外汇交易双方达成外汇买卖协议后,在两个营业日内办理交割使用的汇率。所谓交割是外汇买卖双方各自支付卖出的货币,收进买入货币的交付结算过程。外汇即期汇率用于外汇现货交易,反映现时外汇市场的汇率水平。

(2)远期汇率(forward exchange rate),又称期汇汇率,是指外汇交易双方签订外汇买卖协议约定在未来某时点交割时使用的汇率。远期汇率是未来某一时刻,如 1 个月、3 个月、6 个月或 1 年后的交割汇率,用于外汇远期交易。

即期汇率与远期汇率的报价方式存在着较大差异。

即期汇率通常采用直接报价方式。

远期汇率通常有两种报价方法:一种是与即期汇率标价方式相同,按不同交割期限直接报出远期买入价和卖出价,通常用于银行对客户报价以及银行同业交易之间的相互报价。例如,某日伦敦外汇市场英镑对美元的即期汇率为:GBP 1＝USD 1.710—1.7104,可直接报出 1 个月的远期汇率:GBP 1＝USD 1.6725—1.6758,6 个月的远期汇率为:GBP 1＝USD 1.6423—1.6430。另一种是不直接报出远期汇率,仅报出即期汇率与各期远期汇率的差价,再根据即期汇率与差价推算各期的远期汇率。差价是远期汇率与即期汇率之差,表明升贴水的幅度,当远期汇率高于即期汇率时称为升水(premium),反之,当远期汇率低于即期汇率时称为贴水(discount),当远期汇率与即期汇率持平时称为平价(at par)。

在远期汇率报价中升贴水幅度具体用点数表示,但由于直接标价法和间接标价法表示方式不同,升水和贴水的表示方式也不同。

直接标价法中,外汇远期汇率升水以即期汇率加上升水点数表示。如某日香港外汇市场美元对港币的即期汇率为:USD 1＝HKD 8.7910—8.8270,设 1 个月后美元对港币升水 20—30 个基点,则美元对港币 1 个月的远期汇率为 USD 1＝HKD 8.7930—8.8300。直接标价法中外汇远期汇率贴水以即期汇率减去贴水点数表示。如某日香港外汇市场美元对港币的即期汇率为:USD 1＝HKD 8.7910—8.8270,设 1 个月后美元对港币贴水 15—10 个基点,则美元对港币 1 个月的远期汇率为 USD 1＝HKD 8.7895—8.8260。

间接标价法中外汇远期汇率升水以即期汇率减去升水点数表示。如某日纽约外汇市场瑞士法郎对美元的即期汇率为:USD 1＝CHF 1.1331—1.1338,设 1 个月后瑞士法郎对美元升水 50—55 点,则瑞士法郎对美元 1 个月远期汇率为:USD 1＝CHF 1.1281—1.1283。间接标价法中外汇远期汇率贴水以即期汇率加上贴水点表示。如某日伦敦外汇市场英镑对美元的即期汇率为:GBP 1＝USD 1.7068—1.7090,设 1 个月后美元对英镑贴水 30—25 点,则美元对英镑 1 个月远期汇率为:GBP 1=USD 1.7098—1.7115。

3. 按照汇率制定方法的不同划分

(1)基本汇率(basic rate)。由于外国货币种类繁多,而且各国货币制度不尽相同,因而在制定汇率时,本国货币不能对所有外国货币都单独制定汇率,而只能选择某一货币为关键货币,并制定出本币对关键货币的汇率,这一汇率就称为基本汇率,它是确定本币与其他外币之间汇率的基础。即基本汇率是指本国货币与关键货币之间的兑换率。

目前,大多数国家都把美元当作关键货币,把本币对美元的汇率称为基本汇率。

(2)套算汇率(cross rate)。在国际外汇市场上,几乎所有的货币都与美元有一个兑换率。正因为如此,其他任何两种无直接兑换关系的货币都可以通过美元计算出它们之间的兑换比率,这种计算出来的汇率,被称作交叉汇率,也叫套算汇率。简言之,套算汇率是指两种货币通过各自对第三种货币的汇率而算得的汇率。一般来说,在外汇市场上只标有基本汇率,而套算汇率不标出来也不对外公布。

4. 按照国际汇率制度划分

(1)固定汇率(fixed rate),是指两国货币的比价基本固定,或者是上下波动被固定在一定的幅度之内。当汇率波动超过上下限时,货币当局或中央银行有义务加以干预。

(2)浮动汇率(floating rate),是指一国货币对另一国货币的汇率,依据外汇市场的供求变化自由涨跌,而不加任何限制。中央银行或货币当局原则上无义务加以干预和维持。事实上,实行浮动汇率的国家,根据国家经济发展状况和经济政策的需要,往往都对汇率波动施加某种干预或影响。国际上根据对浮动汇率有无干预,又将其分为"自由浮动"和"管理浮动"两种。

5. 按照外汇管制松紧不同划分

(1)官方汇率(official rate)又叫法定汇率,是指一国货币当局或中央银行明文规定或正式挂牌的汇率,一切外汇交易都应该以该汇率为准。

(2)市场汇率(market rate)是指在市场上自由进行外汇买卖的实际汇率。许多国家规定的官方汇率只是形式而已,有行无市,只是起一种基准汇率的作用,实际外汇交易均按市场汇率进行。

6. 按照衡量货币价值的角度不同划分

(1)名义汇率(nominal exchange rate)是指官方公布的或在外汇市场上由外汇的供求关系所决定并且没有剔除通货膨胀因素的汇率。

(2)实际汇率(real exchange rate)是指在名义汇率的基础上剔除了通货膨胀因素后的汇率。计算方法上,它是在名义汇率的基础上通过同一时期两国相对物价指数调整而得来的。计算实际汇率主要是为了分析汇率的变动与两国通货膨胀率的偏离程度,并可进一步说明有关国家产品的国际竞争能力,它不是现实中外汇买卖使用的汇率。

10.2 汇率的决定及影响因素

10.2.1 汇率的决定与调整

在不同的货币制度下,制度要素的规定不同,决定了各国货币具有的或所代表的价值不相同,汇率决定与调整的基础因素与方式也不同。

1. 金本位制度下汇率的决定与调整

一战前,西方国家实行的是典型的金本位制度(gold standard system),在金币本位制度下,各国都通过立法程序规定了本国货币的含金量。这种制度具有以下几个特点:①金币可以自由铸造、自由熔化;②银行券可以自由兑换成金币;③黄金与金币可以自由输出输入国境。

由于金本位的这些特征,一国对外支付时就形成两种结算方式:或者通过买卖外汇进行结算,或者通过黄金或金币的输出输入进行结算。在这种制度下,两国货币(即金币)的兑换比率就是两国货币实际含金量之比,称铸币平价(mint par or specie par),这就是两国货币的法定汇率。所以,在金本位制度下两种货币的含金量是汇率决定的基础,铸币平价则是汇率的标准。例如,1925—1931 年,1 英镑含纯金为 7.32238 克,1 美元含纯金为 1.50463 克,英镑和美元的铸币平价是 7.32238÷1.50463＝4.8666,因此,1 英镑＝4.8666 美元。

金本位货币制度下的汇率调整。在金本位制度下,以铸币平价为基础,各国货币受外汇市场供求关系影响围绕铸币平价有限波动形成现实汇率。当本国贸易收支逆差、外汇供不应求时,现实汇率高于铸币平价;当本国国际收支顺差、外汇供过于求时,现实汇率低于铸币平价,但金本位制度下汇率受外汇供求关系影响的波动幅度并非是无限的,而是被限定在黄金输送点的界限之内,也就是说,金本位制度下汇率的调整是在以铸币平价为中轴,以黄金输送点为限度的范围内进行的有限波动。

金本位制度下汇率的有限波动调整是由金本位制度自身的性质所决定的。金本位制度下黄金可自由熔化、自由买卖、自由输出和输入,各国中央银行发行通货时须储备相应的黄金,保证按既定价格兑付黄金等规定,使黄金具备了可替代外汇用于国际债权债务清偿的货币支付手段功能。

2. 纸币制度下的汇率决定与调整

纸币是价值符号,其中早期纸币是代表贵金属货币价值的符号,法定纸币是各国法律规定的纸币所代表的价值量的符号。基于纸币的性质,各国纸币所代表的价值量之比是决定各国纸币国际汇兑比例的基础,各国纸币所代表的价值量变动是影响各国纸币之间汇率变化调整的基础。在不同的纸币制度规定下,纸币的汇率决定方式不尽相同。

二战后,全球进入以美元为中心的布雷顿森林体系时代,作为国际金汇兑本位制的货币制度,布雷顿森林体系通过"双挂钩"政策规定各国纸币的含金量和各国纸币之间以含金量为基础的比价关系。"双挂钩"一方面实行黄金与美元挂钩(1 盎司纯黄金＝35 美元),另一方面实行其他成员国的纸币与美元挂钩,各国货币对美元维持可调整的固定比价,未经国际货币基金组织同意,各成员国不得随意调整。国际货币基金组织通过协议严格限制会员国对汇率的调整幅度与调整方式,规定各成员国有义务对外汇市场进行干预,将汇率波动维持在黄金平价的±1％限度内,后放宽至黄金平价的±2.25％,直至 1973 年春。

1973 年 2 月布雷顿森林货币体系崩溃。1978 年 4 月牙买加协议生效实施,国际货币制度进入牙买加体系时代。新货币制度是不兑换的信用纸币制度,废除了美元与黄金挂钩、其他成员国货币与美元挂钩的"双挂钩",实行黄金非货币化和浮动汇率制,黄金不再能直接用于政府官方之间的国际清算。各国纸币丧失了法定的黄金平价,纸币所代表的价值量高低,主要以各自所能购买到的商品与服务的实际购买力为新的标准来度量,即以各国一定通货膨胀水平下的纸币对内购买力为衡量标准。实行以市场供求调节为主的浮动汇率制度,也不再对各国货币汇率调整的范围加以明确限制。各国政府在市场供求形成汇率的同时,主要通过综合运用财政政策与货币政策调节本国的货币供求,间接调节本币的对外汇率,辅之以汇率政策指导下的市场化干预手段,以及贸易和外汇管制等行政手段等方式直接调控汇率。

10.2.2　影响汇率变动的因素

在开放经济条件下,引起汇率波动的主要影响因素是外汇市场的供求关系。

市场汇率(market exchange rate)是指外汇需求等于供给时的均衡水平。当外汇的需求增加而供给不变时,外汇汇率上升;当外汇需求不变而供给增加时,则外汇汇率下跌。一国外汇供求关系的变动受许多因素的影响,而且各个因素之间相互联系、相互制约,甚至相互抵消,因此,汇率变动的原因错综复杂。

1. 国际收支状况

国际收支是一国对外经济活动的综合反映,它对一国货币汇率的变动有着直接的影响。而且,从外汇市场的交易来看,国际商品和劳务的贸易构成外汇交易的基础,因此它们也决定了汇率的基本走势。例如,自20世纪80年代中后期开始,美元在国际经济市场上长期处于下降的状况,而日元正好相反,一直不断升值,其主要原因就是美国长期以来出现国际收支逆差,而日元持续出现巨额顺差。仅以国际收支经常项目的贸易部分来看,当一国进口增加而产生逆差时,该国对外国货币产生额外的需求,这时,在外汇市场就会引起外汇升值,本币贬值;反之,当一国的经常项目出现顺差时,就会引起外国对该国货币需求的增加与外汇供给的增长,本币汇率就会上升。

必须指出,国际收支状况并非一定会影响到汇率的变动,这主要看国际收支顺逆差的性质,短期的、临时性的、小规模的国际收支差额,可以被国际资本流动、利率、通货膨胀和政府的干预等因素抵消。但是长期的巨额的国际收支逆差一般必定会导致本国货币汇率下降。

2. 通货膨胀率的差异

通货膨胀是影响汇率变动的一个长期、主要而又有规律性的因素。在纸币流通条件下,两国货币之间的比率,从根本上说是根据其所代表的价值量的对比关系来决定的。因此,在一国发生通货膨胀的情况下,该国货币所代表的价值量就会减少,其实际购买力也就下降,于是其对外比价也会下跌。当然如果其他国家也发生了通货膨胀,并且幅度恰好一致,两者就会相互抵消,两国货币间的名义汇率可以不受影响。然而这种情况毕竟少见,一般来说,两国通货膨胀率是不一样的,通货膨胀率高的国家货币汇率下跌,通货膨胀率低的国家货币汇率上升。

特别值得注意的是通货膨胀对汇率的影响一般要经过一段时间才显现出来,因为它的影响往往要通过一些经济机制体现出来。

3. 经济增长率的差异

在其他条件不变的情况下,一国实际经济增长率相对别国来说上升较快,其国民收入增加也较快,会使该国增加对外国商品和劳务的需求,结果会使该国对外汇的需求相对于其可得到的外汇供给来说趋于增加,导致该国货币汇率下跌。

在这里要注意两种特殊情形:一是对于出口导向型国家来说,经济增长是由于出口增加而推动的,那么经济较快增长伴随着出口的高速增长,此时出口增加往往超过进口增加,其汇率不跌反而上升;二是如果国内外投资者把该国经济增长率较高看成是经济前景看好、资本收益率提高的反映,那么就可能扩大对该国的投资,以至抵消经常项目的赤字,这时,该国汇率亦可能不是下跌而是上升。我国就同时存在着这两种情况。

4. 利率差异

利率高低会影响一国金融资产的吸引力。①一国利率的上升,会使该国的金融资产对本国和外国的投资者来说更有吸引力,从而导致资本内流,汇率升值。当然这里也要考虑一国利率与别国利率的相对差异,如果一国利率上升,但别国也会幅度上升,则汇率一般不会受到影响;如果一国利率虽有上升,但别国利率上升更快,则该国利率相对来说反而下降了,其汇率也会趋于下跌。②利率的变化对资本在国际间流动的影响还要考虑到汇率预期变动的因素,只有当外国利率加汇率的预期变动之和大于本国利率时,把资金移往外国才会有利可图。③一国利率变化对汇率的影响还可通过贸易项目发生作用。当该国利率提高时,意味着国内居民消费的机会成本提高,导致消费需求下降,同时也意味资金利用成本上升,国内资金需求也会下降,这样,国内有效需求总水平下降会使出口扩大、进口缩减,从而增加该国的外汇供给,减少其外汇需求,使其货币汇率升值。

这里需要重点强调的是,利率因素对汇率的影响是短期的,一国仅靠高利率来维持汇率坚挺,其效果是有限的,因为这很容易引起汇率的高估,而汇率高估一旦被市场投资者(投机者)所认识,很可能产生更严重的本国货币贬值风潮。

5. 财政收支状况

政府的财政收支状况常常也被作为该国货币汇率预测的主要指标,当一国出现财政赤字,其货币汇率是升还是降主要取决于该国政府所选择的弥补财政赤字的措施。

例如,为弥补财政赤字政府可通过提高税率来增加财政收入,这样会降低个人的可支配收入水平,从而个人消费需求减少。同时,税率提高会降低企业投资利润率而导致投资积极性下降、投资需求减少,导致资本品、消费品进口减少,出口增加,进而导致汇率升值;发行国债,从长期看这将导致更大幅度的物价上涨,也会引起该国货币汇率下降。

6. 外汇储备的高低

一国中央银行所持有的外汇储备充足与否反映了该国干预外汇市场和维持汇价稳定的能力大小,因而外汇储备的高低对该国货币稳定起主要作用。

外汇储备太少,往往会影响外汇市场对该国货币稳定的信心,从而引发贬值;相反,外汇储备充足,往往该国货币汇率也较坚挺。

7. 心理预期因素

在外汇市场上,人们买进还是卖出某种货币,与交易者对未来的预期有很大关系。当交易者预期某种货币的汇率在今后可能下跌时,他们为了避免损失或获取额外的好处,便会大量地抛出这种货币,而当他们预料某种货币今后可能上涨时,则会大量地买进这种货币。国际间一些外汇专家甚至认为,外汇交易者对某种货币的预期心理现在已是决定这种货币市场汇率变动的最主要因素,因为在这种预期心理的支配下,转瞬之间就会诱发资金的大规模运动。

由于外汇交易者预期心理的形成大体上取决于一国的经济增长率、货币供应量、利率、国际收支和外汇储备的状况、政府经济改革、国际政治形势及一些突发事件等很复杂的因素,因此,预期心理不但对汇率的变动有很大影响,而且还带有捉摸不定、十分易变的特点。

8. 信息因素

现代外汇市场由于通信设施高度发达、各国金融市场的紧密联结和交易技术的日益完善，已逐渐发展成为一个高效率的市场，因此，市场上出现的任何微小的盈利机会，都会立刻引起资金大规模的国际移动，因而会迅速使这种盈利机会归于消失。在这种情况下，谁最先获得有关能影响外汇市场供求关系和预期心理的"新闻"或信息，谁就有可能趁其他市场参加者尚未了解实情之前立即做出反应从而获得盈利。

特别注意，在预期心理对汇率具有很大影响的情况下，外汇市场对政府所公布"新闻"的反应，也不仅取决于这些"新闻"本身是"好消息"还是"坏消息"，更主要取决于它是否在预料之中，或者是"好于"还是"坏于"所预料的情况。总之，信息因素在外汇市场日趋发达的情况下，对汇率变动已具有相当微妙而强烈的影响。

9. 政府干预

汇率波动对一国经济会产生重要影响。各国政府（央行）为稳定外汇市场、维护经济的健康发展，经常对外汇市场进行政策干预。

政策干预的途径主要有四种：①直接在外汇市场上买进或卖出外汇；②调整国内货币政策和财政政策；③在国际范围内发表言论以影响市场心理；④与其他国家联合，进行直接干预或通过政策协调进行间接干预等。

政府干预尤其是国际联合干预可影响整个市场的心理预期，进而使汇率走势发生逆转。因此，它虽然不能从根本上改变汇率的长期趋势，但在不少情况下，它对汇率的短期波动有很大影响。

10.3 汇率变动的经济影响

在开放型的市场经济运行中，汇率是市场机制的重要传导工具。汇率变化分为货币贬值和货币升值两种情况，它既受制于国际与国内经济的运行状态，又不可避免地从各个方面对本国经济产生不同程度的正面或负面的影响（此处以货币贬值为例说明其经济影响）。把握与有效利用汇率效应是各国保持内外经济均衡和进行汇率风险管理必须正视的变量因素。

10.3.1 货币贬值对进出口收支的影响

从理论上说，一国货币对外贬值有利于本国商品的出口，抑制了外国商品的进口，贬值不影响进出口商品本身的价值，但改变了贸易品在国际市场上的相对价格，提高了在国际市场上的竞争能力。

一国贬值货币对贸易出口是否有利，取决于四个条件：①一国货币对外贬值能减少外汇支出，而能否增加外汇收入，取决于出口价格需求弹性是否大于1。而且当一国进出口产品价格需求弹性之和大于1时，则会起到增加外汇收入、减少外汇支出的收支总体改善效果，从而有助于改善国际收支的逆差，即符合马歇尔-勒纳条件。②贬值国是处于未充分就业的情况下。③货币贬值后通货膨胀率要能得到遏制。④贬值后要经过一段时间市场的消耗，才能改变进出口商品数量。

10.3.2　货币贬值对贸易条件的影响

对于贸易条件,在实际计算中,采用出口价格指数与进口价格指数之比来代替。对于这个比值,尽可能地越大越好。比值变大,则表明:或出口品价格上升,或进口品价格下降,这意味着,在同样金额的进出口贸易中,或该国将以较少的国内商品换取同样的进口商品,或该国将以同样的国内商品换取更多的进口商品,消费的实际商品增加。反之则反。

本币贬值是否使贸易条件恶化,主要取决于进出口商品的供求弹性。对于供求双方,在价格上是利益冲突体,可以说是你多我少的较量。供求弹性的大小,正反映了双方对价格变化的反应程度和抵抗能力的大小。"抵抗力"形象地反映了市场参与者面对价格变化的行为能力,而弹性实质就是其抵抗能力的具体量化。

10.3.3　货币贬值对物价水平的影响

货币贬值会给一国通货膨胀带来压力,引起物价上涨,这点一直被认为是货币贬值最主要的一个负面影响。货币贬值引起物价上涨,可从下面几个角度来看:

(1)从进口的角度来看,货币贬值会导致进口商品本币价格的提高。通常,货币贬值会导致进口商品本币价格的提高。若进口的是原材料、中间产品,则会导致国内用这些原材料、中间产品进行生产的商品成本提高,进而使这些商品的价格上升,引发成本推进型通货膨胀。若进口的是消费品等制成品,一方面本身会带来市场物价上涨,另一方面会对国内的相同产品带来示范效应,提高销售价格。

(2)从出口的角度来看,货币贬值可以带动出口的增加。通常,货币贬值可以带动一国出口的增加。而生产的扩大在短期内有一定的困难,因而会加剧国内市场的供求矛盾,从而引起出口商品国内价格的上涨,尤其是当出口的产品本来就是国内短缺的初级产品,那将会给国内制成品以及相关产品带来物价上涨的压力。

(3)从货币发行量来看,货币贬值可增加一国外汇收入。通常,货币贬值可增加一国外汇收入、改善外汇收支状况,从而该国的外汇储备也会有一定程度的增加,而外汇储备增加的另一面是一国中央银行增加发行相同价值的本币,因而货币贬值会扩大一国货币的发行量,会给通货膨胀带来压力。因此,货币贬值有推动国内物价总水平上涨的倾向。

10.3.4　货币贬值对资本输出、输入的影响

一国汇率下跌可使等量的外币投资购得比以前更多的劳务和生产原料,所以可能吸引更多的国外长期资本内流,不过,在既定利润条件下,汇率下跌也会使外商汇回国内的利润减少,因而外商会有不愿追加投资或抽回投资的可能。

在其他条件不变的情况下,一国汇率下跌最终是否有利于吸引长期资本流入,主要取决于外商的投资结构,或者说取决于汇率下跌前后外商获利大小的比较。汇率下跌,以贬值国货币计值的金融资产的相对价值就下跌,为了躲避货币贬值的损失,便会发生短期资本"资本外逃"现象,使大量的短期资本移往国外。同时,由于贬值会造成一种通货膨胀预期,即人们预计该国货币会进一步下跌,从而造成投机性资本的外流。例如,1994 年底爆发的墨西哥金融危机很主要的原因就是墨西哥法定货币比索贬值后引发了大规模的短期资本外逃。

10.3.5 货币贬值对国民收入再分配的影响

(1)行业之间收入再分配。在一国货币贬值后,该国生产资源会重新配置,生产结构会调整,其中就出现扩张性的部门(或行业)和收缩性的部门(或行业),在扩张性部门密集使用的生产要素(如资本)可以得到更多的利益;在收缩性部门密集使用的生产要素(如劳动)相应地就会有所损失,这样,资本的所有者(资本家)会因此而获利,而劳动的所有者(劳动工人)则会受损。

(2)扩张性部门内部会出现收入再分配。在货币贬值后,由于出口产品、进口替代产品的国内价格上涨,所以生产这些商品的企业利润会有所增加,但在这一过程中,工人的工资不可能立即跟着增加,而出现了一部分收入从工人转移到资本家手中的情况。

总之,货币贬值对一国国民收入分配的影响是加剧富者越富、穷者越穷的两极分化。

以上分析了货币贬值的一般经济影响,对不同的国家或对同一国家的不同时期而言,这些经济影响的相对重要性可能很不一样。在有的国家,一段时间内可能以某些影响为主,另一段时间内可能以另一些影响为主。而在别的国家则可能与此大不相同,甚至完全相反。也可能货币贬值的某些经济影响在一些国家中非常强烈,在别的国家则很微弱,甚至根本没有。

10.4 外汇风险及其规避

10.4.1 外汇风险的含义和种类

外汇风险(foreign exchange exposure)又称汇率风险(exchange rate risk),它是指经济实体以外币定值或衡量资产与负债、收入与支出,因货币汇率在一定的时间内发生不可预测的变动而产生损失的可能性。

从事国际经济贸易的企业、银行、个人和政府及其他部门是外汇风险的承担者,他们会在国际范围内收付大量外币,或以外币的形式持有债权债务,由于各种货币的汇率经常发生变化,就会对他们造成风险。另外,外汇风险还有广义与狭义之分。狭义的外汇风险是指汇率风险和利率风险。广义的外汇风险是指利率风险、汇率风险,同时也包括信用风险、会计风险、国家风险等。

在外汇交易中,并不是所有外汇形式的债权债务都有外汇风险,只有其中一部分才承担这种风险,承担外汇风险的这部分外币称为"受险部分"或"外汇敞口",包括直接受险部分和间接受险部分。企业经营中表现为外汇资产与其外币负债不相匹配的部分,如外币资产大于或小于外币负债,或者是虽然外币资产与负债在金额上相等,但在期限上长短不一致;外汇买卖中,则是表现为外汇持有额中多头或者空头的部分。

外汇风险由货币和时间两个基本要素构成。货币要素是指一种货币对另一种货币的换算;时间要素是指在不同时点,汇价往往变得不相同。缺少其中任何一个要素都不行。一般说来,未清偿的外币债权债务金额越大,间隔的时间越长,外汇风险也就越大。

按照引发风险的直接成因划分,外汇风险分为以下三类:

(1)交易风险。交易风险是指在市场主体进行兑换、交易外汇或交割、清算对外债权债务时,因汇率变动遭受经济损失的可能性。交易风险是普遍存在的常见性外汇风险,其产生的前提条件是两种货币之间的交易、兑换、交割或清算对外债权债务的过程中,发生了汇率波动并出现汇率差。

交易风险主要有以下两种形式:①外汇买卖风险(foreign exchange risk)。外汇买卖风险又称为金融性风险(financial risk),是指在汇率变动的环境中,市场主体交易本、外币或不同外币时产生经济损失的可能性。②交易结算风险(transaction risk)。交易结算风险又称商业性风险(commercial risk),是指进出口商在从事以外币计价的贸易业务或发生以外币计价的借贷时,在签单、交货至货款结算或借贷期间,因汇率变化致使贸易商可能遭受的经济损失。

(2)会计风险。会计风险又称折算风险(translation risk)或转换风险,是指涉外市场主体在会计处理以外币计价的资产、负债和收益科目时,因汇率变化所产生的本外币资产、负债或收益折算的账面损失风险。出于公司经营和财务管理的需要,各市场经济主体需要定时编制各种财务报表,以反映自身的资产负债与经营状况。拥有外币资产负债或收益的经济主体,就需要将原来以外币计价的各种资产、负债和收益,按照规定时间的汇率折算成以本币表示的资产、负债或收益,如果前后两次编制会计报表间隔期内汇率发生变动,以外币计价的等额资产、负债或收益折算为本币计价的资产和收益额缩水,或者负债扩大,便产生会计核算损失风险。会计风险在跨国公司的财务管理中比较常见。

(3)经济风险。经济风险又称为经营风险(operating risk),是指由于汇率变化致使经济组织未来时期经营收益损失的风险。经济风险具有间接性特征,汇率变动并不直接影响公司企业的经营收益,而是通过改变市场供求关系和交易价格等市场经营环境,进而影响经济组织的生产成本、销售价格和产销规模等,来最终影响经济效益。例如,当本币升值时,因出口商品的国外相对价格上涨,导致出口商的出口销售额和经营收益减少。

与交易风险和会计风险的一落千丈性损失相比,经济风险因汇率变动传递周期长,影响逐渐释放,是全局性的系统风险,会长时期、大范围地改变市场经营环境,进而影响企业的经济行为和效益。

10.4.2　外汇风险的规避

外汇风险的规避(foreign exchange risk avoidance)是指对外汇市场可能出现的变化做出相应的决策,以避免汇率变动可能造成的损失。对于不同类型的外汇风险,应采取不同的规避方法。

1. 交易风险的规避

通常,对于交易风险的规避,可以采用以下方法:

(1)签订合同时选择的规避方法。这主要包括:①选择好合同货币。这遵循以下原则:争取使用本国货币作为合同货币;出口、借贷资本输出争取使用硬币,进口、借贷输入争取使用软币。②在合同中加列货币保值条款。货币保值条款能够防止汇率多变的风险,往往被用于长期合同。目前,各国所使用的货币保值条款主要是"一篮子"货币保值条款。③调整价格或利率。

(2)金融市场操作。交易合同签订后,可以利用外汇市场和货币市场来消除外汇风险。①现汇交易。现汇交易主要是指外汇银行利用即期外汇市场来进行平衡性外汇买卖。②借款与投资。通过创造与未来外汇收入或支出相同币种、相同金额、相同期限的债务或债权,也可以达到消除外汇风险的目的。其中借款用于有未来外汇收入的场合,投资用于有未来外汇支出的场合。③借款-现汇交易-投资(borrow-spot-invest,BSI)。BSI是一种将借款、现汇交易和投资综合运用的方法,主要用于对未来外汇支出的风险防范。

2. 会计风险的规避

对会计风险的规避,通常是实行资产负债表保值。这种方法要求在资产负债表上各种功能货币表示的受险资产与受险负债的数额相等,以使其折算风险头寸(受险资产与受险负债之间的差额)为零。只有这样,汇率变动才不致带来任何折算上的损失。

实际资产负债表保值,一般要注意以下方面:①弄清资产负债表中各账户、各科目上各种外币的规模,并明确综合折算风险头寸的大小。②根据风险头寸的性质确定受险资产或受险负债的调整方向。如果以某种外币表示的受险资产大于受险负债,就需要减少受险资产,或增加受险负债,或者双管齐下。反之则反。③在明确调整方向和规模后,要进一步确定对哪些账户、哪些科目进行调整。

在外汇风险的管理中,交易风险的防范要求与折算头寸的防范要求可能会发生冲突,从而加深风险管理的难度。譬如,对于跨国公司来说,最容易防范折算风险的办法,是要求所有在国外的分支机构都使用母国货币进行日常核算,使其受险资产额和受险负债额都保持为零,以避免编制综合财务报表时的折算风险。

3. 经济风险的规避

经济风险主要涉及生产、销售、原料供应以及区位等经营管理的各个方面。

(1)经营多样化。经营多样化是指在国际范围内分散其销售、生产地址以及原材料来源地。这种经营方针对减轻经济风险的作用体现在两方面:①管理部门由于实行国际经营多样化,势必在汇率出现意外变化后通过比较不同地区生产销售和成本的变化趋利避害,迅速调整其经营策略,改善竞争条件因而增加一些分支机构的生产,减少另一些分支机构的生产,使公司的产品在市场上变得更富竞争力。②即使管理部门不积极因汇率的意外变动而灵活调整其经营活动,经济风险也会因经营多样化而减低。汇率出现意外变动后,公司的竞争力可能在某些市场上下降,也可能在另一些市场上提高,由此公司现金流量所受到的影响也就会相互抵消。

(2)财务多样化。财务多样化是指在多个金融市场、以多种货币寻求资金来源和资金去向,即实行筹资多样化和投资多样化。在筹资方面,公司应从多个金融市场、多种货币来着手;同样地,在投资方面,公司也应向多个国家投资,创造多种外汇收入。这样,在有的外币贬值、有的外币升值的情况下,公司就可以使一大部分的外汇风险相互抵消。另外,由于资金来源和去向的多渠道,公司具备更好的条件在各种外币的资产与负债之间进行对抵配合。

思考与练习

1.什么是外汇?外汇可分为几种类型?

2.什么是汇率?外汇汇率的标价方法有几种?

3.汇率的种类有哪几种?

4.如何理解升值与贬值、升水与贴水的含义？

5.影响汇率变动的基本因素有哪些？

6.货币贬值对贸易条件的影响？

7.什么是外汇风险？外汇风险有几种？

8.如何规避外汇风险？

9.在香港外汇市场上，某日美元兑港币的即期汇率及 1 个月、3 个月的升贴水情况为：即期汇率 USD/HKD＝7.76303/7.76624；1 个月远期的点数为 40/80；3 个月远期的点数为 60/40。请问美元兑港币 1 个月和 3 个月远期汇率各是多少？

10.企业在签订涉外经济合同时，应从哪些方面防范外汇风险？

11.结合所学知识和自身认识，谈谈防范外汇风险的重要性。

第 11 章 汇率制度与外汇市场

在国际金融市场中,外汇市场不仅是生成汇率的场所,而且是规模最大、营业时间最长、资格最老的市场。国际金融市场是在经济全球化的基础上,随着国际贸易和国际借贷的发展而逐步形成和发展起来的,它对整个世界经济的发展都起着极其重要的作用。由于它的存在,国际债权债务才得以清偿,国际资本才得以流动,跨国界的资金借贷才得以实现,而这所有的一切,都是和现有的国际货币体系框架下各国的汇率制度分不开的,不同的汇率制度决定了各国货币能否自由兑换,也决定了在金融全球化的趋势下,各国汇率制度的不同选择过程。

11.1 汇率制度

汇率制度(exchange rate system)又称为汇率安排,是指一国货币当局对本国汇率的形成与调整机制、汇率水平确定和汇率管理所做的根本制度规定。它是各国金融体制的基本制度之一,其所要解决的根本问题包括选择与一国经济体制相配套的汇率制度类型、设置汇率的调整机制、制定汇率的监督管理法规与制度等。各国汇率制度要受国际货币制度的制约影响,是国际货币制度在外汇汇率领域的延伸。国际货币制度的历史变迁,形成了固定汇率制度与浮动汇率制度两种汇率制度的基本类型。

二战后,世界各国的汇率制度主要经历了两个阶段:1945—1973 年春的固定汇率制度和1973 年春至今的浮动汇率制度。

11.1.1 固定汇率制度

固定汇率制度(fixed exchange rate system),是指两国货币之间的比价基本固定,市场交易汇率仅围绕货币黄金平价在很有限的范围内波动的汇率制度。从货币制度历史演变的角度看,先后存在金本位货币制度下的固定汇率制和布雷顿森林货币体系下的固定汇率制度。

1. 国际金本位货币制度下的固定汇率制

从 19 世纪后期至一战爆发前夕,国际金本位货币制度处于鼎盛时期;其后至 20 世纪中期,处于中断、恢复和最后瓦解阶段。与此相对应,这是固定汇率制鼎盛时期,也是典型的固定汇率制时期。

国际金本位货币制度决定了固定汇率制度下汇率决定与调整的基本方式。在金本位货币制度下,各国货币规定法定含金量,即金平价,货币具有或代表的内在价值以同质并可精确计量的黄金来外化表示。依据各国货币的金平价之间比价确立的铸币平价,成为各国货币之间固定汇率的客观标准和汇率形成机制的固定基础,从制度上确立了各国货币的汇率水平。由于金本位制下金平价具有法定约束和黄金内在价值的稳定性,决定各国货币之间的汇率是固定的。并且,在金本位制度黄金自由输出输入条件下,汇率的调整仅在黄金输出点与输入点的约束范围内做极其有限的波动,也呈现固定的特点。

2. 布雷顿森林体系下的固定汇率制

1944 年建立了布雷顿森林国际货币体系,全球开始实行以美元为中心的兑现的纸币流通制度。《国际基金协定》规定的布雷顿森林国际货币体系主要内容有:①实行美元与黄金直接挂钩。②其他国家货币与美元挂钩。③各国货币与美元的法定汇率基本固定。④限制汇率波动的上下限。协议规定外汇市场的现实汇率波动幅度不得超过货币平价的上下限各 1%,1971 年 12 月,货币基金组织将实现汇率围绕货币平价波动的幅度扩大至上下限各 2.25%。当外汇市场的实际汇率波动超过限制幅度时,当事国政府有义务采用各种措施干预汇率。

可见,在布雷森林国际货币体系下,各国货币的固定汇率是以各自的货币平价为基准,以协议规定的汇率波幅限制为条件,以政府的经济干预和行政干预为手段维持的。

3. 固定汇率制的优缺点

一国选择固定汇率制,可以为该国对外贸易的发展提供一个较稳定的运行环境,但也会给该国经济的发展带来一些不利影响。

实践中,固定汇率制的主要优点有:①在固定汇率制下,汇率较稳定,波动较小,这就减少了国际贸易与投资的汇率风险,便于进出口成本核算和国际投资项目的利润评估,从而有利于一国对外贸易的发展。②在固定汇率制下,因国家的干预,货币投资者的可乘之机较少,投机活动相对较少,金融市场相对稳定。

但是,固定汇率制也存在缺点:①一国经济易遭受到国际游资的严重冲击。②为了维护固定汇率制,一国往往以牺牲国内经济目标为代价。③固定汇率制下,通货膨胀会在国际进行传递。④会造成黄金外汇储备的损失。

11.1.2　浮动汇率制度

浮动汇率制度已经历了漫长的演变发展过程。在金本位货币制度时代,就有少数采用银本位货币制度的殖民地、附属国实行浮动汇率制,如印度实行银本位制时,印度卢比对实行金本位制国家货币的汇率,随金银比价的变动而浮动。一战后,法国、意大利、加拿大和亚洲、非洲以及拉丁美洲的一些发展中国家,也曾先后实行浮动汇率制度。1973 年后随着布雷顿森林货币体系矛盾尖锐化并走向崩溃,越来越多的国家开始采用浮动汇率制。

1. 浮动汇率制的含义和种类

浮动汇率制(floating exchange rate system)是指一国货币制度不规定本国货币对外币的货币平价和汇率波动的幅度,汇率由外汇市场供求关系自发浮动形成和调整的汇率制度。当外汇市场外汇供大于求时,外汇汇率下跌,本币汇率上升;反之,外汇供不应求时,外汇汇率上涨,本币汇率下降。

按政府是否干预市场汇率划分,浮动汇率分为自由浮动和管理浮动两类。

(1)自由浮动(free floating)。自由浮动又称清洁浮动(clean floating),是指一国货币当局始终对市场汇率不进行任何干预,汇率完全随市场供求关系变化自发波动决定与调整的方式。

由于汇率的自由浮动可能产生的大幅波动会影响一国经济的稳定发展,在经济的实际运行中,各国政府出于宏观调控的需要,一般不会放任市场汇率受供求关系影响无限制地大幅波动,都会或多或少、或直接或间接地采取各种不同的手段和方式对市场汇率进行干预。因而,现实中纯粹的自由浮动汇率难以存在。

(2)管理浮动(managed floating)。管理浮动又称肮脏浮动(dirty floating),是指一国货币当局出于维护本国经济金融稳定的目的,采用各种直接或间接手段对市场汇率的波动幅度进行不同程度干预的汇率方式。在现行国际货币体系下,尽管有些国家在特定时期内放任市场汇率的自由浮动,但从整体上看,各国实际都实行有管理的浮动汇率制度。各国货币当局干预汇率的主要方式有:通过在外汇市场有目的地买卖外汇,一国单独或数国联合直接干预外汇市场的汇价;运用利率政策调节国内外资金流向和流量影响汇率变动;实行外汇管制,控制国际资本流动方向和流量等。

2.浮动汇率制的优缺点

实践中,浮动汇率制有的主要优点有:①浮动汇率制可以减少国际游资对一国经济的冲击。②浮动汇率制可以同时实现国内经济目标和国际收支平衡。③浮动汇率制可在一定程度上抑制通货膨胀的国际传递。④浮动汇率制使得汇率成为自动稳定器。

但是,浮动汇率制也存在缺点:①汇率波动频繁,不利于国际贸易的发展。②浮动汇率给货币投机者以可乘之机,加剧了国际金融市场的动荡与混乱。③浮动汇率不利于国际合作。

11.2 人民币汇率制度

人民币汇率就是人民币兑换另一国货币的比率,一般指的是人民币兑换美元的报价,即1人民币兑换多少美元。人民币汇率是我国货币人民币对外币的比价,是其对外价值的体现,长期以来由政府授权的国家外汇管理局负责指定、调整和管理。

11.2.1 人民币汇率制度的基本内容

1.人民币汇率的标价方法

在我国,人民币汇率通常采用直接标价法。在人民币汇率的牌价表中,外币一般是以100为单位,日元以10万为单位。人民币升值指的是人民币汇率升高了。

2.人民币汇率涉及的币别

现行人民币汇率挂牌的货币都是自由兑换货币。

目前,人民币对20多种外币订有汇率,例如美元、英镑、欧元、日元等。中国人民银行授权中国外汇交易中心于每个工作日上午9时15分对外公布该牌价。

3.人民币汇率实行外汇买卖双价制

银行买入外汇用买入价,卖出外汇用卖出价,买卖价之间的差额为5‰,作为银行的费用收入。银行在采用信汇、电汇、票汇卖出外汇时,使用同一汇率。但买入外汇汇票、旅行支票等因考虑银行垫付资金,则银行要另收7.5‰的贴息。人民币汇率实行现汇和现钞买卖双价制。现钞也分为买入价和卖出价。现钞买入价按国际市场上买进各种货币现钞的价格扣除运送费、保险费和垫付资金利息计算,一般比外汇牌价低 2%～3%,现钞卖出价与外汇卖出价相同。

4. 人民币汇率的决定因素主要是外汇市场的供求关系

中国人民银行根据前一日全国银行间外汇交易市场形成的外汇收盘价,参照国际金融市场上西方主要货币汇率的变动情况,每日公布人民币对其他主要货币的汇率。

各外汇指定银行和经营外汇业务的其他金融机构以此为依据,在中国人民银行规定的浮动范围内自行确定挂牌汇率,对客户买卖外汇。

11.2.2　人民币汇率制度的历史演变

(1)盯住西方主要货币的单一浮动汇率制阶段(1949—1952 年);

(2)盯住西方主要货币的单一固定汇率制阶段(1953—1972 年);

(3)盯住西方一篮子货币的单一浮动汇率制阶段(1973—1980 年);

(4)盯住西方一篮子货币的官方汇率与内部贸易结算价并存的双重汇率阶段(1981—1985 年);

(5)官方有管理的浮动汇率与外汇市场调剂价格并存阶段(1986—1993 年);

(6)以市场供求关系为基础的单一的有管理的浮动汇率制阶段(1994—2005 年);

(7)以市场供求关系为基础的参考一篮子货币进行调节的有管理的单一浮动汇率制阶段(2005 年至今)。

11.3　外汇汇率学说

11.3.1　国际借贷说

国际借贷学说(theory of international indebtedness)又称国际收支理论或外汇供求理论,由英国经济学家戈逊(G. L. Goschen)创立。他在 1861 年出版的《外汇理论》一书中系统地揭示了汇率变动的原因、国际借贷理论的出现和盛行于金本位制的时期,是第一次世界大战前较为流行的汇率理论。

戈逊认为,外汇汇率决定于外汇的供给与需求,而外汇的供求又决定于国际信贷。商品的进出口、劳务的输出入、资本的转移等都会引起国际借贷关系。已经形成、尚未进入实际支付阶段的借贷为固定借贷,已进入实际支付阶段的借贷为流动借贷。实际上外汇的供求取决于流动借贷。当一国的流动债权大于流动债务,即出超时,外汇收入大于外汇支出,外汇供过于求,外汇汇率下跌;当一国的流动债务大于流动债权,即入超时,外汇支出大于外汇收入,外汇供不应求,外汇汇率上涨;当一国流动借贷平衡时,资金流出等于流入,外汇收支相等,供求平衡,汇率处于均衡状态,不会发生变动。可见,戈逊所说的国际借贷,实际上就是国际收支。

国际借贷学说从国际借贷的角度考察了外汇供求对汇率的影响,指出只有立即清偿的各种到期收付差额,才能引起汇率的变动,这是比较符合客观现实的,能够较好地说明金本位制下的汇率决定问题。

11.3.2　购买力平价说

购买力平价说(purchasing power parity)是在金本位制崩溃、汇率出现剧烈变动的历史背景下出现的,是西方国家汇率理论中最有影响力的一个理论,由瑞典经济学家卡赛尔(G. Gassel)于 1916—1922 年提出并形成。他认为,在不能兑换黄金的纸币流通条件下,两国货币间的汇率决定于两国货币各自所具有的购买力之比,汇率的变动也取决于两国货币购买力的变动。

购买力平价说的基础是一价定律。一价定律(law of one price)是指在自由贸易条件下,如果没有运输费用和官方壁垒,同质可贸易商品在不同国家(地区)出售,按同一货币计量的价格应该是一样的。

购买力平价可分为绝对购买力平价(absolute PPP)和相对购买力平价(relative PPP)两种形式。①绝对购买力平价说明在某一时点上汇率的决定。均衡汇率由两国货币的购买力决定,或者说,在某一时点上,两国货币间的汇率决定于两国的一般物价水平之商。这样,两国货币间的汇率便趋向于同它们各自的价格水平保持相应的比例关系。②相对购买力平价说是以绝对购买力平价说为前提的。它是指两国货币间汇率在两个时期的变化,反映着两国在两个时期物价指数的变化。也就是说,两国货币之间的汇率等于过去的汇率乘以两国通货膨胀率之商。相对购买力平价理论是从物价指数求得新的汇率,意味着汇率的升值与贬值是由两国的通货膨胀率的差异决定的。如果本国的通货膨胀率超过外国,则本币将贬值。

购买力平价说在汇率决定理论中占有重要的地位,它开创了汇率研究的新局面,提出汇率研究的新方法,但该理论也有不足。首先,该理论只着眼于表象,未触及本质。两国物价水平的变化是由于流通中纸币所代表的价值的变化,卡赛尔未能认识到这一点。其次,卡赛尔的购买力平价理论能够说明长期汇率的变化趋势,却不能就中短期汇率做出有力说明,因为他未注意到两国间在国际收支、经济增长、利率等方面的差异及各种偶发事件均会影响汇率。再次,除非两国的经济结构大体相同、价格体系基本接近、物价指数包括商品一样,否则,两国的物价水平的比较就很困难。

11.3.3　汇兑心理说

汇兑心理说(psychological theory of exchange)是由法国经济学家阿夫塔里昂(A. Aftalion)于 1927 年在其所著的《货币、物价和汇兑》一书中提出来的。

阿夫塔里昂认为,人们需要外国货币,是为了满足在国外购买商品、投资、外汇投机以及资本转移等的需要。这种需要外国货币的欲望是使外国货币具有价值的基础,至于外国货币价值的决定,则以外汇供求双方对外国货币的主观评价为标准。主观评价的大小,取决于主观心理价值上的边际效用的大小。外汇供给增加,外汇的边际效用递减,个人的主观评价就降低。反之,主观评价就会提高。虽然每个人对外汇的主观评价不同,但外汇市场上的供求总会达到平衡,平衡时的价格,就是实际的汇率。

影响主观评价的因素包括质和量两个方面。所谓质的因素,主要是指外币的商品购买力、对债务的清偿能力、外汇投资的收益、政局的稳定性、资本的流动性等所产生的影响。所谓量的因素,主要是指国际借贷数额的增减、国际资本流动数额的变化、外汇供求数量的消长等产生的影响。质和量的因素结合在一起,便产生了个人不同的主观评价,从而决定外汇的供给和需求。随着人们对外币主观评价的变化,外汇供求的均衡点也要发生变化,造成了汇率不断变动。

汇兑心理说把主观评价同客观事实的变动结合起来分析汇率的波动,以客观事实为背景说明汇兑心理有一定的道理,尤其是在战争时期或政治经济形势激烈动荡时期。

但是该理论从货币流通量、商品价格和汇率三者变化情况不一致为出发点,用心理因素分析汇率的决定与变动,是不科学的,是脱离实际的主观臆断。

11.3.4　资产市场说

20 世纪 70 年代以来,绝大多数外汇交易都与国际资金流动相关,资金流动导致了汇率的变动。此时,汇率的变动,与股票等资产市场价格的变动非常类似,例如价格变动极为频繁且波幅很大,并受心理因素的影响很大。这启发了人们将汇率看作一种资产价格,即一国货币资产用另一国货币进行标价的价格,从而运用资产定价的方法与理论进行分析。这一分析方法,统称为汇率的资产市场说(asset market approach)。

与传统理论相比,资产市场说在分析方法上存在两点不同:一是强调存量因素而不是流量因素。对于普通商品而言,价格是供求曲线相交的结果,只有当影响供求的实际因素(如收入、要素价格)变动后,价格才随需求的变动进行调整。但在资产市场,资产供求直接就反映了对资产存量进行调整的需要。二是强调预期的作用,并认为能迅速发挥作用。与普通商品市场不同的是,资产市场对未来经济条件的预期会非常迅速地反映在即期价格中,因此对资产价值评价的改变在相当程度上起因于预期的变化。这就导致在现实经济没有明显变化的情况下,汇率变动却极为剧烈。

依据本外币资产可替代性的不同假设,资产市场说可划分为货币分析法(monetary approach)和资产组合分析法(portfolio approach)。货币分析法假定本外币资产可完全替代,肯定利率平价和购买力平价的成立,在此基础上,根据物价的弹性或黏性理论,进一步分析。而资产组合分析法认为本外币资产是完全不可替代的,否认利率平价的成立,引入资产总量,根据资产总量的分配与组合,在资产持有者寻求重新达到资产组合平衡的过程中分析汇率的变动。

11.3.5　利率平价说

利率平价说,又称远期汇率理论(forward exchange rate theory),由英国著名经济学家凯恩斯提出,后经西方一些经济学家发展而成。这种理论主要通过利率同即期汇率与远期汇率之间的关系来说明汇率的决定和变动的原因。

凯恩斯从资本流动的角度,而不是传统的商品角度研究汇率。认为汇率的本质是两国货币(资产)的相对价格。某种货币远期汇率是由两个国家金融市场上的利率水平决定的。利率平价说可分为抛补利率平价和非抛补利率平价两种。①抛补利率平价(covered interest parity)是指套利者在将资本从低利率国家转移到高利率国家的同时,在远期外汇市场上签订与套利方向相反的远期外汇合同(掉期交易),确定在到期日交割所使用的汇率水平。由于套利者利用远期外汇市场固定了未来交易的汇率,避免了汇率风险的影响,整个套利过程得以顺利实现。②非抛补利率平价(uncovered interest parity)是指套利者根据自己对汇率未来变动的预测,不进行相应的远期交易,而是在承担一定汇率风险的情况下进行投资。

利率平价说将汇率的决定问题从商品市场转移到金融市场,指出了汇率与利率之间的密切关系,这对于正确认识外汇市场上的汇率形成机制是非常重要的。利率平价理论还具有较强的实践价值,该理论直接源于远期外汇市场实践,它说明了外汇市场上即期汇率同远期汇率的基本关系,对于外汇市场上的实际操作、预测远期汇率趋势、制定和调整汇率政策,都具有重要意义。

但利率平价说忽视了外汇交易的成本因素和外汇管制等限制资本流动的因素,因而使该理论预测的远期汇率同即期汇率的差价往往同实际不符。

11.3.6 资产组合说

汇率的资产组合分析法形成于 20 世纪 70 年代,美国普林斯顿大学教授布朗森(W. Branson)对此进行了系统、全面的阐述。布朗森和库礼(P. Kouri)等学者认为,汇率货币论仅仅强调货币市场均衡在汇率决定中的作用,未免过于片面。更为重要的是,货币论关于各国资产具有完全替代性的假设过于严格,因此他们主张以“收益-风险”分析取代套利和套购分析。资产组合分析法的基本思想是:短期内资产市场的失衡是通过资产市场内国内外资产的迅速调整来加以消除的,而汇率正是使资产市场供求存量保持和恢复均衡的关键变量。

(1)托宾的资产组合选择理论(Tobin's portfolio selection theory)。该理论认为,理性的投资者会将其拥有的财富,按照收益和风险的权衡配置于各种可供选择的资产上。在各国资产具有完全流动性的情况下,一国居民所持有的金融资产不仅包括本国货币和本国债券,还有外国货币和外国债券,后者合称国外资产。

(2)资产组合分析模型。对于私人财富净额,私人部门会如何在本国货币、本国债券和国外资产之间进行按比例分配,这显然取决于各类资产的预期收益率的高低。

11.3.7 流动资产选择说

流动资产选择说,又称为有价证券选择理论,是在主要发达国家实行浮动汇率制后流行起来的汇率理论。该理论认为以不同国家有价证券或货币来选择最佳的金融资产或储备组合将对汇率产生影响。诺贝尔经济学奖获得者托宾(J. Tobin)是该理论的主要代表。

流动资产选择理论认为,流动资产包括不生息的手持现金和生息的有价证券。有价证券利息越高,风险越大,反之利息越低,风险越小。理性投资者根据理性人行为准则不断调整其流动资产的组合,直到各种资产预期的边际收益率相等,即风险最小,收益最大。这种调整必然引起资金的国际流动,因而引起有关国家货币汇率的变化。例如,某投资者认为甲国资产收益会提高,在其他条件不变时,该投资者会卖出本币资产、买进甲国货币资产,这样的调整会使本币汇率下跌,甲国货币汇率上升,直到甲国货币资产与本币资产边际收益率相等时,该投资者就会停止资产构成的调整,汇率的变动随之也会停止。因此,均衡汇率就是资产持有者自愿保持其现有本币资产与外币资产的构成,而不加调整时的汇率。

11.4　外汇市场

11.4.1　外汇市场的含义及分类

外汇市场(foreign exchange market)是指从事外汇买卖的交易场所,或者说是各种不同货币彼此进行交换的场所。它是金融市场的重要组成部分。

在外汇市场上,外汇的买卖有两种类型:①本币与外币之间的相互买卖,即需要外汇者按汇率用本币购买外汇,持有外汇者按汇率卖出外汇换回本币;②不同币种的外汇之间的相互买卖。

通常,外汇市场主要有两种形态:①外汇交易所(exchange bourse)这样有固定场所的有形市场。②无形抽象的市场。这种无形市场以电话、传真等各种现代通信工具构成交易网络,它联系着无数的外汇供给者和需求者。

由于现代通信设施的发展,全球各地区外汇市场能够按世界时区的差异相互衔接,出现了全球性的 24 个小时不间断的外汇交易。20 世纪 70 年代以来,随着交易手段的现代化以及国际资本流动的巨大发展,外汇市场的交易额有了迅速增长。

目前,在一个营业日内,世界主要外汇市场的成交额平均已达 2000 亿美元,一年约为 50 万亿美元以上,相当于世界贸易总额的 17 倍。这不仅说明外汇市场在实现购买力的国际转移和国际结算中发挥重大作用,更重要的是,它表明了外汇交易已远远摆脱了最初那种附属于贸易结算的地位。

11.4.2　外汇市场的参与者

1.外汇市场的主体

在外汇市场上,外汇交易的主体主要有以下四类:

(1)外汇银行(foreign exchange bank)。外汇银行为外汇市场的主体,主要包括专营或兼营外汇业务的本国商业银行和开设在本国的外国商业银行分支机构。

(2)外汇经纪人(foreign exchange broker)。外汇经纪人即中介于外汇银行之间或外汇银行与顾客之间,为买卖双方接洽外汇交易而收取佣金的汇兑商。他们并不以自有资金在外汇市场上买卖外汇,而是利用各种通信工具和交通工具,与各外汇银行、进出口商等保持紧密联系,掌握外汇市场的供求信息,媒介外汇的买卖双方成交。

(3)顾客(consumer)。外汇银行的顾客包括:①交易性的外汇买卖者,如进出口商、国际投资者、旅游者等;②保值性的外汇买卖者,如套期保值者;③投机性的外汇买卖者,即外汇投机商。

(4)中央银行(central bank)。中央银行是一国行使金融管理和监督职能的专门机构。基于管理外汇市场的重任,中央银行经常通过参加外汇市场的交易来干预市场,把汇率保持在目标水平上。

2.外汇市场的交易关系

(1)银行与顾客之间的外汇交易。这层市场是外汇银行与客户之间的外汇交易市场,也叫零售市场。顾客出于各种各样的动机,需要向外汇银行买卖外汇。非投机性外汇买卖常常是与国际结算联系在一起的,故主要是本币与外汇之间的相互买卖。银行在与客户的外汇交易中,一方面从客户手中买入外汇,另一方面又将外汇卖给客户。实际上是在外汇的终极供给者与终极需求者之间起中介作用,赚取外汇的买卖差价。

(2)银行同业间的外汇交易。银行在为客户提供外汇买卖的中介服务中,难免会在营业日内出现外汇头寸的"多头"(long position)或"空头"(short position),即一些币种的出售额低于购入额,另一些币种的出售额高于购入额。为了避免外汇变动的风险,银行就需要借助同业间的交易及时进行外汇头寸调拨,轧平各币种的头寸,即将多头抛出,将空头补进。更重要的是银行还出于投机、套利、套汇等目的从事同业的外汇交易。银行同业间的外汇交易构成了绝大部分的外汇交易,同业交易占外汇交易总额的 90% 以上,也称批发外汇市场。银行同业间的外汇买卖差价一般要低于银行与顾客之间的买卖差价。

(3)银行与中央银行之间的外汇交易。中央银行干预外汇市场所进行的交易是在它与外汇银行之间进行的。通过这种交易,中央银行可以使外汇市场自发供求关系所决定的汇率相对地稳定在某一期望的水平上。如果某种外币兑本币的汇率低于期望值,中央银行就会向外汇银行购入这种外币,增加市场对该外币兑本币需求量,促进银行调高其汇率;反之,如果中央银行认为该外币的汇率偏高,就向银行出售该外汇的储备,促成其汇率下降。

世界主要的外汇市场有:伦敦外汇市场、纽约外汇市场、东京外汇市场、欧洲大陆外汇市场、新加坡外汇市场、中国香港外汇市场。

11.4.3 外汇市场的交易品种

1. 即期外汇交易

即期外汇交易也称现汇交易或现汇买卖,是指外汇交易双方在外汇买卖成交后,以于当日或两个营业日内成交时的汇率进行交割的一种交易方式。这里所说的成交,是指双方已就外汇买卖的汇率(价格)数额、币种等达到一致或达成协议,或者是口头协议或者是书面协议。这里说的交割是指购买外汇者支付某种货币的现金,出售外汇者交付指定的外汇行为。

2. 远期外汇交易

远期外汇交易又称期汇交易,是指外汇买卖双方在成交后,按照远期合同规定,约定交易币种、金额、汇率、交割地点和交割期限,以便在未来约定的某一日期办理交割的一种外汇交易。期汇交易与现汇交易的主要区别在于起息日的不同,凡起息日在两个营业日以后的外汇交易均属远期交易,远期交易的交割期限通常为 1 个月、2 个月、3 个月、6 个月,有时也有长至1 年、短至几天的,其中最常见的是 3 个月。

3. 套汇交易

套汇交易是指利用两个或两个以上外汇市场上某些货币的汇率差异,在外汇买卖中套取差价利润的交易方式。由于空间的分割,不同的外汇市场对影响汇率诸因素的反应速度和反应程度不完全一样,因而在不同的外汇市场上,同各货币的汇率有时可能出现较大差异,这就为异地套汇提供了条件。

4. 外汇期货交易

外汇期货交易也叫期货合同,它是交易所制定的标准化合同,在合同中交易双方约定一个协议价格,并规定双方在未来某一时刻按这一价格购买或出售一定数量的商品、货币或有价证券等。外汇期货交易的目的主要是套期保值,避免未来外汇资金流入或流出遭受汇率不利变动的影响。由于 20 世纪 70 年代浮动汇率逐渐替代了固定汇率,使汇率波动加剧,为了有效防范汇率风险才产生了外汇期货交易。

5. 外汇期权交易

外汇期权交易是一种交易双方约定在未来某一时刻或时期按某一约定价格以一种货币交易另一种货币的交易方式。买方按照合同规定买入或卖出外汇所使用的价格称为执行价格或履约价格。期权买方为获得期权而支付给卖方的费用称为期权费或期权价格。外汇期权交易分为:①交易所外汇期权交易和场外外汇期权交易。②看涨期权交易和看跌期权交易,看涨期权交易是指期权购买者具有在未来以确定汇率购买一定数量外汇的权利,其出售者有应购买者的要求出售或保留外汇的义务;看跌期权交易是指期权购买者具有在未来以确定汇率出售一定数量外汇的权利,其出售者有应购买者的要求购买或不购买外汇的义务。③欧式期权交易和美式期权交易。欧式期权交易是指在合约到期日才能执行的期权,不能提前交割,大部分场外交易采用它;美式期权交易是指在合约到期日或到期日前任何一个营业日被执行的期权,多为交易所采用。

6. 外汇投机交易

外汇投机交易是指根据对汇率变动的预期,有意保持某种外汇的多头或空头,希望从汇率变动中赚取利润的行为。外汇投机有两种形式:①先卖后买,即卖空或称"空头"。当投机者预期某种外币的汇率将下跌时,就在外汇市场上以较高的价格预先卖出该种货币的期汇,若到时该种外币的汇率果真下跌,投机者就可按下跌后的汇率低价补进现汇,交割远期合约,赚取差价利润。②先买后卖,即买空或称"多头"。当投机者预期某种外币的汇率将上升时,就在外汇市场上预先以低价买进该种货币期汇,若到期时该种货币的汇率果真上升,投机者就按上升后的汇率卖出该种货币的现汇,从中赚取投机利润。

思考与练习

1. 什么是汇率制度?

2. 什么是固定汇率制?什么是浮动汇率制?

3. 浮动汇率制有几种表现形式?

4. 固定汇率制度的优点和缺点是什么?

5. 浮动汇率制度有哪些优点和缺点?

6. 现行人民币汇率制度的内容是什么?目前我国实行的是怎样的汇率制度?

7. 简述外汇市场的参与者和外汇交易的层次。

8. 外汇市场有哪些交易品种?

9. 外汇市场的职能有哪些?

10. 人民币汇率制度的改革前景如何?

11. 请评价目前我国的人民币汇率制度。

第 12 章　国际收支

课前导读

在经济和金融全球化的进程中，每当涉及宏观经济分析或讨论时，几乎总离不开"国际收支"这个话题。经济类报纸杂志上，也经常看到与国际收支有关的文章。比如：日本长期保持着贸易顺差，美国的贸易赤字又创历史新高；近年来中国出现了贸易盈余和净资本流入的国际收支双顺差现象；等等。

为全面反映国际收支状况，各国都要编制国际收支平衡表。由于国与国之间在对外经济往来活动方面存在着明显的差异，所以各国的国际收支平衡表也呈现出不同的特征。从一国的国际收支平衡表中可以了解到该国的产业结构、外债结构和储备结构等重要信息，它是一国国际经济活动的指示器。

12.1　国际收支和国际收支平衡表

12.1.1　国际收支含义

国际收支(balance of payment，BOP)是指在一定时期内(通常为 1 年)一国居民与世界其他国家居民之间的全部经济交易的系统记录。国际货币基金组织(International Monetary Fund，IMF)把国际收支定义为："国际收支是一定时期国家的统计报告表。"它说明了：①一个国家的经济与世界其他地方之间的商品、劳务和收入的交易。②该国的货币、黄金、特别提款权，对世界其他地方的债权和债务的变动。③单方转移的平衡项目。进行国际收支统计的主要目的是使政府当局了解本国的国际债权债务地位，从而为制定货币政策提供信息。

在国际收支的定义中，"居民"既可以是自然人，也可以是政府机构和法人。自然人属于哪国居民不以他们的国籍为依据，而由下列原则来决定：首先，身在国外且代表本国政府的个人(包括军队)一般被认为是该国的居民，他们在当地购买商品和劳务都要记入两国的国际收支账户中。其次，身在国外而不代表政府的个人属于哪国居民则依其收入的主要来源而定。最后，如果仍无法判断，则以其工作地为判断标准。所有派驻国外的政府机构，无论其在国外时间的长短都属于本国居民。就法人组织而言，它在哪国成立、注册，就是哪国居民，但它在国外的分支机构和分公司则属于国外居民。因此，多国公司内部贸易只要是跨国界的都属于国际贸易，交易带来的货币收付应记入两国的国际收支账户。

国际收支定义中的"交易"在大多数情况下是指一国居民与非居民间的商品、服务和收入往来，加上与世界其他国家(地区)的金融债权、债务关系，以及从会计意义上讲的所谓单方面转移(如礼物)。交易本身的定义是：一种反映经济价值产生、变更、交换、转移或消失的经济流量,包括商品和(或)金融资产所有权的变化、服务的提供或劳动和资本的提供。

12.1.2　国际收支平衡表

国际收支平衡表(BOP statement)也称国际收支差额表,它是系统记录一国在一定时期内所有国际经济活动收入与支出的统计报表。一国与别国发生的一切经济活动,不论是否涉及外汇收支都必须记入该国的国际收支平衡表中。各国编制国际收支平衡表的主要目的,是为了有利于全面了解本国的涉外经济关系,并以此进行经济分析,制定合理的对外经济政策。

国际收支平衡表所包含的内容十分繁杂,各国又大都根据各自不同需要和具体情况来编制,因此,各国国际收支平衡表的内容、详简也有很大差异,但其主要结构还是基本一致的。国际收支平衡表大体上可分为四类,即经常项目、资本与金融项目、储备资产、净误差与遗漏。

1. 编制原则

(1)我国国际收支平衡表按国际货币基金组织《国际收支手册》(第五版)规定的各项原则编制,采用复式记账法的原理记录国际经济交易,所有交易均发生在我国大陆居民与非我国大陆居民之间。

(2)国际收支平衡表中的贷方项目是货物和服务的出口、收益收入、接受的货物和资金的无偿援助、金融负债的增加和金融资产的减少。

(3)国际收支平衡表中的借方项目是货物和服务的进口、收益支出、对外提供的货物和资金的无偿援助、金融资产的增加和金融负债的减少。

2. 正确理解 BOP 和 BOPs 须注意的问题

(1)国际收支强调的是"居民与非居民的交易",而不是单纯的"资金收付",所以国际收支≠外汇收支。国际收支既包括直接以外汇资金收付实现的交易,也包括没有外汇资金收付而只是以货币表示的资产转移。但是,宏观经济分析中往往以外汇收支作为国际收支的替代指标。统计口径,其中既包括居民和非居民之间的外汇交易,也包括居民之间以及非居民之间的外汇交易。由此可见,国际收支与外汇收支两大范畴虽然有极大的交叉,但并不完全一致。

(2)国际收支平衡表考查的是"流量",而不是"存量",记录的是一定时期内的发生额而不是某个时点的持有额,所以国际收支平衡表≠国家资产负债表。国际收支平衡表所表示的是一国在一定时期内从国外接受的资金或资产和对国外所支付的资金或资产,并不是特定时点上一国所持有的外国资产和对外负债总额。

(3)从理论上讲,一国的对外支出就是其他相关国家得自该国的收入,反之亦然。因此,以整个世界而言,所有国家国际收支的总和应该是平衡的,但事实并非如此。

(4)由于存在统计误差,以及人为因素造成的瞒报、漏报、错报等情况,国际收支经常不平衡。但在编制国际收支平衡表时,由于专门设置了储备资产变动和错误与遗漏两个项目,各国的国际收支平衡表永远都是平衡的。但国际收支平衡表的账面平衡,并不等于说该国的国际收支就是平衡的。

12.1.3 国际收支平衡表的记账方法与案例

1. 分析

国际收支平衡表是按照复式记账法来编制的。复式记账法是国际会计的通行准则,其基本原理是:任何一笔交易发生,必然涉及借方和贷方两个方面,即有借必有贷,借贷必相等。贷方交易是接受外国居民支付的交易,借方交易是对外国居民进行支付的交易。在一国的国际收支平衡表中,贷方交易记为正号(＋),借方交易则记为负号(－)。对此,有两个经验法则:其一,凡是引起本国外汇收入的交易记入贷方,凡是引起本国外汇支出的交易记入借方;其二,凡是引起本国市场外汇供给的交易记入贷方,凡是引起本国市场外汇需求的交易记入借方。

因此,记入贷方的交易包括:商品与劳务的出口;来自外国居民的单方面转让;资本流入。资本流入可以有两种形式,即外国在该国的资产增加(该国负债增加)或该国的海外资产减少。前者为外国居民持有的本国货币、本国证券、在本国的存款和直接投资增加;后者为本国居民持有的国外货币、国外证券、在国外存款和直接投资减少。

记入借方的交易包括:商品和劳务的进口;对外国居民的单方面转移;资本流出。资本流出也可分为两种形式,即该国的海外资产增加或在该国的外国资产的减少,因为两者都包含向外国居民的支付。

2. 注意事项

在编制国际收支平衡表时,另外要注意的是:经济交易记录日期必须以所有权变更日期为标准。在国际经济交易中,如签订合同、货物装运、结算、交货、付款等一般是在不同日期进行的,为了统一各国的记录口径,国际货币基金组织做出明确规定,必须采用所有权变更原则。

按照国际货币基金组织的规定,国际收支平衡表中记录的各种经济交易应包括:

在编表期内全部结清部分。一笔经济交易如在国际收支平衡表编制时期内结清,则理所当然可以如实记录。

在这一时期内已经到期必须结清部分(不管实际上是否结清)。例如,在编制表时期内已到期应支付的利息,实际上并未支付,则应在到期日记录,未付的利息作为新的负债记录。又如,某项劳务已提供,但期内尚未获得收入,则应按劳务提供日期登记,未获得收入作为债权记录。

在这一时期内已经发生(指所有权已变更),但需要跨期结算部分。例如,涉及贸易信用的预付货款或延付货款。这类贸易发生时,所有权已变更,因而应将交易发生日期进行记录。就预付货款而言,应在借方记录货物债权,贷方记录支付的货款。就预付货款而言,应在借方记录获得的货款、贷方记录货款负债。收到货物或支付货款时,再冲转债权或货款负债。

12.2 国际收支的内容

按照《国际收支手册》(第五版)规定,国际收支平衡表的标准组成部分是:经常项目、资本与金融项目两大账户。具体构成如图 12-1 所示。

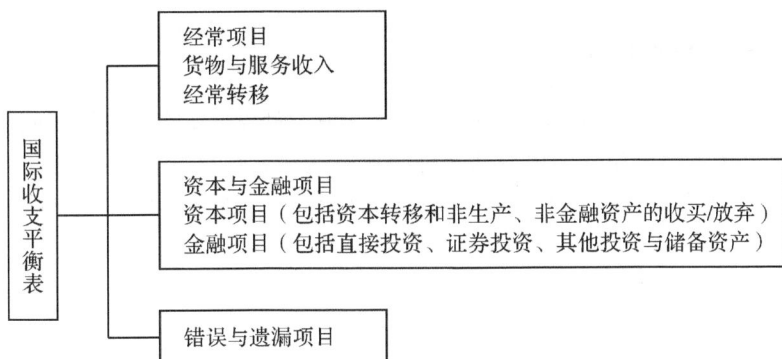

图 12-1　国际收支平衡表的项目构成

12.2.1　经常项目

经常项目(current account)是一国国际收支的主要组成部分,主要包括商品贸易收支,即有形货物的进出口及服务贸易收支,即诸如旅游、银行及保险等各种服务的往来。经常账户不包含长期借贷和投资的资金流,这些均是资本账户上的项目。

1.货物和服务

货物(goods)一般包括居民向非居民出口或者从非居民那里进口的大多数可移动货物。除个别情况外,可移动货物的所有权(实际的或推算的)都已发生变更。用于加工的货物和货物修理对于所有权变更原则来说就是两个例外。此外,货物还包括非货币黄金。

服务(services)包括以下内容:运输、旅游、通信服务、建筑服务、保险服务、金融服务(不同于保险公司和退休基金会的服务)、计算机和信息服务、专有权利使用费和特许费、个人和文化及娱乐服务、其他商业服务、政府服务。

2.收入

收入(income)包括职工报酬和投资收入。其中,职工报酬包括以现金或实物形式支付给非居民工人的工资、薪金和其他福利。投资收入包括居民因拥有国外金融资产而得到的收入,其中又包括直接投资收入、证券投资收入和其他投资收入三部分。

将收入视为经常项目的一个独立组成部分,这种处理方法与国民账户体系保持一致,加强了收入与金融项目流量、收入与国际收支和国际投资头寸之间的联系,提高了国际账户的分析价值。

3.经常转移

当某一经济体的居民向另一经济体的非居民无偿提供了实际资源或金融产品时,按照复式记账法原理,需要在另一方进行抵消性记录以达到平衡,也就是需要建立转移账户作为平衡项目。所以,这类经济活动的特点是属于不以获取收入或支出为目的的单方面交易行为,包括侨汇、无偿援助和捐赠等具体形式。按照实施转移的主体,可以分为政府单方面转移和个人单方面转移。

经常转移(current transfer)包括除以下三项以外的所有转移:①固定资产所有权的转移;②同固定资产收买/放弃相联系的或以其为条件的资金转移;③债权人不索取任何回报而取消的债务。这三项属于资本转移,应在资本和金融项目中记录。

12.2.2　资本和金融项目

资本和金融项目(capital and financial account)是指对资产所有权在国际间流动行为进行记录的账户,它由资本项目和金融项目两部分组成。这两大账户的设置,是为了与国民账户体系中相同名字的两个账户保持一致。值得注意的是,只要国外资产和负债的计价和其他变化不反映为交易,就不包括在资本和金融项目内,而是包括在所附的国际投资头寸(international investment position)中。

1. 资本项目

资本项目(capital account)主要由两部分构成,包括资本转移和非生产、非金融资产的收买/放弃。资本转移的内容在前面已经明确提到。至于非生产、非金融资产的收买/放弃,总体来说包括各种无形资产,如注册的单位名称、租赁合同和其他可转让的合同和商誉。

2. 金融项目

金融项目(financial account)包括某一经济体对外资产和负债所有权变更的所有权交易,可以分为直接投资、证券投资、其他投资和储备资产。①直接投资(direct investment)反映某一经济体的居民单位(直接投资者)对另一个经济体的居民单位(直接投资企业)的永久权益,它包括直接投资者和直接投资企业之间的所有交易。②证券投资(portfolio investment)包括股票和债券的交易,债券又可以进一步细分为期限在一年以上的中长期债券、货币市场工具和其他派生金融工具。③其他投资(other investment)包括长短期的贸易信贷、贷款、货币和存款以及其他类型的应收款项和应付款项。④储备资产(reserve assets)包括某一经济体的货币当局认为可以用来满足国际收支和在某些情况下满足其他目的的各类资产的交易,它所涉及的项目包括货币化黄金、特别提款权、在基金组织的储备头寸、外汇资产以及其他债权。储备资产变动情况反映的是官方部门的国际交易活动。由于往往是出于对冲私人部门国际交易影响的目的而发生,所以也被称作平衡项目,许多国家在编制国际收支平衡表时会将这一项目单独列示。

12.2.3　误差和遗漏项目

误差和遗漏项目(errors and omissions)不是国际收支平衡表的标准组成部分,但各国编制的国际收支平衡表往往会设置误差和遗漏项目。

出现误差和遗漏项目的原因是:①编制国际收支平衡表的原始资料来自各个方面,在这些原始资料上,当事人为了各种原因,故意改变、伪造或压低某些项目的数字,造成资料失实或收集资料不齐。②由于某些交易项目属于跨年度性的,从而导致统计口径不一致。③短期资本的国际流动。由于其投机性非常强,流入流出异常迅速,为了逃避外汇管制和其他官方限制,常采取隐蔽的形式,超越正常的收付渠道出入国境,因此很难得到其真实资料。

由于上述各种原因,官方统计所得到的经常项目、资本和金融项目两者之间实际上并不能真正达到平衡,从而导致国际收支平衡表的借方总额与贷方总额之间往往存在差额。因此,设立一个误差和遗漏项目,以此项目的数字来抵补前面所有项目借方和贷方之间的差额,从而使借贷双方最终达到平衡。当官方统计结果借方大于贷方时,两者之间的差额就记误差和遗漏项目的贷方,前面以"＋"号标识;当官方统计结果贷方大于借方时,两者之间的差额就记误差和遗漏项目的借方,前面以"－"号标识。

12.3　国际收支平衡表的分析

国际收支平衡表是一国经济分析的工具,是研究一国经济金融状况的极为重要的方面。

由于国际收支平衡表记录了一国在一定时期内全部国际经济交易情况,因此,通过对本国国际收支平衡表的分析,可以掌握本国国际收支的变化规律,制定相应的政策,使国际收支状况朝着有利于本国经济发展的方向变化。

通过对外国国际收支平衡表的分析,不仅有助于预测编表国家的国际收支、货币汇率及其对外经济动向,还有助于了解各国经济实力和预测世界经济与贸易的发展趋势。

所以,掌握正确的国际收支平衡表的分析方法并对其做出恰当的分析,具有重要的意义和作用。国际收支平衡表的分析方法很多,但最经常使用的是一般性分析与项目分析。

12.3.1　一般性分析

把经常项目与资本项目的差额进一步综合,得出称作"缺口"的数字;再经"错误与遗漏"项目的调整,即得出该时期所发生的国际收支的顺差或逆差数字。由此可了解一国国际收支的基本情况。

通过对不同时期的国际收支平衡表进行纵向比较,可了解一国国际收支的动态变化;通过对国际收支平衡表的横向比较,则可了解一国在国际经济中所处的地位。

12.3.2　项目分析

国际收支平衡表内每个项目都有其独特的内容,反映各种不同的对外经济活动。所谓项目分析,是指要从国际收支平衡表的项目构成上进行分析,即分析各个项目差额形成的原因与对国际收支差额的影响,从而找出国际收支总差额形成的主要原因。

1. 对经常项目进行分析

对经常项目的分析,应先找出其差额形成的主要原因是贸易收支还是劳务收支或是转移收支,继而再对每一具体收支进行分析。由于影响各具体收支的因素是多方面的,而且具有差异性,因此,在分析时,应力求弄清各影响因素间错综复杂的关系,进而细致全面地分析。

例如,对贸易收支,其影响因素主要有进出口商品的数量和结构的变化、汇率水平和外贸政策、国际市场的供求变化、经济周期等。在分析时,要结合这些资料进行,并找出主要影响因素,从而了解编表国家贸易收支差额的形成原因。对劳务收支的分析,其中的投资收益除取决于其输出输入资本的多寡以外,还受有关国家经济形势与金融政策以及国际局势等方面的影响。在分析时,应收集和利用这些方面的资料,并注意分析其潜在的影响因素。

2. 对资本项目进行分析

资本项目是国际收支平衡表中一个非常复杂的项目,其长期资本和短期资本各具特点,而且对目前世界性的债务问题有着相当大的影响。

就长期资本而言,要注意分析直接投资与证券投资所占的比重,由此了解该国对外资本输出或引进外资的一般情况。因为长期资本的主动权不在输出国手中,而且长期资本的直接投资与证券投资不同,直接投资不构成实际债务,而其他方面的投资则是最终要偿还的。所以,若一国的国际收支平衡是通过资本项目的顺差来弥补经常项目的逆差而获得的,则此平衡是不健康的,其中会潜伏着今后发生逆差的可能性;反之,若平衡是由经常项目盈余或直接投资(不构成对外债务)引起的,则此平衡是良性的。

同时短期资本在国际间的移动频繁,且规模巨大,对国际收支具有重要影响。由于国际游资的移动会受到利率、汇率、政治、金融等诸方面条件的影响,所以在分析短期资本时,除应注意分析其在国际间移动的流量方向和方式外,还应结合分析该时期的国际金融局势及其变化。

3. 对官方储备项目进行分析

对官方储备项目进行分析主要是分析储备资产的结构状况及外汇储备的变化。因为在一般情况下,黄金、普通提款权和特别提款权是不会经常变动的,所以在分析时应侧重外汇储备的增减情况,并结合相关的资料,分析储备的规模是否适当、储备的结构是否合理等。

4. 对错误与遗漏项目进行分析

由于经常项目和资本项目的差额往往与官方储备的增减额不符,因此,必须通过错误与遗漏项目予以轧平。虽然造成上述不符的原因有技术上的,但最主要的是短期资本的大量和频繁移动。同时,也有某些国家出于某种考虑,有意扩大错误与遗漏的发生额,来掩盖它在国际金融关系中的许多真实收支情况。因此,在分析时,要综合考虑经济上和政府的各种因素。

在国际收支平衡表的分析中,除上述分析方法外,一般还有静态分析法、动态分析法和比较分析法等。①静态分析法是指分析某国在某一时期的国际收支平衡表,通过计算和分析表中各个项目及其差额,分析各个项目差额形成的原因与对国际收支总差额的影响,从而找出国际收支总差额形成的原因。②动态分析法则遵循动态性原则,连续分析不同时期的国际收支平衡表,掌握其长期变化情况,从中得出正确的结论。因为当期的国际收支平衡表的情况,既是前一时期演变的结果,又是后一时期状况的原因。③比较分析法,既包括对一国若干连续时期的国际收支平衡表进行比较分析,也包括对不同国家在相同时期的国际收支平衡表进行比较分析,即把纵向比较与横向比较结合起来。

12.4 国际收支的平衡与失衡

12.4.1 国际收支平衡问题

1. 两种不同性质的交易

如前所述,国际收支平衡表是根据复式记账法原理来编制的,一笔国际经济交易总会产生金额相同、方向相反的借方记录和贷方记录。因此,一国的国际收支平衡表在账面上总是平衡的,即使由于统计误差造成借贷方失衡,也会通过错误与遗漏项目加以平衡。但是,这种平衡只是会计意义上的平衡,政府在依据国际收支状况进行相应的宏观决策时,主要关注的是实际意义上的平衡。

事实上,一国国际收支不可能总是平衡的。国际收支平衡表所列的全部项目中,除了错误与遗漏项目外,其余的所有项目都代表着实际的交易,涉及外汇的收支,关系到国际收支平衡表的平衡与否,也关系到一国国际收支的平衡与否。因此,在考察一国的国际收支是否平衡时,必须考察除错误与遗漏项目之外的其余所有项目所代表的交易活动的总结果。所有这些交易活动,按照交易的动机和目的的不同,可以分为自主性交易和调节性交易两种不同的类型。

自主性交易,主要是指各经济体或居民个人出于自身特别的目的,如追求利润、减少风险、资产保值、逃税避税、逃避管制或投机等而进行的交易活动。这种交易活动体现的是各经济体或居民个人的意志,不代表哪一个国家和政府的意志,不以政府的意志为转移,因而具有自发性和分散性的特点。通常,经常项目、长期资本项目以及部分短期资本项目所代表的交易活动都属于自主性交易。

调节性交易,是指中央银行或货币当局出于调节国际收支差额、维护国际收支平衡、维持货币汇率稳定的目的而进行的各种交易。它是在自主性交易出现差额时,为了弥补或调节这种差额,由政府出面进行的交易活动,体现了一国政府的意志,具有集中性和被动性等特点。一般来说,平衡项目以及部分短期资本项目所代表的交易活动属于调节性交易。

无论自主性交易还是调节性交易,由于这些交易都涉及外汇的流入与流出,因而都会对一国的国际收支平衡与否产生影响。

2. 国际收支平衡(失衡)的标准

在一个国家的经济活动中,只有涉及外汇收支的活动或交易时才会影响该国的国际收支平衡。反映到一个国家的国际收支平衡表上,只有自主性交易和调节性交易才会涉及实际的外汇收支,错误与遗漏项目并不涉及真正的外汇收支。因而,只有自主性交易项目和调节性交易项目才会影响一国的国际收支平衡。而就这两类交易项目而言,调节性交易只是在自主性交易项目出现不平衡后,由货币当局被动地进行的一种事后弥补性的对等交易,是为了弥补自主性交易的缺口而人为做出的努力,它实际上取决于自主性交易的结果。

由此可见,只有自主性交易活动才会主动地出现缺口或差额,从而影响到一国国际收支的最终平衡与否。如果自主性交易项目本身就是平衡的,那么,货币当局就没有必要进行调节性交易,也没有必要设置错误与遗漏这一项目,即没有必要进行各种使国际收支平衡表最终实现平衡的活动。从这一点上看,衡量一国国际收支平衡与否的标准,是看其自主性交易是否达到了平衡。如果一国国际收支中自主性交易达到了平衡,即所有自主性交易项目中贷方数字之和等于借方数字之和,那么,该国的国际收支就是平衡的,否则,就是不平衡的。国际收支不平衡,将会给经济的稳定和发展带来各种不利影响,因此,政府有义务采取措施,使国际收支恢复平衡。

国际收支的不平衡或失衡,既可指自主性交易的逆差,也可指自主性交易的顺差。而在各国政策的制定者心目中,国际收支逆差值得特别重视,他们认为逆差才是国际收支的真正失衡,而源源不断的顺差不算失衡。因为顺差一般不会对国内经济立即产生不良影响或重大的不良影响,而且顺差的调节要比逆差的调节容易得多。其实,这是一种很不全面的认识。

12.4.2　国际收支不平衡的类型

国际收支不平衡(失衡)的现象是经常的、绝对的,而平衡则是偶然的、相对的,因此,国际收支的调节是一直在进行着的。为了顺利而有效地调节国际收支,首先必须研究国际收支失衡的原因,然后才能针对不同原因引起的不同性质的国际收支失衡采取不同的对策。一国国际收支失衡的原因是多种多样的,由此而造成的国际收支失衡,概括起来有下列几种类型。

1. 临时性失衡

临时性失衡是指短期的、由非确定或偶然因素引起的国际收支失衡。这种性质的国际收支失衡,程度一般较轻,持续时间不长,带有可逆性,因此,可以认为是一种正常现象。在浮动汇率制度下,这种性质的国际收支失衡有时根本不需要政策调节,市场汇率的波动有时就能将其纠正。在固定汇率制度下,一般也不需要采取政策措施,而只需动用官方储备便能加以克服。

2. 周期性失衡

周期性失衡是指由于经济周期的更替而引起的国际收支平衡。资本主义国家的经济周期一般会经历四个阶段,即繁荣、衰退、萧条、复苏。处于不同阶段,对国际收支的影响是不同的。当处于繁荣阶段时,国内经济活跃,国内投资与消费需求旺盛,对进口的需求也相对增加,同时较高的通货膨胀率又使其出口日渐困难,这就常常会使其国际收支出现逆差。而在衰退、萧条阶段,国内经济不景气,居民收入、投资萎缩,社会总需求下降,进口需求也相应下降,同时通货膨胀率相对较低,加上政府竭力开辟国外市场,实行商品倾销和外汇倾销政策,往往有利于国际收支的改善,出现顺差。

周期性失衡在二战前的发达资本主义国家表现得比较明显。战后,其表现经常得到扭曲。往往在繁荣阶段可能出现顺差,而在萧条阶段则出现逆差,如1982—1988年发达资本主义国家在衰退、萧条期普遍伴有巨额的国际收支逆差。随着经济周期不同阶段的依次更替,这种失衡现象也会交替发生。而且,由于国际间经济关系越来越密切,一国的经济情况可以影响到其他国家,造成一些国家的国际收支出现失衡现象。

3. 收入性失衡

收入性失衡是指由于国民收入变化引起的国际收支失衡。经济周期的更替或经济增长率的变化等,会引起国民收入的变化,从而影响国际收支。在市场经济国家,除了经济周期(亦称商业循环)的不同阶段会引起国民收入的增减外,国民收入的变化主要受经济增长率高低的影响。经济增长率高则国民收入增加,反之则国民收入减少。国民收入的增减会引起国际收支的失衡。

一般来说,当一国国民收入增加时,会引起需求扩大、贸易和非贸易支出增加,从而造成国际收支逆差;反之,如果一国的国民收入减少,国内需求下降,引起物价下跌,则出口增加,贸易和非贸易支出减少,使逆差逐步减少,甚至出现顺差。

4. 结构性失衡

结构性失衡是指由于国内经济、产业结构不能适应国际市场的变化所引起的国际收支失衡。结构性失衡包括以下两层含义:

(1)国民经济和产业结构变动的滞后和困难所引起的国际收支失衡。比如,一国的国际贸易在一定的生产条件和消费需求下处于均衡状态。当国际市场发生变化、新产品不断淘汰老产品、新款式高质量产品不断淘汰旧款式低质量产品、新的替代产品不断出现的时候,如果该国的生产结构不能及时根据形势加以调整,那么,其原有的贸易平衡就会遇到破坏,贸易逆差就会出现。反之,调整及时,就可能出现贸易顺差。

(2)因一国的产业结构单一,或其产业生产的产品出口需求的收入弹性低,或出口需求的价格弹性高而进口需求的价格弹性低所引起的国际收支失衡。20世纪70年代以来,中东石油输出国因石油价格暴涨暴跌而导致国际收支巨额顺差和巨额逆差,就是一个典型的例子。这层含义的结构性失衡,在发展中国家表现得尤为突出。结构性失衡具有长期的性质,扭转起来相当困难。

5. 货币性失衡

货币性失衡是指由货币对内价值的高低所引起的国际收支失衡。在一定汇率下,由于通货膨胀或通货紧缩原因,一国商品的货币成本和物价水平与其他国家相比发生了变化,这也会引起国际收支失衡。一国在某一汇率水平下,由于通货膨胀(货币供应量过分增加或货币增长速度过快),物价普遍上升,使其商品的货币成本与物价水平相对升高,从而使出口商品的成本增加,国际竞争能力减弱,必然导致出口商品减少,而由于外国商品的价格与国内物价相比显得较低,进口商品的竞争性增强,进而造成国际收支逆差。反之,如通货紧缩,则发生国际收支顺差。

以上是国际收支失衡的主要类型,并不是全部。如资本的国际流动、国际国内物价变动等,都可能造成国际收支的失衡。但是,一般认为,结构性失衡和收入性失衡具有长期、持久的性质,而被称为持久性失衡。

12.4.3　国际收支不平衡对一国经济的影响

国际收支不平衡经常发生,巨额、持续的国际收支逆差或顺差,不仅影响到一国对外经济的发展,而且会通过各种传递机制对国内经济的稳定和发展产生影响。

持续巨额的国际收支逆差会造成外汇短缺,引起外汇升值的压力。如果该国货币当局不愿出现本币贬值,就必然耗费国际储备进行调整和干预。这样,一方面会造成本币供应的缩减,影响本国的生产和就业;另一方面国际储备的下降,削弱了该国的金融实力,会对其在国际上的信誉造成损害。如果该国货币当局任由汇率自由浮动,则本币汇率大幅度下跌会削弱该国货币在国际上的地位,造成金融市场的波动。长期、巨额的国际收支逆差还会造成大量的对外负债,使该国的出口创汇主要用于偿债付息,影响该国必要生产资料的进口,使国民收入的增长受到抑制。

一国国际收支出现长期、巨额顺差时,也会给国内经济带来不良影响。由于顺差会产生国际储备结余,外汇持有者的兑换要求会迫使本国货币当局增加货币的投放。持续的国际收支顺差,还会提高该国的支付信誉,吸引国际资本的流入,从而增加货币存量。这些都会导致国内总需求和总供给的不平衡,加剧国内通货膨胀。另外,顺差会使外汇市场上的外汇供大于求,造成本币升值,从而会削弱该国的出口竞争力。同时,一国的顺差意味着其他国家的逆差,必然影响其他国家的经济发展,导致贸易摩擦,不利于国际经济关系的协调发展。

当然,由于逆差对国内经济的不良影响更大,所以各国对此更加重视。但对长期的国际收支不平衡,无论是逆差还是顺差,各国都必须采取措施进行调节。

思考与练习

1. 什么是国际收支?
2. 国际收支平衡表的主要项目有哪些?
3. 国际收支经常账户差额的经济含义是什么?
4. 国际收支平衡表为什么能够自动实现平衡?
5. 如何判断一个国家的国际收支是否平衡?
6. 哪些因素可能引起国际收支不平衡?
7. 你认为国际收支不平衡可能带来什么样的后果?
8. 国际收支失衡有哪些类型?

第 13 章　国际贸易政策

课前导读

　　反对保护主义、单边主义,把自己囚于自我封闭的孤岛没有前途。中国开放的大门不会关闭,只会越开越大。为开放型世界经济鼓与呼,坚定支持多边贸易体制。搞贸易保护主义、画地为牢,损人不利己。让世界经济的大海退回到一个一个孤立的小湖泊、小河流,是不可能的,也是不符合历史潮流的。中国对外开放,不是要一家唱独角戏,而是要欢迎各方共同参与。把世界经济比作人的肌体,那么贸易和投资就是血液。我们要继续做全球自由贸易的旗手,维护多边贸易体制。打开窗子,才能实现空气对流,新鲜空气才能进来。坚持开放的发展、合作的发展、共赢的发展。

——习近平

13.1　国际贸易政策概述

13.1.1　国际贸易政策的含义、类型与内容

1. 国际贸易政策的含义

　　国际贸易政策(foreign trade policy)是指一国在一定时期内对进口贸易和出口贸易所实行的政策,它是一国总的经济政策的组成部分,并为该国经济建设和对外政策服务。

　　各国的对外贸易政策因各自的经济体制、经济发展水平及其产品在国际市场上的竞争能力的不同而有所不同,并且随其经济实力的变化而不断变换,但就其制定对外贸易政策的目的而言,大体上是一致的,即为了保护本国的市场、扩大本国产品的出口市场、促进本国产业结构的改善、为本国的对外政策服务。

2. 国际贸易政策的类型

　　国际贸易政策一般可分为自由贸易政策和保护贸易政策两类。自由贸易政策(free trade policy)是指国家对进出口贸易不加干涉和限制,也不给予任何补贴和优惠,允许产品自由输出和输入的贸易政策。保护贸易政策(protective trade policy)则是指国家采取各种措施干预外贸活动,限制大部分商品的进口,同时对本国出口产品予以鼓励和支持的贸易政策。当然,二者并不是完全对立的。事实上,一国实行自由贸易政策,并不意味着完全的自由;同样,实行保护贸易政策,也并不是完全闭关自守,二者的主要区别在于在贸易政策中是自由的成分更多还是保护的成分更多。

3. 国际贸易政策的内容

从内部构成来看,一国的对外贸易政策一般应包括三个层次的内容。

(1)对外贸易总政策。它是一国从整个国民经济出发,根据本国国民经济的整体状况及发展战略,结合本国在世界经济格局中所处的地位而制定的在较长时期内实行的政策。例如,实施保护贸易政策或比较开放的自由贸易政策。它是各国发展对外经济关系的基本政策,是整个对外贸易政策的立足点。

(2)进出口商品政策。它是各国在本国对外贸易总政策的基础上,根据经济结构和国内外市场的供求状况而制定的政策。其基本原则是对不同的进出口商品实行不同的待遇,主要体现在关税的税率、计税价格和课税手续等方面的差异。例如,对某类进口商品,有时采用较高税率和数量限制的手段来阻挡其进口,有时则对其实施较宽松的做法,允许较多的进口。

(3)国别贸易政策。它是各国根据对外贸易总政策、对外政治经济关系的需要而制定的国别和地区政策。它在不违反国际规范的前提下,对不同国家采取不同的外贸策略和措施。对不同国家规定差别关税率和差别优惠待遇是各国国别政策的基本做法。

从一国对外贸易政策的具体内容来看,它主要包括一国的关税制度和政策、非关税壁垒的种类和做法、鼓励出口的体制和手段、管制出口的政策和手段以及一国参与国际经济一体化的战略和政策等。这些范围内的有关体制、政策和基本做法都反映着上述三方面的含义,构成了国际贸易政策的基本内容。

13.1.2　国际贸易政策的选择

一个国家在一定时期内是选择自由贸易政策还是保护贸易政策,一般要取决于下列因素的综合作用。

1. 经济发展水平和产品竞争能力

一般来说,如果一个国家的经济发展水平较高、技术较为先进、资金较为充裕、产品竞争力较强,就会倾向于推行自由贸易政策,以期在国际市场的自由竞争中获得更大的经济利益。反之,如果一个国家的经济发展水平较低、资金和技术等生产要素处于劣势、产品在国际市场上缺乏竞争能力,就会倾向于实行保护贸易政策,以避免在国际市场上遭受更大损失。

2. 经济结构与产业结构

在传统产业占主导地位、现代工业尚未得到成长的国家,为了保护传统工业免遭国外同类行业先进力量的冲击、促进本国幼稚工业的发展,往往会推行保护贸易政策。相反,经济结构和产业结构已高度现代化的国家则一般通过推行自由贸易政策来获得更多的外部市场。

3. 经济发展战略

一般而论,采取外向型经济发展战略的国家,就会制定较开放和自由的外贸政策,因为对外贸易对一个国家的经济发展越是重要,它就越会主张在世界范围内实行竞争和合作。相反,采取内向型经济发展战略的国家则对世界范围内的贸易竞争和合作缺乏紧迫感,不仅如此,为了保护本国产业的成长,它们还往往会采取较为强硬的贸易保护政策。

4. 国内经济状况

当一国国内经济发展滞缓,尤其是出现经济萧条,进而失业增加、国际收支失衡、外贸逆差扩大、产品竞争力下降时,它就会倾向于阻碍和排挤外来商品的输入,实行贸易保护主义政策。反之,如果一国国内经济发展势头良好、兴旺繁荣、国际竞争力上升时,其对外贸易政策中的自由主义成分就会增加。

5.各种利益集团力量的对比

不同的贸易政策对本国不同的利益集团会产生不同的利益影响,如自由贸易政策有利于出口集团、进出口贸易商和消费者,但不利于进口竞争集团,因为在实行自由贸易政策的条件下,这个集团生产的商品面临着进口产品的有力竞争。因此,一般说来,那些同进口商品发生竞争关系的行业及其外围组织,是推行贸易保护主义的中坚力量,而以出口商品生产部门为中心的参与许多国际经济活动的各种经济力量,则是自由贸易的推崇者。这两股势力的力量对比,有时也会影响到政府的政策取向。

6.政府领导人的经济理论与贸易思想

虽然各国对外贸易政策的制定与修改是由国家立法机构来进行的,但是政府机构尤其是政府领导人往往拥有某些特殊的合法权利,如美国国会通常授予美国总统在一定范围内拥有制定某些对外贸易法令、进行对外贸易谈判、签订贸易协定、增减关税和确定进口商品数量限额等权力。因此,政府领导人的经济贸易思想也是影响一国贸易政策取向的重要因素之一。

7.本国与他国的政治经济关系

一般情况下,一国往往对那些政治外交关系友好、经济上不与自身构成威胁的国家开放国内市场、扩大商品和技术的出口,而对那些政治上或经济上的敌对国家,则倾向于采取保护贸易政策。

总之,一国倾向于选择哪种类型的外贸政策,主要取决于本国的具体情况和当时所处的国际环境。既要积极参与国际贸易分工,又要使在这个过程中获取的贸易分工利益最大化,或者说,把获取贸易分工利益的代价降低到最低限度,是各国制定对外贸易政策的基本出发点。

13.2 自由贸易政策的演变

13.2.1 19世纪英国的自由贸易政策

英国不仅是第一次产业革命的发源地,也是世界上最早实行自由贸易政策的国家。

18世纪70年代,英国建立的大机器工业体系的发展亟须开放国内市场、开拓国际市场,以销售产品和满足原材料的供应。经过新兴工业资产阶级与贵族地主阶级长期斗争之后,自由贸易理论和政策终于代替了高关税保护政策,在英国确立了主导地位。主要表现为以下几个方面。

1.废除了贸易保护主义的法律

英国先后废除了《谷物法》《航海法》和禁止出口的法令,为自由贸易清除了法律障碍。1849年和1854年,英国全部对外开放了沿海贸易和殖民地贸易。马克思在《资本论》中称:"英国《谷物法》的废除是19世纪自由贸易所取得的最伟大的胜利。"

2.减少应税商品数目,降低关税税率

19世纪初,英国的关税法令多达一千多件,农产品、棉布、羊毛制品进口的关税率均在

70％以上。1825 年,英国开始废止旧税率,建立新税率;取消了丝织品的进口禁令,废止了包括机器在内的对所有输出品的限制;制成品进口平均税率限定在 30％左右,原料进口税率为20％。1841 年至 1862 年,英国取消了 1119 种商品的进口税,使其成了自由贸易的国家。

3. 取消贸易垄断,下放贸易经营权

这主要体现在:一是 1813 年至 1814 年取消了东印度公司的贸易垄断权,把对印度和中国的贸易经营权下放给所有的英国人;二是放开殖民地对外贸易的管制。为了防止外国的竞争,在 18 世纪,英国通过保留航运特权、给予殖民地货物特惠关税,以及禁止殖民地对外国建立直接贸易关系等政策,对殖民地的对外贸易实行管制。1849 年《航海法》被废止后,通过《关税法》的改革,英国取消了对殖民地贸易的管制,废止了对殖民地商品的特惠税率,准许殖民地与外国签订贸易协定、建立直接的进出口贸易关系。

4. 建立多边优惠贸易关系

出于开拓国际市场的需要,英国主动与外国签订带有最惠国待遇条款的贸易条约,稳定贸易关系。1860 年英国与法国签订了自由贸易条约,即著名的《科伯登条约》。该条约在国际贸易关系史上第一次引进了现代意义上的"最惠国待遇"条款。19 世纪 60 年代,英国分别与比利时、意大利、奥地利、瑞士和德国等陆续签订了八个类似的条约,在欧洲范围内建立了一个多边优惠贸易网络。

英国实行自由贸易政策的理论基础是亚当·斯密和大卫·李嘉图的自由贸易理论。古典自由贸易理论为英国工业资产阶级反对贵族地主阶级贸易保护政策的斗争提供了强有力的武器。19 世纪中叶英国采取的自由贸易政策,极大地促进了英国经济和对外贸易的发展,为英国成为世界制造业和贸易金融业的中心创造了良好的制度环境;同时,也为后来世界各国推行自由贸易政策提供了典范。

13.2.2　二战后至 20 世纪 70 年代中期的贸易自由化政策

贸易自由化(trade liberalization)是指一国对外国商品和服务的进口所采取的限制逐步减少,为进口商品和服务提供贸易优惠待遇的过程或结果。二战后初期到 20 世纪 70 年代中期,美国、日本和西欧等国家为了战后经济的恢复和发展、推动生产的国际化和资本的国家化,彼此之间都不同程度地放宽了对进口的限制,对外贸易政策中出现了贸易自由化的倾向。

1. 二战后贸易自由化的主要表现

(1)通过多边贸易谈判,大幅降低进口关税率。目前,发达国家的平均关税率已经降到4％左右,发展中国家在 15％左右。

(2)组成区域性贸易集团,在贸易集团内部取消关税,实行自由贸易。

(3)对发展中国家实行普惠税和特惠税制度,给予进口关税的优惠待遇。

(4)放宽进口数量限制,增加自由进出口商品的数量,放宽或取消外汇管制。

2. 二战后贸易自由化的特点

二战后的贸易自由化绝不是当年英国自由贸易时代的重现,具有许多新的特点。

(1)二战后自由化有着雄厚的经济基础。它是在二战后资本主义经济迅速增长的基础上发展起来的,与美国、西欧和日本等发达国家经济高速增长、生产和资本的国际化、国际分工的深化以及跨国公司大量出现都有密切的联系,反映了世界经济和生产力发展的内在要求。

(2)它是一场更加广泛的贸易自由化运动。历史上的自由贸易主要在欧洲国家之间展开,而二战后贸易自由化席卷全球,世界上大多数国家都参与其中或受到影响。

(3)美国成为二战后贸易自由化的积极倡导者和推动者。二战后,美国成为世界最强大的经济和贸易国家,实现国际贸易自由化符合美国垄断资本对外扩展的需求。

(4)二战后贸易自由化主要是通过各种国际经济贸易组织在世界范围内进行的。关贸总协定、联合国贸易与发展会议及区域性国际经济一体化组织均以实现贸易自由化作为理想的政策目标。

(5)二战后贸易自由化是在国家垄断资本主义日益加强的条件下发展起来的。二战后的贸易自由化主要反映垄断资本的利益,而历史上的自由贸易则代表了资本主义上升时期工业资产阶级的利益与要求。

(6)贸易自由化发展的极不平衡。这表现在:发达资本主义国家之间贸易自由化程度超过它们对发展中国家的贸易自由化程度,区域经济贸易集团内部的贸易自由化超过集团外的贸易自由化,工业制成品的贸易自由化超过农产品的贸易自由化,机器设备的贸易自由化超过工业消费品的贸易自由化。

13.3　保护贸易政策的演变

13.3.1　重商主义的保护贸易政策(详见第 7 章 7.1)

13.3.2　保护幼稚工业的贸易政策(详见第 7 章 7.2)

13.3.3　超保护贸易政策

在一战与二战之间,资本主义经济发生了巨大的变化。在第二次科技革命的推动下,各资本主义国家先后完成了产业革命;垄断代替自由竞争,成为一切社会经济生活的基础;两次严重的经济危机,使市场问题进一步尖锐化。为了争夺世界市场,发达的资本主义国家兴起了超保护贸易政策的潮流。

超保护贸易政策(ultra protective trade policy)是一种侵略性的贸易保护政策,与自由竞争时期的保护贸易政策相比有着明显的区别:

(1)它不是防御性地保护国内幼稚工业,以增强其自由竞争能力,而是保护国内高度发达或出现衰落的垄断工业,以巩固国内外市场的垄断。

(2)保护的对象不是一般的工业资产阶级,而是垄断资产阶级。

(3)保护的手法也趋于多样化,不仅仅是高关税,还有其他各种奖出限入的措施。不过就美国而言,其对外经济政策的自由贸易成分越来越强,这反映出"金元帝国"在其鼎盛时期的战略姿态。

13.3.4　新贸易保护政策

20 世纪 70 年代中期以后,随着西欧和日本经济迅速赶超美国,发达国家经济发展不平衡加剧,期间资本主义国家经历了两次经济危机,陷入滞胀的困境,就业压力增大,市场问题日趋严重,尤其是随着美国贸易逆差的不断加大,国内贸易保护的呼声增加,以美国为代表的新贸易保护主义因此兴起。

与传统的贸易保护主义相比,新贸易保护主义有以下主要特征:

(1)被保护的商品范围不断扩大。保护对象由传统产品、农产品转向高级工业品、劳务部门及知识产权等。工业品方面,从纺织品、鞋、陶瓷、胶合板等"敏感商品"到钢铁、电视、汽车、计算机、数控机床、半导体等皆被列入保护范围。服务贸易方面,很多发达国家在签证申请、投资条件、收入汇回等方面做出保护性限制,以培育和确保自己的优势。

(2)贸易保护措施多样化。一是按产品加工程度设置逐步升级的关税,即制成品、半制成品的进口税税率高于原材料等初级产品,以增强保护效果。二是非关税壁垒不断增加,非关税措施从 20 世纪 70 年代末的 800 多种增加到 80 年代末的 2500 多种,并且各国纷纷给非关税壁垒施以法律地位,如反倾销、反补贴立法等。

(3)贸易政策措施向制度化、系统化和综合化方向发展。贸易保护制度越来越转向管理贸易制度,不少发达国家越来越把贸易领域的问题与其他经济领域的问题,甚至包括非经济领域的问题联系起来,进而推动许多国家的贸易政策明显向综合性方向发展。

管理贸易政策是指国家对内制定各种对外经济贸易法规条例,加强对本国进出口贸易有秩序的发展的管理;对外通过磋商,签订各种对外经济贸易协定,以协调和发展缔约国之间经济贸易关系;是一种以协调为中心,以政府干预为主导,以磋商为手段,政府对对外贸易进行干预、协调和管理的贸易制度。

(4)从国家贸易壁垒转向区域性贸易壁垒。新贸易保护主义(new trade protectionism)是贸易活动在政府的干预下,借助立法、磋商、双边和多边协调等手段,实行区域内的共同开放和区域外的共同保护。在一定程度上有利于缓解国际贸易矛盾、改善国际收支状况、保护新兴产业,但它也产生了很多不利影响,如削弱多边贸易体系,降低资源的配置效率,带有一定的歧视性、排他性和不平等性,不利于国际贸易秩序的稳定,加剧了贸易上的歧视性待遇等。

13.4　当代发达国家的贸易政策

13.4.1　发达国家贸易政策的特征

进入 20 世纪 90 年代以后,西方发达国家逐渐走出经济低谷,其贸易政策呈现出一些新的特点和趋势。

1.管理贸易日益成为贸易政策的主导内容

在美国的示范和推动下,管理贸易已逐渐成为西方发达国家基本的对外贸易制度,各国政府更加强调政府积极介入外贸的作用。由于贸易结构的不断升级,管理贸易所包括的商品种类逐渐增多。20 世纪 90 年代以后,管理的商品不仅包括劳动密集型产品和农产品,而且还包括劳务产品、高科技产品和知识产品等。

2.对外贸易政策与对外关系相结合的趋势在加强

各国把对外贸易看成是处理国家关系越来越重要的手段,美国是这方面的典型代表。美国利用人权、民主、军事控制等问题干扰贸易的举措时有发生。西方国家未来的贸易政策势必与其他经济政策和非经济领域的政策更大程度地融合,朝着综合性方向发展。

3."公平贸易""互惠主义"取代发达国家标榜的"自由贸易"和"多边主义"

西方发达国家一方面反对贸易保护主义,另一方面又强调贸易的公平性。这种公平贸易与高筑壁垒抑制外国竞争的保护主义或放任自流的自由主义政策都有所不同,它是指在支持开放性的同时,以寻求公平的贸易机会为主旨,主张贸易互惠的"对等"与"公平"原则。具体表现为:①进入市场的机会均等,判定的标准为双边贸易平衡,不仅仅以是否满足双方进入要求为标准;②贸易限制对等,即以优惠对优惠,以限制对限制;③竞争规则公平。

4.以非关税壁垒为主要手段

由于发达国家的关税在总体水平上降至较低的水平,正常关税已起不到保护的作用。因此,西方发达国家的对外贸易政策措施中,单纯的关税措施以及直接的非关税措施相应减少,但各种新型的更灵活、更隐蔽的非关税壁垒不断出现,成为贸易政策的主体。

5.政府推动高科技产业发展和鼓励出口成为推动外贸活动的主导措施

二战后,随着国际分工的加深和自由贸易的发展,西方各国对国外市场的依赖性不断加强,许多国家把奖出限入的重点从限制进口转到鼓励出口。出于经济利益的驱使,西方各国纷纷制定了促进高科技产业发展的政策。各国政府都在竞相资助研究开发活动,大力鼓励发展高技术部门。未来西方国家可能会采取更积极的贸易政策,为企业创造"公平"的竞争环境。

6.建立区域经济一体化,实行共同的对外贸易政策

20世纪90年代以来,区域经济集团化发展迅猛,发达国家通过建立各种一体化形式加强成员国之间的贸易自由化,并以联合的经济实力和共同的对外贸易政策来对付外界的贸易攻势。

发达国家一方面推行全球范围内的贸易自由化,另一方面,贸易保护主义倾向上升,经济问题政治化倾向日趋严重。具体表现为:①在建设多边贸易体系中,发达国家仍不愿在农产品问题上做出让步,迫使"多哈回合"贸易谈判中止;在反倾销规则谈判中,欧盟、美国等不愿加严其规则,发达国家推进贸易自由化的意愿明显减弱。②在参与经济全球化和国际竞争中,发达国家不肯接受其夕阳产业遭受冲击和劳工利益受损、工作机会外流的现实,竭力保护其弱势产业,并以国家安全为借口阻止外国并购本国企业。③在对外经贸政策上,以所谓的"公平贸易"为借口,在知识产权、劳工、环保等问题上向其他国家施压,要求发展中国家承担过多的国际责任和义务,达到维护其境内企业和工人利益的目的。④在对外经贸关系上,发达国家政治上转向保守主义,从全球化转向本地化,美国进入"经济民族主义"时代,对外态度趋于强硬;欧盟强调以自身利益为核心,淡化互利互惠;法国政府公开宣扬"经济爱国主义"。发达国家种种翻版的贸易保护主义,不仅要扶持其资本占领国际市场,还要全面维护其劳工利益免受发展中国家冲击。这将为国际经贸合作和关系滋生出更多的矛盾和摩擦。

13.4.2 发达国家贸易政策发展趋势

近年来,发达国家的对外贸易政策具有一些新的特点,这些特点是在发达国家经济运行和政策调整过程中逐渐形成的,并对全球贸易的进程产生重大影响。

(1)保护贸易措施是针对某些进口商实施的限制性措施,这些措施彼此之间可以是互不关联的,其形式和内容也有不确定的特点,往往是一些临时性的保护贸易措施。

(2)发达国家管理贸易的法律已由原来的单一法律发展成为以对外贸易法规为中心、与其他方面的国内法规相配合的统一整体。

(3)经济一体化迅猛发展,成为全球浪潮,推动了经济一体化组织内部贸易、投资的自由化。

(4)以世界贸易组织为核心的多边贸易体制得到增强,贸易自由化和开放贸易体制成为全球贸易的主流,发达国家与发展中国家都努力地实施世界贸易组织的各协议、协定,并以世界贸易组织协议、协定为核心,协调本国贸易政策,以便推动贸易与投资的自由化,促进全球贸易发展。

(5)美国特朗普政府逆全球化,推行贸易保护主义。

总之,西方发达国家的外贸政策不可能背离贸易自由化这股世界潮流,甚至还会成为贸易自由化的推动力量。但基于各国经济、贸易发展的不平衡,以及追求自身利益的方式和策略的变化,它们又会进一步采取更为隐蔽和巧妙的手段,出台一些保护色彩较浓的贸易措施。而且极可能推行的是一种有管理的、可调节的自由贸易政策。其中,在政策协调的基础上实施某些保护措施,会成为其外贸政策的一个重要特点。不完全的自由贸易政策和不断装饰的保护贸易政策将长期并存,不仅在不同的情况下发挥着各自的作用,而且有时交汇融合,共同支配或影响着一个国家的对外贸易活动。

13.5 当代发展中国家的贸易政策

13.5.1 发展中国家贸易政策的基础与目标

二战后,发展中国家的贸易政策有其客观的基础,尽管不同的国家(地区)在资源状况和政治经济独立程度方面存在着差异,但从整体上看,作为贸易政策选择的基础条件与目标是相似的。

(1)生产力水平落后,经济发展不平衡。从殖民体系中刚解放出来的发展中国家,经济单一,几乎没有工业可言。即使是农矿产业,生产手段也极其落后,主要是凭借天赋资源和传统的销售链,向发达国家供应廉价原料。由于生产力的落后,尚缺乏坚实的物质基础,无法实现真正的经济独立;欲发展自己的工业,实现工业化,又缺乏资金和技术。由于产品缺乏国际竞争力,导致国际收支失衡严重。

(2)经济体制的二元特征。发展中国家在摆脱了帝国主义国家的政治控制以后,经济上的依附性依然突出。一方面是发达资本主义控制的垄断经济;另一方面却是落后的小农经济。当这些国家将殖民地宗主国所控制的垄断经济收归国有的时候,形成了特有的国家垄断成分经济。尽管大多数发展中国家在经济发展过程中基本接受了市场经济模式,但这种市场经济是极不完善的。国内统一市场未形成,价格体系严重扭曲,市场机制难以发挥其调节作用。因此,国内的经济运作主要还是通过政府行为影响,但政府经济管理调节措施却难以奏效。

(3)国际分工中处于极其不利的地位。在旧的国际经济体系中,从贸易理论上所推导的"贸易利得"显得苍白。首先,在旧的国际分工中,贸易利益的分配明显不利于发展中国家,致使发达国家与发展中国家经济差距越来越悬殊。资源的流向也对发展中国家不利,发展中国家提供的廉价原料成为发达国家经济发展的重要因素。其次,由于发展中国家在国际贸易关系中主要是以初级产品与发达国家的工业品相交换,经济的单一性及初级产品供给弹性不足等因素,使它与工业品相比,贸易条件趋于恶化。加之初级产品国际市场价格的不稳定,使发展中国家的国际收支恶化,从而导致国内经济的不稳定性十分严重。

基于上述基础,发展中国家贸易政策的目标主要有:①促进本国的工业化进程,建立民族工业,真正实现经济独立。为建立本国的工业,需要开放的国际市场,特别是开放的发达国家市场,这样可以吸纳它们的工业制成品和先进技术。②改善国际收支和贸易条件。一方面通过发展工业和多样化经济增强经济实力,同时通过贸易政策措施改善贸易条件,并通过稳定初级产品国际市场价格的措施,促进国际经济秩序和贸易利得分配的合理化。③消除贫穷、扩大就业和促进收入公平分配。通过政府的调节干预,改善在市场机制不完善情况下所出现的收入不公平分配。

13.5.2　发展中国家的贸易政策的特征

1. 发展中国家贸易政策的核心是贸易保护,其基础是进口数量限制

在经历了长期的受剥削的经历后,人们认识到,从利益分配特别是从长期利益角度看,所谓自由贸易对于发展中国家,特别是当经济水平悬殊的条件下,落后的发展中国家不可能从自由贸易中平等地享受贸易利益。以保护贸易为主的政策体制,是必然的选择。

发展中国家采用保护主义贸易政策最主要的依据是保护幼稚工业论,其基本目标是保护本国市场和产品免受外国产品的竞争、建立民族工业。20世纪五六十年代,新独立的发展中国家纷纷实行进口替代工业化战略。20世纪70年代以后,部分发展中国家,特别是先行完成工业化的发展中国家,开始转向赞成贸易和发展制成品出口的战略。

以保护贸易为政策基础的进口替代战略,对于一些发展中国家的进口替代工业部门的发展起到了一定的作用。例如,二战后的初期,泰国只有一些碾米业、锯木业和采锡业。实行进口替代政策后,泰国又发展了纺织、制糖、水泥、炼油工业和车辆、电器装配等。韩国、我国台湾地区则是20世纪60年代进口替代成功的典型。

2. 贸易政策的自由化倾向

20世纪70年代以来,保护主义在发展中国家的势头也大大削弱。进入20世纪80年代,尤其是80年代后半期,当工业化国家的主要贸易政策是加强实施保护主义时,许多发展中国家的经济却引人注目,出现了朝着向外向型和贸易政策自由化转化的趋向。它们从自身的国民经济利益出发,采取单边的贸易自由化政策。发展中国家贸易政策向外向型和自由化转变的特征,在20世纪60年代中期表现为贸易战略的转变,在20世纪80年代,自关贸总协定的"东京回合"以来,则主要表现为市场开放的贸易自由化趋势。

3. 贸易政策和工业化战略相结合,甚至成为一国工业化战略的核心部分之一

发展中国家要彻底摆脱贫困,走向富裕和发达,并能在国际市场上与发达国家展开平等竞争,就必须实现工业化和现代化。发展中国家往往根据工业化的进程采取不同的贸易政策。将贸易政策与鼓励本国经济的工业化紧紧地联系在一起,是发展中国家贸易的一大特点,也是它与发达国家贸易政策最大的不同之处。

4. 加强贸易政策方面的相互协调和联合行动

发展中国家若仅仅依靠各自分散的力量，单独地推行保护贸易政策，是难以维护本国的民族经济发展和反对帝国主义国家的控制和剥削的。它们认识到发展中国家只有加强团结、联合斗争并协调彼此立场，制定共同的对外经济与贸易政策，采取共同行动，才能促进合理的国际经济秩序的建立，维护发展中国家在世界经济中的权益，改善和发展在国际贸易领域中的地位。

发展中国家在贸易政策方面的相互协调和联合行动的主要标志是：①通过国际商品协定维护初级产品出口国的利益。②发展相互间经济贸易合作，建立区域集团。③联合斗争要求发达国家取消对发展中国家工业制成品出口的贸易保护主义。

13.5.3　发展中国家的贸易政策的调整

1. 20 世纪 60 年代与工业化战略相结合的贸易政策

从二战后到 20 世纪 60 年代末，发展中国家在谋求经济发展的过程中，几乎都把实现大规模工业化作为首要目标，国际经济学界一般把发展中国家围绕工业化而采取的贸易政策分为两大类：进口替代政策和出口导向政策（详见第 8 章 8.2）。

2. 20 世纪 70 年代后贸易政策的调整

20 世纪 70 年代中期以来，发展中国家的贸易政策出现了向自由化转化的倾向。20 世纪 80 年代后，越来越多的发展中国家进行了经济贸易改革，这种改革以贸易自由化为特征，遍布了全球发展中国家（地区），到 20 世纪 90 年代这一趋势更为强烈。

发展中国家的贸易政策向外向型和自由化的调整，在 20 世纪 60 年代中期表现为贸易战略的转变，在 20 世纪 80 年代则主要表现为市场开放的贸易自由化趋势，20 世纪 90 年代初政策调整扩展到原计划经济国家。发展中国家贸易政策的调整是与世界经济大环境分不开的。首先，经过新兴工业化国家（地区）先行贸易政策调整的成功实践，越来越多的发展中国家从中受到了启示，外向型贸易政策的优越性，成为驱使大批发展中国家实行贸易政策调整的内在动力。其次，发展中国家进一步认识到，在实行各自的对外贸易政策过程中，还必须加强发展中国家之间的团结，统一政策，联合行动，减少对外国市场、资本的依赖性，争取尽早建立国际经济新秩序。因此，发展中国家通过建立各种区域性集团，对内实行贸易自由化，促进了贸易政策的协调和调整。最后，进入后冷战时期，相对稳定的政治格局也为发展中国家贸易政策的调整提供了较好的环境条件，加之 GATT 所倡导的自由贸易体制的影响与推动，使国际环境越来越有利于自由化的贸易政策。

实践中，贸易政策的调整主要包括四个方面的内容：①放宽非关税壁垒限制。放宽以数量限制为主的非关税壁垒措施，是大多数发展中国家实行贸易调整的最基本的内容，也是 GATT 对成员国的一项基本要求，即在以市场经济为基础的世界贸易体制内，要求成员国以经济措施作为调节贸易的基本手段。②降低关税，调整关税结构。首先，以平均关税税率所显示的名义保护程度大幅度下降。其次，在降低关税保护平均水平和关税差异的基础上，注意关税结构以增加对国内最终产品生产的实际保护程度。③调整汇率政策。汇率政策的调整一般包括统一降低汇率和放宽外汇管制两个方面。在贸易改革前，大多数发展中国家都是本币高估，并实行多重汇率，如拉丁美洲和加勒比地区 8 个国家存在多重汇率，其中 7 个国家在改革时期统一了各自的汇率。东欧及苏联国家的汇率制度的改革则更为显著,从1990年起,波、匈、捷三国相继改革外汇体制,向可兑换货币方向发展。④转向鼓励出口的措施。采取放开出口管制,取消出口税或出口补贴等积极措施鼓励出口,并采取避开税制和繁杂的公事程序所造成障碍的手段,创建出口加工区,即自由贸易区。例如,俄罗斯政府于1995年9月2日宣布降低出口税30%,其中黑色产品降低50%,以保护本国出口业的竞争能力。

由于各国自身条件的差异以及国内国际经济环境的不同,各国不同时期所采取调整的侧重点并不完全一致。总的来说,贸易政策调整为发展中国家经济发展注入了活力,据关贸总协定资料显示,从1980年到1985年,发展中国家出口到工业国的制成品增长了50%;而发展中国家从发达工业国进口的制成品却下降了10%左右,这部分是由于自身工业基础的建立。

但是贸易政策的改革是复杂的,由于种种原因,部分国家的调整已经取得了初步的成功,也有部分国家遭受了挫折和失败。随着世界多边贸易体制的变革和各国国内国际经济环境的变化,发展中国家贸易政策还将面临不断调整的需要,发展中国家的经济改革和贸易调整仍将持续并且任重而道远。

13.5.4　发展中国家贸易政策的种类

由于发展中国家经济发展水平差异很大,因此,各国采取的对外贸易政策不尽相同。但根据发展中国家对外贸易的实践,发展中国家对外贸易发展战略基本上可以归为进口替代型、出口导向型、自由贸易型、混合型四种类型。一般来讲,在发展中国家经济发展过程中,对外贸易政策模式都经历了一个由进口替代向出口导向或混合型演变的过程。

1. 进口替代型

进口替代(import substitution)战略指以国内产品来代替主要的进口品,以努力促进国内工业的发展。大多数发展中国家在工业化初期均选择了这样的对外贸易发展战略。实行这种发展战略常用高关税壁垒、进口配额、进口许可证制度、汇率高估等政策工具来限制基本消费品的进口,保护国内市场;同时,对替代产业所需的进口、生产给予减免税收的财政支持。

2. 出口导向型

出口导向(export orientation)战略是指将经济发展的重点放在出口贸易上,通过扩大出口来带动本国的工业化,以出口的增长带动整个国民经济的增长。与这种发展战略相适应的贸易政策工具主要有出口补贴、生产补贴、低估汇率、进口数量限制逐渐取消等。该战略鼓励企业重视技术开发,加强管理,提高经济效益;以开拓国际市场为中心,使经济发展超越国内市场的限制,对于就业压力和国内市场狭小压力比较大的国家比较有利。但是,由于出口补贴等鼓励措施的实施,增加了出口产品的额外成本,相对会降低比较利益的获得;再者,可能会造成国家经济发展对国外市场的严重依赖;过度的出口也会遭到外国的抵制,增加贸易摩擦发生的概率。

3. 自由贸易型

无论进口替代还是出口导向型发展战略,从本质上讲都具有贸易保护主义的色彩,只不过是表现的手段不同罢了。在国际经济发展过程中,中国的香港选择了与进口替代和出口导向不同的另外一种发展模式,即政府不推行任何的特殊贸易政策,对进出口不鼓励也不限制,以均衡汇率配上极低的进口关税,对进口的调节效应是中性的。国际经济学界称其为自由贸易型。20 世纪 70 年代以后,随着经济实力的增强和国际竞争力的提高,不少新兴工业化国家(地区)都开始了贸易自由化的进程。

自由贸易型发展战略将行政机制的作用限制在最小的范围内,有利于消除各种价格信号的扭曲,实现资源的最优配置和经济效益的提高;中性的进口政策也避免了贸易伙伴国的报复。

但是,实行这种模式对经济发展水平的要求较高,它比较适合起点较高的发展中国家和经济较为发达的发展中国家。

4. 混合型

中国改革开放以来,成功选择了一种与进口替代、出口导向和自由贸易型等不同的贸易方式,即混合型的贸易发展战略。

这种发展战略融入了进口替代型和出口导向型的主要优点;对新兴产业选择进口替代型政策,通过关税和数量措施来保护国内市场,促进本国工业体系的建立;对有一定国际竞争力的产业部门选择出口导向型政策,对同类产品的进口只进行常规性的关税调节,逐步取消数量限制措施,以鼓励出口。混合型贸易发展战略使对外贸易的发展能够发挥劳动力和资源优势,既与比较优势原则一致,又与经济发展中长期目标一致,既有短期效益又兼顾经济发展的后劲,保证了经济的完整性和独立性。

该政策的主要缺点是,价格信号的扭曲难以完全消除,宏观经济管理难度大。这种政策比较适合资源条件较好、市场容量大的发展中国家。

思考与练习

1. 各国制定对外贸易政策的目的和依据是什么?

2. 国际贸易政策分为哪两种基本类型?

3. 简述国际贸易政策的历史演变。

4. 试述发达国家对外贸易政策的发展趋势和特点。

5. 试比较进口替代与出口导向政策的优缺点。

6. 贸易保护政策不利于资源的优化配置,不利于经济的发展,可为什么我们今天仍生活在一个充斥着贸易保护的世界之中?

7. 在中华人民共和国成立初期,中国实行了进口替代的发展战略,并在"一五"计划时期获得了成功,可后来国民经济的发展因为长期局限于进口替代而变得越来越没有活力。为什么会出现这种现象?

8. 你认为当前中国应该选择什么样的贸易发展战略?

第 14 章 关税壁垒措施

课前导读

能够自由地销售和能够自由地购买都是一种优势；我认为，无法自由地购买或者自由地销售，就像那些公平贸易提倡者建议的使用关税来阻碍我们的对外贸易那样，都极大地增加了对贸易的伤害。

——John Bright(1811—1889,英国政治家)

直至今天经济全球化的时代里，贸易壁垒仍然存在并演变出新的、更多的难以捉摸的形式，同时对各国经济贸易发展产生直接和间接的深刻影响。可以说对贸易壁垒的研究构成了对贸易政策研究的主要部分。国际贸易政策与国际贸易措施是紧密相连、不可分割的两方面内容。国际贸易政策是国际贸易措施的指导，国际贸易措施是国际贸易政策的体现。目前，各种贸易措施已达 1000 多项，从总体上可以分为三大类型：关税措施、非关税限制进口措施以及鼓励出口与出口管制措施。

历史上，关税是最早的也是最基本的一类贸易壁垒，早在欧洲古希腊、雅典时代就已经出现了关税。长期以来，各国都把关税作为调节进出口的重要手段，尤其是在贸易保护主义盛行时期，可以通过降低关税、免税、退税来鼓励商品出口，通过税率的高低来调节进口。二战后，发达资本主义国家的关税有大幅度下降，但是关税仍然被作为限制某些商品如纺织品、轻工产品进口的重要手段。

14.1 国际贸易壁垒概述

14.1.1 国际贸易壁垒的含义与特征

国际贸易壁垒(international trade barrier)是指存在于国家之间旨在对本国产业、技术和经济发展实施保护，而对外国产品进口实施某种程度限制的关税壁垒与非关税壁垒措施的总称。

国际贸易壁垒几乎是伴随着国际贸易产生、扩大而存在和发展的，它具有如下特征：

(1)保护性。一国构筑其贸易壁垒，主要是保护本国产业和居民的利益、安全及生态环境，使之免受国外产品的冲击，从而防止可能出现的市场份额减少、失业率上升以及环境质量下降等局面发生。

(2)收入性。贸易壁垒特别是关税壁垒往往是国家财政收入的重要来源(例如在我国，关税收入在中央财政收入中还占有相当高的比例)。但是通过关贸总协定的多边谈判关税收入占总税额的比重,在发达国家中已降到很低水平。

(3)双边(及多边)性。国际贸易壁垒的形成与变动不是孤立的,是一种世界性的普遍的经济现象,并且与各国经济发展紧密相连,相互依存。国际贸易壁垒的存在与变化对整个经济系统的形成与变化有着重要的作用。一些落后的、封闭的国家壁垒高筑,依托壁垒获取收入,但往往经济难以迅速发展。然而另一些国家科学地、有针对性地设置壁垒,却既能有效地保护国内产业发展,又能活跃市场、繁荣经济,取得较快发展。这是值得注意的国际经济现象。贸易壁垒从来都是双边(向)性质的或多边性质的,这说明国际贸易本身受到限制与反限制的制约。限制他人必然要受到他人的反限制,而他人对我方的限制也会受到我方的反限制。因此,国际贸易壁垒的削减至少必须是双边的,更多的是多边的。

(4)波及性。贸易壁垒不仅直接对进出口产品产生影响作用,而且对产品的生产结构乃至经济结构产生更大的间接的影响作用。某些时候这种间接影响的作用还相当深远、广泛和复杂。

(5)报复与反报复性。由贸易壁垒的保护、多边性质及当前国际经济贸易的现实可知,贸易壁垒还作为一种报复和反报复的措施和威慑工具存在。当然,这种报复性壁垒同样会遭到另外一些当事主权国家的强烈反应。这时反报复性壁垒也就生成。一旦报复开始,反报复将同时开始行动。

(6)交叉性、复合性与可变动性。现代国际贸易壁垒已不是简单的、单纯的、互相孤立的壁垒措施相加所构成。它已逐渐形成相互支持和相互补充的复合性的,融财政、经济、贸易、技术、法律和政治为一体的系统体系。因此对国际贸易壁垒的认识也应当是综合与辩证的。此外国际贸易壁垒随着全球贸易的深化更具有变动性,以适应各自国家利益的需要。

(7)对经济的扭曲性。国际贸易壁垒的存在对国际经济和国内经济都产生了扭曲作用。贸易壁垒的出现造成了对自由贸易的干预,直接导致了国内外价格体系的扭曲,由于壁垒存在及变动的波及性,造成整个经济系统(价格)的低效率和资源配置的错误导向。

(8)对经济的调节性。国际贸易壁垒的存在对一个实施开放经济的国家而言,是一个重要的经济杠杆,对国内市场的供求状况、生产状况、分配与消费状况、进出口商品结构、本国贸易条件以及外汇收支状况等产生大小程度不同的调节作用。

14.1.2　我国对外贸易实践中对贸易壁垒的认定

2001 年 9 月,我国商务部颁布的《对外贸易壁垒调查暂行规则》中,对于对外贸易壁垒是这样认定的:外国(地区)政府实施或支持实施的措施,具有贸易扭曲效果,符合下列情形之一的,视为贸易壁垒。

(1)该措施违反该国(地区)与我国共同参加的多边贸易条约或与我国签订的双边贸易协定。

(2)该措施对我国产品或服务进入该国(地区)市场或第三国(地区)市场造成或可能造成不合理的阻碍或限制。

(3)该措施对我国产品或服务在该国(地区)市场或第三国(地区)市场的竞争力造成或可能造成不合理的损害。

外国(地区)政府未能履行与我国共同参加的多边贸易条约或与我国签订的双边贸易协定规定的义务的,该做法亦视为贸易壁垒。

14.2 关税的概念、性质、特点与职能

14.2.1 关税的概念

关税(tariff)是指进出口商品通过本国关境时,由政府设置的海关根据海关税则,向本国进出口商所征收的一种税收。它是一种最重要、最常用的限制贸易的手段。

理解关税这一概念,需注意如下三点。

(1)征收关税的领域:进出关境的商品。关境是由海关管辖的边境,是海关征收关税、执行海关法令和规章的区域范围。一般说来,关境和国境是一致的,关境就设置在国境线上。但是,在建立自由港、自由贸易区等经济特区的情况下,进出自由港、自由贸易区等经济特区的商品不征收关税,此时关境小于国境,关境移至这些经济特区与国内其他地区交界处。另外,在与其他一些国家缔结关税同盟的情况下,参与同盟的国家,其内部的商品可以自由流通,海关只对进出同盟国以外的商品征收统一的关税,此时关境大于国境,关境移至同盟国与其他国家的交界处。

(2)征收关税的机关:海关。海关是国家设立的对进出关境的运输工具、货物、物品进行监督管理的行政机构。它的主要职责是依照国家有关的政策、法令和规章监管进出关境的运输工具、货物、行李物品、邮递物品和其他物品,征收关税和其他税、费,查缉走私,并编制海关统计和办理其他海关业务。征收关税是海关的重要任务之一。

(3)征收关税的对象:本国的进出口商(除过境税外)。根据《中华人民共和国进出口关税条例》规定:进口货物的收货人、出口货物的发货人,是关税的纳税义务人。

14.2.2 关税的性质与特点

1.关税的性质

关税作为国家税收的一种,与任何其他税收一样,是国家凭借政治权利取得财政收入的一种方式,也是管理社会经济和国民生活的一种手段,因此,它具有强制性、无偿性和固定性的共同性质。

(1)强制性。关税由国家凭借政治权利和法律强制征收,纳税人必须依法纳税,否则就会受到法律制裁。

(2)无偿性。国家征收关税后即交入国库,成为国家的财政收入,无须付给纳税人任何补偿。

(3)固定性。关税的征收按国家规定的税法税则计征,税率相对固定,不能随意改动。

2.关税的特点

关税除具有一般税收的共性之外,作为一个单独的税种,又具有不同于其他税收的不同特点。

(1)关税是一种间接税。它与以纳税人的收入和财产作为征税对象的直接税不同,关税是以进出口商品为征税对象,属于商品流通过程中征税,纳税人可以将关税额作为成本的一部分加到商品价格上,最后转嫁给消费者。

(2)关税是对外政策的手段。关税的最大特点在于它的涉外性,与世界各国的利益关系密切。因此,主权国家常以关税为手段来体现其对外政策,把它作为进行国际经济、政治斗争的手段。

14.2.3 关税的职能

1.增加财政收入作用

关税征收以后即交入国库,成为该国财政收入。在资本主义发展初期,工业还不够发达,除土地税以外,其他税源有限,征收关税主要是为了财政收入。当时欧洲各国的关税,主要是征收出口税。随着资本主义工商业的发展,其他税源增加,关税在国家财政收入中的比重下降,关税的财政收入作用相对降低。现在只有少数财政极为困难的发展中国家,仍把关税作为财政收入的重要来源。但是无论征收关税的目的如何,它客观上都起到了增加财政收入的作用。

2.对国内经济的保护作用

对进口商品征收关税,等于提高其进口成本,并相应提高销售价格,以此削弱其与本国产品竞争的能力,从而保护国内同类或相近产品的生产与发展。对某些出口商品征收关税,可以防止国内紧缺物资外流,保护国内资源。关税这种对国内经济的保护作用,已成为当前关税的主要作用。

3.对国内经济的调节作用

利用关税率的高低或减免,调节某些商品的进口和出口数量,调节国内价格,保护国内供需平衡和市场稳定。通过征收临时进口附加税,以减少进口数量和外汇支出,保持国际收支平衡。

4.对外经济斗争和建立友好经济关系的作用

由于关税的高低会影响到对方国家的外贸规模和国内生产的发展,涉及对方国家的经济利益,因此可以利用优惠关税,作为争取友好贸易往来、改善国际关系的手段;也可以利用关税壁垒作为限制由对方进口或惩罚对方的手段;还可以利用差别关税,在对外贸易谈判时,以不同的税率为条件,作为迫使对方让步、开拓国外市场的手段。

关税在具有积极作用的同时,如利用不当,也可能产生消极作用。如果对某种产品不适当地长期保护,形成没有竞争的环境,有可能使生产这种产品的企业缺乏提高技术、改进生产的动力,养成依赖性,长期居于落后水平。

14.3 关税的种类

14.3.1 按征收的对象或商品的流向分类

按征收的对象或商品的流向分类,关税可分为进口税、出口税和过境税。

1.进口税

进口税(import duties)是指进口国家的海关在外国商品进入时,根据海关税则对本国进口商所征收的关税。进口税又称正常关税(normal tariff)或进口正税。

进口税是关税中最主要的税种,在限制外国商品进口、保护本国生产和市场方面具有很明显的作用。一般而言,税率越高,其保护程度越强。

进口税是一国推行保护贸易政策所实施的一项重要措施。通常所说的关税壁垒,实际上就是对进口商品征收高额关税,以此提高其成本,削弱其竞争力,从而起到限制进口、保护国内工业的作用。各国进口税税率的制定要注意多个因素。从有效保护和经济发展出发,应对不同商品制定不同的税率。一般地说,进口税税率随着进口商品加工程度的提高而提高,即工业制成品税率最高,半制成品次之,原料等初级产品最低甚至免税;同时,对于国内紧缺而又急需的生活必需品和机器设备予以低关税或免税,而对国内能大量生产的商品或奢侈品则征收高关税。同时,进口税也是一国推行对外政策的一项重要手段。一些国家根据政治经济关系的需要,会对来自不同国家的同一种商品实行不同的税率。

一般说来,进口税可以分为普通税、最惠国税和普遍优惠制三类。

(1)普通税。普通税适用于与该国没有签订任何关税互惠贸易条约或协定的国家(地区)进口的商品。普通税税率最高,一般比优惠税率高1~5倍,少数商品甚至高达10倍、20倍。目前仅有个别国家对从极少数(一般是非建交)国家的进口商品实行这种税率,大多数国家只是将其作为其他优惠税率减税的基础。因此,普通税率并不是被普遍实施的税率。

(2)最惠国税。最惠国税适用于与该国签订有最惠国待遇条款的贸易协定的国家(地区)进口的商品,也是世界贸易组织成员之间在正常贸易下必须给予的关税待遇。所谓最惠国待遇,是指缔约方一方现在和将来给予任何第三方的一切特权、优惠和豁免,也同样给予缔约方对方。最惠国待遇的主要内容是关税待遇。由于世界上大多数国家都加入了签订有多边最惠国待遇条约的世界贸易组织,或者通过个别谈判签订了双边最惠国待遇。因此,最惠国税实际上已成为正常的关税。

但是,最惠国税率并非是最低税率。在最惠国待遇中往往规定有例外条款,如在缔结关税同盟、自由贸易区或有特殊关系的国家之间规定更优惠的关税待遇时,最惠国待遇并不适用。

(3)普遍优惠制。普遍优惠制简称普惠制,它是发达国家给予发展中国家出口的制成品和半制成品(包括某些初级产品)普遍的、非歧视的、非互惠的一种关税优惠制度。这有利于促进发展中国家出口贸易的发展。

2. 出口税

出口税(export duties)是指出口国海关在本国商品输出时对本国出口商所征收的关税。

通常,征收出口税的目的主要有以下方面:

(1)增加财政收入。特别是经济落后的国家(地区)更是如此。

(2)保护国内生产。一是针对某些出口的原料征收,以保证对国内相关产业的原材料资源供给;二是为了维护本国经济利益,限制外国跨国公司在国内低价收购产品而设置;三是防止无法再生的资源逐渐枯竭。

(3)保障国内市场的供给。一些国家为了减少出口,保障国内供给,抑制通货膨胀,稳定国内经济,对一些消费品征收出口税。

(4)转嫁开发费用。为了转嫁开发和生产垄断产品所需的费用,同时又不影响该产品出口,对独占产品出口课征,如巴西对咖啡、古巴对烟草、智利对硝石都要征收相应的关税。

(5)平衡国际收支(减少贸易顺差)。征收出口税的主要是发展中国家,多数以燃料、原料或农产品为对象。

3. 过境税

过境税(transit duty)又叫通过税或转口税,是指一国海关对通过其关境再转运到第三国的外国商品所征收的关税。

过境税在重商主义时期盛行于欧洲各国,其目的主要是增加国家财政收入。随着资本主义的发展、税种的增加,到 19 世纪后半期,大多数国家相继废除了过境税。

二战后,关贸总协定规定了"自由过境"的原则。目前,大多数国家对过境商品只征收少量的签证费、印花费、登记费和统计费等。

14.3.2　按征税的目的分类

按照征税的目的分类,关税可分为财政关税和保护关税。

(1)财政关税(revenue tariff)是以增加国库收入为主、以保护国内产业为辅的关税。它作为政府增加财政收入的渠道,以财政收入为目的。

(2)保护关税(protective tariff)是以保护产业为主、国库收入为辅的关税。这种关税最初的目的主要是保护幼稚产业。但自 20 世纪 30 年代世界经济危机以来,保护关税已不仅用于保护国内幼稚产业,对一般成熟产业(美国的纺织、钢铁业等)也加保护,如所谓运用关税以安定国民生活的关税社会政策。

14.3.3　按差别待遇和特定的情况分类

根据区别对待的原则和特定的实施情况,关税又可分为进口附加税、差价税、特惠税和普遍优惠制。

1. 进口附加税

进口附加税(import surcharge)是指进口国海关对进口商品在征收正常关税(正税)之外,出于某种特定目的而再额外加征的关税。

进口附加税通常是一种临时性的措施,它在特定情况下是非正常实施的。其目的主要有:应付国际收支危机;维持进出口平衡;防止外国商品低价倾销;对某个国家实行歧视或报复;等等。这也是公平贸易原则要求的。

进口附加税不同于进口税,在一国的海关税则中并不能找到,也不像进口税那样受到世界贸易组织的严格约束而只能降不能升,其税率的高低往往视征收的具体目的而定。它是限制商品进口的重要手段,在特定时期有较大的作用。以美国为例,1971 年美国出现了自 1893 年以来的首次贸易逆差,国际收支恶化。为了应付国际收支危机、维持进出口平衡,美国总统尼克松宣布自 1971 年 8 月 15 日起实行新经济政策,对外国商品进口在一般进口税上再加征 10％的进口附加税,以限制进口。

一般说来,对所有进口商品征收进口附加税的情况较少,大多数情况是针对个别国家和个别商品征收进口附加税。这类进口附加税中最常见的是反倾销税和反补贴税。此外,还有紧急关税、惩罚关税和报复关税。

(1)反倾销税(anti-dumping duty)。反倾销税是指对实行倾销的进口货物所征收的一种临时性进口附加税。征收反倾销税的目的在于抵制商品倾销、保护本国产品的国内市场。因此,反倾销税税额一般按倾销差额征收,由此抵销低价倾销商品价格与该商品正常价格之间的差额。

(2)反补贴税(anti-subsidy duty)。反补贴税又称反津贴税、抵消税或补偿税,它是指进口国为了抵消某种进口商品在生产、制造、加工、买卖、输出过程中所受的直接或间接的任何奖金或补贴而征收的一种进口附加税。征收反补贴税的目的在于增加进口商品的价格,抵消其所享受的贴补金额,削弱其竞争能力,使其不能在进口国的国内市场上进行低价竞争或倾销。

(3)紧急关税(emergency tariff)。紧急关税是为消除外国商品在短期内大量进口对国内同类产品生产造成重大损害或产生重大威胁而征收的一种进口附加税。当短期内外国商品大量涌入时,一般正常关税已难以起到有效保护作用,因此,需借助税率较高的特别关税来限制进口,保护国内生产。例如,1972年5月,澳大利亚受到外国涤纶和棉纶涤纶进口的冲击,为保护国内生产,决定征收紧急关税,在每磅20澳分的正税外,另加征每磅48澳分的进口附加税。

由于紧急关税是在紧急情况下征收的,是一种临时性税,因此,当紧急情况缓解后,紧急关税必须撤除,否则会受到别国的关税报复。

(4)惩罚关税(penalty tariff)。惩罚关税是指出口国某商品违反了与进口国之间协议,或者未按进口国海关规定办理进口手续时,进口国海关对该进口商品征收的一种临时性的进口附加税。例如,1988年日本半导体元件出口商因违反了与美国达成的自动出口限制协定,被美国征收100%的惩罚关税。又如,若某进口商虚报成交价格,以低价报关,一经发现,进口国海关将对该进口商征收特别关税作为罚款。

(5)报复关税(retaliatory tariff)。报复关税是指一国为报复它国对本国商品、船舶、企业、投资或知识产权等方面的不公正待遇,对从该国进口的商品所课征的进口附加税。通常在对方取消不公正待遇时,报复关税也会相应取消。然而,报复关税也像惩罚关税一样,易引起他国的反报复,最终导致关税战。例如,乌拉圭回合谈判期间,美国和欧洲联盟就农产品补贴问题发生了激烈的争执,美国提出一个"零点方案",要求欧盟十年内将补贴降为零,否则美国除了向农产品增加补贴外,还要对欧盟进口商品增收200%的报复关税。欧盟也不甘示弱,扬言反报复。双方剑拔弩张,若非最后相互妥协,就差点葬送了这一轮谈判的成果。

征收进口附加税主要是为了弥补正税的财政收入作用和保护作用的不足。由于进口附加税比正税所受国际社会约束更少,使用灵活,因而常常会被用作限制进口与贸易斗争的武器。过去,我国在合理地、适当地应用进口附加税的手段方面显得非常不足。比如,因长期没有自己的反倾销、反补贴法规,不能利用反倾销税和反贴补税来抵制外国商品对我国低价倾销,以保护我国同类产品的生产和市场。直到1997年3月25日,我国颁布了《中华人民共和国反倾销和反补贴条例》,才使我国的反倾销、反补贴制度法制化、规范化。

2.差价税

差价税(variable levy)又称差额税,是当本国生产的某种产品的国内价格高于同类进口商品的价格时,为削弱进口商品的竞争力、保护国内生产和市场,按国内价格与进口价格之间的差额征收的关税。

其目的是使该种商品的税后价格保持在一个预定的价格标准上,以稳定进口国内该种商品的市场价格。

对于征收差价税的商品,有的规定按价格差额征收,有的规定在征收一般关税以外另行征收,这种差价税实际上属于进口附加税。差价税没有固定的税率和税额,而是随着国内外价格差额的变动而变动,因此是一种滑动关税(sliding duty)。

征收差价税的典型表现是欧盟对进口农畜产品的做法。欧盟为了保护其农畜产品免受非成员低价农产品竞争,而对进口的农产品征收差价税。

3. 特惠税

特惠税(preferential duty)又称优惠税,它是对来自特定国家(地区)的进口商品给予特别优惠的低关税或免税待遇。其目的是为了增进与受惠国之间的友好贸易往来。特惠税有的是互惠的,有的是非互惠的。

特惠税最早开始于宗主国与殖民地及附属国之间的贸易,最有名的互惠的特惠税典型是英联邦特惠制。它是英国确保获取廉价原料、食品和销售其工业品,排挤其他国家侵入英国殖民地市场,垄断其殖民地、附属国市场的工具。

目前,仍在起作用的且最有影响的非互惠的特惠税典型是洛美协定国家之间的特惠税。它是欧盟向参加协定的非洲、加勒比海和太平洋地区的发展中国家单方面提供的特惠关税。第一个洛美协定于 1975 年 2 月签订,60 多个受惠国的全部工业品和 99.5 % 的农产品享受优惠。洛美协定国家间实行的这种关税是世界上最优惠的一种关税:一是优惠范围广,几乎包括所有的工业产品和农产品;二是优惠幅度大,列入优惠的产品全部免税进口。它有力地促进了欧盟和这些国家之间经济贸易关系的发展。

4. 普遍优惠制

普遍优惠制(generalized system of preferences,GSP)简称普惠制,是发达国家给予发展中国家出口的制成品和半制成品(包括某些初级产品)普遍的、非歧视的、非互惠的一种关税优惠制度。

普遍性、非歧视性和非互惠性是普惠制的三项基本原则。普遍性是指发达国家对所有发展中国家出口的制成品和半制成品给予的普遍的关税优惠待遇;非歧视性是指应使所有发展中国家都无歧视、无例外地享受普惠制待遇;非互惠性即非对等性,是指发达国家应单方面给予发展中国家特殊的关税减让而不要求发展中国家对发达国家给予对等待遇。

普惠制的目的是通过给惠国对受惠国的受惠商品给予减、免关税优惠待遇,使发展中的受惠国增加出口收益,促进其工业化水平的提高,加速国民经济的增长。

普惠制是发展中国家在联合国贸易与发展会议上长期斗争的成果。1968 年第二届联合国贸易与发展会议上通过了普惠制的决议。1971 年 7 月,欧洲共同市场首先制订了普惠制方案,开始实施至今,普惠制已在世界上实施了 40 多年。目前,全世界已有 190 多个发展中国家(地区)享受普惠制待遇,给惠国则达到 41 个,分别是:欧洲联盟 28 国(法国、联合王国、爱尔兰、德国、丹麦、意大利、比利时、荷兰、卢森堡、希腊、西班牙、葡萄牙、奥地利、瑞典、芬兰;捷克、斯洛伐克、波兰、爱沙尼亚、拉脱维亚、斯洛文尼亚、塞浦路斯、立陶宛、马耳他、匈牙利;增加罗马尼亚、保加利亚、克罗地亚),瑞士、挪威、日本、美国、加拿大、澳大利亚、新西兰、俄罗斯、乌克兰、白俄罗斯、哈萨克斯坦、土耳其、列支敦士登公国等 41 个国家。除美国外,其余 40 国给予我国普惠制待遇。

普惠制方案是各给惠国为实施普惠制而制订的具体执行方法。各发达国家(即给惠国)分别制订了各自的普惠制实施方案,而欧盟作为一个国家集团给出共同的普惠制方案,因此,目前全世界共有 17 个普惠制方案。从具体内容看,各方案不尽一致,但大多包括了给惠产品范围、受惠国家(地区)、关税削减幅度、保护措施、原产地规则和给惠方案有效期六个方面。

14.4 关税的征收

14.4.1 征收关税的依据

征收关税的依据是海关税则。海关税则(customs tariff)又称关税税则,是指一国对进出口商品计征关税的规章和对进出口应税与免税商品加以系统分类的一览表。它是关税制度的重要内容,是国家关税政策的具体体现。

海关税则一般包括两部分:一部分是海关课征关税的规章条例及说明,另一部分是关税税率表。关税税率表是海关税则的主体,一般设有税则号列、商品名称、征税标准、计税单位和税率等几个栏目。

税则号列,即商品分类号,是把种类繁多的商品加以综合,按照一定的标准分门别类,简化成数量有限的商品类目,分别编号,并逐号列出商品名称。最初各国都根据自身征税的需要和习惯进行商品分类,编制出分类目录。但是,各国编制的商品分类目录、分类方法不同,口径各异,使各国海关的统计资料缺乏可比性,更使贸易双方不易了解对方进出口商品的关税水平,给贸易谈判增加了困难。为了解决这一矛盾,一些国际经济组织试图制定一个国际通用的商品分类目录。目前,世界上广泛使用的是海关合作理事会编制的《商品名称及编码协调制度》(简称《协调制度》)。该制度于 1988 年 1 月 1 日正式生效实施,我国也于 1992 年 1 月 1 日起正式采用了《协调制度》目录。

关税税率表中的税率,按其栏目的多少,可以分为单栏税率和多栏税率。单栏税率,即一个税目下只有一个税率。只有单栏税率的税则称为单式税则或一栏税则,适用于来自任何一个国家的商品,没有差别待遇,没有歧视。目前只有少数发展中国家如委内瑞拉、巴拿马、冈比亚等仍实行单式税则。

多栏税率,是指同一个税目下订有两个或两个以上的税率。具有多栏税率的税则称为复式税则或多栏税则。多栏税率的目的在于实行差别待遇和歧视政策,对于来自不同国家(地区)的商品按不同的税率征收。世界上绝大多数国家实行复式税则,比如,美国、加拿大等国家实行三栏税则,欧盟等国实行四栏税则。我国目前采用两栏税则。

关税税率表中的税率,按其制定方式不同,可以分为国定税率(或自主税率)和协定税率。国定税率是指一国立法机构根据关税自主原则单独制定并有权更改的税率。协定税率是指与其他国家(地区)通过贸易与关税谈判,以贸易条约或协定的方式确定的税率。第二次世界大战结束以来,随着经济全球化的发展,各国贸易联系和依赖日益加强,海关税则呈现出从国定税则(自主税则)向协定税则发展的趋势。目前,世界贸易组织的成员,其关税税率必须受该组织协定约束,所以,实际上大多数国家都实行协定税则。

14.4.2 征收关税的方法

通常,征收关税的方法主要采用从量税和从价税计量标准,在这两种方法的基础上又有混合税和滑准税计量标准。

1. 从量税

从量税(specific duty),即以商品的重量、数量、长度、容积、面积等计量单位标准计征的关税。简言之,从量税就是从量征税,按货物的数量征税。即以征税对象的计量单位为征税标准,按每计量单位预先制定的应纳关税金额乘以应税实物总量计征关税。货物的数量有重量、件数、长度、面积、体积、容积等,每一计量单位的税金是固定的,应交纳的关税总额就是货物数量乘以单位税金,这是一种古老的征税办法,由于税率是按规定的计量单位确定的单位税额,又称为定额税率(fixed tax rate)。从量税的征税对象多是棉、麦、大豆等大宗商品和标准商品。从量税适用于商品品质较同一者。从量税的计算公式为:

从量关税税额＝商品进口数量×从量关税税率(单位税额)

具体做法:征收从量税,大部分国家是以商品的重量来计算的。根据各国对应税商品重量的计算方法的不同,大致分为以下三种:①毛重(gross weight)法或总量标准法,即以商品本身的重量、内包装以及外包装重量为商品的标准重量计征税额。②半毛重(semi-gross weight)法或半总重量法,是不包括外包装物的重量来计征其税额。③净毛重(net weight)法或纯重量法,即从总量中除去内、外包装重量后的商品纯重量,以此作为商品的标准重量计征税额。

此外,还有以商品的法定重量和净净重计征从量税额的做法。

从量税的优点有:①征税手续简便,计算简单,通关迅速。②能对难以估价的商品进行征税,避开矛盾,完成关税征纳。③对国外低档倾销商品的进口有一定的限制作用。由于每单位税额固定,对低档廉价商品与高档优价商品的关税相同,因而对低档货的限制作用就相对要强,可以抑制廉价商品的大量进口。④从量税能消除伪报价格的违法行为。因为税额只与进出口实物量有关,而进出口实物量可以在海关管理过程中直接测定,所以从量税能消除低报或瞒报价格、逃偷关税的违法行为。⑤能在一定程度上减缓国际市场价格波动对国内经济的影响。

但从量税也存在缺点:①不能适应商品的质价相关关系。商品质价差距过大,从量税税负不合理的负面作用就会很明显。②不能适应市场行情与通货膨胀的变化。当市场和通货变化时,从量税其税负不合理的缺陷随价格变化幅度的增长而加强。③从量税对进口商品不能普遍适用。对于一些重量轻、价值大的艺术品、贵重物品(古董、宝石等)不能采用。

目前,只有部分国家对少数商品进口仍使用从量税的办法。美国、英国、瑞典三国从量税占征税办法的比重分别为20%、10%、13%。欧盟、日本对一些进口的农副产品征收从量税。当今在工业化国家中,瑞士是唯一单一使用从量税的国家。

由于单一的从价计征标准无法适应当前纷繁复杂的国际贸易形势发展,我国从1997年7月1日起对啤酒、石油原油和部分感光胶片试行从量关税,以此来弥补从价征税所造成的损失,从而更好地调节这几类商品的进出口贸易。

2. 从价税

从价税(advalorem duty)是指从价征税,以征税对象的价格作为征税标准计征关税。其税率表现为商品价格的一定百分比。以从价标准计征的税收也称为比例税。经海关审定作为计征关税依据的价格叫"完税价格"(dutiable value),或海关价格。完税价格乘以税则中规定的税率,就可算出应纳的关税金额。从价税的计征对象一般是制成品。其计算公式为:

从价关税税额＝商品进口总值×从价关税税率

征收从价税的关键是确定进口商品的完税价格。因为高估完税价格可以加重进口商品的关税负担，能起到限制进口的作用。海关审定完税价格的工作叫海关估价（customs valuation）。这是国际贸易程序中的一个必要环节，其必要性一方面表现为在实际征收进出口从价关税之前必须首先确定有关商品的应税价格；另一方面则表现为必须制止国际贸易中的不正当商业行为。海关估价会涉及估价计税国和其他有关国家（地区）的利益冲突和协调。所以，为了使得海关估价体现公平、统一、中性的原则，并且符合国际贸易实际及适应国际贸易发展的需要，有关的国际组织对此制定规则，加以规范。

国际上最有影响的海关估价制度有两种，即布鲁塞尔估价制度和新估价法规。布鲁塞尔估价制度（Brussels definition of value，BDV）引入一个抽象的"正常价格"（regular price）作为完税价格，指的是在公开独立的市场上所有购买者都能获得的价格，即正常价格必须是正常的竞争价格。新估价法规（new valuation code）要求各成员国按买卖双方达成的成交价格（transaction value）来对进口货物估价。成交价格指买卖双方在没有从属关系的公开市场上成交的已付或应付价格，基本上是具体成交的合同价格或发票价格。现有近130个国家（地区）已签字承诺遵守世界贸易组织的《海关估价规则》，即新估价法规。

我国的现有的进口货物海关估价法规载于《中华人民共和国进出口关税条例》和《中华人民共和国海关审定进出口货物完税价格办法》。规定进口货物以海关审定的成交价格为基础的到岸价格作为完税价格。还规定当进口货物的到岸价格经海关审查未能确定的，我国海关按次序以下列价格估定完税价格：①从该项进口货物同一出口国或地区购进的相同或类似货物的成交价格；②该项进口货物的相同或类似货物在国际市场上的成交价格；③该项进口货物的相同或者类似货物在国内市场上的批发价格，减去进口关税，进口环节其他税收以及进口后的运输、储存、营业费用及利润后的价格；④海关利用其他合理方法估定的价格。

我国的海关估价制度与世界贸易组织海关估价规则基本相符，但也存在一些差异。为此，我国的海关估价制度还需要进一步完善，尽早与为世界上大多数国家（地区）所接受的国际海关估价规则相接轨。

从价税的优点有：①能适应商品的质价相关关系，税负合理。同类商品档次高、价格高者，其应纳税的金额也高；相反，低档货价格低，纳税金额也就低。加工程度高的商品，由于其价格高、税额高，关税对其保护作用就强。②能适应市场行情与通货的变化。物价上涨下落，由于按税则中所规定的税率计征关税，纳税额也相应地增加或减少，关税的财政作用和保护作用都不会有影响。按从价税征税，可归结为高价高税、低价低税。③可适用于一切商品。对所有的商品，从价税税率都可以制定。④从价税率按百分比表示，便于国际间的关税进行比较和谈判。

但从价税也存在缺点：①进口货物完税价格的审定手续繁杂，费人费事，需要一定的专业技术。因此，进口商品的价格难以准确、可靠。②不能自动抵御伪报价格、偷逃关税的违法行为。因为从价税实际上是高价高税额、低价低税额，这样就存在着低报价格逃税的可能。价格低报百分之多少，税额就下降百分之多少。因此使用从价税可能发生低报价格规避税负之事，而且当国外产品价格低廉时，无法达到保护国内产业之目的。③不能阻止国际市场价格的波动对国内经济的影响。在从价税的条件下，进口货物关税后价格的变化率与国际市场价格变化率一致，但变化额放大。所以，从价税不能阻止国际市场价格对国内经济的影响。④通关时间长。由于征纳双方容易因价格问题发生摩擦，从而延缓了通关的进程。

目前世界上除了个别国家外,大都使用从价税或以从价税为主的关税计征标准。我国征收关税也以从价税为主。

3. 混合税

广义的混合税制包括在一部税则中,不同税目分别使用从量税和从价税两种征税标准。而通常所说的混合税是在同一税目中同时制定从量和从价两种税率。混合税(mixed duties)包括复合税和选择税两种具体方式。混合税兼用两种征税标准,能互相取长补短,使关税作用发挥到最佳状态。一般来说,各国使用混合税的商品对象,都是一些需要保护的商品或一些敏感商品。

(1)复合税(compound duty)是指对某一税则号列项下的商品同时按从价和从量两种方法计征关税。在征税时,分别按从价、从量两种税率计算出该商品的从价税额和从量税额,然后将两个税额相加,就是该商品应交的关税金额。其计算公式为:

复合关税税额＝商品进口数量×从量关税税率＋完税价格×从价关税税率＝从量税额＋从价税额

在实际中,复合税计算有两种情况:一是以从量税为主,加征从价税;二是以从价税为主,加征从量税。

使用复合税综合了从量税和从价税的优点,可以更好地平衡税负,使之适度、合理。在进口商品价格变动时,既可以保证有稳定的财政收入,又可以起到一定的保护作用。其缺点是造成关税结构复杂化,尤其是复合税中从价、从量部分的比例难以确定。

美国对复合税采用较多。另外,欧盟、加拿大等对某些进口商品也采用复合税征税。

(2)选择税(alternative duty)是指对税则中某一税则号列项下的商品同时定有从价、从量两种税制,征收时由海关从中选择。

一般情况下,为了限制进口,海关从中选择征税额较高的一种,以削弱进口商品的竞争能力。有时为了体现优惠,或为了某些特定目的,如鼓励某种商品的进口,也会选择其中税额较低的税率来征收关税。也有一些国家为使税负不致过高或过低而选居中的一种。

选择税兼取从价和从量计征标准的优点,克服了从价税和从量税各自的缺点,可起到防止低价倾销进口和保护本国生产的作用,也是防止不法商人低瞒价格、偷逃税款的一种有效措施。其缺点主要是使关税结构复杂化。

目前,日本、欧盟等一些发达国家选择税用得较多,我国还未采用此种征税标准。

4. 滑准税

滑准税(sliding duty)又称滑动税,是指在关税税则中,对同一商品根据其价格水平的高低,划分几个档次,规定不同的税率。使关税后的价格差距趋缓的征税标准。商品进口时,价格高的商品低税或免税,价格低的商品则征收较高的税率。亦即滑准税是一种关税税率随进口商品价格由高至低而由低至高设置计征关税的方法。其目的在于将税后价格维持在预定水平上,以维持国内价格稳定,不受国际市场价格波动的影响,用来保护国内生产。

如果完税价格只分为两段,并分别采用从价、从量标准,滑准税就等同于选择税。当然,滑准税可以设置各个价格档次,且分别采用不同的标准。但无论各价格档采用何种计征标准,都须保证在价格档的分界线上按各自的标准和税率计算的税额相等,否则容易引起纳税争议。另外,价格档的设置不能过多,否则,税率的修订会变得过于复杂。

14.4.3　征收关税的程序

征收关税的程序,也就是海关对进出口货物实行监管、征税的程序,又称通关手续。一般包括接受申报、查验货物、征收税费、结关放行四个环节。从作业的主体方来讲,可以把征收关税的程序归纳为报关、查验、纳税和放行。

1. 报关

报关又称申报,是指在货物进出境时,进出口商或其代理人向海关申报,请求办理货物进出口手续的行为。

报关必须由具有报关资格并经海关注册登记的"报关单位"办理。报关单位的报关员须经海关培训和考核认可,发给报关员证,才能办理报关手续。非报关单位的商品进出口须委托报关单位及其报关员办理报关手续。在报关时,要填写报关单,并交验海关所规定的各项单证。海关在接受报关后应予以申报登记,即对报关员交验的各项单证予以签收、报关单编号登记、批注接受申报日期。

报关应在海关规定的工作日内完成。根据我国的《海关法》规定,进口货物的收货人应当自运输工具申报进境之日起 14 日内,出口货物的发货人,除海关特准的外,应当在装货的 24 小时以前向海关申报。超过时间,要征收滞报金。进口货物如进境后 3 个月未报关,由海关提取变卖处理。如果属于不宜长期保存的,海关可以根据实际情况提前处理。被处理货物,如在货物变卖之日起一年内补报关,变卖所得货款在扣除有关费用、税款和罚金后,可发还货主。逾期无人认领,上缴国库。

2. 查验

查验是指海关在接受报关后,对单证和货物的查验。根据《海关法》规定,进出口货物除经海关总署批准的以外,都应接受海关查验。

海关的查验工作主要有两项:一是对单证的查验,或者说审单。主要是查验单证是否符合国家的有关进出口政策和其他有关法令的规定,是否符合海关对进出口货物的监管、征税和统计的要求,以及单证是否齐全、有效,货价是否真实等。比如,有的交验的是已失效的单证,海关可不接受申报;有的申报不实,如虚报货价以逃税等,海关可根据《海关法》规定,按违章案件处以适当罚款。二是对货物的查验,即在查验单证后,以已审查无讹的进出口许可证或进出口货物报关单(明细单)为依据,查验货物。主要是查验单物是否相符,如:货物的名称、原产地、数量、重量、包装等是否与报关单相符,是否有未报、漏报的;检查货物有无残损,包装是否符合要求;等等。其目的是确定货物进出口是否合法,是否符合其他管理规定,防范国内外不法商人利用货运进行政治经济破坏活动。

3. 纳税

纳税是指进出口商或其代理人依据海关签发的税款缴纳证,在规定的日期内,向指定的银行缴纳税款。

海关在接受申报和查验货物完毕后,依据海关税则,向进出口商或其代理人签发税款缴纳证,进出口商或其代理人应在海关签发税款缴纳证的次日(节假日除外)起的 7 天内,向指定的银行缴纳税款。逾期不缴纳的,由海关自第八日起至缴清款日止,按日征收税款总额的千分之一的滞纳金。对超过 3 个月仍未缴纳税款的,海关责令担保人缴纳税款或者将货物变卖抵缴,必要时,可以通知银行在担保人或者纳税义务人存款内扣款。

纳税义务人同海关发生纳税争议时,应先缴纳税款,然后自海关填发税款缴纳证之日起30天内向海关书面申请复议。确属错缴或多缴的,可按规定办理退税。

在进出口货物放行后,如果海关发现少征或漏征税款,也可按规定向纳税义务人补征。

4. 放行

放行是指海关在接受进出口货物申报、查验货物,并在纳税义务人缴纳关税后,在货运单据上签印放行。

进出口商或其代理人必须凭海关签印的货运单据才能提取或发运进出口货物。未经海关放行的海关监管货物,任何单位和个人不得提取或发运。

14.5 关税的经济效应分析

征收关税将产生一系列的经济效应。但它与开展自由贸易的效应(作用)相反,会导致资源配置效率的降低,在各国间和各国内的不同利益集团之间进行收入的再分配,从总体来看,降低了贸易参加国的福利水平。

14.5.1 小国模型

通过征收进口关税限制进口,保护本国市场和产业,是一国实行保护贸易政策时常用的手法。一国对进口商品征收关税,必然会增加进口商品的成本,引起进口商品的国内市场价格或国际市场价格变动,从而影响到出口国和进口国在生产、贸易和消费等方面的调整,导致收入的再分配。

假定进口国是一贸易小国,该国某种商品的进口量占世界市场的份额很小,因此,该国进口量的变动不能影响世界市场价格,如同完全竞争的企业,只是价格的接受者。这样,该国征收关税后,进口商品国内市场价格上涨的幅度等于关税税率,关税全部由进口国消费者负担。

征收关税后,进口国国内市场价格上升,对进口国国内经济造成以下效应(影响):①消费效应(consumption effect),征收关税降低了该商品的国内消费量,从而降低了福利水平。②生产效应(production effect),征收关税增加了该商品的国内产量。由于征收关税,一些国内资源从生产更有效率的可出口商品转移到生产比较缺乏效益的可进口商品,由此造成了该国资源配置效率下降。③贸易效应(trade effect),征收关税减少了该商品进口量。由于征收关税,导致进口量的减少,就是关税的贸易效应。④财政收入效应(revenue effect),征收关税给国家带来了财政收入。应该看到,关税收入的一部分要用来支付征收关税这一行为的费用,如海关工作人员的工资等,因此,关税收入只有一部分成为财政收入。⑤收入再分配效应(redistribution of income effect),征收关税使消费者的收入再分配。

14.5.2 大国模型

如果进口国是一个贸易大国,即该国某种商品的进口量占了世界进口总量较大的比重,该国进口量的变动就会影响到世界市场价格。因此,大国征收关税虽然也有小国模型中的种种经济效应,但由于大国能影响世界价格,因此从局部均衡分析所得的征收关税的代价和利益对比的净效果,同小国模型相比就具备了不同的特征。

(1)价格效应(price effect):进口大国征收关税而引起国内价格上涨必然导致进口量缩减,就可能压低该商品的国际市场价格。这就是说,大国进口商品价格上涨的幅度不会等于关税税率,而是低于关税税率。大国向出口国转嫁了部分关税。

(2)贸易条件效应(terms of trade effect):由于征收关税,大国进口商品的国际市场价格下降,如果同时期进口国出口价格不变,则该国的贸易条件得到了改善,与小国模型相比,贸易大国征收关税能获得较多的收入,其中一部分收入源于对出口国的"剥夺"。

以上只是考察了关税的局部均衡效应,其分析带有短期静态的特征。事实上,关税还会带来种种动态影响。如关税对幼稚产业的保护,可以带来国内产业发展的长期利益。对某些停滞产业的保护,能够维持国内的就业水平,保证国内经济的稳定增长等。另外,关税对国内经济也会产生消极效应(影响),如过度保护使国内企业不思进取,技术进步缓慢,劳动生产率低下等。因此,必须结合长期经济发展动态地考察关税的经济效应和关税对本国净福利的影响。

14.6 有效关税与最优关税

14.6.1 中间产品、最终产品与关税结构

以上对关税保护效应的分析,我们已经了解,征收关税有利于进口竞争品的生产者,一国进口关税水平越高,对国内相关工业的保护程度越高。但是按关税的从价税率(名义税率)计算的,并且征收关税的对象只是进口的最终产品,即这种关税效应是针对最终产品贸易而言的。在没有中间产品贸易介入的最终产品贸易条件下,关税的保护容易确定,它同关税税率成正比。但是,在生产国际化的今天,原料、零配件和组装件等中间产品的贸易量大为增加,显然,中间产品是进口还是国内自制,对一国的价值实现具有很大影响。

在实际的出口商品中,除最终产品外,还包括大量中间产品,如原料、机器设备等。对一种最终产品征收进口关税,不但保护了该进口竞争商品的生产行业,而且保护了为这个行业提供原材料等投入的其他行业。

例如,对小汽车征收进口关税,不但保护了小汽车行业的生产,而且还保护了为汽车生产提供投入的钢铁、机械、橡胶、仪表等行业的生产。另一方面,进口竞争(或进口替代)行业中的企业,不但受到对进口商品征收关税的影响,而且还要受到对所使用的原材料等中间产品征收的关税的影响。例如,假定一国小汽车生产企业是靠进口原材料来维持生产的,对进口钢材等原材料征收关税,就要影响到小汽车的生产成本,对该国小汽车的国际竞争力产生影响。这就产生了研究关税结构的问题。

14.6.2 关税水平与保护程度

关税水平(tariff level)是指一个国家进口关税的平均税率。针对某一类商品的关税保护程度而言,也可以称为名义税率或名义保护率,其计算方法包括简单平均法和加权平均法。

关税税率一般代表税前税后商品价差与税前价格的百分比。

在简单平均法下:

平均关税税率 ATL＝（税则中所有税目的税率之和/税则中所有税目之和）×100％

这种方法没有考虑进口商品的不同数量和价格,也没有考虑税目中未进口的商品和零税率商品。

在加权平均法下:

平均关税税率 ATL＝（进口关税总额/有税进口商品总额）×100％

关税的保护程度有两种表示方法:一种是关税对一国经济或某一经济部门的保护程度,通常以关税水平来衡量;另一种是关税对某一类商品的保护程度,通常以保护率表示。对最终产品征收关税所产生的效果是名义上的,称为名义保护率(nominal rate protection,NRP)。它是 20 世纪 60 年代以后产生和发展起来的一个概念,后被广泛应用于分析整套关税结构对某一产业最终产品生产者的保护作用。

名义关税率对消费者很重要,因为它表明了关税导致的最终商品价格的增加量;而有效保护率对生产者很重要,因为它表明了关税对进口竞争品生产者的保护程度。

有效保护率这一概念的提出是基于如下事实:按照生产过程的加工深度,我们可将产品分为制成品(最终产品)、中间产品(如零部件)和原材料等。对中间产品或原材料征收关税,将提高这些产品的价格,从而增加国内使用者的负担,导致生产成本上涨,使得那些使用中间产品或原材料的最终产品的关税所产生的保护效应降低,所以从中间产品或原材料使用者的角度来看,对中间产品或原材料征收关税就相当于对生产征税,降低了国内生产的附加值。

研究关税结构、区别名义保护率和实际保护率,具有非常重要的意义。当最终产品名义税率一定时,对所需的原材料等中间产品征收的名义税率越低,则最终产品名义税率的保护作用(有效保护率)越大。因此,如果要对某种产业实行保护,不仅要考虑对该产业最终产品的关税率,而且要把整个关税结构与该产业的生产结构结合起来考虑,才能制定出相应的合理政策措施。

基于提高有效保护率的考虑,发达国家常常采用逐步升级的关税结构,即对原料进口几乎完全免税,对半制成品征收适度关税,但对最终产品,特别是对劳动密集型制成品征收较高关税。发达国家的逐步升级的关税结构对发展中国家是极为不利的,它吸引发展中国家扩大原料出口,而阻碍制成品、半制成品出口,从而影响到发展中国家的工业化进程。

14.6.3 最优(佳)关税

现代国际贸易理论已经证明,任何国家征收关税,从绝对意义上讲都是一种净损失,也就是说完全的自由贸易是最优的或最佳的。但是,在现实中,各国出于不同的目的都不愿率先实行贸易的完全自由化,特别是发展中国家,如果仓促实行零关税,将会对其经济增长和产业结构升级产生十分不利的影响。那么,为了提高关税政策的效益,尽可能减小关税带来的损失,就需要考虑最优关税问题。

最优关税(optimum tariff)是指国家利用市场支配力量,通过一定的关税税率使得一国贸易条件改善带来的利益超过贸易量减少所造成的福利损失,并使该国获得最大净利益的进口关税,也即在静态条件下使国民经济净得益的关税。在自由贸易零关税和禁止性关税税率之间,有一个能使进口国净福利水平达到最大化的关税税率就是最优关税税率。

由于小国无法支配市场以改变商品的供求,也就不能通过关税改善其贸易条件,所以对小国而言只有零税率才是所谓的最优关税。大国征收关税一方面会减小贸易量,另一方面会改善其贸易条件。贸易量的减少是一种损失,而贸易条件的改善则是一种收益,这样的话,征收适度关税就有可能给一国带来净收益(虽然对世界来说仍是一种净损失)。因而,国际贸易理论认为,这样,只有在"大国效应"下,才有调整关税税率使国民经济净得益达到最大值的可能。对大国关税效应的分析表明,大国征收关税能影响国际市场价格,从而使出口国承担部分关税成本,并改善进口国的贸易条件。这意味着,一国有可能通过征收关税增加本国的福利水平,这就是最优关税。

思考与练习

1. 国际贸易壁垒的含义与特征分别是什么?

2. 关税的概念、特点与作用分别是什么?

3. 什么是进口税? 它分为几种?

4. 什么是保护关税? 为什么要征收保护关税?

5. 何谓进口附加税? 它分为几种? 其征收目的有哪些?

6. 简述反倾销税、反补贴税、紧急关税、差价税、特惠税的概念。

7. 何谓普遍优惠制? 普惠制方案的主要内容有哪些?

8. 简要说明征收关税的依据、方法和程序。

9. 比较说明从价税和从量税。

10. 试分析关税的经济效应。

11. 简要说明关税水平、保护程度、名义保护率和有效保护率。

12. 简要说明最优(佳)关税。

第 15 章 非关税壁垒措施

课前导读

今天,环保主义仅仅是另一种特殊利益集团。

——《环保主义之死》

市场力量是环保运动最好的朋友——只要绿色分子能够学着爱上它。

——《经济学人》

我们打开大门的同时,也跨进了人家的门槛。但人家的门槛也不是好进的。入世以后,关税的作用会逐渐弱化,但非关税壁垒的门槛仍然很高。检验、检疫、认证、标准、计量等一些符合国际贸易规则的、最基本的、技术性非常强的手段,将成为发展国际贸易中的一个很重要的手段。

——刘兆彬(国家市场监督管理总局)

历史上,最早的也是最基本的国际贸易措施是关税措施,但随着国际贸易的发展,出现了非关税措施,且越来越多。据国际社会统计,目前世界上有 3000 种以上的非关税壁垒措施。

随着关税税率的下降,非关税壁垒在限制进口、保护国内市场方面的作用不断加强,成为世界贸易组织关注的焦点之一。

15.1 传统的非关税壁垒

15.1.1 非关税壁垒的含义、特点与趋势

1.非关税壁垒的含义与特点

非关税壁垒(non-tariff barriers,NTBs)又称非关税限制进口措施,是指除关税措施以外的一切限制进口的措施。在 WTO 规则的体系中,非关税壁垒主要包括进口配额制、"自动"出口配额制、技术性贸易壁垒、反倾销、反补贴和保障措施等。

非关税壁垒早在资本主义发展的初期就已出现,但普遍建立起来却是在 20 世纪 30 年代。在 1929—1933 年世界经济危机期间,各资本主义国家在高筑关税壁垒的同时,还广泛采用各种非关税壁垒措施阻止商品输入。二战后,特别是 20 世纪 60 年代后期以来,在关贸总协定的努力下,关税总体水平大幅下降,关税作为政府干预贸易的政策工具的作用越来越弱,于是许多国家转而采用非关税措施限制进口。到 20 世纪 70 年代中期,非关税壁垒已成为贸易保护的主要手段。据统计,非关税壁垒 21 世纪初快速扩展到 3000 多项,且有不断加强的趋势。非关税壁垒与世界贸易组织促进贸易自由化的宗旨是相违背的。

非关税壁垒除了具有关税壁垒所具有的一些贸易壁垒的共同特点,即限制外国商品进口

以外,还具有以下特点:

(1)灵活性。一般来说,各国关税税率的制定必须通过立法程序,具有相对稳定性。同时,关税税率的调整直接受到世界贸易组织的约束,各国海关不能随意提高。而非关税措施通常采用行政手段,其制定、改变或调整迅速、简单、伸缩性大,在限制进口方面表现出更大的灵活性和时效性。

(2)有效性和难以超越性。关税壁垒的实施旨在通过征收高额关税提高进口商品的成本,它对商品进口的限制是相对的。当面对国际贸易中越来越普遍出现的商品倾销和出口补贴等鼓励出口措施时,关税就会显得作用乏力。同时,外国商品凭借生产成本的降低(如节省材料、提高生产效率、降低利润等),也能冲破高关税的障碍而进入对方国家。而有些非关税壁垒对进口的限制是绝对的,比如用进口配额等预先规定进口的数量和金额,超过限额就禁止进口。这种方法在限制进口方面更直接、更严厉,因而也更有效。

(3)隐蔽性。通过关税壁垒限制进口,唯一途径就是提高关税税率,而关税税率必须在海关税则中公布,毫无隐蔽性可言。非关税壁垒则完全不同,其措施往往不公开。它既能以正常的海关检验要求的名义出现,也可借用进口国的有关行政规定和法令条例,使之巧妙地隐藏在具体执行过程中而无须公开。它还可以打着保护消费者权益的旗号,规定严格、繁杂、苛刻的技术标准或卫生检疫标准,以限制一些国家商品的进口。

(4)歧视性。因为一国只有一部关税税则,因而关税壁垒像堤坝一样同等程度地限制了所有国家的进出口。而非关税壁垒可以针对某个国家或某种商品相应制定,因而更具歧视性。比如,1989年欧共体宣布禁止进口含荷尔蒙的牛肉的这一做法,就是针对美国做出的。又比如,法国在食品卫生法中规定禁止进口含有红霉素的糖果,主要是针对英国糖果普遍使用红霉素染色做出的。

(5)复杂性和广泛性。20世纪60年代以来,发达资本主义国家所采取的非关税壁垒日益复杂,数目多达上千种。典型的有进口配额、“自动”出口限制、进口许可证、外汇管制、歧视性政府采购等。另外,非关税壁垒的应用非常广泛,被限制进口的商品范围日益扩大,不仅涉及汽车、钢铁、服装、鞋类、农产品、日用品,还延伸到服务行业和软件、武器等高技术产品领域。

综上所述,非关税壁垒在限制进口方面比关税壁垒更有效、更隐蔽、更灵活和更有歧视性。由此可见,非关税壁垒取代关税壁垒成为保护主义的主要手段,有其客观必然性。

2. 非关税壁垒发展的新趋势

(1)绿色贸易壁垒盛行。由于全球生态环境进一步恶化的压力,促使人们愈来愈关注国际贸易领域的环境污染问题,许多国家和有关国际组织因此而制定了一些相关的环境法规和贸易规则,其中环境管制(environmental regulation)日益成为当今一些国家为实现环保目标而采取的主要贸易限制措施,从而构成了国际贸易中绿色贸易壁垒。

综观目前全球一些国家的成文法和案例,环保管制的主要措施如下:①课征环境进口附加税;②限制或禁止进出口;③环境贸易制裁;④推行国际标准;⑤推行国内加工和生产方法以及其他标准;⑥政府环境补贴。

在新的国际贸易体制下,环保问题的发展趋势日益引起人们的关注。首先,世贸组织对环保问题的重视程度将大大提高。其次,绿色贸易壁垒将不断加强,今后国际贸易中的保护主义必然将更多地利用环保名义采取更加隐蔽的环境管制措施。再次,发展中国家与发达国家在“环保-贸易问题”上的矛盾将更加尖锐,由于经济发展和科技水平的差距,发达国家与发展中国家的环保政策和措施难以协调。有些发达国家过于苛刻的标准,使发展中国家的产品出口会遇到较大的困难,故双方的矛盾将更趋尖锐复杂。最后,市场营销技术中的环保要求将进一步法制化,如环境标志、无公害包装、经商许可、产品注册、广告、绿色会计和审计制度等。

(2)不利于公平贸易原则的投资措施。公平贸易原则是世贸组织诸多原则中的基本一条,其主要内容是反对倾销和出口补贴。随着国际直接投资规模的不断扩大,要想在世贸组织的框架内贯彻公平贸易原则,不仅需要对贸易领域的扭曲行为进行校正,而且也需要对贸易的投资措施进行校正。

15.1.2　传统非关税壁垒的主要种类

非关税壁垒名目繁多,内容复杂,在实践中,最经常和最大量使用的主要有以下种类。

1. 进口配额制

进口配额(import quotas)又称进口限额,是指一国政府在一定的时期(如一季度、半年或一年)内,对于某些商品的进口数量或金额加以直接限制。在规定的限期内,配额以内的货物可以进口,超过配额的货物不准进口,如要进口,则对之征收高关税。简言之,配额是指国家将某些商品的进口限制在一定的数量上。

根据配额的单位形式划分,进口配额可分为数量配额和价值配额,由于计量方便,一般多使用前者。根据配额的交易方式的复合程度划分,进口配额可以分为绝对配额和关税配额。

(1)绝对配额(absolute quotas)。它是指在一定的时期内,对某些商品的进口数量或金额规定一个最高额度,达到了这个额度后,便不准进口。

在实施过程中,它又有两种:①全球配额(global quotas)。这是一种世界范围内的绝对配额,对于来自任何国家(地区)的商品一律适用。②国别配额(country quotas)。这是将总配额按国家(地区)来分给一定的额度,超过规定的配额便不准进口。

(2)关税配额(tariff quotas)。它是指对商品进口的绝对数额没有限定,而对在一定时期内所规定的配额以内的进口商品给予关税的优惠待遇,对超过配额的进口商品则征收较高的关税或罚款。它是一种结合关税和非关税壁垒特点的综合性壁垒。

按进口商品的来源,关税配额也可以分为对商品来源没有限制的全球关税配额和对商品来源有限制的国别关税配额。以农产品为例,由于主要发达国家成员对部分农产品一直给予较高的保护,因此在关税化以后,即使进行了关税减让,关税率也仍然很高。关税配额规定的数量并不是实际进口量或义务,而是一种市场机会的承诺。实际进口量如何,是由进口国国内市场需求和国内外市场价格的比较关系决定的。如果国内市场价格高于国际市场价格,从而使进口有利可图,那么关税配额就会获得充分使用。如果国内市场价格低于国际市场价格,进口是无利可图的,此时关税配额就不会得到使用。

按照关税的征收情况不同,关税配额又可以分为两种:①优惠性关税配额。它对配额内进口的商品给予关税减让甚至免税,而对超过配额的进口商品征收原来的最惠国税率。②非优惠性关税配额。它对配额内进口的商品仍征收原来正常的进口税,一般为最惠国税率,但对超过配额的进口商品征收很重的附加税或罚款。

配额的分配办法主要有:公开拍卖;先入为主;固定参数;私下拍卖。

2."自愿"出口限制

"自愿"出口限制(voluntary export restraints)是指出口国家(地区)在进口国的要求或压力下,通过谈判,"自动"规定某一时期内(一般为 3～5 年)某些商品对该国的出口限制,在规定的配额内自行控制出口,超过配额即禁止出口。

"自动"出口限制作用与进口配额制在很多方面类似,在形式上略有不同。进口配额制是由出口国家直接控制进口配额来限制商品的进口,而"自动"出口限制是由出口国家直接控制这些商品对指定进口国家的出口,而且从表面上看,是两个相关国家政府之间签订的协定的结果。但是,"自愿"出口限制带有明显的强制性。进口国家往往以商品的大量进口使其有关的工业部门受到严重损害而造成所谓市场混乱为理由,或以实行"有秩序的进口增长"为由,要求有关国家的出口实行"有秩序的增长","自动"限制商品的出口,否则就单方面强制限制进口。在这种情况下,一些国家被迫采用这种方式限制出口。但是从另一方面来看,由于在谈判中达成了可能是建立在偏好基础上的协定,客观上也消除了报复的威胁。此外,自愿出口限制与进口配额的区别在于租的获得者不同。在配额制度下,若无公开公平和公正的拍卖活动,租往往为持有进口许可证的本国进口商获得,而在自愿出口限制下,出口国的产品供应厂商则获得了租。如果在自愿出口限制下所有的租都被外国厂商获得,则进口国有净损失。

由于这些措施是在政府之间安排的,但这种"自愿性"令人怀疑,所以一直被称为灰色区域措施(grey area measures)。

"自愿"出口限制主要有两种形式:①非协定的"自愿"出口限制。这种方式不受国际协定的约束,而是由出口国迫于来自进口国方面的压力,自行单方面规定出口配额,限制商品的出口。这种方式的配额有的是由政府有关机构规定配额,并予以公布,出口商必须向有关机构申请配额,领取出口授权证书或出口许可证方可输出;有的是由本国大的出口厂商或协会组织"自愿"控制出口。②协定的"自愿"出口限制。这种方式通过进出口双方的谈判签订双边或多边"自愿"限制协定或"有秩序"销售协定。这些协定一般包括配额水平、自限商品的分类、配额的融通、保护条款、出口管理规定、协定的有效期限。出口国据此实行出口许可证制或出口配额签证制自行限制这些商品的出口,进口国则根据海关统计进行检查。与关税和配额等限制形式不同。

"自愿"出口限制最早出现于 20 世纪 30 年代,对世界经济贸易有较大影响。1935 年应美国政府的要求,日本纺织业同意对美纺织品出口采用"自动"限制。到了 20 世纪 60—70 年代,"自动"出口限制才逐步发展成为干预国际贸易的一种主要的非关税壁垒形式。1962 年在美国的压力下签订的纺织品贸易协定是至今最典型和影响最大的多边"自动"限制协定。从1986 年 8 月通过的第四个多边纤维协定来看,国际纺织品贸易中的自限程度仍在加深,受限商品范围也在扩大,大约影响到国际纺织品贸易的 85% 左右。目前,"自愿"出口限制的数目越来越多,范围也在不断扩大,已进入钢铁、小汽车、电视、电子元件、船舶、农产品、鞋类等行业。美国、日本、芬兰、挪威等国要求中国对这些国家的纺织品出口实行自愿出口限制,欧盟也要求中国对他们的农产品出口实行自愿出口限制的政策。

3.进口许可证制

进口许可证制(import license system)是指政府对进口货物的一种审批制度,即规定某些商品进口必须领取许可证,没有许可证,一律不准进口。

从进口许可证与进口配额的关系来看,进口许可证可分为两种:①有定额的进口许可证。即国家预先规定有关商品的进口配额,在限额内,根据进口商的申请,对每一笔进口货物发给进口商一定数量或金额的进口许可证。如联邦德国曾对纺织品实行进口配额制,每年分 3 期公布配额数量,配额公布后,进口商可提出申请,获得进口许可证后即可进口。进口配额一旦用完,当局不再发给进口许可证。②无定额的进口许可证。即进口许可证不与进口配额相结合,国家有关政府机构预先不公布进口配额,有关商品的进口许可证只在个别考虑的基础上颁发。因为它是个别考虑的,没有公开的标准,因而给正常贸易带来更大的困难,起到更大的限制进口的作用。

从进口商品许可程度上看,进口许可证又可分为两种:①公开进口许可证,也称一般进口许可证,即允许商品"自由进口",随时申请,随时许可,对进口国或地区不加以限制。②特种进口许可证,即进口商必须向进口国政府有关当局提出申请,经有关当局逐笔审查批准后才能进口。这种进口许可证,多数都指定商品进口的国别或地区。

进口许可证的好处是:政府可以控制每一笔进口,让不让进、进多少、从哪国进,完全由政府掌控。

4. 外汇管制

外汇管制(foreign exchange control)是指一国政府通过法令对国际结算、外汇汇率和外汇买卖等外汇业务进行管制,以实现国际收支平衡和本国货币汇率稳定的一种制度。

外汇管制的做法可分为行政管制和成本管制两种。

行政管制(administrative control)即由政府指定机构控制一切外汇交易。出口商必须把他们出口得到的外汇收入按官定汇价卖给外汇管制机关,进口商也必须在外汇管制机关按官定汇价申请购买外汇。本国货币出入境也要受到严格限制。这样,国家和有关政府机构就可以通过外汇的集中使用和控制供应进口商的外汇数量的办法来控制商品进口量、种类和国别,以达到限制进口的目的。

成本管制(cost control)即通过制定多种汇率,增加用汇成本和减少换汇成本,从而控制外汇支出,鼓励外汇收入。在多种汇率的情况下,对必需品进口运用较低汇率,对非必需品进口适用较高汇率,以提高其进口成本,达到限制进口的目的。

所以,对非关税壁垒措施的外汇管制又可以这样下定义,即国家通过对外汇买卖等外汇业务进行管制,以控制外汇供应和外汇汇率的办法来控制进口商的进口及从哪一国进口。

5. 海关程序

海关程序(customs procedures)本来是正常的进口货物通关程序,但通过滥用却可以起到歧视和限制进口的作用,从而成为一种有效的、隐蔽的非关税壁垒措施。这主要体现在以下几个方面:

(1)海关对申报表格和单证做出严格要求。比如要求进口商出示商业发票、原产地证书、货运提单、保险单、进出口许可证、托运人报关清单等,缺少任何一种单证,或者任何一种单证不规范,都会使进口货物不能顺利通关。更有甚者,有些国家故意在表格、单证上做文章。比如法国强行规定所提交的单据必须是法文,有意给进口商制造麻烦,以此阻碍进口。

(2)通过商品归类提高税率。这是指海关武断地把进口商品归在税率高的税则项下,以增加进口商品关税负担,从而限制进口。例如,美国海关在对日本生产的卡车的驾驶室和底盘进行分类时,把它从"部件"类归到"装配车辆"类,其进口税率就相应地从4%提高到25%。

(3)通过海关估价制度限制进口。海关估价制度(customs valuation system)原本是海关为了征收关税而确定进口商品价格的制度,但在实践中它经常被用作一种限制进口的非关税壁垒措施。进口商品的价格可以有许多种确定办法,如成交价、外国价、估算价等。不同计价方法得出的进口商品价格高低不同,有的还相差甚远。海关可以采用高估的方法进行估价,然后用征从价税的办法征收关税。这样一来,就可提高进口商品的应税税额,增加其关税负担,达到限制进口的目的。在各国专断的海关估价制度中,以"美国售价制"最为典型。美国售价制是指美国对与其本国商品竞争激烈的进口商品(如煤焦油产品、胶底鞋类、蛤肉罐头、毛手套等)按美国售价(美国产品在国内自由上市时的批发价格)征收关税,使进口税率大幅度提高。由于受到其他国家的强烈反对,美国不得已在1981年废止了这种估价制度。

(4)从进口商品查验上限制进口。即对进口商品设置烦琐复杂的查验程序,故意给进口商制造麻烦,以挫伤进口商的进口积极性,从而达到限制进口的目的。一些国家甚至改变进口关道,即让进口商品在海关人员少、仓库狭小、商品检验能力差的海关进口,拖长商品过关时间。例如,1982年10月,为了限制日本等主要出口国向法国出口录像机,法国政府规定所有录像机进口必须到普瓦蒂埃海关接受检查,同时还规定了特别繁杂的海关手续,对所有伴随文件都要彻底检查,每个包装箱都要打开,认真校对录像机序号,查看使用说明书是否法文,检查是否所报原产地生产等。普瓦蒂埃是个距法国北部港口几百英里(1英里=1.609公里)的内地小镇,海关人员少,仓库狭小,难以应付大量堆积如山的待进口的录像机。原先一卡车录像机一个上午就可以检查完,而在普瓦蒂埃却要花2~3个月,结果有力地限制了录像机进入法国市场。进口量从原来的每月6.4万台下降至每月不足1万台。

6.进口押金制度

进口押金制度(advanced deposit)又称为进口存款制,是指进口商在进口时,必须预先按进口金额的一定比率和规定的时间,在指定的银行无息存放一笔现金的制度。这种制度无疑增加了进口商的资金负担,同时,由于是无息存款,利息的损失等于征收了附加税。所以,进口押金制度能够起到限制进口的作用。

例如,意大利政府从1974年5月7日到1975年3月24日,曾对400多种进口商品实行进口押金制度。这项制度下的商品进口,无论来自哪一个国家,进口商必须先向中央银行交纳相当于进口货值半数的现款押金,无息冻结6个月。据估计,这项措施相当于征收5%以上的进口附加税。又如,20世纪80—90年代,芬兰、新西兰、巴西等国也实行这种措施。巴西的进口押金制规定,进口商必须按进口商品船上交货价格交纳与合同金额相等的为期360天的存款,方能进口。

7.最低限价和禁止进口

最低限价(floor price)是一国政府规定某种进口商品的最低价格,凡低于这个标准的,就加征进口附加税或禁止进口。例如,1985年智利对绸坯布进口规定了每千克52美元的最低限价,低于这个限价,将征收进口附加税。这样,一国便可有效地抵制低价商品进口或以此削弱进口商品的竞争能力,保护国内市场。又如,欧共体为保护其农产品而制定的"闸门价"(sluice gate price);美国为抵制欧洲、日本等国的低价钢材及其制品的进口,在1977年制定实施了启动价格(trigger price),都是一种最低限价制。

禁止进口(prohibitive import)是进口限制的极端措施。当一国政府认为一般的限制已不足以解救国内市场受冲击的困境时,便直接颁布法令,公开禁止某些商品进口。仍以欧共体为例。1973 年 3 月,欧共体决定自 1975 年 3 月 15 日起,禁止 3 千克以上的牛肉罐头及牛肉下水罐头从欧共体以外进口。一般而言,在正常的经贸活动中,禁止进口的极端措施不宜贸然采用,因为这极可能引发对方国家的相应报复,从而酿成愈演愈烈的贸易战,这对双方的贸易发展都无好处。至于一个国家也可能因政治原因而实施贸易禁运,这即使在冷战后的今天也屡见不鲜,则又另当别论。

8. 国内税

国内税(internal taxes)是指一国政府对本国境内生产、销售、使用或消费的商品所征收的各种捐税,如周转税、零售税、消费税、营业税等。任何国家对进口商品不仅要征收关税,还要征收各种国内税。

在征收国内税时,对国内外产品实行不同的征税方法和税率,以增加进口商品的纳税负担,削弱其与国内产品竞争的能力,从而达到限制进口的目的。例如,美国、日本和瑞士对进口酒精饮料的消费税都大于本国制品。

国内税的制定和执行完全属于一国政府,有时甚至是地方政府的权限,通常不受贸易条约与协定的约束,因此,把国内税用作贸易限制的壁垒,会比关税更灵活、更隐蔽。

9. 进出口的国家垄断

进出口的国家垄断(state monopoly)也称国有贸易,是指对外贸易中的某些商品的进出口由国家直接经营,或者把这些商品的经营权给予某些垄断组织。经营这些受国家专控或垄断的商品的企业,称为国有贸易企业。

各国国家垄断的进出口商品主要有烟酒、农产品、武器、石油四大类。

10. 歧视性政府采购政策

歧视性政府采购政策(discriminatory government procurement policy)是指国家通过法令和政策明文规定政府机构在采购商品时必须优先购买本国货。这种政策实际上是歧视外国产品,起到了限制进口的作用。

例如,美国从 1933 年开始实行,并于 1954 年和 1962 年两次修改的《购买美国货物法案》是最为典型的政府采购政策。该法案规定,凡是美国联邦政府采购的货物,都应该是美国制造的,或是用美国原料制造的。凡商品的成分有 50％以上是国外生产的就称外国货。以后又做了修改,规定只有在美国自己生产数量不够,或国内价格过高,或不买外国货有损美国利益的情况下,才可以购买外国货。该法案直到关贸总协定的"东京回合",美国签订了政府采购协议后才废除。英国、日本等国家也有类似的制度。

11. 原产地规则

原产地(origin)其原意是指来源或由来。货物的原产地是指货物的最初来源地,即货物的产生、提取、采集、饲养、加工、制造地。国际贸易中货物的原产地,是指与生产地有关的某一货物的经济国籍。具体讲,是加入国际贸易流通的该货物的来源地,即商品的产生地、生产地、制造地或产生实质性改变的加工地。

在国际贸易中,原产地通常是以国家(地区)为界定范围的,即判定货物的原产地时指的是其原产于某一个国家(地区),而不是指原产于这个国家中具体的哪一个省、市、县或者城镇。

国际贸易中的货物原产地具有"唯一性",即任何货物无论其在生产加工过程中经历了几个国家(地区),但根据原产地规则,其原产地只能是一个国家(地区),而不可能既是 A 国原产又是 B 国原产,否则将导致货物原产地判定的混乱,给国际贸易的统计、贸易政策的实施带来不便。

原产地规则(rules of origin)是国际贸易中的重要规范,与加工贸易密切相关。原产地规则在进行国别贸易统计、实施最惠国待遇、实施反倾销反补贴措施、实行政府采购等贸易措施中有着重要的作用。1973 年,海关合作理事会在日本东京签署了《1973 年简化和协调海关手续的国际公约》及 D1、D2、D3 三个附约。在以后的关贸总协定和 WTO 中,继续完善相关内容,最终签署了《原产地规则协议》。从狭义上来说,就一个国家而言,原产地规则是一国有关进出口货物原产地方面的法律、法规及规章的总和。它由一国政府及其主管原产地工作的政府职能部门制定和颁布,并根据国家对外贸易的发展状况和对外贸易政策加以调整。从广义上来说,就世界范围而言,原产地规则是指世界贸易组织成员方为了确定国际贸易中的商品原产国家(地区)而实施的法律、法规、规章及行政决定和行政措施。由于各个国家原产地规则的不尽一致,特别是在判定含进口成分货物原产地的标准上存在一定差异,所以有时也会出现按不同国家的原产地判定标准判定同一货物,而得出其原产地不同的结论。这也正是世界贸易组织将制定一个在世界范围内普遍适用的统一的原地产规则的原因所在。

为了既能促进我国的对外经济贸易,又能有效地利用外资;既能缓解贸易摩擦,又能保护和发展民族工业,加快与国际原产地规则接轨的步伐,我国政府于 1992 年制定了第一部有关出口贸易原产地的法规——《中华人民共和国出口货物原产地规则》(以下简称《原产地规则》),并于 1992 年 3 月 8 日颁布,同年 5 月 1 日正式实施。《原产地规则》是我国有关出口货物原产地的基本法规。

12. 农业的特殊保护措施

(1)特殊保障措施。WTO《农业协定》规定,各成员可以采取特殊保障措施,对那些已经遵守关税化的产品限制进口,以防止进口量激增和进口价格大幅度下降。

(2)国内支持(domestic support)措施。国内支持是指政府通过各种国内政策,以农业和农民为扶持资助对象所进行的各种财政支出措施。不同类别的国内支持政策被形象地称为"绿箱"政策、"黄箱"政策和"蓝箱"政策(农业协议文本中,并没有这些通俗性叫法)。

(3)综合支持量(AMS)。按照《农业协定》的定义,综合支持量是指"给基本农产品生产者生产某种特定农产品提供的,或者给全体农业生产者生产非特定农产品提供的年度支持措施的货币价值"。通俗一点说,综合支持量是扶持农民的国内政策支出之和。

(4)微量允许(de minimis)措施。微量允许是指如果国内支持量很少,则不需要纳入计算和削减。

15.2 新兴的非关税壁垒:技术壁垒、环境壁垒和劳工标准

15.2.1 技术性贸易壁垒

1. 技术性贸易壁垒的含义及其性质

技术贸易壁垒(technical barriers to trade,TBT)是指那些强制性或非强制性确定商品的

某些特性的规定、标准和法规,以及旨在检验商品是否符合这些技术法规和确定商品质量及其适应性能的认证、审批和试验程序所形成的贸易障碍。简言之,就是国与国之间对产(商)品管理时,由于其实际的法规、技术标准、认证制度和检验制度四方面所带来的差异而形成的贸易壁垒,称之为技术壁垒。它是贸易中最隐蔽、最难对付的非关税壁垒之一。

在实际使用中,技术法规和技术标准的作用往往具有两重性。

(1)由于各国文化背景、生活习惯、维护人身健康、安全及生活环境等方面存在着不同的价值观念,各国工业化程度、科技发展水平和消费水平也存在着差异,导致了各国技术法规和技术标准的客观差异。当各国用本国的技术法规和技术标准去决定某种商品是否符合进口国的技术经济政策或对进口产品进行检验时,就很容易造成进口产品不符合进口国技术法规和技术标准的后果,从而起到限制进口的作用。

(2)某些国家或厂商主观上有意识地、有针对性地制定某些技术法规或技术标准,去限制其他一些国家(地区)的商品进口。一个著名的典型案例是"垒球棒"事件。日本消费品安全法引用的强制实施的金属垒球棒 JIS 标准,通过对球棒材料的规定,曾长期把美国的铝制垒球棒挡在了日本的国门之外。又如,美国联邦药物和食品管理局(FDA)宣布,自 1989 年 4 月 14 日起,对进口乳胶手套正式实施 GMP 检验规范。依照这项法规,所有向美国出口的乳胶手套需完全符合 GMP 规范和 21CFR(美国联邦法规汇编)号列中 Part820 的规定,而且在商品进入市场前 90 天,需向 FDA 提出申请,待取得 FDA 的核准后方能进入美国市场。

2. 技术壁垒的现状和历史回顾

技术法规和标准是因国际贸易的需要而产生的,产生之后又极大地推动了国际贸易的发展。现在世界各国在进出口贸易中普遍实行质量认证制度,这种制度起源于英国。随着国际贸易的发展及市场竞争的激烈,用户对商品质量的要求越来越高,不仅要对产品质量进行评价,同时还要对生产厂家的质量体系进行评价,以使客户对生产厂家是否具备条件生产符合要求的商品建立信心,为此国际标准化组织(ISO)于 1987 年公布了 ISO 9000 系列标准,迄今已有 52 个国家(包括中国)将此标准转化为本国的国家标准加以贯彻。各国制定的技术标准有利于保护消费者的利益。产品的品质直接影响消费者的利益,随着消费者自我保护意识的增强,要求制定相应的技术标准的呼声越来越强烈,历史上各国制定的技术标准大都是从保护消费者利益角度制定的,而各国对技术标准的制定和执行一般都是严肃的。

1970 年关贸总协定成立了制定标准和质量认证方面的政策工作组,拟定了防止贸易中技术壁垒的协定草案,该草案于 1979 年签署,1980 年正式生效。自 1986 年 9 月关贸总协定开始"乌拉圭回合"谈判以来,经过五年多的谈判,对技术壁垒协议进行了修订,从内容、结构和可操作性方面做了较大改进,形成了草签的贸易技术壁垒协议(标准守则)。尽管《标准守则》在做着不懈的努力,技术壁垒的现象在国际贸易中依然到处可见。

国际标准化组织出版的《标准化的目的和原理》一书中指出:这种贸易的技术壁垒是国际贸易保护主义的最好庇护所,是调节当今国际贸易的杠杆。形成贸易障碍的技术壁垒扭曲了技术规则的本来面目,使原本有利于国际贸易发展的技术标准变成了阻碍国际贸易正常进行的有效手段,其主要表现在:①各国技术法规和标准各不相同,有些国家人为的扩大这些差异以限制进口。②打着"维护消费者利益"的幌子,遏制外国产品销入本国市场。③有些国家甚至对国内和国外产品采用双重的技术标准。

3.技术壁垒的形式和特点

(1)颁布各种强制性的技术法规。法规是指国家立法机关和国家行政机关制定的各种规范性文件的总称,包括法律、法令、条例、规则、章程等法律文件。在生活社会化、贸易全球化、信息网络化的今天,法规与国际贸易的关系也日趋紧密和重要,主要表现为两个方面:

①直接制定贸易保护法规。由于发达国家之间贸易的不平衡、南北之间经济的不平衡、地域性经济区的兴起以及贸易摩擦等原因,使得以自由贸易为主的国家迅速开始加强国际分工、海外投资、海外生产基地建设、劳动密集型生产的外移和扩大出口等一系列的多元化国际贸易活动,并为此制定出相应的法规来加以保护。日本是技术法规繁多的国家,在这方面制定的法规有:《外汇及外贸管理法》《进口贸易管理令》《出口交易法》《关税法》《出口贸易管理令》《出口检验法》《外汇管理令》。

自1970年以来,欧共体委员会已发布了350多个法令,协调欧共体成员国有关机动车辆的各项指标。并在1987年形成了一系列法规,促进欧共体成员国车辆制造的生产和销售,对进入欧共体市场的车辆进行限制。

美国联邦法规比较健全,它由联邦政府各部门颁布。其中,很多直接或间接与进出口贸易有关。对于在美国销售医疗设备的外国企业,在产品进入美国以前、期间和以后,都必须遵守美国的有关法律。如果进口医疗设备不能满足这些法律,则可能在入口港被FDA或海关扣押,并受到更严厉的制裁。医疗设备输入美国主要受到三个法律的管制。

上述事例都说明,利用法规进行合法限制,是技术壁垒的一大特点。

②在法规中引用标准。在市场经济国家,标准,特别是产品质量标准,一般为推荐性标准,不具有强制约束力。但这些标准一旦被法规所引用,情况则大不相同,使得各种技术措施以法律的形式固定下来,变成贸易保护的工具。这种保护既有积极的防护作用,也有消极的壁垒作用。而法规引用标准又非常灵活,可以全部引用,也可以只引用标准中的部分条款并可以随着国家经贸政策和市场形势的改变而随时修改法规,而不必顾及标准的技术属性,这就给保护本国贸易带来种种方便和好处,因此为越来越多的国家所利用。

欧洲共同体理事会在1985年5月的一项决议中决定,在有关的行政法规中参照使用欧洲标准的原则,从而铺平了欧洲标准化和行政法规"新方法"的道路。欧共体将不再采用为解决一个个贸易问题而制定指令的老方法,而是制定涉及统一市场内一个个技术领域(如有关健康、安全、环保等)的指令。行政管理指令不必很详细,只包括一般的基本要求,详细的技术参数和要求应符合CEN(欧洲标准化委员会)和CENELCE(欧洲电工标准化委员会)制定的标准。进入欧共体市场的商品符合了相应的标准,就视为达到了指令的基本要求。

(2)制定苛刻的技术标准。标准化作为加速复杂产品贸易的一种不可缺少的语言和工具,已被公众广泛承认。特别是在保证食品卫生、保护环境和人身健康安全方面,许多国家都制定了严格的技术标准。

①卫生标准。它主要包括粮食卫生标准,食品卫生标准,餐具中的铅、锑、砷等含量卫生标准,食品机械设备卫生标准,劳动环境卫生标准,防疫检疫等。

②重视环境保护标准。各国制定了工矿企业废气、废水、废渣、粉尘、放射性物质等有害物质的排放标准;制定汽车、机床、风机、水泵等噪声标准;制定电冰箱、洗衣机、电风扇、空调器等家用电器产品的噪声标准。我国有很多产品,由于达不到进口国的环保要求,而被拒之门外。

③制定严格的人身安全防护标准。人身安全方面的标准有劳动生产安全、个人用品安全

及产品工艺标准中的安全规定。国际上非常重视劳动安全,专门制定了劳动安全法规。例如,对机械设备、电气设备及锅炉等的安全使用都有标准规定;产品、工艺方面的标准就更多了。我们通常见到的有锅炉和压力容器制造、安装、检验和运行的安全标准,以及变压器、电机、电线电缆、电动玩具、办公用具等使用安全标准。

保护消费者安全是一个世界性的课题。儿童是消费者的重要组成部分,是消费者中最柔弱、最易受到伤害的一部分。儿童用品安全始终是国际贸易中关注的问题。

(3)对产品的特殊要求。各国因所处的地理环境不同,或是为保护本国利益,对进口产品提出种种限制条件。例如:对车门来说,丹麦的车辆要求设置紧急出口;联邦德国禁止使用车门从前往后开的车,联邦德国限制的这种车,正是意大利菲亚特 500 型车的式样。

贸易上的技术壁垒对进口商品产生三种限制作用:①技术限制。这种通过技术条文本身的规定直接限制进口,是技术性贸易壁垒的主要形式。②经济限制。这类限制的数量很多,例如规定汽车的耗油标准及其他节能限制等,未达到要求的不能进口。③行政和司法部门的限制。例如进口国采用复杂的、旷日持久的技术检验、调查、取证、裁定等程序,使商品的销售成本大大增加,往往会延误交货期限或错过季节,从而失去市场。

4. 技术壁垒发展的新趋势

在剧烈竞争的国际贸易中,各国为解决进出口贸易的不平衡、保护本国或本地区的利益,纷纷把目光由关税壁垒转向制定各种技术法规和技术标准,以此作为是否可以进口和检验进口商品的依据。这种新的贸易保护手段的产生和发展与世界经济形式的变化以及相应的各国经济贸易政策的调整是密切相关的,其特点如下:

(1)保护对象和政策手段日益多样化。保护对象的日益多样化,对本国来说,就是被保护的商品不断增加,对外国来说,就是限制进口的商品日益增多。在技术标准的运用策略上更为严谨、周密、烦琐。同时,随着西方国家贸易战的不断加剧,各国更加广泛地利用卫生检疫规定限制商品进口,各国要求进行卫生检疫的商品越来越多,卫生检疫的规定也越来越严。从社会整体利益上来说,当然应该订立卫生检疫规定。但对于外国产品来说,要符合这些条例的规定就比本国产品困难很多,因为它们往往是歧视性的。商品包装和标签规定的适用范围更加广泛,且这些规定的内容繁杂,手续麻烦,许多国家的出口产品为了符合进口国家的上述规定,不得不重新包装和改换商品标签,既费时又费工,增加了商品的成本,削弱了商品的竞争力,影响其销路。

(2)保护手段更难防范,保护程度更难以估计。这是因为技术密集型产品占世界总贸易额的比例进一步上升,贸易所涉及的各种技术问题变得更加复杂。高灵敏度技术的发展,给发达国家限制商品提供了快速、准确的手段。消费者对商品的选择性强,对技术要求高,对款式变化敏感,对卫生、安全指标的要求严格,都将会使出口企业越来越难以适应。

由此可见,随着国际贸易的发展及经济自由化步伐的加快,在关税减免及一部分传统非关税壁垒被取消的同时,一些新的非关税特别是技术壁垒也在不断滋生,鉴于此种发展趋势,这些技术壁垒恐怕会阻碍以传统手段所取得的贸易自由化成果,对国际经济造成较大的危害。

15.2.2　环境壁垒

环境壁垒(environmental barrier)即绿色壁垒(green barrier),是指以保护生态环境、自然资源和人类健康为目的的贸易保护主义新措施。

环境壁垒的产生有极其深刻的背景。多年来,随着全球环境的日益恶化,如气候变化、臭氧层损耗、温室效应、越界空气污染、水污染、食品污染、海洋污染、有毒有害与危险废物的处理,以及包括干旱和沙漠化在内的土地资源退化、森林破坏、酸雨沉降、物种灭绝等,生态平衡遭到严重破坏。2017 年,第三届联合国环境大会公布的全球环境污染现状和造成损失数据统计,"每天,有 90％的人呼吸着不安全的空气,20000 人因此死亡,而五岁以下儿童中有近 2000 名死于不洁净水和不良个人卫生导致的疾病。千百万人罹患健康问题,原因是我们每年向海洋倾倒高达 1300 万吨塑料,并在陆地上丢弃 5000 万吨电子废物"。大会《迈向零污染地球》报告中称,"超过 80％的城市不符合联合国的空气质量标准。铅暴露每年造成 60 万儿童脑损伤,水和土壤污染也是重点领域。海洋已经形成 500 个'死区'——氧气含量太少,海洋生命无法在其中生存。世界上 80％以上的污水未经处理直接排入环境,污染了人们种植粮食的田地和 3 亿人赖以为生的湖泊和河流。环境恶化导致全世界每年 1260 万人死亡,每 4 名死者中,就有 1 名死于环境问题;其中空气污染每年夺走 650 万人生命,被称为是第一大环境问题杀手。土地、淡水、海洋、化学品和废物污染对人自身和地球造成的伤害也是触目惊心"。人们普遍感到已经生活在一个不安全、不健康的环境之中,因此,环境保护越来越成为国际关注的热门话题。

1963 年,美国生物学家蕾切尔·卡逊出版了一本名为《寂静的春天》的书,书中阐释了农药杀虫剂滴滴涕(DDT)对环境的污染和破坏作用。由于该书的警示,美国政府开始对剧毒杀虫剂问题进行调查,并于 1970 年成立了环境保护局,各州也相继通过禁止生产和使用剧毒杀虫剂的法律。该书被认为是 20 世纪环境生态学的标志性起点之作。

1972 年 6 月 5 日至 16 日,由联合国发起,在瑞典斯德哥尔摩召开"第一届人类环境大会",为人类和国际环境保护事业树起了第一块里程碑。会议通过的《人类环境宣言》是人类历史上第一个保护环境的全球性国际文件,它标志着国际环境法的诞生。

1973 年 1 月,联合国环境规划署(UNEP)正式成立,并以此为中心设立了联合国环境规划理事会和环境基金会,建议每年的 6 月 5 日为世界环境日。

1975 年,在贝尔格莱德召开了国际环境教育会议,该会议发表了著名的《贝尔格莱德宪章》,此宪章阐明了环境教育的目的、目标、对象和指导原理。

1977 年,在格鲁吉亚共和国首都第比利斯召开了第一次环境教育政府间会议,会议发表了《关于环境教育的第比利斯政府间会议宣言》和《环境教育政府间会议建议书》。

1982 年 5 月,为了纪念"联合国人类环境会议"十周年,召开了 UNEP 理事会特别会议,总结了十年来的工作,提出了以后的工作重心。1983 年底联合国大会批准成立了世界环境与发展委员会,1987 年发表了《我们共同的未来》的报告,提出了持续发展的概念。1988 年 3 月 UNEP 在内罗毕召开会议,讨论了《1990－1995 年联合国系统中期环境方案》,探讨了持续发展的有关问题。

1991 年 6 月,由中国政府发起的"发展中国家环境与发展部长级会议"在北京召开,会议通过了《北京宣言》。

1992 年 6 月,在巴西的里约热内卢举行的联合国环境和发展会议达成并签署了多项重要的环境保护公约。

1997 年 12 月,在日本京都由联合国气候变化框架公约参加国三次会议通过的《京都议定书》(*Kyoto Protocol*，全称《联合国气候变化框架公约的京都议定书》)，是《联合国气候变化框架公约》(*United Nations Framework Convention on Climate Change*，UNFCCC)的补充条款。并于 1998 年 3 月 16 日至 1999 年 3 月 15 日间开放签字，共有 84 国签署，条约于 2005 年 2 月 16 日开始强制生效，到 2009 年 2 月，一共有 183 个国家通过了该条约(超过全球排放量的 61%)。其目的是为了人类免受气候变暖的威胁，目标是"将大气中的温室气体含量稳定在一个适当的水平，进而防止剧烈的气候改变对人类造成伤害"。条约规定：占全球温室气体排放量 55% 以上的至少 55 个国家批准，才能成为具有法律约束力的国际公约；发达国家从 2005 年开始承担减少碳排放量的义务，而发展中国家则从 2012 年开始承担减排义务。

　　1998 年 5 月，中国签署并于 2002 年 8 月核准了该议定书。欧盟及其成员国于 2002 年 5 月 31 日正式批准了《京都议定书》。2004 年 11 月 5 日，俄罗斯总统普京在《京都议定书》上签字，使其正式成为俄罗斯的法律文本。截至 2005 年 8 月 13 日，全球已有 142 个国家(地区)签署该议定书，其中包括 30 个工业化国家，批准国家的人口数量占全世界总人口的 80%。美国人口仅占全球人口的 3% 至 4%，而排放的二氧化碳却占全球排放量的 25% 以上，为全球温室气体排放量最大的国家；美国曾于 1998 年签署了《京都议定书》，但 2001 年 3 月，布什政府以"减少温室气体排放将会影响美国经济发展"和"发展中国家也应该承担减排和限排温室气体的义务"为借口，宣布拒绝批准《京都议定书》。2011 年 12 月，加拿大宣布退出《京都议定书》，是继美国之后第二个签署但后又退出的国家。

　　2009 年 12 月 7—18 日，丹麦首都哥本哈根 Bella 中心召开了哥本哈根世界气候大会，来自 192 个国家的谈判代表召开峰会，商讨《京都议定书》一期承诺到期后的后续方案，即 2012 年至 2020 年的全球减排协议。这是继《京都议定书》后又一具有划时代意义的全球气候协议书，毫无疑问，它将对地球今后的气候变化走向产生决定性的影响。这是一次被喻为"拯救人类的最后一次机会"的会议，会议发表了《联合国气候变化框架公约》。

　　在这个形势和背景下，各国纷纷制定规章制度甚至法律来保护生态环境。然而一些国家尤其是发达国家凭借自身在环保技术方面的领先地位，通过制定十分严格、苛刻的规章制度和标准，达到了保护贸易的目的，将环境问题作为一个新的贸易壁垒加以利用，而且大有变本加厉之势。

　　当前，绿色壁垒的主要措施是环境管制。具体内容如下：

　　(1)限制或禁止进口。如 1980 年美国禁止从加拿大进口金枪鱼及其产品，1987 年加拿大限制进口未经加工的鲱鱼和鲑鱼，1980—1990 年泰国限制从美国进口卷烟。

　　(2)课征环境进口附加税。如美国 1987 年对进口石油产品课征环境进口附加税，其税率比国内同类产品高出 3.5 美分/桶。

　　(3)环境贸易制裁。如美国的《国际海豚保护法》(1992 年)规定对国际海豚保护协定缔约国的违约行为，采取鱼及同类产品的强制制裁措施。

　　(4)推行国内加工和生产方法以及其他标准。如欧共体限制从允许使用残酷的方法诱捕野兽的国家进口毛皮，另外还有许多国家对无环境标志的商品拒绝或限制进口。

　　(5)推行国际标准。如有许多国家采用国际标准化组织的《国际环境监察标准制度》(ISO 18000)和 ISO 10400 标准以限制和拒绝不合标准的产品进口。

　　(6)政府环境补贴。政府可以以政治原因或经济原因而对企业进行环境补贴。

　　(7)利用环境问题做文章的环境外交、环境贸易、环境倾销与反倾销。

(8)制定种种苛刻的环保法规。

环境管制第(7)条中的环境倾销又称生态倾销,它常用于描述开放经济条件下产生的某些经济现象。一般而言,它是一种经济行为,即国内厂商通过使用过低的环境标准在国际市场上取得某种不公平的优势。但是在这里,什么是不公平及过低的环境标准是不清楚的。有人认为所谓过低的环境标准就是低于最佳社会福利效果所要求的环境标准。与通常意义的倾销相比:首先,环境倾销是政府实施的而不是个别企业的行为;其次,环境倾销主要不是影响可贸易品的价格,而是影响生产要素的价格,而这种要素在国际贸易中,因其自然性质只提供环境资源但是却不流动的。根据公共经济学的观点,环境倾销又可视为这样一种状态:即某一国的环境标准低于其他国家,通过这种办法竞争,该国政府减少了国内厂商的生产成本,这就出现了不公平。

各种各样的环境保护措施对世界经济与贸易具有重大的影响。这些法规保护了生态环境,使人类所处环境的恶化势头减缓,从而使可持续发展成为可能。同时它严重制约了许多按现有方法生产的产品,促使各国进一步调整与优化产业结构,另外它还为许多产品尤其是有利于环境的产品提供了巨大的贸易机会。但是由于发达国家与发展中国家在环境保护水平上存在着较大的差异,这使得发展中国家难以彻底贯彻执行国际环保法规。同时由于发展中国家在环保技术上处于劣势,环境标准也存在差异,再加上一些国家借用环境保护之名,行贸易保护主义之实,使得广大发展中国家在庞大的国际环保市场竞争中处于不利的境地,贸易地位进一步下降。以后发达国家和发展中国家在此问题上的矛盾将更加尖锐。

今后,随着世界各国对环保问题重视程度的大大提高,绿色贸易壁垒将不断加强,市场营销技术中的环保要求(如环境标志、无公害包装、经商许可、产品注册、广告、绿色会计和审计制度等)将进一步法制化,环境管制措施日趋多样化,并有采取多种措施并用之势,它对国际贸易的影响将越来越大。

15.2.3 劳工标准

劳工标准(labour standards)的内容主要有:废除强制劳动;禁止劳改产品出口;严禁使用和剥削童工;非歧视的工资水平、同工同酬;实行最低工资标准,保证劳工的最低工资水平;工人有自由结社和集体议价的权利;等等。有些发达国家试图把劳工问题同贸易捆在一起解决,以期削减发展中国家的劳动成本优势。

劳工标准由于其有着深厚的经济、社会和法律渊源,故有众多提法,如"核心劳工标准""人权-社会条款""贸易-社会条款""贸易-劳工标准""人权社会标准""社会进步条款""贸易-社会联系""贸易-劳工标准联系"等。无论如何称呼,它所涉及的内容大致包括伦理道德和经济效益两个方面。前者包括诸如劳动者的权利(如结社自由权、罢工权、集体谈判权)、人格尊严(如禁止强迫劳动等)、禁止劳动歧视(如男女同工同酬,禁止就业和职业方面对不同种族、肤色、宗教等的歧视)、下一代成长(规定准许就业的最低年龄标准以及禁止童工劳动)、工人工作条件(如工作环境要符合健康安全的标准)等有关人权方面的问题,后者包括贸易效益相关的社会福利待遇标准(如制定工人的最低工资标准、保障工人的合理收入、维持工人的基本生活等)。

20世纪80年代开始,发达国家与发展中国家在是否应将劳工、环境标准与国际贸易挂钩的问题上一直争辩着。20世纪90年代中期以来,发达国家在"关注发展中国家人权状况"的旗号下,在WTO中反复提出劳工标准问题,极力把劳工标准与国际贸易挂钩。早在乌拉圭回合谈判中,欧美一些国家的代表就提出过劳工标准问题,有代表性的观点是:由于各国工人工资水平、工作时间、劳动环境、安全卫生状况等条件上的差异,导致劳工标准低的国家生产成本低廉,使其在国际贸易中有相对的价格优势,势必造成由发展中国家向劳工标准高国家的"社会倾销",因此提出在国际贸易自由化的同时,应在贸易协议中制定出统一的国际劳工标准,并对达不到标准国家的贸易进行限制。发达国家试图将人道和社会问题与国际贸易联系在一起,并列入 WTO 的共同准则中,当时就遭到广大发展中成员方的强烈反对而失败。WTO 成立以后,发达国家伺机将劳工标准问题多边化。1996 年 12 月在新加坡召开的 WTO 首届部长级会议上,以美国为首的发达国家在维护人权、保证公平竞争的口号下,坚持核心劳工标准的讨论。这些国家提出的劳工标准的核心是:当进口国家发现其进口产品是由被剥夺公认权利和低于公认标准工资的工人生产时,有权对该产品征收关税或限制进口。尽管发展中国家担心此举会偏离会议议程,予以广泛抵制,但在发达成员方的坚持下,以妥协的方式把核心劳工标准作为"新题目"讨论并写进"部长宣言"中。这就意味着:①发展中国家承认劳工标准是一个"问题",并承诺予以解决;②这种折中的处理办法意味着 WTO 确认了劳工标准,但未与贸易直接挂钩。这给发达国家与发展中国家关于贸易与劳工标准的继续争论留下口实。尽管 2001 年 11 月多哈会议终因发展中国家的反对未将劳工标准列为新一轮多边贸易谈判的内容,但可以预见,劳工标准在未来的世界贸易中仍将成为发达国家与发展中国家争论的焦点问题。

就劳工标准问题而言,是在资本扩张、劳工地位不断下降,劳资矛盾日益加剧,从而要求保护劳工权利、提高劳工工作和生活条件的呼声越来越高的国际背景下提出的。同时在经济全球化的过程中,发达国家在国际大分工中主要生产和出口技术密集型和知识密集型的产品,其劳动密集型产品的生产正大量转移至发展中国家,使发达国家和发展中国家的劳工处境成为国际关注的重点。

目前,发达国家认为发展中国家的低劳工标准、低环境标准是社会倾销、生态倾销,这将会导致低标准驱逐高标准的"柠檬问题"产生。而发展中国家则认为发达国家的高劳工、高环境标准要求是一种新的、更加隐蔽的贸易保护工具。双方对劳工、环境标准的"公平贸易"之争,WTO 引入劳工、环境标准协议的"合理性"之争等也都各执一词。这场争论仍会继续,但社会发展与经济发展的同步性,伴随着发展中国家经济发展而对劳工权利、环境质量要求的逐步提升,以及发达国家在 WTO 中的绝对地位等因素决定了劳工、环境标准与国际贸易挂钩是迟早的事。事实上,作为单边、双边行动,劳工、环境标准问题已经对区域贸易、国际贸易产生了重大影响。包括我国在内的发展中国家除了积极应对这个挑战,别无他法。一方面需采取必要的措施,防止贸易伙伴国出于贸易保护需要对劳工、环境标准的滥用;同时应积极主动地运用国际公认的劳工、环境标准,以提升我国产品的国际竞争力。

15.2.4　社会责任管理体系

蓝色贸易壁垒(blue trade barriers)是指以劳动者劳动环境和生存权利为借口采取的贸易保护措施。蓝色贸易壁垒由社会条款而来,是对国际公约中有关社会保障、劳动者待遇、劳工权利、劳动标准等方面规定的总称,它与公民权利和政治权利相辅相成。

蓝色贸易壁垒的核心是 SA8000 标准,包括核心劳工标准(涉及童工、强迫性劳动、自由权、歧视、惩戒性措施等内容)、工时与工资、健康与安全、管理系统等方面。也就是说,劳工标准壁垒是蓝色贸易壁垒的主要组成部分。SA8000 标准强调企业在赚取利润的同时,要承担保护劳工人权的社会责任。

社会责任管理体系(social accountability 8000,SA8000),它是一种以保护劳动环境和条件、劳工权利等为主要内容的新兴的管理标准体系。其以加强社会责任管理为名,通过管理体系认证,把人权问题与贸易结合起来。以劳工标准为本质的 SA8000 是技术性贸易壁垒的一个表现形态。

1997 年,总部设在美国的社会责任国际(Social Accountability International,SAI)成立。在第一次会议(纽约会议)后不久即提出了标准草案,初名 SA2000,最终定名为《SA8000 社会责任国际标准》,于 1997 年 10 月公开发布。2001 年 12 月 12 日,经过 18 个月的公开咨询和深入研究,SAI 发表了 SA8000 标准的第一个修订版,即《SA8000:2001 社会责任国际标准》。2008 年 5 月,SAI 发布了标准 SA8000:2008 标准;2014 年 7 月,SAI 正式颁布了 SA8000:2014 标准。

社会责任管理体系的主要内容有:一是 SA8000 所遵循的国际规则。它是基于国际劳工组织宪章(ILO 宪章)、联合国儿童权利公约、世界人权宣言而制定的。二是社会责任要求。①有关核心劳工标准。它主要包括童工、强迫性劳动、公司应尊重所有员工结社自由和集体谈判权、歧视、惩戒性措施等。②工时与工资。③健康与安全。④管理系统等。

15.2.5 其他新兴的非关税壁垒

1. 反倾销的滥用

倾销即价格歧视,是指一国出口商以低于正常品价值的价格将产品出口到另一国市场的行为。在国际贸易中,世界各国都对倾销行为采取坚决反对和禁止的态度,通过立法抵制倾销。WTO 在乌拉圭回合中专门制定了《反倾销协议》。由于在反倾销中通过征收高额的附加税,提高进口产品的成本,削弱其在进口国市场上的竞争力,甚至可能把进口产品直接排挤在国门之外,于是,反倾销措施的滥用就构成了一种贸易壁垒。

在当代国际贸易中,一些国家常常借着反倾销的名义,实施贸易保护主义。我国是世界上遭受反倾销伤害最为严重的国家之一。

2. 社会壁垒

20 世纪 90 年代以来,一些发达国家把社会责任标准和劳工权力作为订购发展中国家产品的附加条件。目前,SA8000 是全球第一个道德国际规范标准。虽然目前它只涉及人身权益以及与健康、安全、机会平等与核心要素有关的初始审核,但随着不断修订和完善,其最终可能发展成为一个覆盖道德、社会和环境等范围广泛的国际性标准。

例如,德国进口商协会已制定了《社会行为准则》,规定德国进口商应经过 SA8000 协会授权,对其供应商(出口商)的社会行为进行审查。法国、荷兰也即将仿效。由于 SA8000 标准约束的主要是劳动密集型产品,其滥用必将对发展中国家的出口构成一种新的贸易壁垒。据美国相关商会组织调查,目前有超过 50% 的跨国公司和外资企业表示,如果 SA8000 标准实施,将重新与中国企业签订采购合同。我国出口至欧美国家的一些产品都遇到了 SA8000 的要求。据估计,自 1995 年以来,我国沿海地区至少已有 8000 多家企业接受过跨国公司的社会责任审核,有些企业就因为所谓的没有改善诚意而被取消了供应商资格。

3. 反恐壁垒

"9·11"之后,美国以应对生化反恐为由,于 2002 年 6 月颁布了《2002 年公众健康安全与生物恐怖主义预防应对法》。为执行该法,2003 年 10 月 10 日,美国 FDA 正式发布了《食品企业记录建立和保持法规》和《可疑货物行政扣留法规》。这三部法规的实施可能会演化成以反恐为借口的贸易壁垒。

4. 物种壁垒

物种壁垒是借口保护植物种源权利(一种知识产权)而在农产品贸易领域构筑的一种新型贸易壁垒。

例如,随着劳动密集型产业的国外转移,日本有大量的农作物种子、种苗改良品种以各种方式带到国外进行大规模生产、种植,并在收获后将产品返销到日本市场。2003 年 7 月 8 日,日本以侵害了植物新品种相关权利、对日本从业者造成冲击为由,通过了《种苗法修正案》。该法规定:未缴纳专利费,擅自利用日本植物种源生产或改良农产品的,个人侵权者被处以 300 万日元以下的罚金或三年以下有期徒刑;法人企业侵权的,最高可处以一亿日元的罚金。

近年来,在中日农产品贸易中,中国大部分农产品出口企业为了适应日本方面对进口产品的苛刻要求,出口日本的不少蔬菜、水果、食用菌等是从日本引进种苗直接种植或经过改良种植。日本《种苗修正案》的实施将对中国农产品出口带来巨大的损失。

思考与练习

1. 简述非关税壁垒的含义、特点与趋势。

2. 简述进口配额制的含义及其分类。

3. 何谓"自愿"出口限制?其性质和形式是什么?

4. 简述进口许可证制、外汇管制、进口押金制度、最低限价、国内税、进出口的国家垄断、歧视性政府采购政策的概念。

5. 简述农业的特殊保护措施。

6. 简述原产地概念和原产地规则。

7. 什么是黄箱、绿箱和蓝箱政策?

8. 分析技术壁垒的形式和特点。

9. 简述新兴的非关税壁垒。

第 16 章　不公平贸易与贸易救济

课前导读

据中国商务部统计,自 2001 年底加入 WTO 以来,中国的对外贸易连续六年以 20% 以上的速度增长,2007 年的对外贸易总值比 2001 年总值增长了 4.26 倍。但同时,中国对外贸易顺差的增速远远超过了贸易总值的增速,加剧了中国与主要贸易伙伴如欧盟及美国的贸易摩擦,也加剧了中国国内流动性过剩的状况,增加了经济过热及通货膨胀的风险。中国一直是贸易救济调查的最大目标国。自 1995 年世界贸易组织成立至 2016 年,有 48 个成员对中国发起各类贸易救济调查案件共 1149 起,占案件总数的 32%。中国已连续 21 年成为全球遭遇反倾销调查最多的国家,连续 10 年成为全球遭遇反补贴调查最多的国家。仅 2016 年上半年,中国出口产品共遭遇来自 17 个国家(地区)发起的 65 起贸易救济调查案件,同比上升66.67%,涉案金额 85.44 亿美元,同比上升 156%(其中,反倾销 46 起,反补贴 13 起,保障措施 6 起),平均每月超过 10 起,差不多三天一起。2018 年前 11 个月中国遭遇来自 28 个国家(地区)的 101起贸易救济调查,涉案金额 324 亿美元,案件数量和金额同比分别增长 38% 和 108%(其中,钢铁、化工、建材领域是重灾区,美国、印度、加拿大、澳大利亚对华发动贸易救济调查最多)。2018 年 3 月美国总统特朗普宣布依据"301 调查"结果,对来自中国的 600 亿美元(约合 3800亿元人民币)产品征收关税,并限制中国企业对美投资并购,发起贸易战,影响最大。

反倾销、反补贴和保障措施等都属于贸易救济措施。反倾销是世界贸易组织框架下控制进口的合法手段。为了阻挡外国商品的冲击,各国不断强化其反倾销立法,软化与降低反倾销的构成要件,扩大反倾销调查的范围,提高反倾销税税率。滥用"合法手段"堂而皇之地推行其贸易保护主义政策。

16.1　贸易救济措施

16.1.1　相机保护措施

相机保护措施(contingent protection)是指在特定情况下使用的某些紧急保护措施或停止履行现有协议中的正常义务,以保护本国某些更加重要的利益。

WTO 允许使用的相机保护措施主要包括反倾销、反补贴、紧急保障措施,以及为了国际收支平衡、保护幼稚产业、维护国家安全等实施的暂时性贸易保护政策。

随着逆全球化和贸易保护主义盛行,贸易救济措施或相机保护措施有日益严重的滥用态势。

16.1.2　保障措施

保障措施(safeguard measures)是指成员方在进口激增,并对其国内相关产业造成严重损害或严重损害威胁时采取进口限制的措施。

实施保障措施必须满足三个条件:①某项产品的进口激增。②进口激增是由于不可预见的情况和成员方履行世界贸易组织义务的结果。③进口激增对国内生产同类产品或直接竞争产品的产业,造成了严重损害或严重损害威胁。

注意:保障措施在性质上完全不同于反倾销措施和反补贴措施。保障措施针对的是公平贸易条件下的进口产品激增;而反倾销措施和反补贴措施针对的是不公平贸易。

16.2　补贴与反补贴

16.2.1　补贴

根据 1994 年关贸总协定乌拉圭回合的《补贴与反补贴措施协议》定义如下:补贴(subsidy)是指政府或任何公共机构提供的财政捐助以及对收入或价格的支持。

补贴的范围主要包括以下几个方面:①政府直接转让资金,如赠予、贷款、资产注入;政府潜在的资金或债务的直接转移,如贷款担保。②本应征收的政府税收的豁免或未予征收,如税额减免之类的财政鼓励。③政府不是提供一般的基础设施,而是商品和服务,或收购产品。④政府通过向基金机构支付,或向私人机构担保或指示它们行使上述三项列举的一种或多种通常应由政府执行的功能,这种行为与通常的政府从事的行为没有实质上的差别。⑤任何其他形式对收入或价格的支持。

在当今的国际贸易中,政府越来越多的干预形式是补贴。补贴的结果是降低了企业的出口成本,使企业能够在较低的价格下出口更多数量的产品,但会对进口国的同类企业造成伤害。

按照补贴的目的可以将其分为生产补贴和出口补贴两种。这是最基本的补贴形式。

生产补贴,是指产品无论出口与否,都给予生产这种产品的工业部门补贴。它可以起到与关税相同的作用与影响。

出口补贴,又称出口津贴,是一国政府为了降低商品的价格,加强其在国外市场上的竞争力,在出口某种商品时给予出口厂商现金补贴或财政上的优惠待遇。通过这种方式,可以降低出口商品的成本或价格,提高它在国际市场上的竞争能力。出口补贴也分从量补贴(每单位补贴一个固定数额)和从价补贴(出口价值的一个比例)。

按照补贴起作用的方式可以将其分为直接补贴和间接补贴。

直接补贴是指政府直接给予的具有对价格直接影响的补贴,如价格支持、税收优惠等。

间接补贴是指政府给予的具有对成本直接影响的补贴,如资金优惠、运输优惠、融资优惠等。

出口补贴对国际贸易乃至一国的福利水平会产生重要的影响。出口补贴意味着对出口商品的优惠待遇,有助于出口规模的扩大。由于政府的刺激使本国厂商的出口规模超出了在没有任何政府干预下正常的商品出口规模,所以在量上,这种出口是"过度的"。这种过度出口意味着国内同一商品的供应低于正常规模,从而减少了消费者剩余。同时,出口补贴还造成了政府支出的增加。因为出口补贴是由政府承担的,在其他支出不变的情况下,政府的总支出就会增加。而政府增加支出的主要来源是征税,因此,出口补贴会加大纳税人的负担。

既然出口补贴对一国的经济福利会产生负效应,为什么各国还要采取这种政策呢?实际上,在出口国看来,如果短暂的出口补贴损失或消费者福利损失能够促成该国生产规模的扩大,进而获得规模经济效应,或者能够实现促进本国获得经济成长等长远利益,那么这种损失也许是值得的。

从进口国的角度看,出口补贴是一种威胁。因为接受补贴的产品都以低于成本的价格将产品销售到国外市场,从而会挤垮进口国的同类企业。对此各国都采取一些措施,以反对因出口补贴带来的"不公平竞争"。世界贸易组织规定,成员方可以对采取出口补贴的国家的出口商品征收抵销性关税,也即反补贴税。这样,就可以使外国因实行出口补贴而价格低廉的商品恢复到原来的价格水平,从而抵销出口补贴的效果。

16.2.2 反补贴

由于补贴措施是一种价格歧视的不公平贸易行为,因此,世界各国从自身的利益出发,对来自其他国家的补贴行为采取坚决反对和禁止的态度和行为(如征收反补贴税),这就是反补贴。

反补贴税,又称反津贴税、抵销税或补偿税,它是指进口国为了抵销某种进口商品在生产、制造、加工、买卖、输出过程中所受的直接或间接的任何奖金或补贴而征收的一种进口附加税。

征收反补贴税的目的在于增加进口商品的价格,抵销其所享受的贴补金额,削弱其竞争能力,使其不能在进口国的国内市场上进行低价竞争或倾销。

世界贸易组织《补贴与反补贴税守则》规定,征收反补贴税必须证明补贴的存在及这种补贴与损害之间的因果关系。如果出口国对某种出口产品实施补贴的行为对进口国国内某项已建的工业造成重大损害或产生重大威胁,或严重阻碍国内某一工业的新建时,进口国可以对该种产品征收反补贴税。

反补贴税税额一般按奖金或补贴的数额征收,不得超过该产品接受补贴的净额,且征税期限不得超过 5 年。另外,对于接受补贴的倾销商品,不能既征反倾销税,同时又征反补贴税。

征收反补贴税一般要经过下列程序:申述和调查;举证(书面证据);双方磋商解决问题;承诺(如果遵守磋商协议——停止补贴;如果无实际行动——继续调查,征收反补贴税)。

16.3 倾销、反倾销与贸易保护

倾销、反倾销与国际贸易发展史和工业化发展史一样有着一条明显的发生、发展轨迹。

16.3.1 倾销

1. 倾销的含义与种类

倾销(dumping)是指出口商品以低于正常价值的价格向另一国销售商品的行为。它是不完全竞争企业的价格歧视战略,常表现为一个出口企业在某一个国外市场上以低于它在其他市场上(通常是本国)的价格销售商品。

根据我国法律,在中国市场上的倾销,是指在正常贸易过程中进口产品以低于其正常价值的出口价格进入中华人民共和国市场。

按倾销的目的、时间长短等,可将其分为以下三种:

(1)持续性倾销(persistent dumping)。持续性倾销即无期限的低价出售,是指出口商以占领市场为目的持续地以低于正常价值的价格向国外市场销售商品。从消费者的角度看,这种持续性倾销意味着消费者可以享受低价商品,从而提高了进口国的实际收入水平。因此,持续性倾销对进口国的消费者有利,而不利于进口国同类产业的发展。

(2)掠夺性倾销(predatory dumping)。掠夺性倾销是指为打败竞争对手,出口商以低于本国市场价格向国外市场销售商品,在消除竞争对手后,重新提高价格,控制市场。掠夺性倾销是有害的,由于企业降低价格是临时的和短暂的,因此消费者只能获得暂时性的低价利益,一旦竞争者退出市场,倾销者会重新提高价格,以获得垄断性的超额利润,由此消费者的实际收入水平不但不会上升,反而会下降。因此,掠夺性倾销通常被认为是一种追求垄断地位的行为。

(3)偶然性倾销(sporadic dumping)。偶然性倾销即苦于手头存货过多的企业,一面坚持国内正常价格,一面临时向国外低价倾销。

厂商要实施倾销战略,必须具备以下三个条件:首先,市场是不完全竞争的。其次,企业在国内外市场所面临的需求弹性不同。再次,国内和国外两个市场是完全隔离的。

2. 倾销成立的构成要件(条件)

(1)倾销的存在。这是征收反倾销税的第一个条件。

根据 WTO《反倾销协议》的规定,确定低于正常价值(价格)有三种方法:①低于国内价格,即低于相同产品在出口国用于消费时在正常情况下的可比价格;②低于第三国价格,即低于相同产品在正常贸易情况下向第三国出口的最高可比价格;③低于构成价格,即产品在原产国的生产成本加合理的推销费用和利润。

但要注意:这三种确定正常价值(价格)的方法是依次采用的,即若能确定国内价格就不得使用第三国价格或构成价格,依此类推。另外,这三种正常价值(价格)的确定方法仅适用于来自市场经济国家的产品。对于来自非市场经济国家的产品,由于其正常价值(价格)并非由竞争状态下的供求关系所决定,因此,西方国家选用替代国价值(价格)(市场经济第三国),即以一个属于市场经济的第三国所产的相似产品的成本或出售的价格为基础,来确定其正常价值(价格)。例如,1970 年日本索尼公司以每台 180 美元的价格在美国销售其制造的电视机,而同样型号的电视机在日本售价 333 美元。这一行为就构成对美国的倾销。

在美国,称正常价值为"公平市场价格"或"外国市场价格",它是确定是否存在倾销的两个要素之一。其值越是大于出口价格,倾销幅度就越高;反之,倾销幅度就越低或不存在倾销。

(2)损害的存在。这是征收反倾销税的第二个条件。

损害(damage)是指倾销对已经建立的国内产业造成实质损害或者产生实质损害威胁,或者对新建立国内产业造成实质阻碍。

进口国工业的确定:进口国的"国内工业"是指生产相似产品的国内生产者的总体,或构成国内生产相似产品产量的"大部分"的生产者。

确定进口国的国内工业，即确定哪些产品是倾销的进口产品的相似产品。相似产品是指与被调查的进口产品在物理性与功能上一样或最接近的进口国产品，而且必须能够从进口国厂商的资料与数据上分辨出来。

损害的认定：确定损害时要考虑三项因素：①被调查的进口产品的数量；②该产品对进口同类或相似产品的国内价格的影响；③该产品对进口国同类或相似产品生产者的影响。确定损害时一般要显示出进口国同类产品或相似产品生产工业利润下降或出现亏损。

美国1988年《综合贸易与竞争法》第1328条要求美国国际贸易委员会在确定倾销产品给工业是否带来实质性损害时，须对每个陈述理由、每个经济因素做出分析。在考虑价格影响时，不再只是要求考虑掠夺性的进口产品价格对国内相似产品的价格影响，而是只要一般的低价倾销就必须考虑对美国工业的影响，也增加了新的判断因素，即要考虑倾销产品对美国刚建立起来的工业的有害影响。

目前，中国的出口商品遭反倾销调查的绝大多数案件均以进口国征税或我国出口公司承担提价、减少出口量而结束。屈指可数的几种出口产品之所以未被裁定征税，也是因为生产相似产品的进口国工业未遭受损害。可见在反倾销诉讼中对工业损害是否存在的抗辩是相当重要的。

（3）倾销与损害之间的因果关系成立。这是征收反倾销税的第三个条件。

在审查倾销损害时，主要考虑三个因素：①进口数量——主要看进口数量在进口国工业遭受实质损失时是否构成急剧增加；②价格影响——看是否倾销的进口货降低了进口国同类商品或相似产品的价格，是否大幅度压制了或阻止这类产品的价格；③对进口国国内生产者的冲击——分析倾销产品对进口国国内产业的潜在威胁或对建立新产业的冲击。

如果某进口商品最终确定符合被征收反倾销税的条件，则所征的税额不得超过经调查确认的倾销差额，即正常价格与出口价格的差额。征收反倾销税的期限也不得超过为抵销倾销所造成的损害必需的期限。一旦损害得到弥补，进口国应立即停止征收反倾销税。另外，若被指控倾销产品的出口商愿做出"价格承诺"，即愿意修改其产品的出口价格或停止低价出口倾销的做法，进口国有关部门在认为这种方法足以消除其倾销行为所造成的损害，可以暂停或终止对该产品的反倾销调查，不采取临时反倾销措施或者不予以征收反倾销税。

16.3.2　反倾销

由于倾销会造成贸易价格的扭曲，影响市场资源的配置效率，因此，它被视为一种价格歧视的不公平贸易行为，世界各国都从自身的利益出发，对来自其他国家的倾销行为采取坚决反对、禁止的态度和行为（如征收反倾销税），这就是反倾销。

自1904年加拿大首先颁布反倾销法以来，新西兰、澳大利亚、美国、欧共体等也先后颁布了自己的反倾销法，并且最终于1968年7月11日在世界范围内实施《关于执行关贸总协定第六条的协定》，即《国际反倾销守则》，使得国际贸易中的反倾销行为法律化、程序化，并成为世界各国的共识。

按《国际反倾销守则》规定，进口国只有经充分调查，确定某进口商品符合征收反倾销税的条件，方可征收反倾销税。

反倾销调查的程序主要有以下方面：

（1）申请的提出。反倾销调查从国内产业的全部生产或合计总产量占大部分的国内生产商提出书面申请开始。

（2）进口国当局立案审查和公告。表示支持申请的国内生产商的产量不足国内产业相同产品全部生产量的 25％，则调查不应发起。当反倾销有充分证据提起时，当局应予以公告。

（3）反倾销调查过程。一旦调查开始，当局应将国内产业的生产商提出的申请全文提供给已知的出口商和出口成员方当局，并应在受到要求时，向其他有利害关系的当事人提供。

在调查过程中，有关当局做出存在倾销的最初裁决，并可采取临时措施。临时措施有两种：一是征收反倾销临时税；二是提供担保，即出口商支付现金或保证金，其数额相等于临时预计的反倾销税。

当出口商以价格承诺方式主动承诺修改其价格，或停止以倾销价格向该地区出口，从而使当局对倾销有害结果影响的消除感到满意时，反倾销调查程序可以暂时停止或终止。

（4）裁决。依据倾销是否存在，是否构成对国内产业的影响做出最终裁决，并予以公告。

（5）争议解决。成员方之间涉及倾销与反倾销而产生的争议，可提交 WTO 争端解决机制处理。

虽然世界贸易组织制定了《反倾销守则》，但反倾销法的执行主要依赖各签字国的国内立法规定，因而具有很大的随意性。随着关税壁垒作用的降低，各国越来越趋向于利用反倾销手段，对进口产品进行持久的倾销调查及征收高额反倾销税来限制商品进口。

16.3.3　作为贸易保护主义的反倾销政策

各国实施反倾销的主要目的是为了保护公平贸易。但随着国际市场上经济竞争程度的空前强化，使反倾销活动走上了它的对立面，即贸易保护主义。在现实中，反倾销常常作为一种保护主义的工具，尤其在传统的贸易保护手段越来越不易使用时，用反倾销的名义实施保护的做法越来越普遍。1987—1997 年的 11 年间，由美国、西欧等发达国家指控别国倾销的案例就有 1376 起，占此期间反倾销调查案的 63％。反倾销政策已成为反对外国竞争者的主要武器。

实践中，由于倾销使进口国的同类企业的发展面临着严重的压力，甚至造成进口国同类产业难以起步的恶果。因此，在国际贸易中，倾销被普遍认为是一种不公平的竞争手段，反倾销是被国际社会认可的、恢复公平贸易的政策行为。通过征税反倾销税，使进口商品价格提高到进口国国内市场价格的水平，从而保护了国内同类商品的生产者。

然而，经济学家们对于单把倾销拿出来作为被禁止的行为一直不满。首先，针对不同市场制定不同价格是完全合法的商业策略——就和航空公司给学生、老年人和那些愿在飞机上度过周末的旅行者提供的价格折扣一样。其次，倾销的法律定义基本上源于其经济定义。由于要证明外国厂商在出口市场上比其国内的定价低经常是件困难的事，因此美国和其他一些国家就试着在估算这些外国产品的生产成本的基础上算出一个所谓的公平价格。这种"公平价格"准则严重干扰了正常的商业活动：一个正通过扩大生产和打入新市场来降低成本的厂商很可能愿意暂时蚀本销售。

尽管经济学家们对反倾销行为几乎都持否定意见，但是，自 1970 年以来，对倾销的正式指控和申诉却一直是有增无减、日益频繁。这究竟是对法律的一种愤世嫉俗的滥用，还是倾销的重要性日益上升的反映？答案可能是二者兼而有之。

16.4 中国应对出口反倾销与进口倾销

16.4.1 中国出口反倾销及其应对

改革开放以来,中国被控"倾销"的第一个案是 1979 年 8 月欧共体对中国糖精及盐类征收反倾销税。据世界贸易组织反倾销委员会统计,1987—1997 年的 10 年间,各成员方发起反倾销调查共计 2196 起,共有 1034 起裁定倾销成立,裁定率为 47%。这其中,针对中国产品的调查有 247 起,占总数的 11.25%;其中 158 起被裁定倾销成立,占世贸成员裁定总数的 15.3%,裁定率高达 64%。这三个百分数均列各国之首,使中国成为目前世界上遭受反倾销调查最多的国家和反倾销的最大受害国,且印度、美国、欧盟等 70 余个国家(地区)还未承认中国的市场经济地位。

随着中国日益融入国际市场,尤其近年来,逆全球化趋势加强,贸易保护主义进一步抬头,对华反倾销案激增,在数量上又以欧美为最。

当前,国外对我国出口商品实施反倾销,主要有以下特点:

(1)提起反倾销诉讼的次数频繁。自 1979 年我国产品首次在西方遭到反倾销诉讼至今,我国产品屡屡遭到反倾销诉讼,特别是进入 20 世纪 90 年代后,对我国产品提起的指控有增长之势,1995—2016 年,中国遭受的反倾销案件占全球案件的近四分之一,总共 1217 起。

(2)被诉倾销产品的范围不断扩大。中国遭受的反倾销执行率大于全球水平,对中国反倾销调查最多的五个国家(地区)是印度、美国、欧盟、阿根廷和巴西;且中国出口的 18 类产品,除动植物油脂之外,其他的 17 类产品全部都遭受了反倾销,其中,钢铁、铝等贱金属及其制品,化工产品和机电产品是遭受国外反倾销最多的 3 类产品。

(3)对中国产品倾销的确定带有很强的主观性。西方一些国家所确定的倾销并不完全具备必要条件,甚至有时根本不具备任何倾销的条件。在确定哪些是倾销产品方面带有主观性。作为倾销产品的对象,大多数是我国竞争力较强的产业,特别是低附加值、劳动力密集的产品。一旦提起反倾销诉讼,则一定会确定倾销存在。在确定反倾销税的征收上也带有很强的主观性。实践中,常常不用统一标准对待所有出口同一产品的国家。

(4)反倾销税的征收幅度大。西方一些国家反倾销税的征收幅度是很大的,从百分之十几到百分之几百乃至上千。如 1993 年 12 月墨西哥对我国鞋类出口征收 165%、232%、313% 至 1105% 的关税;再如 1997 年 7 月美国商务部对我国几家企业出口小龙虾征收的反倾销税率平均为 122.9%,最低的是 91.5%,最高的是 156.7%。面对如此高的税率,任何企业都无法承受,这也就迫使中国的相关企业不得不退出已经占有的市场。2015 年 4 月 21 日,秘鲁宣布对从中国进口的三种热轧钢管产品实施三年反倾销措施,反倾销征收税率为 60.7%~89.8%;2015 年 5 月 13 日,欧盟对来自中国、日本、韩国、俄罗斯和美国的取向性硅电钢做出反倾销初裁,其中对中国的取向性硅电钢征收 28.7% 的临时性反倾销税,期限为 6 个月;2015 年 5 月 28 日澳大利亚对包含中国在内的进口热轧钢板进行反倾销调查,2015 年 5 月 29 日韩国决定向中国制造的 H 型钢征收 28.23%~32.72% 不等的惩罚性关税,征收年限为 5 年。

进入 20 世纪 90 年代以来,我国遭受反倾销的形势越来越严峻,主要表现在:一是遭受反倾销案件数量急剧增加。90 年代平均每年达 30.5 起,比 80 年代年平均增加 24 起。二是对我国实施反倾销的国家(地区)越来越多。到目前已有 28 个国家(地区)对我国实施反倾销,其中仅 90 年代就增加了 21 个。三是遭受反倾销的产品范围不断扩大。无论从立案调查还是从最终裁定来看,五矿、化工、轻纺、土畜、机电、医保等成为我国遭受反倾销的主要部门。

我国由于反倾销损失严重,越来越多的反倾销使我国部分主要出口产品市场不断萎缩,相应产业效益下滑,企业停产,工人下岗失业。

但据统计,在已经发生的 400 多起对华反倾销案中,至少有 50% 的国内企业没有应诉。而在不应诉的情况下,依规定进口国主管当局可以所谓最佳获得资料做出不利于我方的裁判。WTO 反倾销守则专门有个附件二规定有《可获得的最佳资料》。可获得的最佳资料是指:如果主理机关向被调查方(倾销产品的生产商、出口商等)发出的调查问卷得不到答复、得不到可靠的资料,或对方不配合调查人员提供有效证据,则主理机关在"缺席审判"时,可偏听偏信申请方的资料,并依此"可获得的最佳资料"做出裁定。研究表明,在美国商务部裁决的 224 个案件中,使用"最佳资料"的 36 个案件裁决的平均倾销幅度为 66.7%,而没有使用"最佳资料"的 188 个案件的平均倾销幅度为 27.9%。

不应诉的直接后果将有可能导致彻底退出一国市场,出口商的国际市场份额与竞争力也将因此而严重受损。例如,在钨矿石一案中,由于中国出口商没有向美国商务部问卷调查提供全部资料,美国商务部就不承认所提供的资料,最终裁定对中国产品征收 150% 的反倾销税,使半年内中国出口商丧失了 2000 万美元的美国市场,对整个国家利益造成重大损害。与此同时,其他行业与地区也会因为中国企业不应诉而相继提出反倾销指控,这样就会间接导致一轮新的恶性循环,造成更加严重的损失。

事实上中国企业在很多领域内有条件也有能力应诉,完全可以通过法律的途径来公平公正地解决反倾销指控问题。以美国为例,一般只有 27% 的反倾销案被裁定倾销成立,35% 被裁定倾销不成立,其余的 38% 案件有申诉方中途放弃。全世界的倾销成立率也只有大约 53%。由此可见提起的反倾销指控并不一定成立,只要积极地配合调查,努力争取至少会取得较为合理与公平的裁判。

那么为什么会出现应诉不力的状况呢?首先,是因为应诉将花费大量的人力物力,成本高。有些企业因为没有预计到失去市场的隐性损失,宁愿转移产品销售市场。此外,由于没有相关的行业强行规定,大家都报以侥幸心理,消极观望,期望坐享其成。其次,政策问题。部分企业积极应诉,但是却得不到相应的补偿和区别待遇,相反不应诉者却可以直接受益,有的甚至在利益驱动下继续低价倾销,这样无疑严重打击了应诉企业的积极性。同时由于其他出口商的蜂拥而至以及在一定程度上加剧的低价销售行为,将诱发新一轮的反倾销,产生多米诺骨牌效应,形成恶性循环,心力交瘁的应诉企业自然不会再次做出无谓的牺牲。

近年来,我国出口企业反倾销应诉能力不断增强,在国外对我国出口产品的反倾销案中,我方应诉率与胜诉率都有明显提高。据 WTO 统计,2001 年,我国出口产品反倾销案件的绝对胜诉率(无税结案)已经上升至 35.7%。同时也有资料显示,自 1999 年以来,我国企业面临外国的反倾销的应诉呈不断上升的趋势,应诉率已经上升至 70%,尤其是 2000 年至今,我国对欧盟、美国提起的对华反倾销调查的应诉率已经达到 100%。

各国对中国的反倾销为什么增长得那么快又那么普遍?这是一国经济发展中的正常现象还是世界各国对中国的特别歧视?中国遭受反倾销原因应辩证分析。一般性讲,这说明中国出口产品竞争力的增强。从特殊性上讲,中国仍处于从原有的国有计划经济向市场经济的转轨之中,即中国仍不是一个完全的"市场经济"。具体原因主要有(内部和外部两个方面):①逆全球化和贸易保护主义盛行,采用反倾销措施保护本国产业,挤占别国市场。②中国经济的发展和出口竞争力的增强,使招致反倾销带有一定的普遍性。一般来说,一些实行出口导向发展战略的国家都会遇到这个问题。③环境的变化对反倾销有着重要影响,而反倾销作为世贸组织允许的保护国内相关产业不受冲击的法律武器,又常被一些国家滥用。④尽管中国已经加入了世界贸易组织,但根据与一些国家谈判达成的协议,在未来一段较长时期,中国仍将被视为"非市场经济国家",这使我国的反倾销问题更加严重,我国企业更容易被认定为倾销。⑤欠缺合理的外贸出口结构及出口企业国际营销战略的失误是频遭反倾销调查的重要原因。⑥我国企业对反倾销诉讼消极应对,致使反倾销成为某些国家遏止中国贸易出口的主要手段之一。

因此,政府、行业协会和企业应该做好的应对工作有:①加快企业非国有化改革,尽快摆脱"非市场经济国"地位的被动局面;②完善相关法律法规,建立完善的反倾销应诉和起诉机制,积极进行争取我国"市场经济地位"的谈判;③增强国际营销观念,提高产品综合竞争能力;④建立对反倾销的监控机制及纠正机制,达到预警的效果;⑤发挥商会、行业协会的积极作用;⑥企业应该积极应诉,配合反倾销调查;⑦加强专业人才的培养;⑧积极进行反倾销诉讼。

16.4.2　中国进口倾销及其应对

目前,中国成为世界上遭受反倾销调查最多的国家和反倾销的最大受害国,同时外国产品大举倾销到中国,中国也是倾销的严重受害国。中国企业正面临着反倾销与倾销的双重冲击和严峻考验。

1994年7月《中华人民共和国对外贸易法》正式实施,外贸法规定在给予国内产业适度保护时,采用国际上通行的反倾销、反补贴、保障措施等制度。我国《反倾销与反补贴条例》1997年3月正式生效。1997年12月10日,中国对原产于加拿大、韩国、美国的进口新闻纸开始反倾销调查,这是中国有史以来第一次对外国低价进口产品进行回击。从那时起,截至2003年底,中国已经对进口产品进行反倾销调查正式立案28起,其中15起发生在加入世贸组织后的两年时间里,目前涉及美国、日本、欧盟、德国、比利时、加拿大、俄罗斯、韩国、墨西哥、伊朗、印度、马来西亚等12个国家以及我国台湾地区。此外涉及化工、信息、轻工、冶金等五个行业,其中20起为化工产品,并有12起终裁。

立案调查数量增多的原因是,我国入世后,国外产品的进入门槛降低,受进口产品的冲击,国内企业寻求贸易保护的意识和手段不断增强。国内企业积极应诉国外反倾销,整体应诉率已接近70%,胜诉率也大大提高。从统计上看,韩国是中国实施反倾销保障措施最多的国家,累计涉及反倾销商品15种,包括铜版纸、新闻纸、聚氯乙烯、聚酯切片、丁苯橡胶、涤纶短纤维、不锈钢冷轧薄板等。其次是日本和美国,分别涉及反倾销商品10种和6种。日、美、韩三国同时也是与中国进出口贸易最多的国家。我国对外反倾销调查主要集中在钢铁、化工和农产品。2002年全年我国对进口产品反倾销立案调查的有10起,涉及金额近70亿美元(是贸易伙伴对我国出口商品反倾销涉案金额的7倍)。

1997年12月,我国原对外贸易经济合作部决定对来自美国、加拿大和韩国的新闻纸反倾销正式立案调查。1998年4月,欧盟决定不再将中国列入"非市场经济"名单。2000年12月,我国原对外贸易经济合作部发布第14号公告,决定对原产于英国、美国、荷兰、法国、德国和韩国地进口二氯甲烷正式进行反倾销立案调查。2001年《中美加入WTO协议》允许美国在中国加入 WTO 的 15 年内仍对中国产品适用"非市场经济国家"的倾销标准。

已有的 28 起反倾销案件实际情况表明,倾销行为干扰了市场公平竞争秩序,影响到国民经济健康发展。如聚酯切片和涤纶短纤产业,2000 年反倾销立案前,由于进口产品倾销,扰乱了市场秩序,市场行情持续下跌,国内同类产品企业被迫纷纷加入价格战中,价格下跌一半左右。许多企业为求生存,不得不以低于生产成本的价格销售,两个产业出现大面积亏损,亏损面均超过 60%,形成全行业亏损,经营陷入恶性循环。

从我国对外反倾销案件来看,每一个案件所涉及的产品产值或销售收入数额巨大,大大高于国际上单个反倾销案件涉及的平均贸易额 1 亿美元的水平。近几年,中国通过加强对世界贸易组织法律体系涉及的反倾销、反补贴、保障措施等规则的研究和实施,合法制止了国外大量向中国低价倾销的产品,在一定程度上保护了中国幼稚产业和新兴技术产业的发展。

比起西方发达国家,我国反倾销法律建设和工作实践几乎晚了 100 年。但在短短几年间,我国反倾销工作法律和规则从无到有迅速建立起来。为适应加入世贸组织的需要,自 2002 年 1 月 1 日起,国务院重新修订颁布了《中华人民共和国反倾销条例》《中华人民共和国反补贴条例》《中华人民共和国保障措施条例》并开始实施,标志着我国自 1997 年建立的反倾销法律框架得到进一步完善。此后,原国家经贸委、原对外贸易经济合作部、最高人民法院等机关还陆续出台了具体实施办法,使有关规则更加细化和具有可操作性。这些规则和方法不仅符合世贸组织反倾销协定的原则,同时也符合我国的国情。

16.4.3　替代国政策的歧视性与中国的"市场经济国"地位

替代国政策,是指在计算受调查中国产品的倾销幅度时,不是按照世贸组织《反倾销措施协定》的规定比较受调查中国产品的出口价格和中国国内市场上同类产品的正常价格,而是选择一个实行市场经济的第三国,以该第三国内市场上同类产品的正常价格代替中国国内市场上同类产品的正常价格,将受调查中国产品的出口价格与第三国内市场上同类产品的正常价格进行比较,确定中国产品的倾销幅度。这个第三国就是所谓的"替代国"。因中国"市场经济地位"不被承认,饱受反倾销调查之苦。

例如,欧盟对中国的电视进行反倾销调查时,置中国国内市场上的电视价格于不顾,选择新加坡作为替代国,将新加坡的电视价格与中国电视的出口价格做比较,从而确定中国电视的倾销幅度。新加坡的人工成本是中国的 20 多倍,电视价格自然比中国电视的价格高出许多。结果,本来不存在倾销的中国电视,被裁定 44.6% 的高倾销幅度。

西方发达国家之所以对中国实行这种明显不合理的替代国政策,其主要原因是西方发达国家按照其国内法,将中国视为"非市场经济国家"。非市场经济(non-market economy,NME)问题,旧称统制经济问题,起源于冷战时期西方国家贸易法中处理诸如基本贸易待遇和反倾销问题时,对社会主义国家采取的一种歧视性做法。作为法律技术用语,非市场经济是反倾销调查确定倾销幅度时使用的一个重要概念。反倾销案发起国的调查当局如果认定被调查商品的出口国为非市场经济国家,将引用与出口国经济发展水平大致相当的市场经济国家(即替代国)的成本数据计算所谓正常价格,并进而确定倾销幅度,而不使用出口国的相应原始数据。在中国输美电视案中,美国在初裁中使用印度作为中国的替代国,人为提高了我国几家出口企业的倾销幅度,从 27.94% 到 78.45% 不等。

替代国政策的危害性很大,主要表现在:①调查当局拥有极大的自由裁量权,人为地高估了中国产品的倾销幅度。②导致应诉困难,胜诉率低,致使中国企业怯于应诉;应诉率低,胜诉率更低,形成恶性循环。③使中国企业制定出口价格策略困难,因为企业不知道将来应诉倾销指控时调查当局选择哪个国家作为替代国,防不胜防。④引起"一国一税"问题,对中国企业实行集体惩罚,瓦解中国企业应诉的统一战线。⑤引起对国有企业的进一步歧视,国有企业更难以获得正常调查待遇。

1998年,欧盟立法将中国从"非市场经济国家"的名单中剔除,但是又把中国列为"转型经济国家",实际上仍然维持中国"替代国政策"的依据。2001年11月中国加入世界贸易组织后,虽然已要求欧盟、美国等按国际贸易法规给予中国"市场经济国家"地位。但是,根据WTO的规定,在中国加入WTO后的15年内,WTO其他成员国有权不承认中国的市场经济地位。2004年6月28日,欧盟委员会发表声明,拒绝承认中国的市场经济地位。该声明称,经过详细深入的调查后,发现中国"在影响反倾销调查的四大领域中仍然存在缺陷,意味着不可能在现有阶段给予市场经济地位"。欧盟报告列举的所谓四大缺陷是指:①中国的会计法和破产法等市场经济法律体制还不够健全;②中国对资源的进出口采取了非市场化控制,比如焦炭出口;③中国在知识产权保护以及含知识产权产品的保护体系存在漏洞,保护力度不够;④中国金融和企业融资不符合市场经济规律。国有企业的融资没有根据客观条件,导致了大量的呆账、坏账。什么是市场经济?什么是标准的市场经济或说什么是市场经济标准?显然存在着不同的标准。我们看到,被公认的一些市场经济国家,其经济制度是有差异的。各国基础不同、传统不同、发展阶段不同,市场经济的形式甚至部分内容也必然会不尽相同。但是,差异并不能证明市场经济标准不存在,从差异而否定市场经济标准存在是不正确的。市场经济有其内在规定性。这种内在规定性是存在于各个发展阶段不同的市场经济国家之中的共性。

美国商务部所指的非市场经济国家是指不按市场成本和价格规律进行运作的国家。它对市场经济有六个法定要求或具体标准:一是货币的可兑换程度;二是劳资双方进行工资谈判的自由程度;三是设立合资企业或外资企业的自由程度;四是政府对生产方式的所有和控制程度;五是政府对资源分配、企业的产出和价格决策的控制程度;六是商业部认为合适的其他判断因素。此外,美国商务部还特别关心出口国的出口管理:一是在法律上,政府是否对该企业的出口活动进行控制。这主要包括:①对各个企业的经营和出口许可有关的限制规定;②任何对企业减少控制的立法;③政府其他任何减少对企业控制的措施。二是在事实上,政府是否对该企业的出口活动进行控制。商务部通常要考虑四个因素:①出口价格是否由政府确定或须由政府同意;②出口商是否有权协商合同条款并签订合同或其他协议;③出口商在选择管理层时是否不受政府限制而有自治权;④出口商在分配利润和弥补亏损上是否有独立的决定权。

加拿大在对非市场经济问题的调查中,明确包括五个方面:一是政府部门在经济政策、经济管理活动中发挥的作用是否不干扰市场经济正常运行。二是政府部门对企业在生产、销售、采购等方面是如何管理和管制的,对企业融资方面是如何管理或管制的。三是在国际贸易方面,政府决定外贸企业可进行对外贸易的条件、程序,政府对进出口产品配额、价格的指导和管制等。四是国有企业的市场化程度,包括企业的所有制形式、企业的资金管理、业绩管理、利润分配、劳资关系、贷款的获取方式以及政府控制国有企业要素价格如何确定等。五是利率在不同企业、不同产业和内外贸不同部门中是否有差异,汇率对出口商而言是否市场形成,企业换汇及存汇方式是否有自主权等。

可以看出,欧美等国对市场经济标准的法律规定,是根据反倾销中影响公平贸易因素而归纳的,具有很强的针对性。虽然美国与欧盟以及加拿大提出的市场经济标准有一定的区别,美国直接提出国家的市场经济标准问题,而欧盟和加拿大主要是讲企业和行业的市场经济标准问题。但这种区别只是表面上的,就其内容而言,涉及的问题是相同和相近的,实质上是一样的。这些标准构成了一个体系,不是单独使用的。欧美等国不是只根据某一条来下判断,而是将围绕所有这些标准的调查结果综合起来,判断企业或产业是否达到市场经济的临界水平,得出和认定该国或该行业、企业是否已经具有市场经济的条件的结论。当然,在具体处理反倾销案件时,与哪一国家打官司还是要针对当事国标准来抗辩。

欧美国家判断市场经济标准主要考虑五个因素:①政府作用问题;②企业权利与行为问题;③投入要素的成本与价格问题;④贸易问题;⑤金融参数问题。

更重要的是,中国政府和企业必须进一步深化改革,提高市场化程度,从而加强在全球经济贸易中的竞争力。同时也要看到,解决中国的市场经济地位问题不仅仅是一个技术层面的问题,而且也是一个政治问题。

思考与练习

1.简述相机保护措施、贸易救济措施、补贴和反补贴、倾销与反倾销、保障措施协议的概念。

2.如何判定倾销成立? 反倾销的三个条件是什么?

3.辩证分析中国遭受反倾销的原因(一般性与特殊性)。

4.简述进口倾销与中国的应对策略。

5.简述出口反倾销与中国的应对策略。

6.如何理解替代国政策的歧视性?

7.如何理解中国的"市场经济国家"地位?

第17章 对外贸易促进与管制

课前导读

摩洛哥君主,亿万富翁,阿尔伯特王子是欧洲农业补贴最大的受惠者之一,……身价估计为13.5亿欧元的阿尔伯特王子去年因为欧洲共同农业政策收到28.7万欧元。

——《独立报》(2005年11月7日)

关税壁垒与非关税壁垒措施主要针对进口贸易而设置,通过这两类措施:①各国在其国门设置了一种无形的堤坝来保护本国产业,达到经济的或非经济的目的。②各国通过鼓励或调节本国出口的各种政策措施,增强了本国商品或服务在国际市场上的竞争力。

针对出口的贸易政策措施也多种多样,但按照政策措施特点及其实施的主要着力点,大体上可以分为两大类型:①贸易促进(鼓励出口措施);②贸易管制(控制出口措施)。

17.1 对外贸易促进

对外贸易促进政策措施的起源可以与中世纪晚期至近代早期盛行于西欧各国的重商主义政策联系在一起。在1776年亚当·斯密《国民财富的性质和原因的研究》一书对重商主义各种措施的批判中,就详细描述了两大类促进出口的政策措施,即出口退税与出口奖励。二战结束以来的半个多世纪,在激烈的贸易竞争中,出现了一些新的鼓励出口所主导的贸易自由化措施。时至今日,虽然GATT/WTO所主导的贸易自由化进程已是大势所趋,但许多国家(地区)依然不愿放弃鼓励出口的某些政策措施(奖出限入)。

17.1.1 出口信贷

出口信贷(export credit)是指一国为促进本国商品出口,提升其国际竞争力,而由官方银行提供的优惠信贷。贷款对象为本国出口商或外国进口商,贷款与出口具体货物挂钩。一般来说,并非任何产品的出口都能获得这种信贷,只有金额较大、期限较长的商品,如成套设备、大型航空器、船舶等的出口才能获得这种优惠信贷。

(1)按照贷款期限,可以将出口信贷分为短期、中期与长期三种类型。

短期信贷一般指期限在半年以内的信贷,最长不超过1年,主要适用于原料、消费品及小型机器设备等资金回收期较短的产品出口。中期信贷一般指期限为1~5年的信贷,一般适用于中型机器设备的出口。长期信贷通常指5~10年甚至更长期限的信贷,一般适用于大型成套设备、航空器与船舶等成本回收期长的商品出口。

(2)按照借贷关系或贷款对象,可以将出口信贷分为卖方信贷和买方信贷。

卖方信贷(supplier's credit)是指由出口商向国外进口商提供的一种延期付款的信贷方式。一般做法是在签订出口合同后,进口方支付 5%～10% 的定金,在分批交货、验收和保证期满时再分期付给 10%～15% 的货款,其余的 75%～85% 的货款,则由出口厂商在设备制造或交货期间向出口方银行取得中、长期贷款,以便周转。在进口商按合同规定的延期付款时间付讫余款和利息时,出口厂商再向出口方银行偿还所借款项和应付的利息。所以,卖方信贷实际上是出口厂商由出口方银行取得中、长期贷款后,再向进口方提供的一种商业信用。

买方信贷(buyer's credit)是指出口方银行直接向进口商提供的贷款,而出口商与进口商所签订的成交合同中则规定为即期付款方式。出口方银行根据合同规定,凭出口商提供的交货单据,将货款付给出口商。同时记入进口商偿款账户内,然后由进口方按照与银行订立的交款时间,陆续将所借款项偿还出口方银行,并付给利息。所以,买方信贷实际上是一种银行信用。

17.1.2 出口信贷国家担保制

出口信贷国家担保制(export credit guarantee)是指一国政府为促进出口,对于本国出口商或商业银行向外国进口商或银行提供的信贷,由国家设立的专门机构出面担保。它实际上是官方担保。当外国进口商亦即债务人拒绝付款时,该担保机构承担担保的风险。承保的金额通常为合同额的 85%～95% 或 70%～80%,有时为鼓励出口可达 100%,且国家对出口商和银行提供更多的优惠政策、待遇。

担保的期限可分为短期(6个月)、中期和长期。有的国家为了手续简单而采用一年投保一次的综合短期担保方式。但对于中长期担保,出于金额大、期限长,常采用逐笔审批的方式,一般为 2～15 年。出口信贷国家担保制为厂商分担出口商所受的风险,有利于银行出口信贷业务的发展和提供贷款的安全保障。

出口信贷国家担保的业务项目,一般都是商业保险公司所不承担的出口风险。这些出口风险主要有两类:一是政治风险,二是经济风险。前者是由于进口国发生政变、战争以及因特殊原因政府采取禁运、冻结资金、限制对外支付等政治原因造成的损失。后者是进口商或借款银行破产无力偿还、货币贬值或通货膨胀等原因所造成的损失。

17.1.3 出口补贴

出口补贴(export subsidy)是指一国政府为促进出口而给予出口商现金补贴或政策优惠。其目的在于降低出口商品价格,提升其国际竞争力,扩大受补贴产品的出口。

按照补贴实施方式,可以将出口补贴分为直接补贴与间接补贴两种形式。

直接补贴(direct subsidy)是指政府给予出口商直接的现金补贴,这是一种最原始的补贴方式。从世界各国的贸易实践看,得到政府直接出口补贴的行业主要是农业和一些幼稚产业。

间接补贴(indirect subsidy)是指政府通过各种优惠政策使出口商得到收入或价格支持。其主要形式有:①政府为出口企业提供优惠贷款;②政府潜在地直接转让资金和债务,即提供贷款担保;③政府财政收入的放弃或不收缴,即减税、免税或退税;④政府提供货物、技术等中介服务,或购买货物;⑤政府向基金机构拨款,或委托、指令私人机构代替政府履行某些职能;⑥其他任何形式的对出口产品的价格和收入的支持。

从经济效应上看,出口补贴的结果会使出口国生产增加,国内消费减少,出口量扩大,国内价格上涨,使得出口比在国内销售更有利可图;但其经济效应会因补贴方是出口大国或小国而程度不同,小国大于大国。因此,在出口已占世界市场很大比例时,还使用补贴来刺激出口未必是明智之举。

在实践中,出口补贴行为会扭曲商品在国际市场上的价格,出口商在价格竞争中易于获取一定的优势,甚至会对进口国的商品或同类商品生产造成损害,因此,属于世界贸易组织《补贴与反补贴税规则》原则上反对的不公平贸易行为,补贴与反补贴已成为当今国际贸易关系的一个突出问题。另外,还经常发生虚报价格以骗取出口补贴的典型虚假贸易案例。

17.1.4　商品倾销

商品倾销(products dumping)是指一国出口商以低于本国国内市场价格,甚至低于生产成本价格,向国外市场上大量抛售商品,以打击竞争对手、占领或巩固国外市场、获得垄断利润为目的的贸易行为。

商品倾销通常由私营垄断企业进行,但随着贸易战的加剧,一些国家设立专门机构直接对外进行商品倾销。按其目的不同,可将商品倾销分为偶然性倾销、间歇性(掠夺性)倾销和持续性倾销三种形式。(关于商品倾销的详细内容见第16章16.3.1所述)

17.1.5　外汇倾销

外汇倾销(exchange dumping)是指一国政府利用本国货币对外贬值来达到提高出口商品的价格竞争力和扩大出口目的的行为。这是向外倾销商品和争夺国外市场的一种特殊手段。

本国货币对外贬值,可以起到提高出口商品竞争能力和降低进口商品竞争能力的作用。因为,货币贬值意味着本国货币兑换外国货币比率的降低,在价格不变的情况下,出口商品用外国货币表示的价格降低,故提高了商品竞争能力;反之,进口商品用本国货币表示的价格则提高,故降低了进口商品的竞争能力。因此,可以同时起到扩大出口和限制进口的双重作用。

外汇倾销手段的使用,必须具备以下几个条件:

(1)本国货币贬值幅度应大于国内物价上涨幅度。因为本国货币贬值往往会带来物价上涨。当货币贬值程度与物价上涨程度恰好抵销的时候,对外商品出口价格优势也就消失,外汇倾销的条件便不存在。在实际生活中,物价上涨与货币贬值之间有一迟滞现象,即货币贬值是一次性的,而物价上涨有一个过程。出口商可以利用这一迟滞性现象来获取外汇倾销的利益。所以,外汇倾销可以带动出口,但只是暂时的。它既有利的一面,也有弊的一面。

(2)其他国家不同时实行同等程度的货币贬值和采取其他报复性措施。否则,将抵销货币贬值的作用。

(3)不适合在国内通货膨胀严重的背景下贸然使用。否则,会使已经严重的通货膨胀火上加油。

(4)必须注意实行外汇倾销的代价十分昂贵。

17.1.6　对外贸易促进的组织措施

(1)设立专门的贸易促进组织机构,研究制定出口政策和战略。

（2）建立商业情报网，加强国外市场情报收集工作。许多国家都设立官方的商业情报机构，并在海外建立商业情报网，负责向出口厂商提供所需的情报。

（3）设立贸易中心，组织贸易博览会。贸易中心是永久性的设施，可举办贸易展览会、进行咨询服务等；贸易博览会是流动性的展出，这些工作可使外国厂商更好地了解本国商品，从而起到促销的作用。

（4）组织贸易代表团出访和接待来访，以加强国际经贸联系。

（5）组织出口厂商的评奖活动，以形成出口光荣的社会风气。

据中国海关总署统计：2018 年中国进出口额达 30.51 万亿人民币（4.62 万亿美元），同比增长 9.7％，创下历史新高，排名世界第一，已经成为全球 120 多个国家（地区）的最大贸易伙伴，中国私营企业的对外贸易额达 12.1 万亿元，较上年增长了 12.9％。中国对外贸易的良好表现得益于中国商业环境的优化（如一系列减税降费政策措施）。此外，中国与"一带一路"沿线国家的贸易合作也在不断扩大和释放。比如，2018 年中国同俄罗斯、沙特阿拉伯和希腊的贸易额较上年同比分别增长了 24％、23.2％和 33％。

17.2　对外贸易管制

17.2.1　对外贸易管制概述

对外贸易管制（foreign trade control）是指国家为了特定的目的，通过法令、行政措施和缔结国际条约等，对进口和出口实行的强制性管理与控制。它是一国对外贸易政策的重要组成部分，通常表现为国家对外贸易管理机关与进出口商之间的一种纵向管理关系。

对外贸易管制的目的：①发展本国经济，保护本国经济利益。例如，实施进口限制多出于保护本国生产和国内生产商的利益，改善国际收支状况等经济目的。②强化国家政治、军事或科技，维护国家安全。例如，实施出口管制多出于外交政策、科技发展、国家安全等方面的目的。③发挥政府作用，实现国家职能。

对外贸易管制的主要内容是对外国商品的进口管制和对本国产品的出口管制。进口管制（import control）的主要措施包括关税、非关税措施以及反倾销措施等；出口管制（export control）的主要措施包括出口许可证制度及多边出口管制等。

对外贸易管制的国内立法主要是具有公法性质的法规，如海关税法、外汇管理法、进出口许可法等。

当代世界经济发展的一般趋势和各国对外贸易管制的基本点是鼓励出口和限制进口，并且政策的倾向越来越偏向于鼓励出口。但是，许多西方发达国家为了达到一定的政治、军事、经济和国家安全的目的，对某些战略物资、高科技产品和其他重要商品的出口实行管制，以限制或禁止这类商品的出口。

17.2.2　出口管制的对象

出口管制是指国家通过法令和行政措施，对本国出口贸易实行的管理和控制。它是西方发达国家实行贸易歧视的重要手段之一。

出口管制的商品一般有以下几类：

（1）战略物资和先进技术资料，如军事设备、武器、军舰、飞机、先进的电子计算机和通信设备、先进的机器设备及其技术资料等。对这类商品实行出口管制，主要是从"国家安全"和"军事防务"的需要以及从保持科技领先地位和经济优势的需要考虑。例如，美国对古巴实行禁运，对其经济造成恶劣影响。

（2）国内生产和生活紧缺的物资。其目的是保证国内生产和生活需要，抑制国内该商品价格上涨，稳定国内市场。如西方各国往往对石油、煤炭等能源商品实行出口管制。

（3）需要"自动"限制出口的商品。这是为了缓和与进口国的贸易摩擦，在进口国的要求下或迫于对方的压力，不得不对某些具有很强国际竞争力的商品实行出口管制。

（4）历史文物和艺术珍品。这是出于保护本国文化艺术遗产和弘扬民族精神的需要而采取的出口管制措施。

（5）本国在国际市场上占主导地位的重要商品和出口额大的商品。对于一些出口商品单一、出口市场集中，且该商品的市场价格容易出现波动的发展中国家来讲，对这类商品的出口管制，目的是为了稳定国际市场价格，保证正常的经济收入。比如，欧佩克（OPEC）对成员国的石油产量和出口量进行控制，以稳定石油价格。

（6）被列入对进口国或地区进行经济制裁的商品。各种在经济制裁范围内的贸易禁运，实际上就是禁止出口。

（7）黄金、白银等贵金属。各国对这类特殊商品都规定须特许才能出口。

（8）跨国公司的某些产品。跨国公司在发展中国家的大量投资虽然会促进东道国的经济发展，但同时也可能利用国际贸易活动损害后者的对外贸易和经济利益，如实施"转移定价"等。因此，发展中国家有必要利用出口管制手段来制约跨国公司的这类行为，维护自己的正当权益。

17.2.3　出口管制的目的与形式

（1）一国实行出口管制，主要是为了达到一定的政治、军事和经济目的。

①政治、军事和安全的目的。通过限制或禁止某些可能增强其他国家军事实力的物资，特别是战略物资的对外出口，来维护本国或国家集团的政治利益与安全。同时，也通过禁止向某国或某国集团出售产品与技术，作为推行外交政策的一种手段。

②经济的目的。对出口商品进行管制，可以限制某些短缺物资的外流，有利于本国对商品价格的管制，减少出口需求对国内通货膨胀的冲击。同时，出口管制有助于保护国内经济资源，使国内保持一定数量的物资储备，从而利用本国的资源来发展国内的加工工业。

（2）出口管制在形式上，可分为单边出口管制和多边出口管制。

①单边出口管（unilateral export control）制。单边出口管制是指一国政府根据本国的出口管制法案，设立专门的执行机构对本国某些商品出口进行审批和颁发出口许可证，实行出口管制。美国长期推行这种出口管制战略，在商务部设立贸易管制局，专门办理出口管制的具体事务。例如，美国国会通过的《1917年与敌对国家贸易法案》、1949年的《出口管制法案》、1979年的《出口管制法》等有关出口管制法等。

1989年冷战结束后，世界政治经济形势发生了巨大变化，出口商的商业利益与国家安全利益并驾齐驱。过分的出口管制，丧失了大量的世界市场份额，大大损害了国家的贸易和经济利益。在这种背景下,许多西方发达国家适应国内外形势和对外政策的变化,重新制定和修改出口管制法规。例如,美国 1995 年推出新的出口管制法案,尽量平衡美国国家安全利益与出口商的商业利益。

②多边出口管制(multilateral export control)。多边出口管制是指几个国家政府出于共同的政治和经济目的,通过一定的方式建立国际性的多边出口管理机构,商讨和编制多边出口管理货单和出口管制国别,规定出口管制的办法等,以协调彼此的出口管制政策和措施。然后由各参加国根据上述精神,自行办理出口商品的具体管制和出口申报手续。例如,过去的巴黎统筹委员会就是典型的国际性多边出口管制机构。

巴黎统筹委员会原名为输出管制统筹委员会,是 1949 年 11 月在美国操纵下由 17 国(美国、英国、法国、意大利、加拿大、比利时、卢森堡、荷兰、丹麦、葡萄牙、挪威、联邦德国、日本、希腊、土耳其、西班牙、澳大利亚)秘密成立的常设多国出口管制机构。其总部设在巴黎,故被称为巴黎统筹委员会,简称巴统。它是二战后西方发达工业国家在国际贸易领域中纠集起来的一个非官方的国际机构,其宗旨是限制成员国向社会主义国家出口战略物资和高技术,以遏制社会主义的发展。列入禁运清单的有军事武器装备、尖端技术产品和稀有物资等三大类上万种产品。被巴统列为禁运对象的不仅有社会主义国家,还包括一些民族主义国家,总数约 30个。1952 年又增设一个所谓的"中国委员会",负责对中国的禁运,严重影响了我国从美国及其他巴统国家引进先进技术和设备。

冷战期间,欧美联合对华禁运,巴统对新中国的禁运管制甚于苏联。20 世纪 70 年代中美关系解冻后,西欧国家随即陆续与中国建交,在 70 年代至 80 年代期间,中国从欧共体国家引进了一大批先进的军民两用军事技术和装备。进入 20 世纪 80 年代中期后,巴统对中国先后放宽总计约 48 种"绿区"技术产品出口审批程序。其后,巴统又决定对中国实行自由出口,出口审批权下放给各成员国,不再逐项报批,对华出口管制极为优惠。1989 年,欧共体首脑会议做出决定禁止对华军售,巴统也随即终止对华放宽尖端技术产品出口计划。

随着苏联的解体、冷战的结束、国际政治经济形势的变化和科技水平的提高,西方国家为了自身的经济利益,不断突破禁运限制,巴统不得不缩小其出口管制范围。1990 年,巴统大幅度放宽对苏联和东欧国家的高技术产品出口限制,禁运项目由成立初期的 400 个减少到 120个,1991 年又减少三分之二。受其禁运的国家也越来越少。

世界格局发生重大变化,加上巴统的禁运措施与世界经济科技领域的激烈竞争形势也不相适应,一些西方国家又把巴统作为相互进行贸易战的工具。巴统会员国的高级官员 1993 年11 月在荷兰举行会议,一致认为巴统"已经失去继续存在的理由",巴统于 1994 年 4 月 1 日正式解散。然而,它所制定的禁运物品列表后来被《瓦瑟纳尔协定》所继承,延续至今。

为防止武器和具有军事用途的高技术产品落入潜在的敌对国之手,1996 年 9 月,美国与其他 32 个国家共同签署了《关于常规武器与两用产品和技术出口控制的瓦瑟纳尔协定》(简称《瓦瑟纳尔协定》)。在此基础上,又建立了一个新的多边出口控制机制。与巴统相比,《瓦瑟纳尔协定》是一个十分松散的组织。它把出口决定权留给各国政府,而不像以前的巴统有权禁止向华约组织国家出口高技术产品。它没有正式列举被管制的国家,只在口头上将伊朗、伊拉克、朝鲜和比利时四国列入管制对象;它也不要求成员国将其出口许可证送交审议。成员国可以参照共同原则和清单自行决定实施出口管制的措施和方式,自行批准本国的出口许可。

17.2.4　出口管制的程序

一般而言,西方国家出口管制的程序是,其有关机构根据出口管制的有关法案,制定出口管制货单和输往国别分组管制表。对列入出口管制的商品,必须办理出口申报手续,获得出口许可证后方可出口。

以美国为例,美国商务部贸易管理局负责制定出口管制货单和输往国别分组管制表。在管制货单中列有各种需要管制的商品名称、商品分类号码、商品单位及其所需的出口许可证类别等。在输往国别分组管制表中将商品输往国家(地区)分成 Z、S、Y、P、W、Q、T、V 八个组,实行从严到宽不同程度的管制。例如:中国 1949 年新中国成立之初被划在 Y 组;1950 年朝鲜战争后被降至 Z 组,即所谓敌对国家;1972 年发表《中美联合公报》后,重被列为 Y 组;1980 年又被单独列为 P 组,即非敌对国;1983 年被改为 V 组,即友好的非盟国。

对出口受管制的商品,出口商必须向贸易管理局申请出口许可证。美国的出口许可证分为两种:①一般许可证(general license)。一般许可证也称普通许可证。这种许可证的管理十分松散。一般而言,出口这类商品时,出口商在出口报关表上填清管制货单上这类商品的普通许可证编号,再经海关核算,就算办妥了出口许可证。②特种许可证(specific license)。特种许可证必须向有关机构专门申请。出口商在许可证上要填清商品的名称、数量、管制编号以及输出用途,再附上有关交易的证明书和说明书,呈送有关机构审批,获准后才能出口商品。那些涉及所谓"国家安全"的商品,还要提交更高层的机构审批,如不予批准,则禁止出口。可见,出口管制成了美国等西方国家对外实行政治歧视和贸易歧视的重要工具。

总之,西方国家的出口管制,不仅是国家管理对外贸易的一种经济手段,也是对外实行差别待遇和歧视性政策的政治工具。20 世纪 70 年代以来,各国的出口管制有所松动,特别是出口管制的政治倾向有所减弱,但它仍作为一种重要的经济手段和政治工具而存在。

中美互为对方主要的贸易伙伴之一。美国和巴统对我国的出口管制政策经历了一个从严到宽的过程,这也是大势所趋。但是,美国政治上的霸权主义、经济上的霸凌主义立场时有显露,我们要有充分的思想准备,有理、有利、有节地斗争。

在实践中,各国还常常采用经济制裁或贸易制裁的方法来管理贸易,限制别国发展。

17.3　经济特区与自由贸易区

17.3.1　经济特区的含义与特点

经济特区(special economic zone,SEZ)是指一个国家(地区)在其管辖的地域内划出一定非关境的区域(也有在关境以内的),实行特殊优惠的经济政策,以吸引外商从事贸易和出口加工等业务活动。其目的是为了鼓励发展转口贸易和出口加工贸易及其他事业,吸引外国资本和外国技术,促进对外贸易发展,繁荣本地区和邻近地区的经济,增加财政收入和外汇收入。例如,实行减免关税、提供良好基础设施等特殊优惠的经济政策。因此,建立经济特区是一国实行对外开放政策和鼓励扩大出口的一项重要政策。

经济特区的发展已有很长历史,它与对外贸易的发展有着密切的联系,在封建社会的后期已经出现。早在 1228 年,法国南部马赛港就已在港口内开辟自由贸易区。15 世纪末,德意志北部的几个自由市联合起来,建立自由贸易联盟,史称"汉萨同盟"。

随着资本主义的发展,自由港和自由贸易区不断涌现。1547 年意大利在里窝那湾创设免税自由港,之后,有许多国家纷纷仿效。17—19 世纪,对外贸易优势的荷兰、英国等相继把地中海沿岸的某些港口(如直布罗陀)及中东、东南亚和加勒比海一带的港口开辟为自由港,其中包括亚丁、吉布提、新加坡等。

一战后,各种类型的经济特区在中南美、非洲、中东、南亚等地纷纷成立。到二战爆发前,世界上已有 26 个国家设立了 75 个以自由贸易为主的经济特区。二战后,新独立国家相继成立,它们纷纷建立了一批以利用外资发展加工出口为主的经济特区。20 世纪 70 年代以来,第三世界国家中有 40 多个国家(地区)建立经济特区 80 多个。南斯拉夫、罗马尼亚也有类似设置。

当代最著名的是爱尔兰香农出口加工区、巴拿马科隆自由贸易区、墨西哥边境自由贸易区等。在 1980 年,世界上各种特区已发展到 350 多个,分布在 75 个国家,其类型日益增多,业务范围日益扩大,而且第一代出口加工区已开始从劳动密集型工业转向资本和技术密集型工业。

经济特区的主要特点有:①以扩大出口贸易、开发经济和提高技术水平为目的。建立经济特区的首要目的是扩大出口,增加外汇收入。在此基础上,通过发展出口加工业,吸收外资和引进先进技术设备,开发本地区和邻近地区的经济,提高国内生产的技术水平。②具有开放的投资环境。经济特区大都提供优惠待遇,同时国家还采取财政措施等对特区的生产经营进行扶持,并简化各种行政手续,为外商投资提供各种方便。③具有较为完善的基础设施。基础设施主要包括水电设施、交通运输设施、仓储设施、通信邮电设施、生活文化设施等。④具有良好的社会经济条件。一般而言,经济特区都有较丰富的劳动力资源,文化教育程度较高,技术力量和管理能力也较强。⑤具有较好的自然条件。经济特区大多设在地理位置和自然环境较好的地区,交通运输方便,资源丰富或易于获得,气候适宜。

17.3.2　世界经济特区的类型

1. 自由港与自由贸易区

自由港(free port)又称自由口岸,是指全部或绝大部分外国商品可以豁免关税、自由进出口的港口。自由港一般具有优越的地理位置和港口条件,其开发目标和营运功能与港口本身的集散作用密切结合,以吸引外国商品扩大转口。目前著名的自由港有中国的香港、新加坡、直布罗陀、丹麦的哥本哈根、美国的关岛、意大利的热那亚、法国的敦刻尔克等。

自由贸易区(free trade area)是指在一个国家的关境以外划出的允许外国商品免税进出口的地区。它由自由港发展而来,是以自由港为依托,将范围扩大到自由港的邻近地区。

按地理范围划分,自由港和自由贸易区可分为两种:一种包括港口及所在的城市,如中国香港,新加坡;另一种仅包括港口及所在城市的一部分,如德国汉堡自由贸易区是汉堡市的一部分。

按商品范围划分,自由港和自由贸易区可分为完全自由港和有限自由港。前者极少,后者居多。有限自由港仅对少数商品征收关税。如香港只对酒类、烟草、某些碳氢油类、甲醇四类货物征收关税,其余均免税。

自由港和自由贸易区都是划在一国关境以外的,因此外国商品除了进港口时免缴关税外,一般还可在港区内进行改装、加工、挑选、分类、长期储存或销售。外国商品只是在进入所在国海关管辖区时才纳税。

设立自由港和自由贸易区的主要目的是为了方便转口和对进口货物进行简单加工,主要面向商业,并以转口邻近国家(地区)为主要对象,多设在经济发达国家(地区)。

2. 保税区

保税区(bonded area)又称保税仓库区,是由海关设置的或经海关批准设置的特定地区和仓库。外国商品可以免税进出保税区,在保税区内还可对商品进行储存、改装、分类、混合、展览、加工和制造等。但是,商品若从保税区内进入本国市场则必须办理报关手续,缴纳进口税。

保税区是一些国家在没有设立自由港或自由贸易区的情况下设立的,它实际上起到了类似自由港和自由贸易区的作用。保税区和自由港或自由贸易区的区别在于:①行政管理部门不同,保税区受海关管理监督,自由港与自由贸易区由所在地区的行政管理机构管理,不受海关管辖。②保税区内不免税,仅暂不纳税,如进出保税区的外国商品有短缺,海关就要征税,而自由港区内外国商品可免税。③自由港和自由贸易区的地理范围较大,而保税区的地理范围一般相对较小。

3. 出口加工区

出口加工区(export processing zone)是指一个国家(地区)在其港口或邻近港口、国际机场的地方划出一定的范围,新建和扩建码头、车站、道路、仓库和厂房等基础设施以及提供免税等优惠待遇,鼓励外国企业在区内投资设厂,生产以出口为主的制成品的加工区域。

出口加工区是20世纪六七十年代在一些发展中国家建立和发展起来的。其主要目的是吸引外国投资,引进先进技术和设备,扩大出口加工工业和加工品的出口,增加外汇收入,促进本地区外向型经济的发展。与自由贸易区相比,出口加工区的主要特点是面向工业,以发展出口加工工业为主,而不是面向商业。出口加工区既提供了自由贸易区的某些优惠待遇,又提供了发展工业生产所必需的基础设施,是自由贸易区与工业区的一种结合体,即兼有工业生产与出口贸易两种功能的工业-贸易型经济特区。

4. 科学工业园区

科学工业园区(science and industry quarter)又称工业科学园、科研工业区、高技术园区等,是指以加速新技术研制及其成果应用服务于本国或本地区工业的现代化,并便于开拓国际市场为目的,通过多种优惠措施和方便条件,将智力、资金高度集中,专门从事高新技术研究、试验和生产的新兴产业开发基地。

世界上影响比较大的科学工业园区主要有美国的硅谷、英国的剑桥科学园区、新加坡的肯特岗科学工业园区、日本的筑波科学城、中国台湾的新竹科学工业园区等。

5. 自由边境区和过境区

自由边境区(free border zone)也称自由贸易区域,一般设在本国一个省或几个省的边境地区。对于区内使用的机器、设备、原料和消费品实行减税或免税。如从区内转运到本国其他地区销售,则要照章纳税。其目的是吸引国内外投资,发展边区经济。自由边境区与出口加工区的区别在于:外国商品在自由边境区内加工制造后主要用于区内使用,仅少数用于出口。自由边境区仅见于少数拉美国家。

过境区(transit zone)又称中转贸易区,是指某些沿海国家为方便内陆邻国的进出口货运,根据双边协定,开辟某些海港、河港或边境城市作为过境货物的自由中转区,对过境货物简化海关手续,免征关税,或者征收小额的过境费用。过境区与自由港的区别在于:过境货物在过境区内可短期储存或重新包装,但不得加工。过境区一般都提供保税区仓库设施。泰国的曼谷、印度的加尔各答、阿根廷的布宜诺斯艾利斯等都是这种以中转贸易为主的过境区。

6.综合型经济特区

综合型经济特区(comprehensive special economic zone)是指一个国家(地区)划出一定范围,配以特定的优惠措施,吸引外国或境外企业在区内从事外贸、加工工业、农畜业、金融保险、科技和旅游业等多种经营活动的区域。

综合型经济特区一般的特点是:特区规模大,经营范围广,是一种多行业、多功能的特殊经济区域。我国所设立的经济特区都属于这一类型。

17.3.3 中国的经济特区

为了适应改革开放和发展经济的需要,我国于 20 世纪 80 年代初开始设立经济特区。从 1980 年起建立深圳、珠海、汕头、厦门 4 个经济特区。1984 年进一步开放了大连、秦皇岛、天津、烟台、青岛、连云港、南通、上海、宁波、温州、福州、广州、湛江、北海 14 个沿海城市。1985 年后又陆续将长江三角洲、珠江三角洲、闽南三角地区、山东半岛、辽东半岛、河北、广西辟为经济开放区,从而形成了沿海经济开放区带。

1988 年建立海南省经济特区与 1990 年开发开放上海浦东区的决定,使中国沿经济特区的建立与沿海地区的开放得到进一步发展。

从 1992 年开始我国又开放了一批边疆城市、长江沿岸大城市和内地省会城市;在边境地区的东北、西北和西南边境口岸设立了过境贸易区;并在沿海地区陆续开办了十几个保税区和数十个国家经济技术开发区。2010 年 5 月,中央新疆工作会议上批准喀什设立经济特区。喀什是中国的西大门,与三国接壤,有 6 个国家一类口岸对外开放,区位优势明显。喀什经济特区的设立,为实现喀什地区乃至新疆经济的跨越式发展具有重要的战略意义。2014 年 6 月,中央新疆工作会议上批准成立霍尔果斯经济特区。这充分显现了霍尔果斯在新疆对外开放、引领外向型经济发展中的特殊地位,力争早日形成面向东亚、南亚、西亚、中亚乃至欧洲的核心发展区。这样,中国就形成了沿海、沿江、沿边、内陆地区相结合的全方位多层次对外开放格局。

中国经济特区是根据我国国情并参照国外的经验建立的,其目的主要是:引进外资、先进技术和管理经验,了解国际市场信息,扩大产品出口,增加外汇收入,参与国际经济技术合作及培养国际型经贸科技人才等,使之在中国经济建设中发挥技术窗口、知识窗口、管理窗口和对外政策窗口与对内、对外扇面辐射作用。

中国经济特区的类型主要有经济特区、经济技术开发区、高新技术产业开发区、保税区、边境经济合作区和旅游度假区等。

17.3.4 中国的自由贸易区

2013 年 8 月,国务院正式批准设立中国自由贸易区(China free trade area),这是打造中国经济的"升级版""聚焦点",正如加入世界贸易组织进一步激发了中国经济的活力一样,自贸试验区建设也将促进包括服务业在内的市场经济大发展。在自由贸易试验区内,以政府放权为标志的改革将进一步深化。原先受到较多管制的创新类金融服务、商务服务、文化娱乐教育和医药医疗护理业等,将获得很大的发展机会。

中国自由贸易区是指在国境内关外设立的,以优惠税收和海关特殊监管政策为主要手段,以贸易自由化、便利化为主要目的的多功能经济性特区。原则上是指在没有海关"干预"的情况下允许货物进口、制造、再出口。其核心是营造一个符合国际惯例的,对内外资的投资都要具有国际竞争力的国际商业环境。

设立自由贸易区也是一国实行对外开放政策和促进对外贸易的一项重要政策。其作用为:①可以充分利用自由贸易区作为商品集散中心的地位,进一步扩大国家(地区)的出口贸易和转口贸易,从而提高其在全球贸易中的地位和能级,并且创造更多的外汇收入。②可以充分利用自由贸易区作为国际投资中心的地位,利用区内税收、外汇使用等优惠政策,进一步吸引外资,引进国外先进技术与管理经验。③可以充分利用自由贸易区作为国际物流中心的地位。一般来讲,通过在港口、交通枢纽和边境地区设立自由贸易区,可起到繁荣港口、刺激所在国家(地区)交通运输、物流业发展的作用。

2013年9月,国务院决定设立中国(上海)自由贸易试验区。这是顺应全球经贸发展新趋势、更加积极主动对外开放的重大举措。要进一步深化改革,加快政府职能转变,坚持先行先试,既要积极探索政府经贸和投资管理模式创新、扩大服务业开放,又要防范各类风险,推动建设具有国际水准的投资贸易便利、监管高效便捷、法制环境规范的自由贸易试验区,使之成为推进改革和提高开放型经济水平的"试验田",形成可复制、可推广的经验,发挥示范带动服务全国的积极作用,促进各地区共同发展。这有利于培育我国面向全球的竞争新优势,构建与各国合作发展的新平台,拓展经济增长的新空间,打造中国经济"升级版"。

2014年12月,国务院决定在广东省、天津市、福建省设立3个自贸试验区。

2016年8月,国务院决定在辽宁省、浙江省、河南省、湖北省、重庆市、四川省、陕西省新设立7个自贸试验区。这代表着自贸试验区建设进入了试点探索的新航程。

中国和东盟对话始于1991年,中国1996年成为东盟的全面对话伙伴国。2010年1月1日贸易区正式全面启动。中国-东盟自由贸易区,是指在中国与东盟10国之间构建的自由贸易区,即"10+1"。中国-东盟自贸区是中国对外商谈的第一个自贸区,也是东盟作为整体对外商谈的第一个自贸区,建成后的自贸区将覆盖1300万平方公里,东盟和中国的贸易占到世界贸易的13%,涵盖11个国家,惠及19亿人口,年GDP达6万亿美元,年贸易总额超过4.5万亿美元,是目前世界人口最多的自贸区,也是世界上由发展中国家间建立的最大的自贸区。这使双方业已密切的经贸合作关系得到了进一步加强,也对亚洲及世界的经济发展做出了积极的贡献。其中的《中国与东盟全面经济合作框架协议》提出了中国与东盟加强和增进各缔约方之间的经济、贸易和投资合作促进货物和服务贸易,逐步实现货物和服务贸易自由化,并创造透明、自由和便利的投资机制,为各缔约方之间更紧密的经济合作开辟了新领域。

2015年,中国自贸区成为世界自由贸易区联合会荣誉会员。目前,中国在建自贸区20个,涉及32个国家(地区)。其中,已签署自贸协定12个,涉及20个国家(地区),分别是中国与东盟、新加坡、巴基斯坦、新西兰、智利、秘鲁、哥斯达黎加、冰岛和瑞士的自贸协定,内地与香港、澳门的更紧密经贸关系安排(CEPA),以及大陆与台湾的海峡两岸经济合作框架协议

（ECFA）。正在谈判的自贸协定 9 个，涉及 23 个国家，分别是中国与韩国、海湾合作委员会（GCC）、澳大利亚、斯里兰卡和挪威的自贸协定，以及中日韩自贸区、《区域全面经济合作伙伴关系》（RCEP）协定谈判和中国–东盟自贸协定（"10＋1"）升级谈判、中国–巴基斯坦自贸协定第二阶段谈判。此外，中国完成了与印度的区域贸易安排（RTA）联合研究；正与哥伦比亚等开展自贸区联合可行性研究；还加入了《亚太贸易协定》。

思考与练习

1. 什么是出口补贴？它可分为哪几种？
2. 商品倾销有哪几种？倾销商品的企业可采取何种办法弥补倾销商品时的亏损？
3. 什么是外汇倾销？为什么说外汇倾销可以起到促进出口的作用？
4. 什么是出口信贷？它按借贷关系可划分为哪两种？其主要特点是什么？
5. 各国政府干预本国出口的目的是什么？其干预的主要政策措施有哪些？
6. 出口补贴政策给出口国、进口国带来了哪些影响？
7. 各国限制或管制本国出口的目的是什么？主要限制或管制出口的措施有哪些？
8. 简述一国的货币贬值对进出口的作用。
9. 各国鼓励出口的措施主要有哪些？
10. 经济特区主要有哪几种？

第18章 区域经济一体化及其合作

课前导读

总有一天,到那时,所有的欧洲国家,无须丢掉你们各自的特点和闪光的个性,都将紧紧地融合在一个高一级的整体里;到那时,你们将构筑欧洲的友爱关系……

——维克多·雨果

进入 21 世纪,区域经济一体化已经成为当前全球经济发展的重要特征。各种类型的经济贸易集团组织遍布世界各地,对世界政治经济格局产生了全方位、多层次的影响。时至今日,区域经济集团内部贸易额在世界贸易总额中所占比重已经超过 50%。区域经济一体化和贸易集团化已成为当今世界经济贸易发展的重要趋势之一。

18.1 区域经济一体化概述

区域经济一体化的快速发展始于二战后。20 世纪 50 年代末和 60 年代中期出现了大批经济贸易集团,20 世纪 70 年代到 80 年代初期处于停顿状态,20 世纪 80 年代中期又掀起了世界范围内经济贸易集团化的高潮。

18.1.1 区域经济一体化的含义与条件

1.区域经济一体化的含义

一体化(integration)的含义是“综合,结合,一体化”,它源于拉丁语 integratio(结合为一体)。20 世纪初,这个词在经济学领域主要是表示企业结成的卡特尔、康采恩等经济垄断组织。20 世纪 50 年代后,该词才用于表示将各个国家独立的国民经济逐步结合成为更大范围经济的一种活动进程。

挪威奥斯陆国际和平研究所所长约翰·加尔东认为:“一体化是两个或两个以上的行为主体结合为一个新的行为主体的过程。”这个定义比较宽,既可说明经济一体化,又可说明政治一体化。因而,若从国家关系讲,从相互的依赖过渡到一体化,国家让渡部分权利,则表明国际关系发生了质的变化。

首届诺贝尔经济学奖获得者丁伯根认为,“经济一体化就是将障碍经济最有效运行的有关人为因素加以消除,通过相互协调和统一,创造最适宜的国际经济结构”。但这个定义仍比较宏观。贝拉沙认为,“经济一体化就是指产品和生产要素的流动不受政府任何限制”。

　　墨西哥的经济学家埃利西奥·德马代奥在《经济一体化理论在拉丁美洲的运用》一文中对拉丁美洲许多经济学家的一体化组织理论,做了综合概述。他认为,"经济一体化是指结合成一体的地区的自由贸易","经济一体化的"较高级形式是关税同盟","经济一体化与经济合作不同,这种不同既有质的不同,也有量的不同","经济合作是指国与国之间在经济各个方面减少有差别的行动的总和,一体化则是指在形式上消除上述差别"。

　　从以上几种定义可以看出,一体化组织的特征有:①它是国家出面并让渡部分权利而形成的超国家的权力机构;②它是地区性的;③初期是市场一体化,然后逐步过渡到生产和发展的一体化。

　　综合上述概念和特征,我们认为区域经济一体化(regional economic integration)比较完整的定义为:它是指在世界范围内由国家(地区)出面结合而成的区域性的目的在于实现市场一体化乃至生产和发展一体化的各种国际经济组织形成和发展的进程。它往往通过条约的形式,组成各种类型松散的经济联合,建立起超国家的决策和管理机构,制定共同的政策措施,实施共同的行为准则,规定较为具体的共同目标,实现成员国的产品甚至生产要素在本地区内自由流动,促进地区性的专业分工,从而发挥规模经济效益,迅速发展生产技术,不断提高成员国的经济福利。它也要求参加一体化的国家让渡部分国家主权,由一体化组织共同行使这一部分主权,实行经济的国际干预和调节。经济一体化一般是以地区经济合作为其核心内容,逐步扩展到其他领域的合作。

2. 经济一体化组织建立的条件

　　经济一体化组织的建立需要多方面的条件,主要包括以下方面:

　　(1)地理位置相互邻近。经济一体化组织要形成一个内部统一的大市场以促进各国经济的发展,这就需要以各国之间地理位置上的相互邻近作为客观基础,地理位置相距遥远的国家之间很难建立成员国之间统一的内部市场。因此,人们习惯上称国际经济一体化组织为"区域经济一体化组织"。

　　(2)经济互补。经济一体化能否建立和发展还取决于成员国之间产业优势或贸易优势是否互补。这种互补既包括产业间贸易的互补,也包括产业内贸易优势的互补。一般而言,成员国之间经济的互补性越强,国家经济一体化组织越容易建立和稳定,否则会面临崩溃的危险甚至难以建立起来。

　　(3)照顾到每个成员国的经济利益。各国参加某种形式的国际经济一体化组织的主要目的是希望能够获得一些经济利益,尽管它们需要让渡一部分权利,但这种权利让渡所带来的利益应大于由此带来的损失。如果一个经济一体化组织只照顾少数大国的经济利益,那么其他国家就可能退出。

　　(4)政治制度比较接近。国际经济一体化组织的建立需要各成员国让渡一部分国家主权,如果参加国的政治制度比较接近,这种权利让渡不会导致一国政治制度的根本变化。相反,如果各参加国政治制度差异很大,那么某种主权的让渡就是非常敏感的。

18.1.2　区域经济一体化的形式

1. 按一体化的程度分类

　　(1)优惠贸易协定(preferential trade agreement,PTA)。其特点是,在成员国(地区)内部

实行较非成员国(地区)更低的关税。成员国之间通过协定或其他形式,对全部或部分商品规定特别的关税优惠,也可能包含小部分商品完全免税的情况。这是经济一体化的最低级和最松散的一种形式。在特惠区内,这种关税远低于对其他国家的关税。

(2)自由贸易区(free trade area,FTA)。自由贸易区是指两个或两个以上的国家或经济体之间通过达成协议,相互取消进口关税和与关税具有同等效力的其他措施而形成的经济一体化组织。如北美自由贸易区和欧洲自由贸易联盟都属此列。自由贸易区的一个重要特点是区域内商品可以自由流动,真正实现了商品的自由贸易,但是它严格地将这种贸易待遇限制在参加国之间。

(3)关税同盟(customs union,CU)。关税同盟是指两个或两个以上的国家或经济体通过达成某种协议,相互取消关税和与关税具有同等效力的其他措施,并建立共同对外关税或其他统一限制措施的经济一体化组织。关税同盟是比自由贸易区层次更高的经济一体化组织。其特点是,成员国在相互取消进口关税的同时,建立了共同的对外关税,因此,成员经济体之间不再需要附加原产地原则。

(4)共同市场(common market,CM)。其特点是在成员国(地区)之间实行"关税同盟+要素自由流动"。例如欧盟,除了在成员国内完全废除关税与数量限制并建立对非成员国的共同关税外,还取消了对生产要素流动的各自限制,允许劳动、资本等在成员国之间自由流动,甚至企业主可以享有投资开厂办企业的自由。欧洲经济共同体在20世纪80年代接近发展到这一水平。

(5)经济联盟(economic union,EU)。其特点是"共同市场+宏观政策协调",例如,所有成员国采取统一货币,并形成统一货币区。成员国之间不但商品与生产要素可以完全自由流动,建立对外统一关税,而且要求成员国制定并执行某些共同经济政策和社会政策,逐步消除各国在政策方面的差异,使一体化程度从商品交换扩展到生产、分配乃至整个国家经济,形成一个庞大的经济实体。特别是2002年1月1日欧元在欧盟多数成员国之间的流通,就标志着欧共体迈进了经济联盟的阶段。

(6)完全经济一体化(complete economic integration,CEI)。这是区域经济一体化的最高级形式。目前世界上尚无此类经济一体化组织。完全经济一体化不仅包括经济联盟的全部特点,而且各成员国还统一所有重大的经济政策,如财政政策、货币政策、福利政策、农业政策,以及有关贸易及生产要素流动的政策,并由其相应的机构(如统一的中央银行)执行共同的对外经济政策。这样,该集团相当于具备了完全的经济国家地位。完全经济一体化和以上几种一体化形式的主要区别在于:它拥有新的超国家的权威机构,实际上支配着各成员国的对外经济主权。

以上六种经济一体化形式,虽然依次反映经济一体化的逐级深化,但一体化的不同层次并不意味着不同的一体化集团必然从现有形式向较高级形式发展和过渡。也就是说,阶段之间不一定具有必然过程。此外,一体化目标有高有低,结合范围有广有狭,但是都涉及成员国将局部权利让渡给共同体的问题。权利让渡的程度,一般都取决于一体化目标的高低。

下面,我们用表18-1来比较几种经济一体化形式的异同。

表 18 - 1　经济一体化形式的比较

特点 形式	减少彼此间的贸易壁垒	取消彼此间的贸易壁垒	共同的对外贸易壁垒	生产要素的自由流动	宏观经济政策的协调	由中心机构决定共同的货币、财政政策
特惠贸易协定	有	无	无	无	无	无
自由贸易区	有	有	无	无	无	无
关税同盟	有	有	有	无	无	无
共同市场	有	有	有	有	无	无
经济联盟	有	有	有	有	有	无
完全经济一体化	有	有	有	有	有	有

2. 按参加国的经济发展水平分类

(1)水平一体化(horizontal integration)又称横向一体化,这是由经济发展水平相同或接近的国家所形成的经济一体化形式。从区域经济一体化的发展实践来看,现存的一体化大多属于这种形式,如欧洲经济共同体、中美洲共同市场等。

(2)垂直一体化(vertical integration)又称纵向一体化,这是由经济发展水平不同的国家所形成的一体化。如 1994 年 1 月 1 日成立的北美自由贸易区,将经济发展水平不同的发达国家(美国、加拿大)和发展中国家(墨西哥)联结在一起,使建立自由贸易区的国家之间在经济上具有更大的互补性。

18.1.3　区域经济一体化发展的进程及其原因

1. 区域经济一体化产生发展的进程

二战后,出现了两次区域经济一体化浪潮。

(1)20 世纪 50 年代末至 60 年代中期,以欧共体为代表的区域经济一体化组织相继组成。1958 年 1 月 1 日欧共体组建并生效;1960 年欧洲自由贸易联盟成立;1961 年 6 月拉丁美洲自由贸易联盟建立;1960 年美洲共同市场建立;1961 年东非共同体建立;1964 年中非各国联盟建立;1965 年阿拉伯共同市场建立;1967 年东南亚国家联盟建立。这一系列的区域经济一体化组织主要致力于贸易的自由化,即在参与多边贸易自由化的同时,寻求邻近地区内较高程度的自由化,尽管成效不同,但客观上都促进了各一体化的组织内贸易及经济的发展。

(2)西方经济 1973—1982 年的持续低增长刺激了各国贸易保护主义的兴起,同时又促进各国试图通过扩大市场以推动经济的复苏和增长。这种矛盾性促成了 20 世纪 80 年代中期以后的第二次区域经济一体化浪潮。

最先发动第二次区域经济一体化浪潮的是已运行了 20 多年的欧共体。1985 年 6 月欧共体决定,在 1992 年底以前实现成员国商品、劳务、资本和人员的自由流动;1991 年 12 月通过的《马斯特里赫特条约》于 1993 年 11 月 1 日正式生效,欧共体正式改称为欧洲联盟;1992 年 2 月 7 日签署了《欧洲联盟条约》,决定在实现统一大市场的基础上加强经济政策的协调。

在北美,1988 年 1 月 20 日美国、加拿大两国签署了《美加自由贸易协定》,该协定于 1989 年 1 月 1 日正式生效。随后墨西哥申请加入,由美国、加拿大、墨西哥 3 国共同签署的《北美自由贸易协定》于 1994 年 1 月 1 日正式生效,从此北美自由贸易区宣告成立。

在亚太地区,最引人注目的是太平洋经济合作会议(PECC)和亚太经济合作组织(APEC)。太平洋经济合作会议始于 20 世纪 80 年代初,是第一个非官方性质的论坛式的松散组织。20 世纪 80 年代中后期,亚太国家(地区)希望建立一个有政府官员参加的组织,其呼声越来越高,于是它以太平洋经济合作会议为背景,于 1989 年末成立了亚太经济合作部长级会议,简称亚太经合组织。这是迄今为止亚太地区官方级别最高的区域经济集团。

2. 区域经济一体化产生与发展的原因

(1)社会生产力国际化发展是其产生和发展的根本原因。二战后,第三次科技革命推动了生产力的发展,生产社会化和国际化的趋势日益加强。这种趋势要求生产的发展突破国界,要求商品、资本、劳动力、科技情报进入国际交流,在国际范围内自由流动。但是,战后发达国家之间的经济联系和相互依赖趋势的加强以及经济生活国际化的发展,却受到国家壁垒即贸易保护主义的限制。各国都有自己的疆界,政府都通过制定经济和社会政策来维护本国的利益。这样,经济生活国际化和国家壁垒之间就产生了矛盾。生产力的发展要求冲破国家壁垒的阻碍,实现各国间的经济联合。因此,社会生产力的国际化就成为发达资本主义国家趋向联合、走向经济一体化的一种客观基础和动力。

(2)国际经济政治斗争的需要。一体化的经济联合和政治利害关系密切相关。在国际斗争中,一些国家为了捍卫独立和主权,在共同利益的基础上加强经济、政治和军事上的联合,维护自身的经济和政治利益。国际上联合反帝、反霸的斗争也促进了区域经济一体化的进展。战后,国际经济领域里破除不平等、不合理的国际经济旧秩序和建立国际经济新秩序的斗争,推动了发展中国家区域经济一体化的进程。发展中国家的区域一体化组织成为南北对话、南南合作的重要形式。

(3)国家垄断资本主义调节国际经济的需要。二战后,发达资本主义国家的政府职能进一步加强,国家垄断资本主义已经影响和支配社会经济生活的各个方面。随着经济生活国际化的进展,在国际竞争日趋激烈的情况下,单靠国家对国内经济的调节已不能适应国际竞争的需要。因此,为了使本国或本地区在国际竞争中处于有利地位,避免两败俱伤或竞争所造成的损失,要求政府出面在地区之间实行联合,并对国际经济活动共同进行调节,共同对付国际竞争对手。

(4)维护民族经济权益发展的需要。20 世纪 60 年代后,随着殖民体系的瓦解,广大发展中国家纷纷取得政治上的独立和经济上的自由,但是在经济发展中却遇到了物质技术基础薄弱、资金缺乏、资源短缺、国内市场狭窄等问题。于是,这些国家为了避免发达国家的经济侵略和剥削、维护民族利益、努力发展本国经济,便加强同本地区的发展中国家的合作与联合,走上了区域经济一体化的道路。

(5)解决国际收支困难的需要。战后初期,由于美国经济实力增长很快,竞争能力大大地超过了西欧老牌的资本主义国家,使西欧多数国家出现了美元荒和国际收支困难。为了避免美国通过美元转嫁危机、改变国际收支困难的局面,西欧各国组织了区域经济一体化组织——欧洲经济共同体和欧洲自由贸易联盟。发展中国家面对发达国家工业品的强大竞争力和初级产品出口困难等问题,也经常陷入国际收支困难的状况之中。于是,发展中国家也成立了自己的一体化组织,以改善国际收支困难的境况。

(6)世界经济发展的不平衡推动了区域经济一体化的进程。世界各国(地区)的经济发展,从来都是不平衡的。这种不平衡现象在科技革命的推动下进一步加剧。在不平衡发展和利害冲突的情况下,经济生活国际化和国家垄断资本主义国际化的需要,只能是某些地区的一部分发达国家结成联盟,把各参加国的民族市场联合为关税壁垒保护下的统一市场,并进行共同的经济调节。这样可以使这些国家在国际经济斗争中居于较有利地位。例如,15—19 世纪世界经济的重心在地中海沿岸、西南欧,20 世纪世界经济的重心转移到大西洋两岸,21 世纪世界经济的重心将转入亚太地区。经济发展的不平衡,再加上某些地理特点,于是在世界上是便逐步形成了欧盟、北美自由贸易区和亚太经合组织几个大的经济区域。同时在大的区域中又形成了几个发展阶段不同的次经济区域,如亚太经合组织下的东盟及澳新自由贸易区等。

18.2　区域经济一体化理论

区域经济一体化的产生和发展,引起许多经济学家对这一现象的研究和探讨,形成了一些理论。由于区域经济一体化中关税同盟为最重要的特征,因此,很多区域经济一体化理论把关税同盟作为基本的研究对象,用来描述区域经济一体化对贸易、投资、社会福利等所产生的经济效应。

18.2.1　关税同盟理论

1.关税同盟的静态经济效应

关税同盟的特点是不仅在同盟内成员国之间相互取消关税,而且各成员国实行对非成员国的统一关税。这种区域经济一体化形式具有以下的静态经济效应。

(1)贸易创造效应(trade creation effect)。贸易创造效应是指关税同盟内部取消关税、实行自由贸易后,关税同盟国国内成本高的产品被同盟内其他成员国成本低的产品所替代,从成员国进口产品,从而创造出过去所不可能发生的新的贸易。其效果是:①由于取消关税,成员国由原来生产并消费本国的高成本、高价格产品,转向购买成员国的低价格产品,从而使消费者节省开支、提高福利。②提高生产效率,降低生产成本。从一国看,以扩大的贸易取代了本国的低效率生产;从同盟整体看,生产从高成本的地方转向低成本的地方,同盟内部的生产资源可以重新配置,改善了资源的利用。

(2)贸易转移效应(trade diversion effect)。贸易转移效应是指由于关税同盟对内取消关税,对外实行统一的保护关税,关税同盟国把原来从同盟外非成员国低成本生产的产品进口,转换为从同盟内成员国高成本生产的产品进口,从而发生了贸易转移。其效果是:①由于关税同盟,阻止从外部低成本进口,而以高成本的供给来源代替低成本的供给来源,使消费者由原来购买外部的低价格产品转向购买成员国的较高价产品,增加了开支,造成损失,减少福利。②从全世界的角度看,这种生产资源的重新配置导致了生产效率的降低和生产成本的提高。由于这种转移有利于低效率生产者,使资源不能有效地分配和利用,使整个世界的福利水平降低。

(3)贸易扩大效应(trade expansion effect)。贸易扩大效应是指在成立关税同盟后,在贸易创造和贸易转移的综合影响下,产生贸易扩大结果。

(4)社会福利效应(social welfare effect)。社会福利效应是指关税同盟的建立对一国的社会福利将带来怎样的影响。

(5)贸易条件效应(effect on terms of trade)。贸易条件效应是指组成关税同盟后,同盟成员国的贸易条件所发生的变化。一般来说,关税同盟能降低外部世界市场的供应价格,从而改善关税同盟国的贸易条件。

(6)积极效应(positive effect)和消极效应(negative effect)。积极效应是指关税同盟的经济得益;消极效应是指关税同盟的经济损失。分析可知,关税同盟具有双重效应。因此,在某几个国家之间是否该组成关税同盟,还要分析其效应如何。

当然,关税同盟静态经济效应的大小,要受制于以下几个因素:①同盟前关税水平越高,同盟后贸易创造效应越大。②关税同盟成员国的供给与需求弹性越大,贸易创造效应越大。③关税同盟成员国与非成员国产品成本差异愈小,贸易转移的损失愈小。④关税同盟成员国的生产效率越高,贸易创造效应越大,关税同盟后社会福利水平越有可能提高。⑤关税同盟成员国对非成员国出口商品的进口需求弹性越低,非成员国对关税同盟成员国进口商品的出口供给弹性越低,则贸易转移的可能性越小。⑥关税同盟成员国对外关税越低,贸易转移的可能性越小。⑦参加关税同盟的国家越多,贸易转移的可能性越小,资源重新配置的利益越大。⑧关税同盟前成员国彼此之间的贸易量越大,或与非成员国之间的贸易量越小,关税同盟后贸易转移的可能性越小,经济福利越可能提高。⑨一国国内贸易比重越大,对外贸易比重越小,则参与关税同盟获利的可能性越大,福利水平越有可能提高。⑩关税同盟成员国的经济结构的竞争性越大,互补性越小,关税同盟成立后福利水平越有可能提高。

2. 关税同盟的动态效应

关税同盟还具有动态经济效应,即刺激各成员国的经济增长,并带来国民收入的持续增长。这些动态效应会通过一系列渠道表现出来。

(1)规模经济效益。规模经济效益是指当企业规模扩大到一定程度时,单位产品生产成本的下降。美国经济学家巴拉萨(B. Balassa)认为,关税同盟可以使生产厂商获得重大的内部与外部经济利益。内部规模经济主要来自对外贸易的增加,以及随之带来的生产规模的扩大和生产成本的降低。外部规模经济则来源于整个国民经济或一体化组织内的经济发展。国民经济各部门之间是相互关联的,某一部门的发展可能在许多方面带动其他部门的发展。同时,区域性的经济合作还可导致区域内部市场的扩大,市场扩大势必带来各行各业的相互促进。这些对于小国尤为明显。

(2)市场结构效应。区域经济一体化组织的建立,摧毁了原来各国独立的受保护的市场,提高了市场的竞争性。市场竞争将增强比较价格作为相对稀缺性指标的可靠性,从而导致市场效率和透明度的提高,并促进资源配置效率改善。即使在寡头或垄断市场结构下,在产品差异和规模经济存在的条件下,广大市场范围内所增强的竞争将限制或削减相互串通或其他滥用市场力量所带来的社会成本。竞争还将刺激公司改组和产业合理化,推动先进技术的广泛使用,从而将促进现代化的进一步发展。这些自然有助于提高经济效率和增进社会利益。

(3)刺激投资效应。通过多国协定的约束,区域一体化扩大了市场规模,改善了投资环境。这样,它对成员国内部的投资者和非成员国的投资者来说都大大加强了投资吸引力。关税同盟从以下几方面使投资增加:①关税同盟成立后,成员国市场变成统一的大市场,需求增加,从而使企业投资增加。②商品的自由流通,使同行业竞争加剧。为了提高竞争能力,厂商一方面必须扩大生产规模,增加产量,降低成本;另一方面必须增加投资,更新设备,提高装备水平,改进产品质量,并研制新产品,以改善自己的竞争地位。③由于关税同盟的成员国减少了从其他国家的进口,迫使非成员国为了避免贸易转移的消极影响,到成员国内进行直接投资设厂,就地生产,就地销售,以绕开关税壁垒。这一点被认为是欧共体成立后,美国到欧共体国家投资剧增的主要原因。

(4)生产要素自由流动的经济效应。关税同盟成立后,市场趋于统一,生产要素可以在成员国间自由流动,提高了要素的流动性,劳动力和资本从边际生产力低的地区流向边际生产力高的地区。劳动力的自由流动,有利于人尽其才,增加就业机会,提高劳动者素质。自然资源的流动能使物尽其用。关税同盟还能促使企业家精神在成员国之间传播和发扬。这些都将使生产要素配置更加合理,要素利用率提高,降低了要素闲置的可能性,从而有益于生产资源的最佳配置。

18.2.2 协议性国际分工原理

1. 协议性国际分工含义

协议性国际分工原理是由日本教授小岛清提出的。他认为在经济一体化组织内部如果仅仅依靠比较优势原理进行分工,不可能完全获得规模经济的好处,反而可能会导致各国企业的集中和垄断,影响经济一体化组织内部分工的和谐发展和贸易的稳定。因此,必须实行协议国际分工,使竞争性贸易的不稳定性尽可能保持稳定,并促进这种稳定。

协议性国际分工(agreed international division of labor)是指一国放弃某种商品的生产并把国内市场提供给另一国,而另一国放弃另外一种商品的生产并把国内市场提供给对方,即两国达成互相提供市场的协议,实行协议性分工。但协议性分工不能指望通过价格机制自动地实现,而必须通过当事国的某种协议来加以实现,也就是通过经济一体化的制度把协议性分工组织化。如拉美中部共同市场统一产业政策,由国家间的计划决定的分工,就是典型的协议性国际分工。

协议性国际分工原理建立在长期成本递减理论的基础上。

2. 协议性国际分工实现的条件

由上面的分析可以看到,为了互相获得规模经济的好处,实行协议性国际分工是非常有利的。但达成协议性分工还必须具备三个条件:①参加协议的国家生产要素禀赋比率没有多大差别,工业化水平和经济发展水平相近,因而协议性分工的对象商品在哪个国家都能进行生产。②作为协议分工对象的商品,必须是能够获得规模经济的商品,一般是重工业、化学工业的商品。③每个国家自己实行专业化的产业和让给对方的产业之间没有优劣之分,否则不容易达成协议。这种产业优劣主要取决于规模扩大后的成本降低率和随着分工而增加的需求量及其增长率。

上述三个条件表明,协议性分工必须在同等发展阶段的国家之间建立,而不能在工业国与初级产品生产国这种发展阶段不同的国家之间建立;同时也表明,在发达工业国家之间,可以进行协议性分工的商品范畴较广,因而利益也较大。另外,生活水平和文化等较为类似的地区容易达成协议,并且容易保证相互需求的均等增长。

18.2.3　次优理论

福利经济学认为,帕累托(Pareto)最优条件是经济活动中的最优决策法则,这是一种纯理论的表述。但在现实中,要让所有的生产和分配过程都符合帕累托最优条件,几乎是不可能的,于是就不得不退而求其次,这就出现了所谓的次优理论。次优条件(second-best condition)是次优型经济中的决策法则,即在次优世界中才能采取次优决策法则。关税同盟是次优理论及其实践的一个特例。

主张自由贸易的经济学家一般认为,自由贸易是最优的,或者是帕累托最优的,因为自由贸易能促使国家和全球福利的最大化。

而维纳的研究认为,任何趋向于自由贸易的活动都将增加福利。维纳证明了关税同盟的形成可能增加或减少依据在这种同盟产生的具体环境下的成员和非成员的福利。这就说明了关税同盟是所谓次优的理论的实例,它表明如果在现实经济中所有达到最大化福利和实现帕累托最优的条件都不能满足的话,就可能导致次优状态。

根据维纳的观点,关税同盟的静态效应可依照贸易创造(trade creation,TC)和贸易转移(trade diversion,TD)来度量。如果当某些关税同盟的国内生产者被来自该同盟某个成员的较低成本的进口取代后就会产生贸易创造;贸易创造型的关税同盟,通过进一步扩大在比较优势基础上的生产分工将增加同盟成员国的福利;从各成员国实际增加的收入中产生的外溢效应,也会通过增加来自非成员国的进口,从而提高这些国家的福利。

如果当来自某些非关税同盟成员的较低成本的进口被来自该同盟某些成员的较高成本的进口替代后就会产生贸易转移。贸易转移型的关税同盟由于贸易创造和贸易转移的共同作用或者增加或者减少成员国的福利,具体将取决于二者的相对强度:

如果 TC>TD,这种区域经济一体化会增加福利;

如果 TC<TD,这种区域经济一体化会减少福利;

如果 TC=TD,这种区域经济一体化既不增加也不减少福利。

假定在自由贸易条件下,可达到区域和全球福利的共同提高,那么这是最优的选择,但是由于市场失灵等原因,只存在次优的选择;而区域经济一体化就是次优理论的一种实践的案例。

18.3　区域经济一体化的可能影响

18.3.1　区域经济一体化的内部影响

1. 促进了集团内部贸易的增长

在全球自由贸易难以实行的情况下,区域经济一体化无疑为小范围内资源的合理利用和配置提供可能。由于成员国之间生产要素能更大程度地自由流动,这就为区域一体化内部厂商实现规模经济提供了条件。厂商规模经济的取得和提高,使得国民收入水平提高,从而直接增加了市场容量。这一结果带动了区域一体化成员国贸易规模的扩大。据有关专家统计,欧共体成员国因取消彼此间贸易障碍而使相关的成本降低了 20%～30%。

2. 改变了国际贸易的地区分布格局

区域经济一体化组织的对外贸易可以分为两个部分:一是组织内成员国之间的贸易,被称为区内贸易;二是组织内成员国与组织外非成员国之间的贸易,被称为区外贸易。由于区内贸易实行自由化,而区外贸易无论是进口还是出口都存在着各种贸易壁垒,因此,区内贸易的发展大大快于区外贸易。

3. 提高了经济一体化国家的整体贸易地位和谈判力量

区域经济一体化使得原来一些单个经济力量比较薄弱的国家以整个集团的面貌出现在世界经济舞台上,其经济地位显著提高。由于其地位上升和竞争能力的加强,加重了这些国家在国际贸易谈判桌上的分量,在一定程度上维护了本身的贸易利益。

4. 促进了国际贸易商品结构和产业结构水平的提高

对于发展中国家来说,发展区域经济一体化,可以充分利用现有的资金、技术、设备和各种资源,逐步改变单一的经济结构,逐步改变出口商品的单一性的状况。而发达国家也同样在经济一体化的推动下,工业产品的生产和贸易水平得到极大提高,贸易的商品结构和产业结构也随之发生变化。近年来,发展中国家通过经济一体化发展工业生产,工业品的自给率已有了大幅度的提高。拉美经济一体化组织中 60% 的机器、运输设备,35% 的化工产品和 40% 的钢材都是从区内获得的。这说明,发展中国家工业生产水平不断提高,同时也说明,发展中国家对西方发达国家的依赖程度正在逐步减低。

5. 制约了成员国经贸政策的自主权

在区域经济一体化之前,各成员国的贸易政策基本具有自主性,完全由自己决定和实施。但在经济一体化集团内,区域性国际协调必然渗透到各成员国经贸政策的制定过程之中,从而在一定程度上缩减了自己的经济主权。

18.3.2　区域经济一体化的外部影响

区域经济一体化对区外非成员国的经贸活动也有着一定的积极影响。这主要表现为:区域性集团实现内部经济一体化后,其成员国自身会增强经济活力,促进经济加速发展,扩大对外需求,从而在一定程度上促进了世界贸易总量的增长,为各国经济发展提供了更多的机遇,即产生"收入溢出效应"。此外,由于区域经济一体化在技术开发领域创造的新成果也会向外扩散,使得区外国家也可受益。欧共体优惠的科技合作政策,汇集了区内各国的科技精英,推动新技术产品的联合开发,这些成果也会随出口的增长转移到其他国家,提高了世界的科技开发水平。

18.3.3　区域经济一体化组织与 WTO 之间的关系

如何看待和处理区域经济一体化组织与 WTO 之间的关系呢?是否允许 WTO 成员方之间组成区域经济一体化组织,及 WTO 成员与 WTO 非成员之间组成区域经济一体化组织?对此有两种不同的观点。

1. 不赞成区域经济一体化

该观点认为,区域经济一体化组织对区域外的国家实行差别待遇,具有浓厚的对内保护和对外歧视的贸易保护主义色彩,这与WTO自由的、无差别的、多边的贸易原则相违背,使得WTO的多边谈判变得更为困难。如欧盟在农产品贸易谈判中坚持顽固的立场,使多哈回合迟迟不能结束。因此,区域经济一体化组织是WTO所倡导的多边自由贸易的障碍。

2. 赞成区域经济一体化

该观点认为,区域经济一体化和WTO的宗旨是一致的,都是为了实现自由贸易。在全世界范围内一时难以实现自由贸易(因各国的经济基础、发展水平和经济体制上有差异),那么,先在区域范围内实行自由贸易。这是一条通向世界自由贸易的捷径。有的人把区域经济一体化和多边贸易体制的关系看成是"互补性竞争"。

WTO赞成区域经济一体化观点,采取了对区域经济一体化宽容的态度。它在GATT(关税与贸易总协定)第24条第5款规定:"本协定的各项规定,不得阻止缔约各国在其领土之间建立关税同盟或自由贸易区,或为建立关税同盟或自由贸易区的需要采用的某种临时性协定。"

总之,区域经济一体化具有双重性质,它以对内自由贸易、对外保护贸易为基本特征。对内,由于取消关税和非关税壁垒,促进了内部贸易的自由化,使区域内各国间的生产专业化和国际分工更为密切和精细,从而使内部贸易迅速增长。从这一意义上说,它是走向世界经济一体化的一个阶梯,使世界各国的经济变得更加难以分割。对外,由于贸易保护的加强,区域内部同外部国家间的贸易相对减弱,从而使本来很紧密的世界经济分成若干相对立的区域,又不利于世界经济一体化的发展。

18.4 区域经济一体化组织的实践

18.4.1 区域经济一体化组织发展概况

最早的区域经济一体化组织,可以追溯到1241年成立的普鲁士各城邦之间的"汉撒同盟",现代的区域经济一体化组织是二战后逐步兴起的。二战后,随着世界经济的迅速发展,许多国家,尤其是小国,都意识到只靠自己的力量很难在世界经济中有所作为,于是一些国家便联合起来,成立了各种各样的经济一体化组织。

1949年1月,"经济互助委员会"成立。经互会是苏联和东欧国家的一个区域性经济组织。后来蒙古、古巴和越南先后加入,又成为跨地区的经济组织。它实质上是其他国家经济与苏联经济的一体化。随着苏联解体和东欧剧变,该组织已于1991年6月28日解体。20世纪60年代,区域经济一体化在世界各地广泛发展。20世纪70年代中期到80年代初期,西方发达国家正处于滞胀阶段,其一体化进程相对缓慢。而发展中国家的经济一体化大多遭受挫折,一些组织中断活动或解体。但是,20世纪80年代中期以后,全球的经济一体化进程出现新的高潮,且有进一步发展壮大的趋势和向着"洲际一体化"方向发展。

目前,世界经济中已有数十个各种类型的区域经济一体化组织。不仅发达国家无一例外地卷入了组建区域经济一体化新浪潮,而且广大发展中国家出于发展本国或本地区经济和共同对付发达国家经济剥削的需要,也纷纷组建、巩固和发展自身的区域经济合作组织。据统计,目前全球共有33个地区一体化组织,其中欧洲6个、拉美11个、亚洲3个、非洲8个、大洋洲2个、北美洲1个、跨洲的集团2个,共有150多个国家(地区)参加。

18.4.2　区域经济一体化的模式

1. 发达国家之间的经济一体化组织

二战后,发达国家之间的第一个区域经济一体化组织是比利时、卢森堡和荷兰通过达成协议建立的"荷比卢联盟",三国商定建立共同的对外关税,协调经济政策,比利时和卢森堡还将他们的货币确定为等值,可以在双方国家流通。

发达国家之间的区域经济一体化组织发展程度最高的是欧洲联盟。欧洲联盟(European Union,EU)的前身是欧洲经济共同体(European Economic Community,EEC)。1951 年 4 月,西欧 6 国(法国、联邦德国、意大利、荷兰、比利时、卢森堡)政府在法国巴黎签订了《欧洲煤钢联营条约》(也称《巴黎条约》),建立欧洲煤钢共同体。《巴黎条约》规定:逐步取消成员国间煤钢产品的进出口关税和限额,成立煤钢共同市场;通过控制投资、产品价格、原料分配、企业的兴办和合并等,调节共同体成员国的煤钢生产。

《欧洲经济共同体条约》的主要内容有:建立全面的关税同盟,即内部取消各种工业品关税,对外采用统一关税;对外实行共同的贸易政策;内部实施同步的工业和农业政策;逐步协调经济和社会政策,实现商品、人员、劳务和资本的自由流通。

在欧洲,除了欧盟之外,还有其他的经济一体化组织:欧洲自由贸易联盟;独联体经济联盟;中欧自由贸易区;黑海经济合作组织。

2. 发展中国家之间的经济一体化组织

欧洲联盟的成功,激励了许多发展中国家也采取了一体化的方式来提高经济的发展速度和竞争实力,然而其中的大多数尝试仅获得了有限的成功或遭到了失败。

早在 20 世纪 60 年代,发展中国家的区域经济一体化组织就已经产生了。

(1)亚洲。许多亚洲发展中国家也组成了一些经济一体化组织,主要有:东南亚国家联盟(Association of Southeast Asian Nations,ASEAN);南亚区域合作联盟;海湾合作委员会。

(2)拉丁美洲。许多拉丁美洲发展中国家也组成了一些经济一体化组织,主要有:南方共同市场;中美洲共同市场;安第斯集团。

(3)非洲。许多非洲国家也组成了一些经济一体化组织,主要有:西非国家经济共同体;西非经济共同体;南部非洲发展共同体;阿拉伯马格里布联盟;阿拉伯自由贸易区协议。

实践中,发展中国家的区域经济一体化组织发展比较缓慢甚至失败,其原因是多方面的。其中主要的有三个方面:①成员国经济发展水平较低,因而缺乏进行贸易合作的物质基础。一方面,各国的经济发展水平均比较低决定了它们经济结构相类似,因而难以形成产业间贸易。另一方面,各国经济发展水平不高还决定了它们没有进行产业内贸易的基础。②一些国家参加某种经济一体化组织的目的是在封闭的市场内寻求经济的发展,然而当各成员国市场比较狭小时,区域经济的一体化不会给各国带来足够的市场规模,一些成员就需要在共同体以外寻找出路,由此造成一体化组织内部凝聚力的减弱。③对于那些实行开放经济的国家,它们在参加区域经济一体化组织的同时,也倾向于与发达国家开展贸易,以促进经济发展。在此情况下,如果发达国家市场的吸引力超过区域经济一体化组织的内部市场,那么该国的离心倾向是不可避免的。因此,尽管一些发展中国家的区域经济一体化组织名义上的一体化程度较高,但多数名不符实。由此我们得出结论:发展中国家之间区域经济一体化组织的存在与发展需要具备以下几个条件：①各成员国经济需要有一定程度的发展，以便为经济一体化提供必要的条件；②发展中国家经济一体化组织的前途有赖于内部市场的扩大和经济互补性的增强；③发展中国家的经济一体化组织的建立不能脱离发展中国家的特点，一切组织模式的选择要有助于各国经济的工业化。因此，发展中国家经济一体化组织发展的模式似乎是区域市场一体化与产业部门一体化的结合，既要求市场的统一，又要求产业发展上成员国之间的协议分工，以加强内部的相互依赖性。当然，具体模式的选择应以各成员国经济的发展和工业化为前提。

3. 发达国家与发展中国家之间的经济一体化组织

最典型的发达国家与发展中国家之间的经济一体化组织是北美自由贸易区。北美自由贸易区由美国、加拿大和墨西哥三国组成，是在美加自由贸易区的基础上延伸发展的。1985年9月，由加拿大总理提出，美国政府支持，建立双边自由贸易协定。双方经过三年多的谈判，于1988年1月2日签署了《美加自由贸易协定》，该协定从1989年1月1日起生效。该协定的主要内容是，经过10年的过渡，取消两国一切进出口产品的关税，逐步减少贸易壁垒，同时在投资方面实现自由化。美加自由贸易协定名义上是一个贸易协定，实际上则包括进出口和投资、农产品及银行经营业务等多方面的内容，是一个综合协定。该协定签署后，加拿大成为美国的最大贸易伙伴国，每年两国间的贸易达1500亿美元（75％免税），由于条约的签订，加拿大的经济增长速度加快了5％，美国加快了1％，在两国的边境附近还新创造出了成千上万个就业机会。协定明确规定，经过15年的过渡，三国相互取消关税，实现商品和服务的自由流动。这一目标分三个阶段实施：第一阶段，首先在所列的9000多种产品中立即取消约50％的关税；第二阶段，15％以上的产品关税将在5年内取消；第三阶段，剩余关税在第6~15年内取消。为防止来自第三国的转口贸易，三国详细列出了原产地规则的标准。规定在多数产品中，只有全部价值62.5％的产品价值在其成员国生产时，才属于原产地产品。

北美自由贸易区开创了发达国家与发展中国家之间组成区域经济一体化组织的先例。无论是综合经济实力、科技实力，还是市场规模，北美自由贸易区在当时都超过了欧共体。它对于美洲经济的发展、资金的注入、就业的增加、人民生活水平的提高都产生了很大的积极作用，对世界经济格局的形成也产生了重大深远的影响。1993年美国还发动了美洲初创计划，其目标是建立西半球的自由贸易区。

从目前情况看，发达国家与发展中国家之间的经济一体化组织还是一种新现象，参加一体化组织的两类国家都可以从中获利。就发达国家而言，通过参加这种一体化组织，各国可以充分利用发展中成员国廉价的劳动力和商品的销售市场，使这些国家在一体化市场内部有优于其他国家的竞争力，在外部市场也因为使用贸易伙伴国廉价的劳动力降低了某些产品的成本。同时，发达国家还可以利用区域经济一体化的便利重新配置资源，将资本投向能够最有效使用资本的地区。就发展中国家成员而言，它们也获得了较有保证的劳动密集型产品的市场，同时在引进外资的竞争中取得了一定的优势地位，相应地也创造了一系列产业部门的就业机会，而且还可以获得比较先进的生产技术，从而有利于这些国家的工业化。

4. 区域经济一体化的新模式：开放性的经济一体化组织

开放性是指这类经济一体化没有专门的组织机构和机制化的贸易安排，成员间的所有优惠性措施或安排也适用于非成员经济体。这一点与传统的区域经济一体化组织的排他性有本质上的差别。这种区域经济一体化的典型形式是亚洲与太平洋地区经济合作组织，简称亚太经合组织(Asia Pacific Economic Cooperation,APEC)。

随着欧共体走向欧洲统一大市场并进一步走向欧盟及北美自由贸易区的形成,亚太地区的有识之士提出了众多的构想,而这一地区的经济活力是最强的,但地域辽阔,经济差距也很大,在这种情况下,亚太地区要向何处去,要组织一个什么样的经济一体化组织,这也成了举世关注的问题。现在这一地区比较定型且已开始官方活动的组织是亚太经合组织。

亚太经合组织有两大支柱,一是贸易投资自由化,二是经济技术合作。亚太经合组织采取自主自愿、协商一致的合作原则,所做决定必须经各成员一致同意认可。亚太经合组织的组织机构包括领导人非正式会议、部长级会议、高官会、委员会和专题工作组等。其中领导人非正式会议是亚太经合组织最高级别的会议。

开放的区域经济一体化与 GATT/WTO 的基本原则——非歧视原则——是一致的,它标志着区域经济一体化实践上的一次创新,同时也是对传统的区域经济一体化理论的一次挑战。开放的区域经济一体化实际上反映了经济全球化对区域经济一体化的一种积极影响。

此外,一些新型的区域间经济合作也在逐步发展,如 1996 年 3 月启动的亚欧经济合作在亚洲的东盟及有关国家(中国、日本、韩国)、欧盟的积极推动下,正处在探讨合作领域、加强合作的阶段。如果能够成功,亚欧经济合作将开创另一种范围更广泛的经济一体化模式。

18.5　中国的区域经济合作

区域经济合作是当今世界发展的重要趋势,也是经济全球化的重要组成部分,是各国顺应时代潮流的必然产物,也是相邻国家为减缓全球化无序冲击而采取的合理选择。在过去十余年间,区域内贸易在全球贸易中的地位不断上升,按照 WTO 的估算,目前区域内贸易占全球贸易的比例超过 50%。区域内贸易迅速扩张意味着越来越多的贸易不再受制于多边贸易规则的约束,而是受制于区域贸易规则的约束。

在 WTO 的多边贸易谈判中,多边贸易体制的发展前景面临新的考验;欧盟的东扩和不断扩张的区域组织使区域贸易在全球贸易中的比重上升,对区域外国家所带来的贸易转移效应将会逐渐显现;东亚地区的区域经济合作步伐整体上还处于初级阶段。如何应对这些挑战,是中国经济发展需要处理好的重大问题。作为一个发展中的大国,中国不仅需要参与区域经济合作以规避全球化的风险,为本国创造一个长期良好的地区经济安全环境,而且需要通过区域经济组织扩大本国在国际经济规则制定过程中的影响力。

18.5.1　中国与欧盟的区域经济合作

自 1975 年中国与欧盟建立外交关系以来,双边贸易和经济合作以前所未有的速度发展,但是相对而言,双边贸易总体规模不大。进入 21 世纪,中国与欧盟的经济贸易合作有了巨大的发展潜力和光明的前景。中国经济的迅速发展已成为推动中欧经贸合作的动力,也成为欧盟重视对华关系的重要原因之一。由于贸易额的迅速增长,中国与欧盟 2002 年已成为对方第三大贸易伙伴,2003 年上升为欧盟的第二大贸易伙伴。2004 年 5 月 1 日,欧盟接受包括匈牙利、捷克、波兰等在内的 10 个新成员国,从而完成其成立以来的第五次也是最大的一次扩容。扩容后的欧盟成为全世界最大的区域经济体,其成员国也由原来的 15 个扩大到 25 个。欧盟东扩后,中国的企业将面对一个更大、运作规则统一的欧洲市场,只要产品打入欧盟一个成员国,就可以进入其他成员国市场。我国企业在 10 个新入盟国家的业务相对较多,东扩为这些企业进入欧盟老成员国市场提供了机遇。欧盟扩大后,欧盟的共同贸易政策、企业运作规则将适用于新成员国,这使得中国企业今后与 25 个欧盟国家打交道时,简化了手续。由于欧盟东扩,2004 年欧盟也成为中国第一大贸易伙伴。中、欧不但在工业制造、服务和市场开发方面有合作,而且在高科技领域也有广阔的合作前景。

当今世界继续朝政治多极化、经济全球化发展,在"一超多强"的格局下,中、欧都面临巨大的机遇与挑战,在推动建立公正合理的国际政治经济新秩序和维护世界和平稳定方面,有不少共同语言,也有许多共同利益,这就决定了中国与欧盟之间有进一步扩大合作的基础。目前要解决好双方贸易中存在着的一些问题和分歧:①欧盟对中国产品反倾销问题。欧盟是西方发达国家中率先对中国产品实施反倾销的,也是提起反倾销诉讼最多的,反倾销问题已成为中欧经贸关系的一大阻碍。②关于中国的市场经济地位问题。虽然我们加入世贸组织的 15 年过渡期已满,但欧盟依然不承认我国的市场经济地位。我国领导人已明确要求欧委会客观评价中国的市场经济建设成就,尽早给予我国完全市场经济地位。③放松对华技术出口限制问题。尽管中、欧技术合作的潜力很大,但由于欧盟在 1989 年形成的已不合时宜的对华技术出口的政策,一些先进技术对华技术出口限制,欧盟应尽快取消这种限制政策。

18.5.2　中国与亚洲的区域经济合作

亚洲的区域合作虽然起步晚,但发展势头十分旺盛。20 世纪 90 年代以来,各种形式的区域、次区域合作不断涌现,已逐渐形成了宽领域、多层次、广支点、官民并举的良好态势。东盟与中、日、韩(10+3)和上海合作组织作为两个支柱性机制深入发展,东盟一体化和湄公河流域开发不断推进,南亚地区联盟恢复活力并确定自由贸易建设目标,以"亚洲合作对话"为代表的泛亚合作崭露头角。短短几年时间,域内各国签署和正在商谈的自由贸易协议已经超过 40个。此外,博鳌亚洲论坛、亚太安全合作理事会、亚太圆桌会议、东亚思想库网络等合作机制也日趋活跃。

东亚合作正在成为亚洲区域一体化进程中的先导。东亚合作从 1997 年正式启动,已构筑了良好基础。一年一度的"10+3"会议走向机制化,形成了"10+3"、三个"10+1"和中、日、韩等会议体系,建立了由领导人会议、部长会晤以及高官磋商等相互联系、梯次升级的立体对话与合作机制,同时各种学术论坛应运而生,为东亚合作提供了日趋完善的智力支撑。东亚合作的蓬勃发展,带动了一系列三角、四角等形式多样的次区域合作,激活了南亚联盟,吸引了更多域外国家将目光投向亚洲。可以说东亚合作已成为整个亚洲范围内最有活力、前景最好的合作进程,不仅深化了东亚各国的经济依存和政治互信,提高了各国应对全球化挑战的能力,也为地区发展提供了新的动力,促进了区域内外大国关系的良性互动。

中国积极参与了上海合作组织的筹建以及"10+3"的进程,逐步加大了对这两大区域合作的投入。目前上海合作组织已完成机制化建设,逐步从安全合作向经济政治合作扩展,中国和俄罗斯为此发挥了不可替代的重要作用。中国率先与东盟确定建立自由贸易区,带动了其他国家对自贸安排采取更为积极的态度。中国率先加入《东南亚友好合作条约》,巩固了与东盟关系的政治法律基础。中国率先提出开展非传统安全合作,拓展了东亚合作的范围和内涵。中国率先与东盟建立战略伙伴关系,提升了本地区各国合作的水平。我们还积极与日、韩协商,发表了第一份中、日、韩三方合作联合宣言。这些积极主动的举措,增进了中国与域内各国的相互信任,缓解了周边邻国对中国的疑虑,进一步树立了中国和平、进步、开放、合作的形象,赢得了国际社会的广泛好评,取得了良好的政治和经济效益。

为了共同开创和平与发展的亚太地区,一是需要建立政治互信,维护和平稳定;二是要加强相互协调,实现共同发展;三是要坚持以开放务实的态度,坚持互惠互利,充实合作内容,改进合作方式,采取集体行动,应对共同挑战;四是倡导和睦相处,维护世界多样性,在各种文明的取长补短中推动人类文明不断进步。

18.5.3 中国的其他区域贸易协议

在与东盟进行区域贸易协定谈判的同时,中国也同中国香港、澳门、台湾地区,以及其他国家进行了广泛的接触,签署了不同层次的贸易协定,对象涉及发达国家(地区)和发展中国家(地区),包括大洋洲、欧洲、亚洲、南美洲等各个大陆,建立了多层次、宽领域的国际经贸合作局面。

截至 2019 年 3 月 1 日,中国已分别与东盟、巴基斯坦、新西兰、智利、新加坡、秘鲁、哥斯达黎加、冰岛、瑞士、韩国、澳大利亚、格鲁吉亚、马尔代夫等签署了自由贸易协定,并且中国-东盟、中国-新加坡、中国-智利升级版自由贸易协定已签署并正式运行。而中国内地与港澳地区更紧密的经贸关系安排也已顺利运行十多年。

思考与练习

1.简述区域经济一体化、优惠贸易协定、自由贸易区、关税同盟、共同市场、经济联盟、完全经济一体化、贸易创造效应、贸易转移效应、贸易扩大效应、社会福利效应、贸易条件效应、积极效应和消极效应、罗马条约、马斯特里赫特条约、欧洲联盟、北美自由贸易区、亚太经济合作组织等概念。

2.如何理解区域经济一体化?

3.区域经济一体化的组织形式有哪些?

4.区域经济一体化对国际贸易有哪些影响?

5.试分析区域性经济合作迅猛发展对全球化进程的影响。

6.分析欧盟东扩的原因,并论述其东扩所产生的影响。

7.简述中国-东盟自由贸易区的建立对各国以及世界经济的影响。

8.有人说亚太经济合作组织是世界三大自由贸易区之一,你如何评价?

第 19 章 全球贸易体制与政策协调

课前导读

美国贸易代表办公室的这个报告基本上肯定了中国在兑现对世贸组织做出的承诺方面取得了重大的进展。这的确是积极的迹象,但还有很多事情要做,比如知识产权方面,要进一步减少非关税壁垒。总体来看,如果要在 1 到 10 中间打分的话,中国的成绩单大概可以打 8 分,相当于一个 B。

——詹姆斯·多恩(中国问题专家)

WTO 深深改变了中国,另一方面中国也改变了 WTO,改变了世界!

——龙永图(中国入世首席谈判代表)

在当代国际贸易环境越来越制度化和复杂化的形势下,充分了解和利用世界多边贸易体制的安排,已成为各国贸易政策的一个重要组成部分。1994 年以前,多边贸易体制是建立在关贸总协定框架下的,是从创立国际贸易组织的失败尝试中被挽救出来的。1995 年 1 月 1 日 WTO 的建立,是 1947 年关贸总协定建立以来世界贸易体制最深刻的改革,也是贸易政策国际协调的重大发展。它已经并将继续在规范与协调世界主要国家的贸易政策方面起重要作用。

19.1 全球贸易体制的含义和构成

19.1.1 全球贸易体制的含义

1929—1933 年的世界经济危机、贸易冲突以及二战的冲击,导致了战后以非歧视性和多边主义为目标的世界贸易体制的建立。

全球贸易体制(global trading system)从理论上说包括两方面的内容:一是有规范和协调各国贸易的规则;二是有组织完善的管理机构,有监督规则可供执行。其实质是各国对外贸易政策以利益为核心的国际协调。因此,它意味着规则的统一性,即各国贸易政策的一致性及与内部运作相适应的管理体制,并具有自我调节的反馈机制。但是,由于世界各国经济发展水平、社会制度及各自的特定条件的差异,完全的、统一的全球贸易体制至今仍是追求的目标。另一方面,全球贸易体制是国际经济秩序的重要组成部分,因此,贸易体制的性质受到国际经济秩序的制约。在旧的国际经济秩序下,贸易体制体现的是国与国之间,尤其是发达国家与发展中国家之间不平等的关系。

现在的全球贸易体制是重叠交错、互不一致、修修补补的综合。所以,从现实的角度分析,全球贸易体制是在实践中作用于贸易关系的各种贸易规则、政策和秩序的综合,它既是协调各国贸易关系的多边贸易体系,又包容了各国的政策措施。

19.1.2　全球贸易体制的构成

1.贸易条约与协定

贸易条约与协定(commercial treaties and agreements)是指有关主权国家之间为确定彼此之间的贸易关系,规定各自的权利和义务,协调各自的对外贸易政策,经过协商或谈判所缔结的书面协议。按参加国的多少可分为双边和多边协定与条约。前者为两国之间的协定与条约;后者为两个以上国家之间的协定与条约。按协议的对象不同可分为各种具体形式的协定与条约,如商品协定、支付协定、通商航海条约等。这些贸易条约与协定一般都反映了缔约国对外政策和对外贸易政策的要求,并为缔约国实现其对外政策和对外贸易政策的目的服务。

2.区域贸易体制

区域贸易体制(regional trading system)包括双边或多边的各种区域性的自由贸易区和关税同盟协议等。这种区域性的贸易体制所贯彻的原则与关贸总协定是一致的,它须照会关贸总协定并在其原则许可的范围内但又独立的区域内进行贸易安排。区域贸易安排因其谈判达成一致更为迅速,因而比多边贸易体制有更多的吸引力,它的范围也更广泛,可涉及劳动力流动、金融服务等其他内容。所以,自 20 世纪 50 年代以来,区域贸易体制发展迅速,包括欧洲共同市场(EC,1957)、欧洲自由联盟(EFTA,1959)、美加协定(1965,1969)、美墨协定(1987,1989)、欧盟(EU,1992)、澳新协定(1988)、发展中国家的区域安排(如中美、东非、安第斯条约)等。

3.多边贸易体制

多边贸易体制是指 1947 年以来的关贸总协定所倡导的多边贸易规则(multilateral trading rules),以及关贸总协定 8 轮多边贸易谈判达成的协议所规定的贸易"游戏"规则。它规定了成员国的贸易行为准则,是协调成员国贸易政策的基石。多边贸易体制的基础是非歧视原则。半个世纪以来,关贸总协定广泛而富有成效地调节着各国对外经济贸易政策,成为贸易政策国际协调的典范。关贸总协定作为全球贸易体制的主体,自 1995 年 1 月 1 日由世界贸易组织替代。世贸组织在全球贸易体制的主导作用更为突出。

4.背离多边的贸易体制

1947 年以来,伴随关贸总协定所倡导的多边贸易体制的日益发展,与关贸总协定不相一致的贸易体制也在逐年扩展。在关贸总协定内部容纳了与其基本原则(非歧视原则等)相背离的特殊安排。其中有:1962 年对纺织品临时限制的特殊规则,以及后来发展成为范围广泛的多边纺织品协定;20 世纪七八十年代又发展为自动出口限制和其他灰色区域措施,涉及钢铁、汽车、电器、电脑芯片等产品;到 20 世纪 80 年代末期,强权国家的所谓对不公平贸易伙伴的报复措施(如美国的超级 301 条款)也有蔓延之势。

5.非传统的贸易体制

非传统的贸易体制反映了近来贸易体制的进展,一些与贸易相关的措施、范围与世贸组织的多边贸易原则并不相适应,但是,在世贸组织无力处理的贸易事务方面,由于强大的压力,使之自发地得到发展。它通过非常规性的谈判和安排及非约定的单方的手段和措施、商业安排等形式体现,例如,日本的国内销售制度的影响,与贸易相关的环境政策、竞争政策、投资政策等其他多边贸易体制未涉及的领域。

而各个国家的贸易体制则是在国内法律基础上综合上述 5 个方面形成的特殊的贸易政策体系。

19.2　贸易条约与协定

19.2.1　贸易条约与协定的含义和内容结构

1. 贸易条约与协定的含义

贸易条约与协定(commercial treaties and agreements)是指两个或两个以上的主权国家为了确定彼此间在经济、贸易关系方面的权利和义务关系而缔结的书面协议。

贸易条约与协定按照参加国的多少,可分为双边和多边贸易条约与协定两种。前者是在两个主权国家之间缔结的,后者是由两个以上主权国家共同缔结的。

贸易条约与协定作为国际条约与协定的一种,它是国家之间经济贸易往来的法律文件形式和法律依据之一。作为反映并巩固国家之间在国际政治舞台上经济力量、政治力量对比关系的一种法律形式,贸易条约与协定必然反映缔约国对外政策和对外贸易政策的要求,并为缔约国实行对外政策和对外贸易政策的目的服务。

二战后,世界政治与经济形势发生了深刻的变化,发达资本主义国家之间为了达到稳定国际贸易发展、保障贸易利益、加强经济贸易与合作等目的,签订了许多贸易条约与协定。许多发展中国家为维护本国的主权和保护民族经济发展,在平等互利的基础上,也与发达国家签订了一系列贸易条约与协定。贸易条约与协定已成为各国对外贸易政策的主要组成部分。

但是,20 世纪 70 年代中期以后,发达国家为保护其国内市场,采取了新的贸易保护主义政策,这使得发达国家之间以及发达国家和发展中国家所签订的许多贸易条约与协定中,往往带有贸易保护主义色彩,对国际经济与贸易的发展产生了消极影响。

2. 贸易条约与协定的内容结构

贸易条约与协定的一般由序言、正文和结尾三部分组成。

(1)序言(preface)。序言通常载明缔约国双方发展贸易关系的愿望及缔结条约与协定所遵守的原则。

(2)正文(body)。正文是贸易条约与协定的主要组成部分,它是有关缔约各方权利、义务的具体规定。不同类型的贸易条约与协定,其正文所包括的条款与内容自然也不相同。

(3)结尾(ending)。结尾包括条约与协定的生效、有效期、延长或废止的程序、份数、文字等内容,还有签订条约与协定的地点及双方代表的签名。签订条约与协定的地点对于需要经过批准的条约与协定有特别的意义,如果条约是在一方首都签订的,按照惯例,批准书就应在对方国家的首都交换。贸易条约与协定一般用缔约国各方的文字写成,并且规定各方文字具有同等效力。

19.2.2 贸易条约与协定适用的法律原则

贸易条约与协定受国家法律规范和约束,通常所适用的主要法律待遇条款是最惠国待遇原则、国民待遇原则和互惠原则等。

1. 最惠国待遇原则

最惠国待遇条款(most-favored-nation treatment clause,MFN)又称为非歧视性待遇条款,是指缔约国双方在通商、通航、关税等方面相互给予的不低于现时或将来给予任何第三国的优惠、特权或豁免待遇。它是贸易条约与协定中最重要、最常用的一项法律条款。

在条约中,"最惠"的含义不是最优惠和让步的意思,而是平等的、互惠的、正常的、无歧视性的贸易关系;是一个双边协定,不是一方对另一方的恩赐,是使缔约一方在缔约另一方享有不低于任何第三方享有的待遇。

最惠国待遇可分为无条件最惠国待遇和有条件最惠国待遇两种。无条件最惠国待遇是指缔约国一方现在或将来给予任何第三国的一切优惠待遇,立即无条件地、无补偿地、自动地适用于对方;有条件的最惠国待遇是指如果一方给予第三国的优惠是有条件的,则另一方必须提供同样的补偿,才能享受这种优惠待遇。无条件的最惠国待遇条款首先是英国采用的,所以又叫作"欧洲式"最惠国待遇条款;有条件的最惠国待遇条款最先是美国采用的,所以又叫作"美洲式"的最惠国待遇条款。现在一般都采用无条件的最惠国待遇条款。

2. 国民待遇原则

国民待遇(national treatment)是指缔约国一方保证缔约国另一方的公民、企业和船舶在本国境内享受与本国公民、企业和船舶同等的待遇。

国民待遇条款一般适用于外国公民或企业的经济权利,外国产品所应缴纳的国内捐税,利用铁路运输和转口过境的条件,船舶在港口的待遇,商标注册、著作权等版权以及发明专利权的保护等。但国民待遇条款的适用范围并非将本国公民和企业所享有的一切权利都包括在内,如沿海航行权、领海捕鱼权、购买土地权等,一般都不给予外国侨民或企业,只准许本国公民和企业享有。

国民待遇原则形成于资本主义社会产生以后。从形式上来看,国民待遇条款强调的是互惠、平等,并不得损害对方国家的经济主权,其适用范围也受到限制。但是,从实质上来看,国民待遇条款是资本主义国家保证能够将它们的商品和资本自由地输入到其他国家,并获得同等的市场条件的手段,因而是片面的和不平等的。

3. 互惠原则

互惠(reciprocal)是指缔约国双方根据协议相互给予对方的法人或自然人对等的权利和待遇。这项原则不能单独使用,必须与其他特定的权利或制度的内容结合在一起,才能成为独立的单项条款。

互惠待遇在现代国际贸易中广泛使用,其原因是:①互惠待遇可以推广一国产品的国外市场;②可以促进两国的贸易关系;③可以维持两国贸易平衡;④可以表示两国互相尊重的平等精神;⑤可以长期保持经济与贸易关系。

除了上述三项重要的法律原则以外,还经常签订免责条款、保障条款、国家安全条款和危险点条款,对法律原则起补充作用。

19.2.3　贸易条约与协定的种类

1.贸易条约

贸易条约(commercial treaty)又称通商条约或通商航海条约,是指主权国家为调整它们之间及自然人和法人之间的经贸关系而订立的书面协议。它一般涉及关税待遇、公民和企业在对方的经济权利、贸易措施、特种所有权、仲裁等方面的问题。

贸易条约的内容比较广泛,主要有:①关于缔约国双方进出口商品的关税和通关的待遇问题;②关于缔约国双方公民和企业在对方国家所享有的经济权利问题;③关于船舶航行和港口使用问题;④关于铁路运输和边境问题,在条约中规定缔约国双方在运送旅客、货物及办理铁路运输手续方面应相互给予的待遇;⑤关于知识产权保护问题;⑥商品进口的国内捐税问题;⑦进出口数量限制问题;⑧关于仲裁裁决的执行问题;⑨其他内容,如样品和展览品的免税输入、领事的待遇、国有化问题等。

贸易条约以国家名义由国家首脑或国家首脑特派全权代表签订,而且大型综合性贸易条约须经缔约国国内立法机构批准才能生效。有效期限一般比较长。

2.贸易协定

贸易协定(trade agreement)是指两个或几个国家之间调整它们相互贸易关系的一种书面协议。与贸易条约相比,贸易协定具有涉及面窄、内容具体、手续简便、有效期短、无须法律程序审批等特点,它只需两国行政首脑或其代表签署即可生效。

贸易协定的具体内容包括:①最惠国待遇条款的规定;②进出口商品货单和进出口贸易额的规定;③作价原则和使用货币的规定;④支付和清偿办法的规定;⑤优惠关税的规定;⑥其他事项规定,如商品检验、仲裁、设立商务机构、举办展览、广告宣传和保障条款等。

3.贸易议定书

贸易议定书(trade protocol)是指缔约国就关于贸易发展中的某一具体事项达成的一种书面协议。它可作为贸易条约、贸易协定的附属文件,也可与贸易条约、贸易协定有同等法律效力。

贸易议定书大多是说明、补充、修改或限制已经签订的贸易条约或协定的协议。有时在两国未签订贸易条约或协定前,先签订贸易议定书作为临时贸易的依据。在签订长期贸易协定时,关于年度贸易的具体事项,也可以通过贸易议定书形式加以规定。议定书也可用来延长条约或协定的有效期。

贸易议定书签订的程序和内容比贸易协定更为简便,一般经有关行政部门代表签署即可生效。

4.支付协定

支付协定(payment agreement)是指两国间关于贸易和其他方面债权、债务结算办法的书面协议。支付协定是外汇管制的产物,在实行外汇管制的条件下,一种货币不能自由兑换成另一种货币,对一国所拥有的债权不能用来抵偿对第三国的债务,结算只是在双边基础上进行的。因此,就需要通过缔结支付协定的办法来解决两国间的债权债务。

支付协定的主要内容有:①清算机构的规定;②清算账户的规定;③清算货币的规定;④清

算项目与范围的规定;⑤清算方法的规定;⑥清算汇率;⑦清算差额和保值条款;⑧清算账户的差额处理。

5. 国际商品协定

国际商品协定(international commodity agreement)是指某项商品的主要出口国和主要进口国为了稳定该项商品价格和保证供销等目的所缔结的政府间的多边协定。

国际商品协定的主要对象是发展中国家(地区)所生产的初级产品。其宗旨是防止或减轻初级产品的价格过分波动,保证供应不足的初级产品的公平分配。

国际商品协定一般由序言、经济条款、行政条款和最后条款组成,其中最重要的是经济条款和行政条款。

6. 商品综合方案

商品综合方案(integrated commodity program)是发展中国家在 1974 年 4 月第六届特别联大会议上第一次提出来的,1976 年 5 月联合国第 4 届贸易和发展会议上正式通过了商品综合方案的决议。

商品综合方案的主要内容有以下几方面:

(1)建立多种商品的国际储存,或称缓冲存货。国际储存的商品选择标准有两条:①这项商品对发展中国家具有重要的利害关系;②这项商品便于储存。

国际储存的主要商品如下:香蕉、咖啡、可可、茶、糖、肉类、植物油、棉花、黄麻、硬纤维、热带木材、橡胶、铝、铁、锰、磷、铜和锡。

(2)建立国际储存的共同基金(mutual fund)。共同基金是商品综合方案中的一种国际基金,用来资助这些国际初级产品的缓冲存货和改善初级产品市场,提高初级产品的长期竞争性,如开发研究、提高生产率、改进销售等。

(3)商品贸易的多边承诺。为了稳定供应,参加方案的各国政府承诺在特定时间内各自出口和进口某种商品的数量。

(4)扩大和改进商品贸易的补偿性资金供应。当出口初级产品的发展中国家的出口收入剧减时,国际货币基金将给予补偿性贷款。

(5)扩展初级产品的加工与出口多样化。为此目的,要求发达国家降低或取消对来自发展中国家初级产品的加工产品的进口关税和非关税壁垒,并采取促进贸易的措施等。

商品综合方案是发展中国家为了打破旧的国际分工格局,建立新的国际经济贸易秩序所采取的重要步骤。但由于触动了发达国家在世界市场的垄断地位和利益,因此,要将方案的内容变成现实,还须经过长期艰苦的斗争。

19.3　关税与贸易总协定与贸易自由化

关税与贸易总协定(general agreement on tariffs and trade,GATT)简称关贸总协定或总协定。它是一项规定国际贸易法律准则的多边协定,也是各缔约方为实现减低关税、进行多边贸易谈判、协调国际贸易关系和解决贸易争端的场所。总协定从形式上看是一个协定,但实际上已成为二战后国际贸易领域的一个国际性组织,对世界各国的贸易发展起着非常重要的作用。它与世界银行、国际货币基金组织一起被称为调节世界经济贸易关系的三大支柱。

19.3.1　关贸总协定产生的背景

二战期间,美国大发战争横财,在军事、经济等领域处于领先地位。战后初期,美国为了称霸世界,在国际金融、贸易和投资各方面进行对外扩张,便以倡导者身份,游说各国推行自由化的世界贸易新秩序。另外,二战后,世界经济结构中问题累累,许多国家都强烈意识到,亟待各国共同协商并加以解决的问题主要有三个:①金本位制度在战前席卷世界的经济危机中已经崩溃,不复存在,因而重建并维持国际汇率稳定,保持国际收支平衡,已成为当务之急;②由于世界大战对国际政治经济关系的破坏,战前的国际经济系统也不复存在,需创建一个国际性经济组织,以便处理长期国际投资等重大事务;③针对战后各国加强关税壁垒和非关税壁垒,急需恢复或重建国际贸易新秩序。各国都在思考,以寻求一个解决问题的最佳途径。

在英、美的倡导下,于 1944 年 7 月在美国的新罕布什尔州布雷顿森林镇举行了会议,通过并建立了国际货币基金组织(International Monetary Fund,IMF)和国际复兴开发银行(International Bank for Reconstruction and Development,IBRD),金本位制度问题和国际投资问题逐步得以解决。同时,为了解决 20 世纪 30 年代初遗留下来的大量贸易保护主义措施问题,拟建立一个国际贸易组织,以便在多边贸易谈判的基础上,相互削减关税,促进世界贸易自由化。二战一结束,美国就向联合国经济社会理事会提议召开世界贸易和就业会议并建立国际贸易组织。联合国经济社会理事会,曾在 1946 年 2 月和 1947 年 4 月,先后在伦敦和日内瓦召开了两次筹委会会议,并通过了国际贸易组织宪章草案。1947 年 10 月,在哈瓦那举行的联合国贸易和发展就业会议上,经修改达成了《哈瓦那宪章》,又称《国际贸易组织宪章》,但由于美国等一些国家立法机构认为,这个宪章与国内立法存在差异,未予批准,结果使国际贸易组织流产。而《国际贸易组织宪章》中有关贸易政策一章,经谈判修改后成为《关税及贸易总协定》,经 23 个缔约方(澳大利亚、比利时、巴西、缅甸、加拿大、锡兰(现斯里兰卡)、智利、中国、古巴、捷克斯洛伐克、法国、印度、黎巴嫩、南罗得西亚(现津巴布韦)、叙利亚、南非、卢森堡、荷兰、新西兰、挪威、巴基斯坦、英国、美国)签字后于 1948 年 1 月正式生效。截至 1994 年底,总协定已有正式成员国 120 个,缔约方之间的贸易约占世界贸易的 90%以上。

关贸总协定,顾名思义只是一项"协定"而不是一个"组织",也不是联合国的一个下属机构,因此,并不是所有的联合国会员都是缔约国。中国虽然是总协定的最初缔约国之一,但在 1971 年以前,中国的席位一直由台湾国民党政府占据。1971 年 1 月协定取消了台湾代表中国的资格,但中国的席位并没有立即由中华人民共和国接替。中国政府于 1986 年 7 月 8 日正式提出申请恢复其在总协定的缔约国席位,但由于种种原因,中国仍然没有能够在 1995 年 1 月 1 日世界贸易组织取代总协定之前重返总协定的大门。

尽管总协定名义上不是一个国际组织,但事实上却具有国际组织的特征和职能。它的总部设在日内瓦,最高权力机构是缔约国大会,一般每年召开一次全会讨论和决定重大事项。总协定的日常事务主要由缔约方常驻代表组成的理事会和设立在日内瓦的常设秘书处来处理。理事会下面分设专业委员会来解决具体问题。这些专业委员会的业务涉及国际贸易中的各个领域,大到国际收支、关税减让,小到检测纺织品、处理牛肉纠纷等。

19.3.2　关贸总协定的宗旨、内容和基本职能

1. 关贸总协定的宗旨

总协定既是一项含有多边贸易原则和规则的契约（法律体制），又是缔约方贸易谈判和运用其法律体制调解与解决争议的机构（场所）。

总协定的宗旨是："缔约各国政府认为，在处理它们的贸易和经济事务的关系方面，应以提高生活水平，保证充分就业，保证实际收入和有效需求的巨大持续增长，扩大世界资源的充分利用以及发展商品的生产与交换为目的。"为实现这一目的，必须实施无条件的最惠国待遇，通过关税谈判削减乃至取消关税和其他贸易壁垒等手段，促进贸易自由化。

2. 关贸总协定的主要内容

总协定文本包括序言、正文、附件和《临时适用议定书》。序言主要说明关贸总协定的宗旨和实现这一宗旨所采取的措施。正文分为 4 个部分，共计 38 条。

第一部分包括第 1 条和第 2 条。这部分是总协定的核心部分，规定缔约各国之间在关税和贸易方面相互提供无条件的最惠国待遇以及关税减让事项。

第二部分从第 3 条到第 23 条。这部分主要是调整和规范缔约方的贸易政策和措施的规定，包括自由过境、反补贴税和反倾销税、海关估价、取消出口补贴、一般例外与安全例外等规定。

第三部分从第 24 条到第 35 条。这部分主要规定了总协定的适用范围、活动方式、关税谈判的规则以及参加或退出总协定的程序等问题。

第四部分从第 36 条到第 38 条。这部分是 1965 年增加的，主要是针对发展中国家的缔约方在贸易和发展方面的特殊要求和有关问题，规定了对发展中国家实行"差别和更优惠的待遇"的原则。

另外，总协定的若干附件对其文本的条款做了注释、说明和补充。《临时适用议定书》规定，所有缔约方必须适用总协定的第一、第三部分，对于第二部分，要求缔约方在"与其现行国内立法不相抵触的范围内最大限度地予以适用"。

3. 关贸总协定的基本职能

（1）促进缔约方贸易自由化，推动全球贸易自由化和经济发展。组织缔约方多次多边贸易谈判，关税税率有了较大幅度的下降，在前 6 次谈判中，降低税率的范围达 6 万个税目以上，涉及的商品占世界贸易的一半以上。在第 7 轮谈判中，减税的商品占世界贸易的五分之一。此外，在这次谈判中，还就减缓非关税壁垒方面达成了某些协议。到 1988 年为止，发达国家工业产品的平均进口关税水平由 20 世纪 40 年代的 40% 下降至 4.7%，发展中国家工业产品平均进口关税也仅为 14% 左右。这对于促进全球贸易自由化和经济发展起到了一定的积极作用。

（2）促进缔约方达成了有关国际贸易原则、政策和措施的规章。总协定所确定的各项基本原则，如非歧视待遇、关税保护和关税减让、禁止采用进口数量限制、禁止倾销和限制出口补贴原则和磋商、解决争端等，以及在历次多边贸易谈判中所达成的一系列协议，形成了一套国际贸易政策与措施的规章和法律准则。这也为各缔约方处理它们之间的经贸关系提供了依据，同时也成为总协定各成员国制定和修改对外贸易政策和措施及从事对外贸易活动的依据。

（3）为各缔约方对话和谈判提供场所，缓解其贸易矛盾和争端。总协定建立了一套解决争

端的程序和方法,这使各方有机会就贸易争端等问题及时进行磋商和调解,并为各方提供了法律依据,更好地保障了各方在总协定中的权利和义务。通过增补总协定第四部分"授权条款",为发展中国家取得普遍优惠制提供了法律依据,缓解了发达缔约方与发展中缔约方之间的矛盾,避免了贸易战的爆发。

(4)促进缔约方平等公平贸易,使发展中缔约方获得了某些优惠待遇。总协定开始实施时,主要受益者是发达国家。但随着发展中国家的大量加入,其利益得到了越来越多的反映。总协定中许多条款是对发展中国家有利的。其中主要是关于国际收支条款,该条款承认发展中国家在它们经济迅速发展的过程中,往往会面临国际收支的困难,因此,允许发展中国家在自己国际收支困难的时候,采取限制准许进口商品的数量价值的办法,控制进口水平;其次,总协定在一定程度上允许发展中国家进行出口补贴,以及对幼稚工业进行保护。20 世纪 60 年代后,通过"授权条款"为发展中国家向发达国家出口制成品时,在关税上享受的非互惠的优惠待遇创造了条件,从而给发展中国家带来了巨大的好处。

(5)推动了世界经贸信息的交流与经贸人才的培养。总协定通过出版国际贸易方面的刊物、专题研究资料,举办各种培训班,推动了信息的交流和人才的培养。

19.3.3　关贸总协定中缔约方的主要权利和义务

1.缔约方的主要权利

(1)享受其他缔约方给予本国出口产品的最惠国待遇和国民待遇的优惠。
(2)享受其他缔约方取消或减少歧视性数量限制和其他限制的待遇。
(3)享受其他缔约方提供的关税减让。
(4)利用关贸总协定的体制,同有关缔约国进行磋商,解决贸易争端。
(5)可以获得其他缔约方的对外贸易统计、对外贸易政策和措施等资料。
(6)发展中国家成员可以在一定条件下享受非互惠的特殊待遇。

2.缔约方的主要义务

(1)根据总协定的规定,给予其他缔约方以最惠国待遇,并在不违背现行立法的最大限度内给予其他缔约方以国民待遇。
(2)承担关税减让或承担从其他缔约方增加进口的义务。
(3)禁止使用歧视性进口数量限制等非关税措施。
(4)如与其他缔约方发生贸易争端,应按总协定磋商调解的原则和程序予以解决。
(5)向其他缔约方提供本国的经济贸易资料,包括贸易法规、贸易统计等。
(6)缴纳会费。

19.3.4　关贸总协定的历次多边贸易谈判

在总协定的主持下,1947—1986 年年底已举行了 8 轮多边贸易谈判,每一轮谈判都取得了一定的成果。

1986 年 9 月在乌拉圭埃斯特角正式发起了第 8 轮的多边贸易谈判,习称乌拉圭回合(Uruguay round)。谈判后来在日内瓦举行,历经 7 年之久的艰苦谈判,于 1993 年 12 月 15 日结束。参加谈判的国家不限于总协定的缔约国,先后有 123 个国家(地区)参加了这一轮谈判,因为在这个阶段一些发展中国家已经变成了总协定缔约方或已经提出了参加申请。中国派代表团出席了会议,并参加了各项议题的谈判。

1. 谈判的目标

(1)"乌拉圭回合"最先确立的谈判目标是:①为了所有国家,特别是欠发达缔约方的利益,进一步放宽和扩大国际贸易,削减和消除关税、数量限制及其他非关税措施;②加强总协定的作用,改进总协定的多边贸易制度,把更大范围的世界贸易置于同一的、有效的多边规则之下;③增加总协定对不断演变的国际经济环境的适应性;④促进国内和国际共同合作,以加强贸易政策与其他影响经济增长和发展的经济政策之间的联系,改善国际货币体制的职能,促进资金流向发展中国家。

(2)最终达到的目标是:①制止和扭转保护主义,消除贸易扭曲现象;②维护总协定的基本原则,促进总协定目标的实现;③建立一个更加开放、具有生命力和持久的多边贸易体制。

2. 谈判的主要议题

《乌拉圭回合部长会议宣言》阐明:"乌拉圭回合"多边贸易谈判共 15 个议题,大致可以分为五类:

(1)有关"市场准入"的议题,即农产品、热带产品、纺织品和自然资源产品的议题,最终归结到关税和非关税壁垒的减让谈判。

(2)有关贸易竞争规则的议题,即保障条款、原产地规则、装船前检验、反倾销、反补贴以及总协定文本有关条款的修改谈判议题。

(3)有关多边贸易体制和程序的议题,即争端解决程序和建立"多边贸易组织"以及实行贸易政策审议制度等问题。

(4)有关农产品的议题,主要涉及市场准入、削减补贴和农产品卫生技术标准规定三方面的问题。

(5)"新议题",即服务贸易、与贸易有关的知识产权和投资措施等问题。

3. 谈判的主要成果

1993 年 12 月 15 日,117 个谈判方代表在日内瓦一致通过《乌拉圭回合最终文件》,结束了历时 7 年零 3 个月的乌拉圭回合多边贸易谈判。1994 年 4 月 15 日,各参加方政府代表在摩洛哥马拉喀什正式签署了《乌拉圭回合最终文件》。至此,乌拉圭回合谈判取得的成果如下:

(1)达成了内容广泛的协定、协议与谅解。它包括 45 个协议、协定和决定,涉及 21 个领域。

(2)进一步推动了全球贸易自由化进程。通过谈判,减税幅度近 40%,减税产品涉及的贸易额高达 1.2 万亿美元,有近 20 个部门实行了零关税。

(3)确定了成立世界贸易组织取代关贸总协定。

19.3.5　中国与关贸总协定

1. 中国关贸总协定创始国的地位与复关

中国是总协定的创始缔约国之一。1947 年 4 月至 10 月,当时的中华民国政府代表中国出席了在日内瓦举行的联合国贸易和发展就业会议筹备会议,参与了总协定的第一轮多边贸易谈判;1947 年 10 月 30 日,中国签署《关税与贸易总协定临时适用议定书》;1948 年 4 月 21

日,当时的中国政府将接受《关贸总协定临时适用议定书》的文件交总协定存放;1948年5月21日,中国正式成为总协定的创始缔约国。

中华人民共和国成立后,台湾当局继续留在总协定内,由于无力履行总协定有关条款义务,台湾当局于1950年3月单方面非法宣布退出总协定。此后于1965年1月,台湾当局又非法取得总协定缔约国大会观察员身份并列席总协定会议。但其合法性遭到许多缔约方包括捷克斯洛伐克、古巴、南斯拉夫、法国、美国、瑞典、荷兰、丹麦、挪威、埃及、波兰、印度尼西亚和巴基斯坦的反对。1971年10月,我国恢复联合国合法席位,总协定根据政治问题服从联合国决定的原则,于同年11月取消了台湾当局的观察员资格。

自20世纪70年代中期起,我国逐步同总协定建立了联系,并作为联合国贸发会议和总协定下属机构国际贸易中心的成员参加该组织的活动,恢复了同总协定的接触。1980年8月,我国代表出席了国际贸易组织临委会执行委员会会议,参加选举了委员会的执行秘书,即总协定总干事邓克尔先生。1981年,我国首次派观察员参加总协定主持召开的国际纺织品贸易协定谈判会议。1982年11月,我国首次派观察员列席了总协定第38届缔约国大会,并与总协定秘书处就中国恢复总协定缔约国地位问题交换了意见。此后,我国政府代表列席了历届缔约国大会及特别会议,并于1984年11月又获得列席总协定理事会下属机构会议的地位并参加有关活动。1984年1月我国参加了总协定主持下的"多种纤维协定",并成为总协定纺织品委员会的成员。

1986年7月11日,中国政府正式照会总协定秘书长,要求恢复缔约国地位(简称"复关"),1987年2月13日,中国政府向总协定递交了《中国对外贸易制度备忘录》。1987年6月,总协定成立"中国缔约方地位工作组"(简称"中国工作组"),由瑞士大使席拉德担任主席。从此中国开始了申请复关的艰难历程。

1988年2月,中国工作组举行首次会议,并向理事会提出建议报告。中国政府先后派团8次参加中国工作组会议,这些会议的主要议题是审议"中国外贸体制备忘录"。但由于政治因素,几经受阻之后,直至1992年2月举行的第10次中国工作组会议,复关才出现转机。

1994年3月,中国谈判代表团参加了总协定中国工作组第16次会议,大多数缔约方认为中国外贸体制基本符合国际规范,市场经济体制改革进一步深入,工业品、农产品、服务贸易3个减让表已完成,复关条件基本成熟,支持中国早日复关,但美国从中加以阻挠,认为中国应以发达国家的身份加入。1994年11月底,中国复关谈判代表团团长龙永图向总协定总干事和总协定中国工作组主席分别通报了中国政府年底结束复关实质性谈判的决定。1994年12月21日,总协定中国工作组第19次会议未能就中国复关问题达成一致意见,意味着中国8年多的"复关"不懈努力付诸东流。

2. 中国复关的原则与要求

中国政府确立了重返总协定的三项原则,即:①以恢复原始缔约国席位方式参加关贸总协定,而不是重新加入关贸总协定;②以关税减让作为承诺条件,而不承担具体进口义务;③以发展中国家的地位享受相应的待遇,并承担与我国经济和贸易发展水平相适应的义务。

根据上述原则,在恢复谈判问题上,中国政府提出三项具体要求:①按关贸总协定原则,美国应给予中国多边无条件的最惠国待遇;②根据关贸总协定第4部分和东京回合"授权条款"后确立的法律基础,中国应享受缔约发达国家给予发展中国家的普惠制待遇;③依照关贸总协定有关规定,欧共体应取消对中国的歧视性限制。

3. 中国复关的方式

加入关贸总协定的方式,不同类型的国家是不同的。但从加入程序来讲都可大致分为三个步骤:①加入申请及对外贸易制度评估;②起草、谈判并签订议定书;③投票。

总协定第 33 条规定,任何一个国家都可以"按照该国与缔约国全体议定的方式"加入总协定,但是,这里规定了若干加入关贸总体协定的必要条件:①它说明关贸总协定不是一个一般的民间国际社团,申请加入者必须是一个独立国家的政府;②如果不是一个独立的国家,至少是"某个在对外贸易关系和本协定所规定的其他事项的处理方面享有完全自主权的单独关税领土",并且要由代表这一领土的政府出面申请加入关贸总协定;③加入总协定必须"在这一政府与缔约国全体所议定的条件下"才能加入,总协定规定,一个政府的加入必须由"缔约国全体按本款规定做出决定时,应由三分之二的多数通过"。

按照一般的程序,首先要申请,申请加入总协定的国家政府要和总协定有关的工作组就加入的"入门方式"进行谈判。这是因为,一个新加入的国家可以通过最惠国待遇条款的适用,得到在其加入之前的总协定成员国所做出的所有减让(关税等)的好处。因此,其他国家有理由要求新加入的国家也做出相应的贡献,即制定自己的关税减让表,作为总协定的一个附件并构成总协定一个组成部分,列入已有的关税减让表中。

一个国家申请加入总协定的最后步骤是签订一个反映谈判结果的议定书。这种议定书,相当于一个贸易协定,它规定了缔约国全体接受一个新成员国的各项条件,规定一个新加入的国家承担的各项义务以及可采取的灵活措施。当一个国家加入总协定的申请经缔约国三分之二多数通过后的第 30 天,即成为总协定的成员国。

19.4　世界贸易组织

世界贸易组织(world trade organization,WTO)是世界上唯一处理国与国(地区)之间贸易纠纷的国际组织,简称世贸组织,成立于 1995 年 1 月 1 日。这一组织的成立是总协定(GATT)乌拉圭回合谈判的一项重要成果,也是总协定运作 47 年后的一个飞跃。它并列于国际货币基金组织与世界银行,在国际经济贸易领域起着至关重要的作用。其本质是契约,约束各国政府将其贸易政策限制在议定的范围内;其核心是世贸组织协议,这些协议是世界上大多数贸易国通过谈判签署的,为国际商业活动提供了基本的法律规则。

19.4.1　世界贸易组织的起源与形成

世界贸易组织协议的形成是乌拉圭回合多边贸易谈判的一项重大意外成果。在 1986 年9 月乌拉圭回合谈判开始时,15 项谈判议题中并没有关于建立世界贸易组织的问题,只是设立了一个关于修改和完善总协定体制职能的谈判小组。但是由于乌拉圭回合谈判不仅包括了传统的货物贸易问题,而且还涉及知识产权保护和服务贸易以及环境等新议题,这样,1948 年起生效的关税与贸易总协定如何有效地贯彻执行乌拉圭回合形成的各项协议,就自然而然地提到了多边贸易谈判的议事日程。无论从组织结构还是从协调职能来看,总协定面对庞杂纷繁的乌拉圭回合多边谈判协议均显示出其"先天"不足性,有必要在其基础上创立一个正式的国际贸易组织来协调、监督和执行新一轮多边贸易谈判的成果。

1990 年初,时为欧共体轮值主席的意大利首先提出建立多边贸易组织的倡议,同年 7 月欧共体把这一倡议以 12 个成员国的名义向乌拉圭回合体制职能谈判小组正式提出,随后得到加拿大、美国的支持。1990 年 12 月,布鲁塞尔部长会议正式做出决定,责成体制职能小组负责多边贸易组织协议的谈判。经过 3 年的谈判,1993 年 11 月形成了"建立多边贸易组织协议",并根据美国的动议,把多边贸易组织改名为"世界贸易组织"。世界贸易组织协议于 1994 年 4 月 15 日在马拉喀什部长会议上获得通过,被 104 个参加方政府代表所签署。1995 年 1 月 1 日起便充当了全球经济贸易组织的角色,发挥其积极作用。

世界贸易组织是通过乌拉圭回合谈判,在关贸总协定的基础上建立起来的一个多边的国际经济贸易组织,并成为成世界经济贸易发展中起重要作用的"经济联合国"。从二者的宗旨和目标中可以看出,世贸组织和关贸总协定有着发展上的联系,世贸组织协定的内容和乌拉圭回合最后文件的内容是一致的,其宗旨也有相似之处;在法律基本原则方面,世贸组织保持了关贸总协定的一切基本原则;在立法条款、组织机构、运作方法等方面,世贸组织与关贸总协定有发展上的密切联系。但是,二者的法律依据和地位、所管辖的范围、内部体制和"争端解决机制"健全程度等是不同的。

19.4.2　世界贸易组织的宗旨、目标、职能与法律地位

1. 世贸组织的宗旨和目标

(1)加强世界经济与贸易的联系与合作,提高生活水平,保障充分就业,增加实际收入与有效需求,充分开发和利用世界资源,增加生产和货物与服务贸易;

(2)通过实施切实有效的计划,确保发展中国家在国际贸易增长中的份额,适应其经济发展的需要;

(3)通过互惠互利的安排,实质性地降低关税,减少其他贸易壁垒,并在国际贸易交往中消除歧视性待遇。

2. 世贸组织的职能和法律地位

世贸组织协定第 3 条规定其主要职能是:

(1)促进"建立世界贸易组织协议"和多边贸易协议的执行、管理和运作,并为其提供一个组织;

(2)为成员方提供谈判的讲坛和谈判成果执行的机构;

(3)按争端解决的规定和程序主持解决各成员方之间的贸易纠纷;

(4)对成员方的贸易政策与法规进行定期审议;

(5)为达到全球经济政策的一致性,世贸组织将以行之有效当的方式与国际货币基金组织和世界银行及其附属机构进行合作。

根据世贸组织协定第 8 条规定,世贸组织具有法人资格,世贸组织官员及成员代表拥有外交豁免权。

19.4.3　世界贸易组织的组织机构与决策机制

1. 世贸组织的组织机构

(1)部长会议。部长会议由所有成员方的代表参加,是世贸组织的最高权力机构,至少每

两年举行一次会议。其职责是履行世界贸易组织的职能,并为此采取必要的行动。部长会议应一个成员方的要求,有权就任何多边贸易协议的全部事务做出决定。

(2)总理事会。总理事会由所有成员方的代表组成,定期召开会议。总理事会在部长会议休会期间,承担其职能。总理事会下附设争端解决机构、贸易政策机制评审机构和其他附属机构,如货物贸易理事会、服务贸易理事会、知识产权理事会等。

(3)理事会。理事会为总理事会附属机构,其中货物贸易理事会、服务贸易理事会、知识产权理事会为最重要的理事会。理事会由所有成员方代表组成,每一理事会每年至少须举行 8 次会议。各理事会根据各自所管辖的贸易领域和职权范围设立相应的委员会,并规定委员会的职权和议事规则。

(4)委员会。部长会议下设若干专门委员会,以处理特定贸易问题。具体是:①贸易与环境委员会;②贸易与发展委员会;③国际收支限制委员会,负责审议以国际收支困难为理由而采取的贸易限制措施;④预算、财政与行政委员会。另外,在货物贸易理事下就具体贸易问题还分设若干委员会。

(5)争端解决与上诉机构。争端解决机构主要负责世贸组织成员间的贸易争端,是一个常设的组织机构。争端解决机构具有司法裁决权。上诉机构也是一常设机构,由 7 人组成,他们广泛地代表世贸组织各成员,任期 4 年,是国际贸易和法律方面公认的权威。

(6)秘书处。秘书处为世界贸易组织的日常办事机构,由部长会议任命的总干事领导。总干事的权力、职责、服务条件和任期由部长会议通过规则确定。总干事有权指派其所属工作人员。在履行职务时,总干事和秘书处工作人员均不得寻求和接受任何政府或世界贸易组织以外组织的指示。

2. 世贸组织的决策机制

(1)世界贸易组织继续实行 1947 年关贸总协定合意决策的做法。合意的含义是"在做出决定的会议上,如果任何一个与会的成员方对拟通过的决议不正式提出反对",就算达成合意。

(2)如未通过合意达成决定,则将以投票决定,在部长会议和总理事会上,世界贸易组织成员均有一票投票权。除非另有规定,通常以多数票为准。

(3)部长会议和总理事会拥有对世贸组织各项协议的解释权,运用解释做出的决定以成员方四分之三投票通过为准。

(4)如要免除成员方义务,需要经部长会议以四分之三投票通过方式表决。

19.4.4　世贸组织协定的主要内容

世贸组织协定由序言、正文 16 条及 4 个附件组成。有关协调多边贸易关系和贸易争端解决、规范贸易竞争规则的实质性规定体现在 4 个附件中。4 个附件主要包括 13 个多边货物贸易协议、服务贸易总协定和与贸易有关的知识产权协议(此 3 项构成附件 1)、贸易争端解决规则和程序谅解(构成附件 2)、贸易政策审议机制(构成附件 3)及 4 个多边协议(构成附件 4)。从广义上看,世贸组织协定还包括马拉喀什部长会议所形成的一系列决定、宣言和谅解。

1. 多边货物贸易协议

(1)1994 年关贸总协定。世贸组织货物贸易多边协议最重要的协议是经过修订后的 1994 年关贸总协定。

(2)农产品协议(agreement on agriculture)。

(3)关于卫生和动植物检疫措施实施的协议(agreement on the application of sanitary and phytosanitary measures)。

(4)纺织品和服装协议(agreement on textiles and clothing)。

(5)技术性贸易壁垒协议(agreement on technical barriers to trade)。

(6)与贸易有关的投资措施协议(agreement on trade-related investment measures)。

(7)反倾销协议(agreement on anti-dumping)。

(8)海关估价协议(agreement on customs valuation)。

(9)装船前检验协议(agreement of pre-shipment inspection)。

(10)原产地规则协议(agreement on rules of origin)。

(11)进口许可证程序协议(agreement on import licensing measures)。

(12)补贴和反补贴措施协议(agreement on subsidies and countervailing measures)。

(13)保障措施协议(agreement on safeguards)。

2. 服务贸易总协定

服务贸易总协定(general agreement on trade in services,GATS),是迄今为止第一套有关国际服务贸易的、具有法律效力的多边规则。它是在"乌拉圭回合"中谈判达成的。该协定于1995年1月7日正式生效,由序言、6个部分、29个条款和8个附件构成。

该协定倡导服务贸易自由化的原则,使各缔约方从服务市场的保护与贸易的对立转向自由化和多边谈判,加强了缔约方之间的人员交往与信息流通,特别是有关知识产权、技术转让、软件、通信、数据处理、咨询、广告等服务行业的贸易自由化,加速了各国经济的发展。

该协定是在尊重各国服务业法律和规章的政策目标,并考虑有关国际组织的工作的基础上建立起来的。一方面体现了各国服务业方面存在的竞争优势的差异;另一方面也考虑了各国服务业现状的差距。例如:在第4条"发展中国家的更多参与"中要求发达国家缔约方应通过个别承诺以促进发展中国家国内服务能力、效率竞争力的增强,促进发展中国家对技术和有关信息的获得。也要求发达国家要为发展中国家提供有关服务供给方面的信息。这一原则使得发展中国家增强其服务能力的措施成为合法。与此同时,该协定也要求发达国家成员之间在一般原则和义务,特别是在市场准入和国民待遇的具体承诺要求下,彼此开放国内服务市场,促进各国服务业的发展,而不能采取更加严厉的服务贸易保护措施阻碍服务市场的开放。

该协定还以附件列出了继续谈判的内容与原则,其主要内容包括自然人流动、电信、基础电信、航运、海运和金融服务。

3. 与贸易有关的知识产权协议

与贸易有关的知识产权协议(the agreement on trade-related aspects of intellectual property rights,TRIPS)由7部分、73个条款组成,包括一般规定和基本原则,关于知识产权的效力、范围及使用标准,知识产权的实施,知识产权的取得、保持及相关程序,争端的防止和解决,过渡期安排,机构安排等内容。

该协议保护范围包括:专利、版权与相关权、商标、工业品外观设计、集成电路布置图设计、未公开的信息(包括商业秘密)、地域标志(包括原产地标志)。为了防止争端的发生,协议要求各成员方及时公布所有关于知识产权的法律、行政法规、司法决定、行政裁决以及政府间或半官方机构间所签订的有关知识产权的协议,以便其他成员方和知识产权持有人熟悉这些规范。

为了使发展中国家成员的工业和贸易适应协议所要求的变化,协议对这些成员规定了过渡期:①发达国家成员,过渡期为 1 年,即到 1996 年 1 月 1 日;②发展中国家成员,过渡期为 5 年,即到 2000 年 1 月 1 日;③转型经济成员,过渡期为 5 年,即到 2000 年 1 月 1 日(如果这些国家在改革知识产权方面遇到困难的话);④最不发达国家成员,过渡期为 11 年,即到 2006 年 1 月 1 日。另外,对那些在食品、化工产品和医药领域中只对工艺不对产品提供保护的发展中国家成员可推迟到 2005 年 1 月 1 日适用协议的有关要求和规定。

4. 诸边贸易协议

一般情况下,全体世贸组织成员都签署所有的世贸组织协议。然而,在乌拉圭回合之后,有 4 个原“东京回合”中达成的协议,签署的国家很少,被称为诸边协议。这类协议只约束那些加入了该协议的成员方,对未加入的成员方不产生任何权利或义务。

这 4 个协议是民用航空器贸易协议、政府采购协议、国际奶制品协议、国际牛肉协议。其中,国际奶制品协议和国际牛肉协议已于 1997 年底废止。协议签字国认为,这两个协议所要解决的问题可根据农产品协议和动植物卫生检疫措施协议得到处理。

19.4.5　世界贸易组织的基本原则

世界贸易组织适用的基本原则主要来自 1994 年的关贸总协定、服务贸易总协定以及历次多边贸易谈判,特别是“乌拉圭回合”谈判达成的一系列协定。它是由若干规则和一些规则的例外所组成。

1. 非歧视原则

非歧视原则要求一缔约方给予其他缔约方以平等待遇。该原则体现在总协定的最惠国待遇条款和国民待遇条款中。

最惠国待遇体现于不得针对不同出口国的商品实施歧视待遇,目的是使来自不同国家的进口商品在一缔约方的市场上处于同等地位,不受歧视。国民待遇体现于不得在国产商品和进口商品之间实施歧视待遇,目的是使进口商品在一缔约方的国内市场与其本国商品处于同等竞争地位,不受歧视。

2. 自由贸易原则

自由贸易原则是总协定的一个极其重要的原则,也是一个根本性的原则。从本质上来说,该原则就是限制和取消一切妨碍和阻止国际贸易开展与进行的障碍,包括法律、法规、政策和措施等。这一原则,在其进行的 8 轮多边贸易谈判以及在与贸易保护主义的斗争中,不断得到进一步的加强和更广泛的发展。

自由贸易从根本上来说,就是通过削减关税、弱化关税壁垒以及取消和限制形形色色的非关税壁垒措施来实现的。因此,这一原则又是通过下列三个原则来实现的。

(1)关税减让原则。关税减让以互惠互利为基础,旨在降低进出口关税的总体水平,尤其是降低阻碍商品进口的高关税,以促进国际贸易的发展。关税减让原则也有一些例外。

(2)互惠原则。互惠是利益或特权的相互或相应让与,是两国之间确立商务关系的一个基础。在国际贸易中,互惠是指两国互相给予对方以贸易上的优惠待遇。互惠原则是总协定最为重要的原则之一。

（3）取消非关税壁垒原则。例如，一般取消数量限制。数量限制多指禁止或限制进口数额的措施，其形式有配额、进口许可、自动出口约束和禁止等。

3. 透明度原则

透明度是关贸总协定和世贸组织三个主要目标（贸易自由化、透明度和稳定性）之一。透明度原则（transparency principle）是指有关成员国政府实施有关过境货物流动的法律和规章时，必须予以公布，使各贸易伙伴了解其内容。但关贸总协定所要求的透明度是有一定范围的，允许各缔约国对某些机密不予以公开。服务贸易总协定中也有类似规定。

在"乌拉圭回合"谈判以后，透明度原则已成为各缔约方在有形商品贸易、技术贸易和服务中所应遵守的一项基本原则，它涉及贸易的所有领域。

4. 市场准入原则

市场准入（market access）是指一国允许外国的货物、劳务与资本参与国内市场的程度。市场准入旨在通过增强各国对外贸易体制的透明度，减少和取消关税、数量限制和其他各种强制性限制市场进入的非关税壁垒，以及通过各国对开放本国特定市场所做出的具体承诺，切实改善各缔约国市场准入的条件，使各国在一定的期限内逐步放宽市场开放的领域，加深开放市场的程度，从而达到促进世界贸易的增长，保证各国的商品、资本和服务可以在世界市场上公平自由竞争的目的。

在货物贸易领域，市场准入原则几乎体现在所有"乌拉圭回合"最终文件的有关协议中，包括关税的减让、各种非关税壁垒的约束和取消以及长期游离于多边规则之外的纺织品和服装及农产品贸易领域。

在服务贸易领域，市场准入原则的实施对各缔约国而言不是一般性义务，而是具体承诺的义务，只适用于各成员国所承诺开放的部门。虽然获得对开放服务市场的具体承诺是一个极其艰难的过程，但市场准入原则的确立已订立了一个可以逐步开放市场的机制，其影响将持续于今后长期谈判的过程中。

5. 公平竞争原则

世贸组织是建立在市场经济基础的多边贸易体制。公平竞争是市场经济运行的重要保障，该原则体现于世贸组织的各项协议之中。

世贸组织框架下，公平竞争是指成员方应避免采取扭曲市场竞争的措施，纠正不公平贸易行为，在货物贸易、服务贸易和与贸易相关的知识产权方面，创造和维护公开、公平、公正的市场环境。

6. 公正平等解决贸易争端原则

国际贸易争端是随着国家间经济交往的开始和发展不可避免的一种现象。作为各国经济贸易关系联结的关贸总协定对于解决各国间的贸易争端做出了规定，并且在"乌拉圭回合"等回合会议的修改补充下，其争端解决办法越来越朝着公正、平等的方向发展，形成了新成立的世界贸易组织的争端解决机制。

公正平等原则主要体现在：①实行调解制度；②建立上诉机构；③从全体一致通过机制到全体一致否决机制的转变；④对发展中国家及最不发达国家的特殊规定；⑤世界贸易组织的道义压力。

7. 给予发展中国家和最不发达国家优惠待遇原则

在世贸组织成员国中，发展中国家占了三分之二以上。随着发展中国家在关贸总协定和世贸组织中的地位与作用的日益加强,同时在发展中国家为建立国际经济新秩序所做的努力的影响下,关贸总协定和世贸组织势必会更多地考虑发展中国家的利益,同时也给予了发展中国家差别的和更加优惠的待遇。

这一原则的主要内容是指对那些收入低、工业水平较低的发展中国家所实施的优惠关税制度。它可以有更大的弹性,不必对发达国家给予对等的贸易减让;允许进行有限的出口补贴、有限地在发展中国家之间(而不对发达国家)进行相互关税减让等。发展中国家可享受普遍优惠制待遇是其中最突出的体现。

19.5　中国与世界贸易组织

中国长期徘徊在世界贸易组织的大门之外,这对中国经济与世界经济的接轨是一道严重的障碍。经过 15 年的艰难谈判,中国于 2001 年 11 月 10 日正式加入世界贸易组织(简称"入世"),标志着中国经济真正融入全球经济之中,也对未来长期发展带来了重要的机遇和挑战。进入 21 世纪,中国也加快了与区域经济合作的步伐,与欧盟、北美自由贸易区、亚太经济合作组织、东盟"10+1"等进行合作,尤其是 2013 年习近平主席提出的"一带一路"倡议,也成为中国走向世界的又一重大步骤。

19.5.1　中国加入世界贸易组织的历程

1. 入世:中国加入世界贸易组织

1995 年 1 月 1 日,世界贸易组织正式成立,并在一年的过渡期后完全取代关贸总协定。同年 5 月,中断了近 5 个月的中国复关谈判在日内瓦恢复。1995 年 7 月 11 日,世贸组织决定接纳中国为该组织的观察员。同年 11 月,中国政府照会世贸组织总干事鲁杰罗,把中国复关工作组更名为中国入世工作组。中国复关谈判变成入世谈判。

我国提出的入世三原则是:①WTO 没有中国参加是不完整的;②中国要作为一个发展中国家加入 WTO;③中国的入世是以权利和义务平衡为原则的。

1997 年 5 月 23 日,在日内瓦举行的第 4 次世界贸易组织中国工作组会议就中国加入世贸组织议定书中关于非歧视原则和司法审议两项主要条款达成协议。同年 8 月,新西兰成为第一个同中国就中国加入世贸组织达成双边协议的国家。同年,中国还与韩国、匈牙利、捷克等国签署了入世双边协议。

1998 年 4 月 7 日,中国在第 7 次世界贸易组织中国工作组会议上提出的一篮子降低关税的方案受到工作组成员的普遍欢迎。

1999 年 11 月 15 日,中、美两国政府在北京签署了关于中国加入世界贸易组织的双边协议。

2000 年 5 月 19 日,中国与欧盟代表在北京签署了关于中国加入世贸组织的双边协议。

2000 年 8 月 25 日,第 9 届全国人民代表大会常务委员会第 17 次会议通过了全国人大常委会关于我国入世的决定:同意国务院根据入世原则完成加入世界贸易组织的谈判和委派代表签署的中国入世议定书,经国家主席批准后,完成我国入世的程序。

2001 年 6 月 9 日和 21 日,美国和欧盟先后与中国就中国入世多边谈判的遗留问题达成全面共识。6月28日—7月4日,第16次世贸组织中国工作组会议就多边谈判中遗留的12个主要问题达成全面共识。7月16日—20日,第17次世贸组织中国工作组会议对中国入世的法律文件及其附件和工作组报告书进行了磋商,并最终完成了这些法律文件的起草工作。

2001年9月13日,中国和墨西哥就中国入世达成双边协议。至此,中国完成了与世贸组织成员的所有双边市场准入谈判。

2001年11月10日,在卡塔尔多哈举行的世界贸易组织第4届部长会议通过了中国加入世贸组织的法律文件,它标志着经过15年的艰苦努力,我国终成世贸组织新成员,对外开放进入一个新的阶段。这是我国具有历史意义的一件大事,对新世纪我国经济发展和社会进步产生了重要而深远的影响。

2. 中国加入世界贸易组织的现实与战略意义

(1)有利于中国在对外贸易中享受多边的和无条件的最惠国待遇。

(2)有利于中国出口产品享受"普惠制"待遇和其他给予发展中国家的特殊照顾。

(3)有利于利用WTO贸易争端解决的特设机构和程序,较好地解决或缓和中国与其他成员的贸易纠纷。

(4)有利于减少贸易保护主义对我国出口的负面影响,营造良好的外贸环境。

(5)有利于我国获得在多边贸易组织的发言权。

(6)有利于推进中国产业结构的战略调整和升级。

(7)有利于利用WTO的基本原则,采取例外与保障措施的权利。

(8)有利于消除中国威胁论和树立良好的国际形象。

(9)有利于早日实现祖国统一大业。

加入世贸组织后,中国为世界经济注入了新的活力,在更加广泛的领域、更深的层次参与国际经济贸易,促进了中国经济的发展。

19.5.2 中国加入世界贸易组织后的权利和义务

1. 中国加入世界贸易组织后享有的权利

(1)享有世界贸易组织属下的各项多边协定与规定的权利。

(2)世界贸易组织的非歧视原则为中国取得公平的国际贸易环境提供了法律基础。

(3)可以通过多边争端解决机制,解决双边贸易中存在的争端。

(4)可以取得参与制定全球经济贸易规则的资格和话语权。

2. 中国加入世界贸易组织后的义务

(1)继续降低进口关税。

(2)逐步取消非关税壁垒措施。

(3)取消被禁止的出口补贴。

(4)进一步增加贸易政策的透明度。

(5)扩大对知识产权的保护范围。

(6)逐步开放服务贸易。

(7)放宽对引进外资的限制。

19.5.3　中国加入世贸组织后的机遇与挑战

中国入世无论是对中国还是对世界贸易组织都有重要的意义。对于世界贸易组织来说，中国的加入将使其真正成为一个完整的全球性的世界贸易组织，可以更好地发挥它的作用。WTO 为中国提供了新的发展机遇，也带来了严峻的挑战。

1. 中国加入世贸组织后的机遇

(1)有利于中国在平等条件下参与国际经济合作和国际分工，促进对外贸易的快速发展。入世后可以改善我国的国际贸易环境，利用多边贸易体制，公平、合理地解决与其他国家的贸易摩擦，获得多边最惠国待遇，实现进出口市场多元化和持续快速发展。

(2)有利于中国更多地利用外资、吸收国外先进的管理经验、增加就业，并在平等条件下参与国际竞争。入世后，中国许多有发展前途的行业对外资开放，其给外资企业提供的国民待遇将使外国资金大量地涌入，不仅弥补了我国建设资金的不足，而且还为我国带来大量的先进的管理经验并增加就业机会，从而促进我国经济健康迅速地发展。

(3)有利于推进中国改革开放，充分配置、利用国内外的市场和资源。入世后中国进一步深化改革，实现全方位、多层次的对外开放，在更大范围内参与经济全球化，加速与国际经济的接轨和融合，国内的资源在国际大市场中得到优化的配置，促进我国经济的可持续发展。

(4)有利于中国直接参与国际贸易规则的决策过程，强化话语权和主动权。入世后，中国直接参与 21 世纪国际贸易规则的讨论、谈判和决策，摆脱了别人制定规则而中国被动接受的不利状况，维护了合法权益和公平竞争。

(5)有利于促进中国技术进步和技术交流，推进产业升级和经济结构调整。

(6)有利于及时获取难得的国际经贸信息，以利于政府制定经贸政策，促进企业改善经营管理，培养国际化人才。

(7)有利于享受发展中缔约方的优惠待遇，给中国对外经济的发展提供了良好的机遇。

(8)有利于进一步完善中国特色社会主义市场经济体制，解放和发展生产力，提高人民生活水平和质量。

此外，中国入世也为其他缔约方进入中国市场提供了更多的机遇。通过平等竞争，企业提高了劳动生产率、降低了商品价格，人民群众的实际收入、生活水平大幅度提高，充分享受到了世界经济发展带来的利益，进而促进了世界经济的增长。

2. 中国加入世贸组织后的挑战

加入世贸组织对我国的弱势产业也是一个严峻的挑战。随着关税的降低，国内商品的价格优势逐渐消失，同时由于技术与管理水平与发达国家存在的差距，也会对经济发展带来负面的影响，主要体现在以下几方面：

(1)重复建设的行业和企业，会受到市场竞争机制更加严厉的惩罚，相当一部分企业要重新选择发展方向，还有一部分企业会被淘汰。

(2)中国高科技产业和服务业的发展起步较晚，不少行业和产业还是空白，国外企业有可能长驱直入地抢先占领市场。入世后，汽车行业将受到国外产品的压力，中国电信业正在面对开放逐步打破国内垄断，提高电信业的竞争能力。

(3)一些质次价高的传统产业和产品会更快地被淘汰，其中农业尤为突出。中国虽然是一个农业大国,但还不是农业强国,大多数农产品综合成本已接近或超过国际平均水平,在质量、价格和产品创新等未形成竞争优势,随着国外廉价农产品的进入,中国农业面临一场严峻的挑战。

(4)外资金融机构对中国金融市场的进入,无疑是对中国金融机构的挑战,最重要的是对国内金融业的冲击。

(5)加入 WTO,对我国的计算机、钢铁、石油、化工、医药等行业产生了影响。

3. 中国加入世贸组织后的宏观对策

按照 WTO 规则的要求,结合我国的实际,中国入世后应采取以下宏观对策:

(1)抓住时机,扩大出口。

(2)加快产业结构的调整,大力发展我国有比较优势的产业。

(3)加速淘汰一批落后的生产能力、工艺和产品。

(4)加快技术创新,促进产业升级,提高产业国际竞争力。

(5)有效利用外资,提高产业技术水平,促进产业升级和优化。

(6)调整国内政策,降低调整成本,提高调整效果。

(7)加速各类专业人才的培养。

总之,入世对中国经济发展和人民生活水平提高是利大于弊。

思考与练习

1. 什么是最惠国待遇条款?什么是国民待遇条款?二者有何不同?

2. 简述世界贸易组织的宗旨和作用。

3. 世界贸易组织的基本原则有哪些?非歧视性原则的基本内容是什么?

4. 什么是"乌拉圭回合"多边贸易谈判?

5. 什么是世界贸易组织?它有哪些主要内容?

6. 世界贸易组织与关贸总协定的区别和联系是什么?

7. 我国复关和加入世界贸易组织谈判的主要原则是什么?

8. 我国加入世界贸易组织后有哪些机遇与挑战?企业应采取哪些对策?

9. 结合 2001 年以来我国对外贸易发展的实践,分析加入 WTO 对我国经济和对外贸易发展的影响。

10. 案例分析:某年加拿大安大略省谷物生产联合会提出投诉,指责美国向加拿大出口的玉米得到政府补贴,随之加拿大展开开发反补贴调查,美、加之间农产品贸易争端就此开始。次年 3 月加拿大进口事务审理委员会做出了美国出口的玉米带有政府补贴的裁决,理由之一是美国作为世界上一个主要的玉米出口国,理应对世界谷物价格大幅度下跌负责。

关贸总协定在受理了这起贸易争端之后,有关专家小组对此做了结论:加拿大进口事务审理委员会的裁决不符合《东京回合补贴法》第 6 条,因为没有一个确凿的证据表明是进口了带有补贴的美国玉米造成了对加拿大玉米生产实质性的损害。专家小组的报告建议,加拿大应根据《东京回合补贴法》来制定本国的反补贴措施。专家小组在 3 月 26 日向关贸总协定有关委员会提交了这份报告之后,加拿大表示接受这份报告。因此,美国和关贸总协定其他缔约方对加拿大迅速解决这起贸易争端表示赞赏。

试问:为什么专家小组认为加拿大进口事务审理委员会的裁决不符合《东京回合补贴法》第 6 条?

第20章 国际服务贸易

课前导读

国际服务贸易是在一个国家服务经济发展的基础上,通过服务业的国际化和国际分工而发展起来的。它起初是为国内人民提供各种服务以获得报酬,随着经济生活的国际化和国际分工的发展,造成了各国经济活动的相互依赖,加强了彼此利益的渗透,使得各国的服务业随同其他生产要素一道国际化了。可见,国际分工和协作是国际服务贸易产生和发展的基本动因。

20.1 国际服务贸易概述

20.1.1 服务的含义与作用

服务(service)是指服务主体应服务客体的要求所做的工作或所尽的义务。换句话说,服务就是为个人或企业所做的工作或行为。服务的主体一般是自然人、法人、社会团体或政府部门,而服务的客体也同样是自然人、法人、社会团体或政府部门。服务提供者通过直接接触或间接接触为服务接受者提供有益的工作或帮助行为。这是对服务所作的最一般的定义。

有学者将服务定义为"以提供活劳动的形式满足他人某种需要并索取报酬的活动",看来并不准确和恰当,因为服务并非只有提供活劳动这种唯一形式,也并非都是作为"奴仆"或"侍者"侍候他人的。现代社会除了直接接触提供服务,更大量的是通过信息、文字、语言、大众传播等媒介为人们提供服务的;再者,服务也并非一定要索取报酬。不少服务具有广泛的社会意义,是不以营利为目的的公益性的社会服务,如公用图书馆、大众广播等社会公益机构或公共福利机构。只有当服务作为交易行为进行贸易或等价交换时,它才是可支付的或有报酬的。这就把服务和服务贸易清楚地区别开了。服务工作与服务经济(服务贸易)之间存在着差异,这一点是不能混淆的。

从20世纪60年代以来,西方经济学家对服务及服务经济进行了大量的研究,逐渐形成一个共识,就是服务与生产是同等重要的,他们提出"生产者服务"也是经济增长的动力,这对传统经济理论是一个很大的突破。这里,生产者服务是指为最后消费或进一步生产而提供的中间投入。这些生产者大多使用人力资本和知识资本作为主要的投入,因而其产出包含有大量人力资本和知识资本的服务,于是生产者服务可以促进生产专业化,扩大资本与知识密集型生产,从而提高劳动及其他要素的生产率。

20世纪80年代中叶,加拿大经济学家里德尔对服务下了一个比较严密的定义:在服务为服务接受者带来一种变化时,它是提供时间、地点和形态效用的经济活动。1987年,经济学家希尔对服务提出了一个一般性定义,并得到了广泛的认可和使用。这个定义是:服务即是会改善其他一些经济单位的状况的生产者的活动。它既可以改善消费单位的商品的物质形态,又可以改善某些人的肉体或精神状况。服务生产的显著特点是对其他经济单位的商品或个人增加价值。总之,服务在其生产时一定要交付,并由消费者获得。更为值得注意的是,1989 年,加拿大经济学家赫伯特·G.格鲁伯和迈克尔·A.沃克创造性地提出了"物化服务"的概念。物化服务即是在服务生产活动者改变了一些人或他们所拥有的商品状态以后,服务就被认为是"物化"了。这种改变对个人或商品所有者是有价值的。例如:学生受益于教师的物化服务;病人受益于医生的物化服务;机械师的服务体现在被修理的器材中;音乐家的服务体现在唱片中;计算机程序的服务体现在数据存储盘中;等等。物化服务的概念彻底改变了过去那种认为服务是"看不见、摸不着"和"不能储存"的虚幻概念,服务不仅是精神的,也是物质的,这是一个很重要的哲学概念。

20.1.2 国际服务贸易的含义

关于国际服务贸易的定义,有狭义和广义之分。狭义的国际服务贸易是无形的,是指发生在国家之间的符合严格服务定义的直接服务输入和输出活动。而广义上的国际服务贸易既包括有形的劳动力的输出输入,也包括无形的提供者与使用者在没有实体接触的情况下的交易活动。按照 WTO 制定的《服务贸易总协定》(GATS)中的规定,国际服务贸易被定义为:服务提供者从一成员方境内,通过商业现场或自然人向消费者提供服务,并获取外汇收入的过程。

20.1.3 国际服务贸易的类型

根据提供服务的方式不同,GATS 将国际服务贸易分为以下四种类型:

(1)"跨境提供"方式:即从一国境内向另一国境内提供的服务。在这种形式下,服务提供者和被提供者分别在本国境内,并不需要人员跨国境移动。所以,它一般是指基于现代通信技术提供的服务,如信息咨询服务、卫星影视服务、网络服务等。

(2)"境外消费"方式:即在一国境内向另一国境内的服务消费者(自然人或法人)提供服务。在这种服务提供形势下,服务的被提供者,也就是消费者跨过国境进入提供者所在的国家(地区)接受服务,如出国旅游、出口留学等。

(3)"商业存在"方式:即一国的服务提供者通过另一国境内的商业存在(指任何类型的经营企业或专业机构)提供服务。指一国的企业和经济实体到另一国设立公司,提供服务。如外国公司到中国来开办金融机构,设立会计事务所、律师事务所、咨询中心等。此类服务贸易一般涉及市场准入和 FDI。

(4)"自然人流动"方式:即一国的服务提供者进入另一国境内提供服务。这种形式涉及服务提供者作为自然人的跨国流动。与商业存在不同的是,它不涉及投资行为。例如,一国的医生、教授、艺术家、厨师到另一国从事个体服务。它有别于移民。

20.2 国际服务贸易的分类与特点

20.2.1 国际服务贸易的分类

随着国际社会文明程度的不断提高,国际服务贸易也随之呈现复杂化、多样化和系统化的趋势,国际服务贸易的内容也日渐庞杂,对之进行分类也因人的视角和判断不同而出现不同的分类体系。

目前,国际上比较流行的主要有如下四种分类法:

(1)联合国标准贸易分类(UN SITC)。该分类法是按照知识含量或加工的程度来对服务项目进行由低到高的排列,共分为 46 个服务类型。

(2)国际标准工业分类(ISIC)。该分类法将服务行业分为批发贸易、零售贸易、参观、运输与贮存、通信、金融机构、不动产及商业服务、公共管理及防务、社会服务及社区服务、娱乐及文化服务、个人及家庭服务、国际机构及跨境组织等 12 个类别。

(3)国际货币基金组织(IMF)分类。该分类法将服务业分为 6 大类,线条较粗。

(4)世界贸易组织统计与信息统计局(SISD)的分类法。该分类法已经 WTO 服务贸易理事会评审认可,它按照一般国家标准(GNS)的服务部门分类法,将世界的服务部门分为 12 大类 142 项服务项目。这 12 大类是:

①商业服务,指在商业活动中涉及的服务交易活动。这类服务又包括专业性(包括咨询)服务、计算机及其相关服务、研究与开发服务、不动产服务、设备租赁服务、其他商业服务六类。

②通信服务,主要指所有有关信息产品、操作、储存设备和软件功能的服务。主要包括邮政服务、快件服务、电信服务、视听服务、其他。

③建筑及相关工程服务,主要指工程建筑从设计、选址到施工的整个服务过程。具体包括工程选址服务,建筑项目、建筑物的安装及装配工程,工程项目施工与监理,固定建筑物的维修服务,以及所有这些环节涉及的其他服务。

④分销服务,指产品销售过程中所涉及的各种商业服务,主要包括批发与零售服务、特许经营服务等。

⑤教育服务,指国际间在国民教育与非国民教育方面的服务交易与合作,涵盖了高等教育、中等教育、初等教育、学期教育、继续教育、特殊教育等一系列教育环节。

⑥环境服务,包括污水处理服务、废物处理服务、卫生及相似服务等与环保直接联系在一起的服务。

⑦金融服务,涵盖了银行金融与非银行金融的各主要领域。其中银行金融包括商业银行提供的所有服务,非银行金融则主要包括保险及保险相关的服务。

⑧健康与社会服务,主要指医疗服务、其他与人类健康相关的服务以及社会服务等。

⑨与旅游有关的服务,指旅游业及与之有关联的服务,最主要的有旅馆提供的住宿餐饮服务及其他服务,旅行社提供的旅游交通及导游服务等。

⑩文化娱乐与体育服务,包括娱乐服务、新闻代理服务、图书馆服务与体育服务、文化交流演出等服务形式。

⑪交通运输服务,包括海运服务、内河航运、空运服务、空间运输、铁路运输服务、公路运输服务、管道运输及所有运输方式的辅助性服务。

⑫其他服务。

20.2.2　国际服务贸易的特点

(1)服务标的的无形性。国际服务贸易的标的是一种看不见、摸不着的生产和消费在时空上不可分离的活动或行为。这种活动可以由人提供,也可以由物提供,如医生提供医疗服务,自动取款机提供取款服务等。活动或行为的接受对象可以是人的身体,也可以是人的头脑,还可以是有形物或无形物,如医疗、教育、设备维修、金融服务等。以物为接受对象的服务活动的购买者和最终受益者仍然是物背后的人,包括自然人和法人。作为一种无形物品,大多数服务产品不能储存、不能运输、不能被包装、不能被反复转让。当然,随着科学技术的进步,一些服务活动已有了物质载体,并使部分服务产品的生产和消费在时空上分离成为可能,使服务产品的储存和运输成为可能。例如,电子图书、软盘等使图书馆服务的提供和消费在时空上分离成为可能。但是,从总体上说,服务产品的无形性,是国际服务贸易最基本的特征。

(2)交易过程与生产和消费过程的同步性。服务价值的形成和使用价值的创造过程,与服务价值的实现和使用价值的让渡过程,以及服务使用价值的消费过程,往往是在同一时间和地点完成的。在服务再生产过程中,服务交易具有决定性意义,交易的完成需要两个主体存在于同一时间和同一地点。例如,医生提供医疗服务的过程,就是让渡服务产品的过程,没有患者,医生失去服务对象,也就不存在两个主体间的交易,服务就不能存在。

(3)贸易主体地位的多重性。由于服务交易过程与生产和消费过程的同步性,服务的卖方往往就是服务的生产者,并作为服务消费过程中的物质要素直接加入服务的消费过程;服务的买方则往往就是服务的消费者,并作为服务生产者的劳动对象直接参与服务产品的生产过程。例如,医生在为患者提供医疗服务的过程中,患者不仅作为医疗服务的消费者,同时又作为医生的直接服务对象和劳动对象直接参与服务生产过程。

(4)服务贸易市场的高度垄断性。国际服务贸易在发达国家和发展中国家的发展严重不平衡,少数发达国家在国际服务贸易中具有绝对垄断优势。服务贸易市场的开放涉及诸如跨国银行、通信工程、航空运输、教育、自然人跨界流动等直接关系到输入国主权、安全、伦理道德等的敏感领域和问题,全球服务贸易壁垒森严,服务贸易障碍林立。因此,国际服务贸市场的高度垄断性在短期内不可能消失。

(5)贸易保护方式的刚性和隐蔽性。由于服务贸易标的的特性,各国政府对本国服务业的保护只能采取在市场准入方面给予限制或进入市场后不给予国民待遇等非关税壁垒形式。这种以国内立法形式实施的非关税壁垒,难以体现为数量形式,也往往缺乏透明度,使国际服务贸易受到的限制和障碍具有刚性和隐蔽性。

20.3 国际服务贸易规则

20.3.1 服务贸易总协定

1.服务贸易总协定的制定过程

第二次世界大战结束之后,世界服务贸易发展十分迅速,其在世界贸易中的地位也不断提高。但是,由于服务业的一些领域涉及到国家安全或意识形态,世界各国都对服务业实行相对封闭和保护的政策,使服务贸易的发展受到各国经济政策调节、国家财政干预和特殊限制等措施的阻碍,服务贸易领域的自由化进程进展缓慢。

与货物贸易相比,服务贸易不仅内容十分广泛,而且贸易保护更加严格,标准更高,限制更多,从而妨碍了服务贸易的正常顺利发展。因此,经过国际社会大量的协调工作和连续几年的谈判,在服务贸易谈判和立法方面达成了最富有成果的《服务贸易总协定》(GATS)。到 1993 年乌拉圭回合谈判结束之际,除了少数几个部门外,服务贸易谈判实质上已经结束,各缔约方均提出自己的承诺表并附在《服务贸易总协定》之后,作为乌拉圭回合谈判成果的一部分,与《关税与贸易总协定》《与贸易有关的知识产权协定》等一起成为国际贸易规则的主要内容。

2.《服务贸易总协定》的内容

《服务贸易总协定》由三方面内容组成。一是《服务贸易总协定》的主件,包括协定的序言和 6 个部分共 29 条条款;二是《服务贸易总协定》的 8 个附件和部长会议决议,是对条款部分的补充,也是处理具体服务贸易所适用的规则;三是承诺减让表,是各缔约方对服务部门和分支部门贸易自由化所做的具体承诺,也是各缔约方具体承诺提供市场准入的机会等。

(1)《服务贸易总协定》的序言和正文。协定的序言部分阐述了建立《服务贸易总协定》的重要性。其中,第一部分包括第 1 条条款,阐明了服务贸易的范围和定义;第二部分包括第 2—15 条条款,是协定的核心内容,阐明了服务贸易的一般责任和纪律,包括最惠国待遇、透明度、发展中国家参与、经济一体化、国内规定、承让(资格/许可)、垄断及专营服务提供者、商业惯例、紧急保障措施、支付和转让、对保障国际收支平衡的限制、政府采购、一般例外和安全例外、补贴等条款;第三部分包括第 16—18 条条款,阐明了服务贸易应承担的特定义务,包括市场准入、国民待遇及附加承担的义务;第四部分包括第 19—21 条条款,规定了服务贸易逐步自由化的目标和方式,以及服务贸易具体承诺的谈判、承诺表及有关承诺表的修改等;第五部分包括第 22—26 条条款,是服务贸易的制度条款,对有关磋商、争端解决和实施、服务贸易理事会、技术合作、与其他国际组织关系等作出了规定;第六部分包括第 27—29 条条款,是服务贸易的最后条款,规定了各缔约方可对协定利益予以否定的若干情况、有关概念的定义及规定协定附件是总协定不可分割的组成部分等内容。

(2)《服务贸易总协定》的附件和决议。《服务贸易总协定》主要包括 8 个附件、9 个决议和 1 个谅解书。8 个附件分别是关于免除最惠国待遇义务的豁免附件、自然人流动附件、空运服务附件、金融服务附件、金融服务第二附件、海运服务附件、电信服务附件和基础电信谈判附件等。9 个决议分别是《服务贸易总协定》机构安排的决议、《服务贸易总协定》某些争端处理程序的决议、有关服务贸易与环境的决议、关于自然人流动谈判的决议、关于金融服务的决议、关于海运服务的决议、关于基础电信谈判的决议、关于专家服务的决议、关于贸易与环境的决议等。1 个谅解书是关于金融服务承诺的谅解书。

(3)《服务贸易总协定》的减让表。根据《服务贸易总协定》第 20 条规定,每一缔约方都应该制定承担特定义务的承诺表,详细说明市场准入和国民待遇的范围、条件、限制及适用时间的内容。承诺表附于《服务贸易总协定》之后,作为其整体组成部分之一。

3.国际服务贸易的基本原则

《服务贸易总协定》从法律框架和各国承诺表的构成角度,规定了各成员方开展服务贸易必须遵守的基本原则,主要有最惠国待遇原则、透明度原则、市场准入原则、国民待遇原则、逐步自由化原则、增加发展中国家成员逐渐参与原则、收支平衡保障的限制原则、一般例外与安全例外原则等 8 个原则。

(1)最惠国待遇原则。最惠国待遇是指在《服务贸易总协定》项下的任何措施方面,每一成员方给予任何一个其他成员方的服务和服务提供者的待遇,应立即和无条件地给予其他成员方的服务和服务提供者。与多边货物贸易协定的原则一样,无条件地最惠国待遇也是《服务贸易总协定》最重要的基本原则,它是整个协定得以实施的必要条件。按照规定,最惠国待遇原则适用于服务贸易的各个部门,不论成员方是否将某一个服务贸易部门对外开放,在采取有关的管理措施时,都必须遵循最惠国待遇原则的要求。

(2)透明度原则。除非在紧急情况下,各成员方应迅速将所有涉及或影响本协定实施的有关措施,最迟在其生效以前予以公布。如果涉及或影响服务贸易的国际协定的签字国,该项国际协定也必须予以公布。各成员方必须公布所有相关法律和规定,并建立咨询点,以便其他成员方可获得相关服务部门的法律法规信息。

(3)市场准入原则。指当每一成员方承担对某一个服务部门的市场准入义务时,其给予其他成员方的服务和服务提供者的待遇,应不低于其在具体义务承诺表中所承诺的待遇,包括规定的期限、限制和条件,并应承担义务以保证其他成员方的服务或服务提供者进入本国的服务市场。

(4)国民待遇原则。要求每一成员方在其承担服务贸易开放的承诺表中所列的部门,除表中所述的各种条件和资格限制外,给予其他成员方的服务或服务提供者的待遇应不低于给予本国相同的服务和服务提供者的待遇。

(5)逐步自由化原则。世界各国的服务业发展不平衡,不可能在一次谈判中解决各个成员方的所有服务贸易问题。所以本协定提出,可按照轻重缓急对各种服务贸易内容分别进行谈判,以制订并逐步减少,直至最后消除对服务贸易市场准入不利的措施,同时要逐步完善国际规则的内容,以最终实现服务贸易的自由化。

(6)发展中国家积极参与原则。各缔约方通过对承担特定义务的协商,使发展中国家在国际服务贸易领域能积极地参与。

(7)收支平衡保障的限制原则。如果某一成员方发生严重国际收支不平衡和对外财政困难及其威胁的情况,可对已作出具体承诺的服务贸易采取或维持限制措施,包括对与这类承诺义务有关的支付和汇兑等,不过这类限制应符合《服务贸易总协定》第12条所规定的7个条件。

(8)一般例外与安全例外原则。各成员方在五种特定情况下,可以采取不遵从协定条款的一般例外和安全例外措施。但是,任何一个成员方在为上述原因而采取例外措施时,不得在相同条件的成员方之间,以构成武断的或非公正的歧视方式适用这些措施,或使这些措施对服务贸易构成隐蔽限制。

20.3.2 服务贸易协定

1.服务贸易协定谈判的起源

(1)WTO框架下GATS谈判的停滞。按照GATS第19条的规定:"为推进本协定的目标,各成员方应该不迟于WTO协定生效之日起5年开始并在此后定期进行连续回合的谈判,以期逐步实现更高的自由化水平。"因此,从1995年WTO协定生效起5年后,2000年5月25日WTO服务贸易理事会召开了特别会议,发起了新一轮服务贸易领域的谈判,又称GATS2000。2001年旨在提高自由化水平的GATS2000谈判开始,至2011年该谈判趋于停滞。原因归纳起来主要有三点:一是GATS框架较为复杂,包括四种贸易提供方式,以及"市场准入"和"国民待遇"两个谈判维度;二是 GATS 对国内监管的规定较为灵活,在通过市场准入和国民待遇领域的承诺推进贸易自由化的同时,认可了成员方通过国内监管实现国内目标的权利;三是发达国家和发展中国家对服务贸易自由化的范围、程度、利益分配等方面存在严重的分歧。对 WTO 谈判缺乏进展感到失望的美国、欧盟和另外 20 多个国家(地区),于 2012 年发起了旨在达成新的服务贸易协定的谈判。中国于 2013 年 9 月 30 日宣布参加 TISA 谈判,目前已有超过 50 个国家(地区)加入了 TISA 谈判阵营,这些成员之间的服务贸易覆盖了全球服务贸易的 90% 以上。

(2)信息技术创新推进国际服务业的新发展。技术的进步,使得世界经济一体化程度深入发展,很大程度上改变了世界经济模式和商业模式。从 1995 年 GATS 签订后,国际服务贸易的成本下降,跨境服务贸易的范围拓宽,如工程和信息通信行业。原有国际贸易规则已不适应网络信息技术下的新型服务业业态和交易模式,而 TISA 谈判顺应了服务业出口大国扩大服务业开放领域的趋势,也反映了在政府采购、认证程序和通信网络等领域制定新规则的要求。

(3)国际金融危机以来主要国家经济发展的需要。2008 年国际金融危机以来,在全球经济低迷的背景下,服务贸易逐渐成为世界各国改善国际收支和提高分工地位的重要手段。服务业在发达国家的经济中占有重要地位,美国、加拿大、澳大利亚等国的服务业占经济总产值的 70% 以上,提供近 80% 的就业岗位。

2. 服务贸易协定谈判的目标、内容和进展

(1)TISA 的目标和主要内容。TISA 谈判的目标是在符合 GATS 的基础上达成更高水平的协议,覆盖服务贸易的所有领域和模式,并在成员之间形成新的更好地服务贸易规则。具体来说,TISA 旨在在成员方内部建立反映 21 世纪贸易需求的市场准入、贸易和监管规则以及争端解决机制,为国外的投资者,以及在公共和私人部门之间创造一个公平的、"竞争中性"的环境。TISA 被认为可能是未来 20 年内最有可能改善和扩展服务贸易的机会。

美国政府将 TISA 谈判包含的主要问题分为四大领域:市场准入和国民待遇、跨境数据流动、国有企业、未来服务。TISA 解决的基本问题是成员方在多大程度上对其服务部门进行管制。跨境数据流动对美国的大多数技术公司和服务公司来讲是非常关键的,确保数据的跨境提供将增加数字和电子方式的跨境服务提供。在国有企业领域,美国的公司强烈要求服务贸易谈判能确保国有企业仅仅以商业模式运作。在未来服务方面,国际服务贸易谈判还涉及当前并不存在但随着技术的创新和发展可能形成的服务。

TISA 主要涵盖了信息和通信技术、金融服务、专业技术人员服务、商业人员的临时进入、海上运输和国内管制,以及新提出的空中运输服务、快递服务和能源服务等领域。从 TISA 谈判框架的基本构成来看,可分为两类:一类是 GATS 的框架中已经包括的、TISA 条款有所加强的领域,包括政府采购、竞争政策和监管协调、相互认证以及国内的监管;第二类是 TISA 框架的新增条款,随着技术和服务业的发展,服务贸易谈判超越 GATS,形成一些反映当前服务贸易发展的新规则,如国有企业和跨境数据流动等。

(2)TISA 谈判的进展。截至 2016 年 11 月,TISA 已进行了 21 轮谈判。多轮谈判达成的基本原则是:TISA 谈判中的市场准入和国民待遇的承诺方式采取正面清单和负面清单的混合形式,即市场准入采取"正面清单"的模式,国民待遇采取"负面清单"的模式。在 TISA 达成的承诺对其他成员的适用性方面,将采取"有条件的最惠国待遇"的原则,即为了防止搭便车现象,TISA 成员承诺产生的收益只限于 TISA 的签署国。

美国、欧盟及发展中国家,在主要服务业领域的立场有所不同,有的问题上分歧较大。一是自然人流动领域。发展中国家倾向于扩大发达国家的市场开放,美国由于对移民大量涌入的担心,反对降低技术人员跨境自由流动的门槛。二是公共服务领域。虽然欧盟的立场更趋保守,但欧盟和美国都表示,参加谈判的成员方需要承诺开放政府提供的服务,而大多数发展中国家则希望有更多例外。三是金融领域。美国追求高于 GATS 的市场准入,包括建立商业存在的权利、百分百的所有权以及未建立商业存在就提供跨境服务的条款,这远远高出了发展中国家的预期。四是在跨境数据流动方面。美国表示,对电子传送的货物和服务要同等对待,保证跨境的数据流动的绝对自由以及监管自由,澳大利亚和新西兰则为了确保对公民电子数据充分的保护,对此持反对态度。

中国加入 TISA 谈判对其他国家意味着更多的机会,对于中国来讲,则意味着更深地融入全球市场,借以倒逼国内服务业的开放和发挥职能,进而促进经济转型升级。可以预见的是,当前国际贸易环境更加复杂,各国的利益诉求分歧加剧,TISA 协议的谈判任务将会非常艰巨。

20.4　中国的服务贸易

20.4.1　中国服务贸易发展概况

改革开放前,我国服务贸易规模很小,贸易范围局限在旅游、货运等方面,有关服务贸易的统计资料几乎是一片空白,服务贸易的开展仅是为了满足当时政治和外交的需要。20 世纪五六十年代的服务贸易伙伴集中于苏联和东欧国家;70 年代与西方发达国家的服务贸易才开始有所发展。

改革开放以后,随着国内经济和服务业的快速发展,我国货物贸易和服务贸易也取得了明显的进步,贸易规模不断扩大,贸易结构不断变化,贸易方式也不断丰富。中国对外货物进出口总值 2005 年达到 10 万亿元,2010 年超过 20 万亿元,2018 年再创新高,超过 30 万亿元,达到 30.51 万亿元。伴随着货物贸易的快速发展,中国服务进出口总额也持续快速增长,中国逐步发展成为全球服务贸易大国。

1.服务贸易发展规模扩大

改革开放以来,我国积极参加国际服务贸易,服务贸易进出口规模迅速扩大。服务贸易出口额从 1982 年的 25.87 亿美元增加到 1990 年的 58.55 亿美元,年均增长速度为 10.75%;服务贸易进口额从 1982 年的 20.24 亿美元增加到 1990 年的 43.52 亿美元,年均增长速度为 10.04%;服务贸易总额从 1982 年的 46.11 亿美元增加到 1990 年的 102.07 亿美元,年均增长速度约为10.44%。2000 年,我国服务贸易出口额和进口额分别占世界服务贸易出口额和进口额的 2.1% 和 2.5%,分别居世界服务贸易出口额和进口额排名的第 12 位和第 10 位。我国2001 年服务贸易出口额为 333.35 亿美元,到 2010 年已增至 1621.65 亿美元,年均增长速度约为 19%;服务贸易进口额从 2001 年的 392.66 亿美元增加到 2010 年的 1933.21 亿美元,年均增长速度有所降低,约为 19%;服务贸易总额从 2001 年的 726.01 亿美元增加到 2010 年的3554.86 亿美元,年均增长速度降回 19%。2013 年,我国服务贸易再次实现了突破,进出口总额首次突破 5000 亿美元大关,达到 5365.46 亿美元,占世界服务贸易进出口总额的 6%,稳居世界服务贸易进出口第三位(其中我国服务贸易出口额和进口额分别占世界服务贸易出口额和进口额的 4.45% 和 7.62%,分别居世界服务贸易出口额和进口额排名的第 5 位和第 2 位)。2018 年,中国服务出口 17658 亿元,同比增长 14.6%,是 2011 年以来的出口最高增速;进口 34744 亿元,增长 10%,2018 年中国服务贸易总额为 52402 亿元。

2. 服务贸易结构的变化

20 世纪 80 年代,我国服务贸易所涉及的领域逐步扩大,国际旅游、银行和保险、对外承包工程和劳务合作、技术贸易等都取得了较快的发展,其中国际旅游收入和银行收入在整个服务贸易出口额中所占比重最大。1990 年,旅游业外汇收入 22.18 亿美元,占当年服务贸易出口额的 38.6%;出境旅游开始起步,国际旅游支出 4.7 亿美元。同年,银行业出口额 23.5 亿美元,占当年服务贸易出口额的 40.9%;进口额 15.36 亿美元,占当年服务贸易进口额的 37.3%。20 世纪 90 年代,在服务贸易规模扩大的同时,服务贸易的结构也发生了一些变化,新型服务项目贸易额在上升,但总的来说传统项目依然占据主要地位。

2000 年中国服务贸易出口的主要项目中既有运输、旅游、建筑服务等传统出口项目,通信、保险、信息等新型服务项目也在快速成长。在服务进口方面,银行、货运等服务项目所占比重最大。2017 年中国服务贸易出口项目中,其他商业服务、旅游、运输、电信计算机及信息服务位于前四位,出口额分别为 615 亿美元、387 亿美元、371 亿美元、278 亿美元,分别占到总服务出口额的 27%、17%、16% 和 12%,这四类服务出口占总出口额的 70% 以上。同时,旅游、运输及其他商业服务项目也是我们服务贸易的进口大项,分别占到当年进口贸易总额 4676 亿美元的 54%、20% 和 9%,这三项的进口也占到了所有服务贸易进口额的 83%。旅游、运输及知识产权使用费是我们国家服务贸易三大逆差来源项目。

3. 服务贸易方式的丰富

伴随着我国服务贸易规模的扩大和服务贸易结构的优化,服务贸易的实现方式也在不断丰富,国外服务的商业存在方式已经进入了我国的金融、保险、咨询、法律、会计、旅游、交通运输、仓储、商业等多个服务行业;我国在境外的服务型企业的经营活动也已经涉及到金融、保险、信息咨询、餐饮、文化教育和医疗卫生服务等行业;以自然人流动方式进入我国的外国服务人员和从我国输出的服务人员数量也在逐年增加。

20.4.2　中国服务贸易存在的问题

1. 服务贸易与货物贸易发展不平衡

长期以来,中国服务贸易占服务贸易和货物贸易总额的比重一直偏低。在国际范围内,服务贸易占国际贸易总额的比重大约在 25% 左右,而我们国家这个比重只有 10% 左右。虽然近几年服务贸易总额有所增长,在 2018 年达到 14.7%,但与快速发展的货物贸易相比,服务贸易占比依然偏低。

2. 服务出口和服务进口发展不平衡

1982—1994 年中国服务贸易一直保持顺差。自 1995 年开始,中国服务贸易出现逆差,除 1996、1997 年略有顺差外,每年均为逆差,且近年来服务出口增速低于服务进口增速,导致逆差额持续扩大。2009 年逆差突破 100 亿美元,2013 年突破 1000 亿美元,2018 年逆差额高达 2581.9 亿美元。逆差行业主要集中在旅游、运输、知识产权使用费、保险等领域。

3.服务贸易行业结构不平衡

近年来,尽管中国的计算机和信息服务、保险服务、金融服务、咨询服务等高附加值服务贸易增加值很快,但它们在中国服务进出口总额中所占的比重仍然偏低,旅游、运输、其他商业服务仍占据中国服务贸易进出口的前三甲。但这三个项目中,只有其他商业服务是顺差,旅游、运输和知识产权服务是最大的逆差来源项。知识产权服务出口虽然在 2017 年有了高达 315％的增长,但出口总量依然很小,只有 322 亿元,该项目下就有 1608 亿元的逆差;2018 年,知识产权服务出口 368 亿元,进口 2355 亿元,该项目逆差 1987 亿元。

4.服务贸易区域发展不平衡

东部沿海发达地区在运输、保险、计算机和信息服务、咨询服务和广告宣传等领域较内陆地区具有明显优势,目前是中国服务贸易的主要出口地区。2018 年,东部 11 个省市服务进出口合计 45037.6 亿元,占全国比重 86.6％,其中上海、北京和广东服务进出口额分居全国前三位。中西部地区服务进出口合计 6952.4 亿元,占全国比重为 13.4％。

5.服务贸易国际市场结构不平衡

中国内地服务进出口主要集中于欧盟、美国、日本、中国香港等国家(地区),与这些地区的服务贸易占到中国对外服务贸易总额的 80％以上,进出口市场过于集中,抗风险能力较差。

20.4.3　影响中国服务贸易的因素分析

1.促进中国服务贸易发展的因素

(1)国内服务贸易发展环境不断优化。党中央、国务院高度重视发展服务贸易。从党的十八大报告提出要大力发展服务贸易以来,中国服务贸易的发展环境不断优化。《中共中央国务院关于构建开放型经济新体制的若干意见》(中发〔2015〕13 号)要求"提升服务贸易战略地位"。2016 年到 2017 年,在"十二五"相应发展规划的基础上,中国政府相继出台了《"十三五"国家服务业综合改革试点实施意见》《服务贸易发展"十三五"规划》《中国国际服务外包产业发展规划纲要(2016—2020)》等纲领性文件,中国服务业和服务贸易发展的系统、全面、开放和科学的规划体系逐步形成。

服务贸易促进平台影响日益增强。中国(北京)国际服务贸易交易会已连续举办 6 届,并且从 2019 年起,确定为每年一届,国际影响不断增强,对中国服务贸易发展起到了重要的宣传、推动作用。中国(上海)国际技术进出口交易会、大连软交会、深圳文博会、中国(香港)服洽会、中韩技术展等一批国际服务贸易展会运转良好,为促进中外企业开展服务贸易交流合作发挥了积极的作用。

特殊区域助推服务贸易重点突破。自 2013 年 9 月 29 日中国上海自由贸易试验区挂牌以来,我国于 2014 年和 2016 年先后推出了第二批和第三批自由贸易试验区。上海、广东、天津、福建 4 大自贸试验区在投资、贸易、金融服务、事中事后监管、创业创新等多个方面都取得了突破性的成果,而辽宁省、浙江省、河南省、湖北省、重庆市、四川省、陕西省的自贸区在向先行者学习的同时,也极大地推进了所在地区的服务业开放和服务贸易的发展。2018 年 10 月 16

日,国务院批复同意设立中国(海南)自由贸易试验区,明确提出要将海南打造成为中国面向太平洋和印度洋的重要对外开放门户。将大幅放宽外资市场准入,进一步扩大对外开放,对外资全面实行准入前国民待遇加负面清单管理制度。深化现代农业、高新技术产业、现代服务业对外开放,在种业、医疗、教育、旅游、电信、互联网、文化、金融、航空、海洋经济、新能源汽车制造等重点领域加大开放力度。2016 年在 15 个省市启动了服务贸易创新发展试点,2018 年 6 月试点进入了深化阶段,6 项开放举措基本落地,同步推进了 31 个服务外包示范城市,13 个国家文化出口基地建设,这些试点地区与自贸试验区协同发展,形成了全面推进服务贸易对外开放的体系。

"一带一路"建设为服务贸易发展带来新的机遇。自"一带一路"倡议提出以来,我国与相关国家(地区)的服务贸易合作持续推进、势头良好。我国与"一带一路"沿线国家(地区)在服务贸易领域具有较强的互补性,拥有巨大的发展空间与潜力。我国经济富有活力,科技创新实力较强,旅游与教育资源丰富,在计算机信息、通讯、金融、建筑等领域竞争优势比较明显。同时,"一带一路"沿线国家(地区)在一些领域也具有比较优势。中东欧国家地理位置优越,是连接亚洲和欧洲的交通要道,同时人力资源素质高、成本相对较低,信息通信等行业技术研发创新能力较强;东盟旅游文化资源丰富,港口运输领域较为发达。我国与"一带一路"沿线国家(地区)在服务贸易领域的合作将持续深化拓展,成为推动全球服务贸易繁荣发展的重要力量。

(2)服务贸易支持政策体系得到加强。近年来,中国政府不断创新支持服务贸易的政策措施,积极扩大服务业开放,对服务贸易发展起到了较好的促进作用。中国政府在财政、税收方面出台支持服务外包发展的政策措施,大力保护知识产权,鼓励服务贸易企业开展技术创新,推动金融机构为服务贸易企业提供更好地服务。2019 年 3 月 15 日,十三届全国人大二次会议表决通过了《中华人民共和国外商投资法》,自 2020 年 1 月 1 日起施行。《中华人民共和国外商投资法》强调了对外商投资实行准入前国民待遇加负面清单管理制度,明确国家支持企业发展的各项政策同等适用于外商投资企业,明确外商投资企业可以依法通过公开发行股票、公司债券等证券以及其他方式进行融资,以及对外商投资合法权益的保护措施,是我们国家深化对外开放,促进服务贸易发展的重要举措。

2019 年 7 月 20 日,国务院金融稳定发展委员会办公室对外宣布,为贯彻落实党中央、国务院关于进一步扩大对外开放的决策部署,推出 11 条金融业对外开放举措,其中包括允许外资机构在华开展信用评级业务时,可以对银行间债券市场和交易所债券市场的所有种类债券评级;鼓励境外金融机构参与设立、投资入股商业银行理财子公司;允许境外资产管理机构与中资银行或保险公司的子公司合资设立由外方控股的理财公司;允许境外金融机构投资设立、参股养老金管理公司;支持外资全资设立或参股货币经纪公司;人身险外资股比限制从 51% 提高至 100% 的过渡期,由原定的 2021 年提前到 2020 年;取消境内保险公司合计持有保险资产管理公司的股份不低于 75% 的规定,允许境外投资者持有股份超过 25%;放宽外资保险公司准入条件,取消 30 年经营年限要求;将原定于 2021 年取消证券公司、基金管理公司和期货公司外资股比限制的时点提前到 2020 年;允许外资机构获得银行间债券市场 A 类主承销牌照;进一步便利境外机构投资者投资银行间债券市场。这些举措进一步推进了金融业的对外开放和发展。

2. 制约中国服务贸易发展的因素

(1)全球服务贸易发展环境复杂多变。当前全球服务贸易总体发展较快,成为拉动世界贸易增长的新引擎。2009年至2016年,全球服务出口年均增长率为4.55％,2017年全球服务出口规模5.25万亿美元,较上年增长7.6％。全球经济复苏进程加快,新一轮产业变革,特别是数字经济的蓬勃发展将推动全球服务贸易的持续增长,新兴经济体有望成为拉动服务贸易增长的主要引擎,数字技术将推动新兴服务贸易加快发展,交付模式不断创新,全球服务外包市场将继续快速发展。与此同时,国际金融危机深层次影响依然存在,世界经济持续调整、增速放缓,贸易保护主义抬头;服务贸易国际竞争加剧,发达国家纷纷抢占服务贸易国际竞争制高点,发展中国家也纷纷加大服务贸易扶持力度;服务贸易领域的国际经贸规则面临重构,国际规则制定权争夺更加激烈。

(2)中国服务贸易发展的产业基础总体上仍然薄弱。总的来看,中国服务业发展长期滞后,结构不合理,生产性服务业水平不高,尚未形成对产业结构优化升级的有力支撑;生活性服务业有效供给不足,与大众日益增长的消费需求有较大差距;国际竞争力不强,缺少大企业、大集团和知名品牌。2018年,中国服务业占GDP比重达到52.2％,高于第二产业11.5％,但依然远落后于美国80.6％的占比,也低于68.9％的世界平均水平,制约了服务贸易的规模扩大和结构优化。

20.4.4　中国服务贸易发展展望

1.顶层设计进一步完善

2018年,根据《中华人民共和国国民经济和社会发展第十三个五年规划纲要》和《商务发展第十三个五年规划纲要》,商务部会同其他十三个部门编制了《服务贸易发展"十三五"规划》,在提出服务贸易发展理念和发展目标的基础上,从优化服务贸易战略布局出发,提出政府部门相应的任务和保障措施,对服务贸易发展进行了比较完善的顶层设计和规划。

在战略布局上,强调要统筹利用国内国外两种资源,着力优化国外市场布局和国内区域布局,形成内外联动,开放发展的服务贸易新格局。围绕国家区域发展战略,着力打造北京、上海、广东服务贸易核心区和环渤海、长三角、泛珠三角服务贸易集聚圈,在此基础上积极发展"两横一纵"服务贸易辐射带(东部沿海服务贸易辐射带、长江沿线服务贸易辐射带和面向中亚西亚的"一带一路"服务贸易辐射带),努力形成"三核引领、区域聚集、纵横辐射、全面发展"的服务贸易地域布局。优化国外市场布局。在巩固传统服务贸易市场的基础上,开拓"一带一路"沿线市场,并积极培育拉美、非洲等新兴市场。

相应政府部门的主要任务包括以下几点:完善发展机制,加快推进服务贸易创新试点并及时总结经验;优化服务行业机构,稳步提升传统服务出口,积极扩大新兴服务出口,并提升服务进口质量;壮大市场主体,打造影响力大、国际竞争力强的服务贸易领军企业,做强主业突出、国内领先的服务贸易企业中间梯队,积极扶持特色明显、善于创新的服务贸易中小企业;培植创新动力,推动服务贸易交易模式创新和发展业态创新;扩大开放合作,推动服务业扩大开放,进一步推进金融、电信、教育、文化等服务领域开放水平,引导企业"走出去",拓展服务贸易发展的前沿领域,积极参与规则制定,主动融入国际服务贸易新格局;健全监管体系,完善事中事后监管体系,加强信用监督体系建设。

服务贸易是我国建成贸易强国的重要组成部分,需要在国家整体经济发展规划的基础上,制定相应的发展规划。所以,以后应该还有相应的十四五、十五五等服务贸易发展规划出台,只要从国家层面上进行顶层设计,服务贸易发展目标、发展路径和政策支持就能形成完整的体系,从而一定会有快速的发展和突破。

2. 服务贸易结构的进一步完善

随着我国经济结构中服务业占比的不断提升,以及信息技术革命带来的服务贸易便利化,服务贸易发展的产业基础和技术条件将进一步夯实,服务业的国际化程度将进一步提高。我国服务贸易出口增速已连续两年超过进口增速,预示着我国服务贸易进出口结构性拐点即将到来,服务贸易逆差将会逐渐缩窄。同时,我国服务业开放和服务贸易自由化水平将达到新的高度,随着准入前国民待遇加负面清单管理制度的逐步实行,市场准入大幅度放宽,服务业对外开放程度将进一步扩大,更多的服务业外商将进入我国市场,形成面向全球的贸易、投融资、生产、服务网络。

从国内布局看,短期内服务贸易仍以东部沿海地区为主,但随着中西部地区产业结构服务化的推进,以及营商环境的改善,中西部服务贸易增速将快于东部地区,服务贸易的空间分布将从集聚走向平衡。从国际布局看,传统市场优势有所减弱,国际市场将更趋多元。我国对"一带一路"沿线国家的服务贸易市场份额将进一步提升,同时也将降低对西方发达国家服务贸易市场的依赖,服务贸易国内国际区域分布将更为平衡。

未来几年,新兴服务贸易有望继续保持高速发展,成为推动整体服务贸易增长的主要力量,并带动整体服务贸易结构优化。首先,由供给侧结构性改革和人民消费等级偏好升级而产生的新服务需求,将会使文娱产业等新兴服务业领域迎来增长机遇,我国具有特色的图书、影视等服务领域出口将不断扩大。其次,数字技术的应用革新了生产服务的跨境合作过程,并通过数字平台和实体设备,提供了新的交付方式,不仅会大幅提升我国服务业的可贸易性,同时也会推动数字服务、软件和信息服务贸易增长。可以预见,在数字技术进步的推动下,中国新兴服务贸易发展空间将更加广阔。

思考与练习

1. 二战后国际服务贸易发展的主要原因是什么?

2. 服务贸易与货物贸易有什么区别?

3. 中国现在的比较优势主要还是劳动密集型产品方面,中国是否需要对服务贸易采取一定的保护措施? 为什么?

4. 什么是国际服务贸易? 它有哪些形式?

5. 国际服务贸易的内容有哪些?

6. 什么是服务贸易壁垒? 其表现形式有哪些?

7. 一个国家在国外承揽了一个工程项目,这是不是服务贸易?

第 21 章　国际技术贸易

📖 课前导读

2018 年 4 月 19 日,商务部副部长王炳南在"第六届中国(上海)国际技术进出口交易会"开幕论坛上指出:"当今世界,科学技术作为最活跃、最具革命性的生产要素,日益成为国家竞争力的核心体现。随着人工智能、大数据、云计算、区块链等技术应用的不断涌现,技术的可贸易性不断增强,大力发展技术贸易是新一轮科技革命和产业变革的客观需要,是实现经济高质量发展的必然要求,是创新型国家建设的必由之路。中国始终将创新作为引领发展的第一动力,深入实施创新驱动战略,技术创新的活力持续释放,技术贸易得到了稳步发展。目前,中国与 130 多个国家建立了技术贸易的联系,2017 年中国技术进出口总额达到了 557 亿美元,同比增长 27%。作为创新和市场的纽带,技术贸易在推动产业优化升级、增强企业创新能力、培育经济增长新动能等方面发挥日益重要的作用,成为中国创新型国家建设的重要助推器和加速器。"

21.1　国际技术贸易概述

21.1.1　国际技术贸易的含义

国际技术贸易(international technical trade)是指不同国家的企业、经济组织或个人之间,按照一般商业条件,向对方出售或从对方购买技术使用权的一种国际贸易行为。它由技术出口和技术引进两方面组成。简言之,国际技术贸易是一种国际间的以纯技术的使用权为主要交易标的的商业行为。

技术这个词源来自希腊文的"technologia",原意是指应用科学,或实现特定目标的科学方法。技术在不同的研究领域中的含义也不尽相同。国际工业产权组织对技术的定义是:技术是指制造一种产品或提供一项服务的系统的知识。这种知识可能是一项产品或工艺的发明、一项外形设计、一种实用新型、一种动植物新品种,也可能是一种设计、安排、维修和管理的专门技能。

从广义角度来说,技术是指人类在认识自然、改造自然的反复实践中所积累起来的有关生产劳动的经验和知识,也泛指其他操作方面的技能、技巧。

技术包括产品、工艺方法和服务三方面的知识,可以以书面或非书面形式存在,并存在于生产、管理、销售、金融、财会和科学研究等各个领域。

技术有如下三个显著特征:

(1)无形性。技术知识是相对于有形资产而言的,是非物质的、无形的,它只能靠理解去把握。有些技术可用语言来表达，而有些技术只存在于"能人"的经验中。

（2）系统性。零星的技术知识不能称之为技术。只有关于产品的生产原理、设计、生产操作、设备安装调试、管理、销售等各个环节的知识、经验和技艺的综合，才能称之为技术。技术是一整套知识和经验，并且是一个动态的系统工程。

（3）商品属性。除已进入公共领域的共有技术外，技术是一种私有财产，可以作为"商品"在技术市场上进行交易。正因为技术不仅有使用价值，而且也有交换价值，所以它才能充当技术贸易的交易标的。

此外，技术还具有可实施性和可传授性的特点。可实施性是指技术必须能够实施，并且是能产生经济效益的知识。可传授性是指技术是可以传授的，无法传授的专门技艺都不是技术。

按商业性技术的功能，可把技术分为产品技术、生产技术和管理技术。其中产品技术是指技术被用来改变一项产品的特性，可能是一个全新技术的发明，也可能是局部产品设计上的改进；产品技术的概念甚至可以延伸到设计或改进一项服务。

按是否属工业产权分，可把技术分为工业产权技术和非工业产权技术，其中工业产权技术是知识产权的重要组成部分，主要包括发明专利、实用新型、工业品外观设计等；非工业产权技术主要指专有技术和其他非专利技术，它们无须通过法定程序批准，不受工业产权法保护。

按技术的公开性分，可分为公开技术（如专利技术）、保密技术（如专有技术）等。

按技术发展的生命周期分，可分为发展阶段技术、成熟阶段技术以及衰老阶段技术等。

21.1.2　国际技术贸易的主要内容

国际技术贸易是以无形的技术知识作为主要交易标的的，这些技术知识构成了国际技术贸易的内容，它主要包括专利技术、商标、专有技术以及计算机软件。商标虽不属技术，但它与技术密切相关，所以常将它作为国际技术贸易的基本内容之一。

1. 专利

（1）专利的定义。对什么是专利，众说纷纭。世界知识产权组织给"专利"下的定义是：专利（patent）是"由政府机构或代表几个国家的地区机构根据申请而发给的一种文件，文件中说明一项发明并给予它一种法律上的地位，即此项得到专利的发明，通常只能在专利持有人的授权下，才能予以利用（制造、使用、出售、进口）……"在这里"专利"被理解为三层意思：一是指专利证书这种专利文件；二是指专利机关给发明本身授予的特定法律地位，技术发明获得了这种法律地位就成了专利发明或专利技术；三是指专利权，即获得法律地位的发明的发明人所获得的使用专利发明的独占权利，它包括专有权（所有权）、实施权（包括制造权和使用权）、许可使用权、销售进口权利、放弃权。简言之，专利权是指专利持有人（或专利权人）对专利发明的支配权。在我国，专利权是以申请在先原则授予的。专利权受到专门的法律——《专利法》的保护。可见，专利、专利技术、专利权和专利权人这几个概念是有密切联系的。

（2）专利权的特点。专利权有以下明显的特点：

①专利权是一种法律赋予的权力。发明人通过申请，专利机关经过审查批准，使他的发明获得了法律地位而成为专利发明，而他自己同时也因之获得了专利权；这种权利的产生与物权的自然产生是不同的。

②专利技术是一种知识财产、无形财产。专利权是一种特殊的财产权。

③专利权是一种不完全的所有权。专利权的获得是以发明人公开其发明的内容为前提的,而公开了的知识很难真正为发明人所独有。

④专利权是一种排他性(独占性、专有性)的权力。对特定的发明,只能有一家获得其专利权,也只有专利权人才能利用这项专利发明,他人未经专利权人的许可,不能使用该专利发明。

⑤专利权是一种有地域性的权利。专利权只在专利权批准机关所管辖的地区范围内发生效力。

⑥专利权是一种有时间性的权利。专利权的有效期一般为 10~20 年,超过这个时间,专利权即失去效力。

(3)专利的类型。根据专利技术的创造性程度的高低和其他特点,常把专利分为以下三种类型:

①发明专利。所谓发明(invent)是指对产品、方法或者其改进所提出的新的技术方案。它是利用自然规律解决实践中特定的技术问题的新方案。发明可分为两类,一类是产品发明,其发明的结果是一种新产品;另一类是方法发明,其结果是一种制造产品或测试或操作的新方法。

②实用新型专利。实用新型(utility model)是对产品的形状、构造或者其结合所提出的适于实用的新技术方案。实际上,实用新型也属于一种发明。它与上述发明专利不同之处在于,实用新型是一种仅适于产品的、创造性水平较低、能够直接应用的发明(有人称之为"小发明")。在实践中,实用新型这种"小发明"为数众多,所以包括中国在内的世界上少数国家把它从发明中划分出来,单独加以保护。实用新型专利条件低,审批程序简单,收费也少,这有利于鼓励众多的小发明者。

③外观设计专利。外观设计(aspect design)是指产品的形状、图案、色彩或其结合所做出的富有美感并适于工业上应用的新设计。它与实用新型不同,外观设计对产品形状的设计主要是为了好看,而实用新型对产品形状的设计主要是基于增加产品的使用价值,使其有新功能,主要是为了好用。专利中的外观设计实际上是工业外观设计,它与纯美术作品不同,造型、图案和色彩只有体现在有独立用途的制成品上,才是专利中的外观设计。它是在保证或不影响产品用途的前提下,通过外形、图案、色彩的设计来吸引消费者。

2. 商标

(1)商标的定义。商标(trademark)是商品生产者或经营者为了使自己的商品同他人的商品相区别而在其商品上所加的一种具有显著性特征的标记。常见的商标有文字商标和图形商标。国外有立体商标(如可口可乐饮料瓶子的特殊形状),还有音响商标、气味商标等形式。

(2)商标的分类。商标大体上可分为三类:制造商标、商业商标和服务商标。一般只有能够移动的重复性生产的商品才使用商标。商标须具有显著性特点,即相同或类似的商品不能使用相同或相似的商标。

(3)商标的作用和功能。商标具有以下作用和功能:①区别功能。即商标能标明产品的来源,把一企业的产品与另一同类企业的产品区别开来。这是商标的最基本、最重要的功能。②间接标示产品质量的功能。产品的来源不同,其质量和信誉也会有差别。商标作为特定来源的产品的标记,间接地反映了该产品的内在质量。人们选购商品时,一般无法当场检验其内在质量,而往往是根据自己的经验和商品的社会信誉凭商标来选购所希望的具有一定质量的商品的。③广告功能。由于商标的简明性和显著性,它最容易被消费者记住,从而使商标成为醒目的广告。

3. 专有技术

专有技术的英文名称为"know-how",意为"知道如何制造"。它有许多中文名称,如技术诀窍、技术秘密、专门知识等,但最常用的名称是"专有技术"。

专有技术是指在实践中已使用过了的没有专门的法律保护的具有秘密性质的技术知识、经验和技巧。它可以是产品的构思,也可以是方法的构思,但在不少方面与专利技术不同。

(1)专利技术必须是可以通过语言来传授的,专有技术虽也须是可以传授的,但它未必都是可言传的,有些只能通过"身教"才能传授。

(2)专有技术是处于秘密状态下的技术;而专利技术是公开技术。

(3)专有技术没有专门法律保护,所以它不属于知识产权。

(4)专利技术是被专利文件固定了的静态技术,而专有技术则是富于变化的动态技术。

(5)专利技术受保护或被垄断的期限是有限的(最多 20 年),而专有技术是靠保密而垄断的,因而它被垄断的期限是不定的。

专有技术也是一种无形的知识财产,它除需用保密手段得到保护以外,也需要法律的保护。在实际中,专有技术是援引合同法、防止侵权行为法、反不正当竞争法和刑法取得保护的。但专有技术受法律保护的力度远比专利技术受到专利法保护的力度小。

4. 计算机软件

计算机软件是程序以及解释、说明程序的文件的总称。它具体包括计算机程序(计算机软件的核心)、计算机程序说明书和其他辅助材料。计算机程序是指为获得某种结果而可由计算机等具有信息处理能力的装置执行的代码化指令序列或者符号化语句系列。

按使用用途可把计算机软件分为系统软件、应用软件和数据库;按标准化程度可把计算机软件分为专用软件、通用软件和定做软件。

与一般文字作品相比,计算机软件的特点有:①计算机软件兼有作品和工具的双重作用;②计算机软件程序是人脑思维概括的产物,因此其使用的语言带有抽象性;③随着科学技术的迅速发展,软件更新速度极快,一旦产生新的计算机软件,原有软件的实际价值就会大大降低,很快就会退出市场。

21.1.3　国际技术贸易的方式

1. 许可贸易

许可贸易(licensing)也称许可证贸易,是指知识产权或专有技术的所有人作为许可方(licence),通过与被许可方(引进方)签订许可合同,将其所拥有的技术授予被许可方,允许被许可方按照合同约定的条件使用该项技术,制造或销售合同产品,并由被许可方支付一定数额的技术使用费的技术交易行为。

许可贸易按其标的内容可分为专利许可、商标许可和专有技术转让(许可)。在国际技术贸易实践中,一项许可贸易可能包括上述一项内容,如单纯的专利许可,也可能包括上述两项或两项以上内容,成为一篮子许可。

许可贸易实际上是一种许可方用授权的形式向被许可方转让技术使用权同时也让渡一定

市场的贸易行为。根据其授权程度大小,许可贸易可分为如下五种形式:

(1)独占许可。它是指在合同规定的期限和地域内,被许可方对转让的技术享有独占的使用权,即许可方自己和任何第三方都不得使用该项技术和销售该技术项下的产品。所以这种许可的技术使用费是最高的。

(2)排他许可,又称独家许可。它是指在合同规定的期限和地域内,被许可方和许可方自己都可使用该许可项下的技术和销售该技术项下的产品,但许可方不得再将该项技术转让给第三方。

(3)普通许可。它是指在合同规定的期限和地域内,许可方允许被许可方使用该项技术,同时许可方仍保留对该项技术的使用权。此外,许可方还有权再向第三方转让该项技术。普通许可是许可方授予被许可方权限最小的一种授权,其技术使用费也是最低的。

(4)可转让许可,又称分许可。它是指被许可方经许可方允许,在合同规定的地域内,将其被许可所获得的技术使用权全部或部分地转售给第三方。通常只有独占许可或排他许可的被许可方才获得这种可转让许可的授权。

(5)互换许可,又称交叉许可。它是指交易双方或各方以其所拥有的知识产权或专有技术,按各方都同意的条件互惠交换技术的使用权,供对方使用。这种许可多适用于原发明的专利权人与派生发明的专利权人之间。

许可贸易是国际技术贸易中使用最为广泛的技术贸易方式。

2. 特许专营

特许专营(franchising)是指由一家已经取得成功经验的企业,将其商标、商号名称、服务标志、专利、专有技术以及经营管理的方法或经验转让给另一家企业的一项技术转让合同,后者有权使用前者的商标、商号名称、专利、服务标志、专有技术及经营管理经验,但须向前者支付一定金额的特许费(franchise fee)。

特许专营的受方与供方经营的行业、生产和出售的产品、提供的服务、使用的商号名称和商标(或服务标志)都完全相同,甚至商店的门面装潢、用具、职工的工作服、产品的制作方法、提供服务的方式也都完全一样。例如,美国的麦当劳快餐店在世界各地几乎都有被授予特许专营权的同名餐馆,它们提供的服务及汉堡的味道与美国的完全相同。

特许专营类似许可,但它的特许方和一般的许可方相比要更多地涉入对方的业务活动,从而使其符合特许方的要求。因为全盘转让,特别是商号、商标(服务标志)的转让关系到它自己的声誉。

特许专营的被特许方与特许方之间仅是一种买卖关系。各个特许专营企业并不是由一个企业主营的,被特许人的企业不是特许人企业的分支机构或子公司,也不是各个独立企业的自由联合。它们都是独立经营、自负盈亏的企业。特许人并不保证被特许人的企业一定能盈利,对其盈亏也不负责任。

特许专营合同是一种长期合同,它可以适用于商业和服务业,也可以适用于工业。特许专营是发达国家的厂商进入发展中国家的一种非常有用的形式。由于风险小,发展中国家的厂商也乐于接受。

3. 技术服务和咨询

技术服务和咨询是指独立的专家或专家小组或咨询机构作为服务方应委托方的要求,就某一个具体的技术课题向委托方提供高知识性服务,并由委托方支付一定数额的技术服务费的活动。

技术服务和咨询的范围和内容相当广泛,包括产品开发、成果推广、技术改造、工程建设、科技管理等方面,大到大型工程项目的工程设计、可行性研究,小到对某个设备的改进和产品质量的控制等。

企业利用"外脑"或外部智囊机构,帮助解决企业发展中的重要技术问题,可弥补自身技术力量的不足,减少失误,加速发展自己。特别是发展中国家,往往技术力量不足,或对解决某些技术课题缺少经验,聘请外国工程咨询公司提供咨询服务,可以避免走弯路或浪费资金。咨询费一般可以按工作量计算,也可采用技术课题包干定价。一般所付的咨询费相当于项目总投资的 5％左右。

此外,技术服务与协助也是技术转让交易中必不可少的环节。技术转让不仅包括转让公开的技术知识而且包括转让秘密的技术知识和经验,对技术受方引进项目的成败往往起关键作用。因为,这些技术知识和经验很难用书面资料表达出来,而必须通过言传、示范等传授方式来实现。技术服务与协助可以包括在技术转让协议中,也可以作为特定项目,签订单独的合同。提供技术服务与协助的方式有两种:一是由受方派出自己的技术人员和工人,到技术供方的工厂或使用其技术的工厂培训实习;二是由供方派遣专家或技术人员到受方工厂,调试设备、指导生产、讲授技术。

4. 合作生产

对于合作生产,有多种不同的理解。从国际技术贸易的角度来看,合作生产是指分属不同国家的企业根据它们签订的合同,由一方提供有关生产技术或各方提供不同的有关生产技术,共同生产某种合同产品,并在生产过程中实现国际技术转让的一种经济合作方式。

合作生产中的一方或各方拥有生产某种合同产品的特别技术,在合作生产过程中通过单向许可或双向交叉许可的方式,可能再辅以一定的技术服务咨询,从而实现国际技术转让。

合作生产作为一种国际技术贸易方式,它并不是一种独立的基本的技术贸易方式,实际上它只不过是建立在各方合作生产目的之上的许可贸易和技术服务咨询而已。这种技术贸易的目的与单纯的技术贸易不同,它是为各方的合作生产服务的。

5. 含有知识产权和专有技术转让的设备买卖

在国际贸易实际业务中,在购买设备特别是关键设备时,有时也会含有知识产权或专有技术的转让内容。这种设备买卖也属于技术贸易的一种方式。但是,单纯的设备买卖,即不含有知识产权和专有技术许可的设备的买卖属于普通商品贸易,不是技术贸易。

含有知识产权和专有技术转让的设备买卖,其交易标的包含了两方面的内容。一是硬件技术,即设备本身;二是软件技术,即设备中所含有的或与设备有关的技术知识。这些技术知识又分为两部分:一部分属于一般的技术知识,另一部分是专利技术和专有技术。这种设备的成交价格中不仅包括设备的生产成本和预得利润,而且也包括有关的专利或专有技术的价值。在这种设备的买卖合同中一般含有专利和专有技术许可条款以及技术服务和咨询条款。

这种方式的技术转让在发达国家与发展中国家的技术贸易中占有相当大的比重。它也常用于工程承包中。

6. 工程承包

工程承包或称"交钥匙"项目,是指委托工程承包人(contractor)按规定条件包干完成某项工程任务,亦即负责工程设计、土建施工、提供机器设备、施工安装、原材料供应、提供技术、培训人员、投产试车、质量管理等全部过程的设备和技术。

工程承包是一种综合性的国际经济合作方式,也是国际劳务合作的一种方式,其中包括大量的技术转让内容,因此也可视为国际技术贸易的一种方式。

除上述几种外,许可贸易的做法还常出现在补偿贸易中,一方提供的设备中含有专利或专有技术,该方以设备出口和技术许可的综合方式向对方提供技术设备,对方以该项设备生产的产品或其他产品补偿其技术和设备的价款。许可贸易的做法也常出现在合资经营方式中。或者拥有专利和专有技术的一方直接转让其技术,实行技术作价入股;或经过许可方式获得他人专利或专有技术使用权的一方,经技术产权方的允许后,以分许可的方式向合资企业进行技术的再转让。

21.2　国际技术贸易的程序与技术价格支付

1. 技术引进方的可行性研究

可行性研究(feasibility study)是技术贸易中极为重要的一环。它是指在预期投资期,通过认真的调查研究,对投资的项目运用定性、定量方法,对项目实施的可能性、技术适用性和经济合理性进行全面的分析,论证各种方案的技术经济效果,为项目投资决策提供依据的一种科学方法。通过可行性研究,可以使项目取得最佳效果。

在技术贸易中,由于技术引进方和技术输出方的利益角度不同,技术项目可行性研究的角度也不同,但其基本内容是一致的。

(1)可行性研究的步骤。技术引进项目的全过程分投资前期、投资期和生产期。可行性研究是投资前期的重要工作。联合国工业发展组织(UNIDO)总结了各国关于可行性研究的内容,归纳出可行性研究的四个阶段。

第一阶段:投资机会论证(opportunity studies),又称为方案论证。此阶段的重点是分析投资可能性,通过粗略的经济估算,形成大致的投资建议。这个阶段对所研究项目的投资和生产成本估算的精确度约为70%,大中项目的机会所需时间一般为2~4个月,所需费用约为投资总额的0.1%~1%。

第二阶段:初步可行性研究(pres-feasibility studies),又称为项目初步选择阶段。在初步可行性研究阶段,项目投资和成本估算的精确度约为80%,所需时间约为4~6个月,所需费用约为投资总额的0.25%~1.5%。

第三阶段:可行性研究(feasibility studies),又称为项目拟定阶段。可行性研究是对项目的经济和技术性进行深入、全面的研究,其研究报告是最终判定该项目是否可行的依据,是项目投资准备过程的核心。

第四阶段:编制评价报告,在上述可行性研究的基础上,进行多方案评价决策,最终确定引进方案。

(2)可行性研究报告的主要内容。一项完整的技术引进可行性研究报告应包括以下主要内容：①项目总说明；②引进的技术和有关设备；③市场预测和分析；④物料供应来源和安排；⑤厂址选择和工程内容；⑥财务分析、敏感性分析及每年的现金流量预测；⑦项目实施计划与进度要求。

2. 技术引进的谈判签约

国际技术贸易合同和其他贸易合同有所不同，是一种比较特殊的合同。首先，合同标的应当属于知识产权保护范畴，因而要符合授权国家的知识产权法律规定；其次，合同本身应当符合有关国家的合同法和买卖法等法律规定；最后，技术进出口合同要遵守有关国家的技术转让法律，获得批准后才能实施。此外，国际技术贸易合同的签订还应当符合以下基本要求：

(1)合同必须以正式的书面形式订立。合同是当事人的权利和义务的具体体现，是履行合同和解决合同争端的法律依据。我国相关法律要求国际技术贸易合同必须以书面形式订立。

(2)合同内容应当完整、明确。国际技术贸易合同的基本内容不可缺少，如技术标的、技术范围及说明、预计达到的技术指标、验收标准、改进与发展技术的交换、技术价格与支付等内容。

(3)合同必须遵守平等互利的原则。合同应是双发本着互利原则签订的，如违反我国有关法律的规定，存在限制性商业条款，合同的生效将受到影响。

(4)合同文字要准确，条款要相互一致。技术贸易合同涉及面广，内容复杂，数据附件等的数量多，因此需要很好地组织材料，编写条款，注意语言文字的严谨性和一致性。

3. 技术引进合同的报批手续

根据《中华人民共和国对外贸易法》(1994 年 5 月 12 日第八届全国人民代表大会常务委员会第七次会议通过，2004 年 4 月 6 日第十届全国人民代表大会常务委员会第八次会议修订)的规定将技术分为自由进出口技术、限制进出口技术和禁止进出口技术三类。《对外贸易法》第十五条规定，"进出口属于自由进出口的技术，应当向国务院对外贸易主管部门或者其委托的机构办理合同备案登记"。根据《中华人民共和国技术进出口管理条例》(2001 年颁布，2011 年修订)的规定，属于禁止进口的技术，不得进口。属于限制进口的技术，实行许可证管理；未经许可，不得进口。进口属于限制进口的技术，应当向国务院外贸主管部门提出技术进口申请并附有关文件。技术进口项目经有关部门批准的，还应当提交有关部门的批准文件。

商务部于 2009 年发布的《禁止进口限制进口技术管理办法》规定，国家对限制进口的技术实行许可证管理，凡进口列入《中国禁止进口限制进口技术目录》中限制进口的技术，应按管理办法履行进口许可手续。各省、自治区、直辖市商务主管部门是限制进口技术的审查机关，负责本行政区域内限制进口技术的许可工作。中央管理企业，按属地原则到地方商务主管部门办理许可手续。

根据我国有关技术进出口管理条例的规定，限制进口技术的进出口合同不是自依法成立时(对外签订时)就生效，而是必须经商务部主管部门批准方可生效，即技术进口合同自技术进口许可证颁发之日起生效。

4. 技术引进合同的履行

合同的履行具体包括以下几个方面：

(1)依约取得技术资料；

(2)依约接受技术培训，取得预期效果；

(3)要求提供"硬件"的技术服务;

(4)认真进行考核验收;

(5)按时支付技术引进费。

21.2.1 技术出口的基本程序与控制

1.技术出口的基本程序

(1)技术出口的准备工作:①出口技术的选择;②可行性研究和项目报批手续;③取得出口对象国的知识产权保护;④选择合适的合作伙伴。

(2)技术出口的谈判签约:①技术出口谈判;②技术出口合同的签订。

(3)技术出口合同的报批。

(4)技术出口合同的履行。

根据有关规定,我国技术出口应当遵循下列原则:①遵守我国的法律、法规;②符合我国外交、外贸和科技政策并参照国际惯例;③遵守我国对外签订的协议和所承担的义务;④不得危害国家安全和社会公共利益;⑤有利于促进我国对外贸易发展、科学技术进步以及经济技术合作;⑥保护我国经济技术权益和我国产品在国际市场上的竞争地位。

2.技术出口的控制

技术项目根据其对国家安全的影响、经济和社会效益、技术水平,分为禁止出口、控制出口和允许出口三类。

(1)下列技术禁止出口:①出口后将危及我国国家安全的技术;②我国特有的、具有重大经济利益的传统工艺和专有技术;③对外承担不出口义务的引进技术。

(2)下列技术控制出口:①在国际上具有首创或者领先水平的技术;②具有潜在军事用途或者具有较大经济、社会效益,尚未形成工业化生产的实验室技术;③我国特有的传统工艺和专有技术;④出口后将给我国对外贸易带来不利影响的技术。

(3)上述禁止出口和控制出口以外的技术为允许出口技术。

我国有组织、有序地开展技术出口已取得了相当大的成绩,也面临不少困难。如何加强宏观管理、促进技术出口发展,是需共同努力解决的问题。

我国出口产品结构的改善将主要依靠精加工、深加工、高附加值、高技术含量的机电产品,尤其是要依靠技术和成套设备的出口。也就是说,技术和成套设备出口,虽然复杂、困难、周期长、风险大,但是由于其换汇成本低、效益好,将肩负起改变出口商品结构的使命。技术出口方面的立法是我国法制建设中的薄弱环节。20世纪80年代中期,我国还没有专门的法规来调整和管理技术出口,只有国务院批准颁布的一个内部管理办法和一些部门管理规章,技术出口法制建设明显地落后于业务的需要。《禁止出口限制出口技术管理办法》已于2009年5月20日起施行。

21.2.2 国际技术转让价格

1.技术的价格、含义及其组成

在国际贸易中,技术的价格是指技术受方为取得技术使用权所愿支付的、供方可以接受的使用费的货币表现。我们可以从供、受双方所处的不同立场和所提供的技术内容出发,把技术的价格称为补偿(compensation)、酬金(remuneration)、收入(income)、收益(profit),提成费(royalty)、使用费(fee)、服务费(service fee)等。因此,技术价格可理解为上述各种术语含义的总称。

技术价格主要由技术开发的成本、直接费用、创造利润的功能等因素构成。技术价格的高低是以利用该技术所能带来的经济效益大小为转移的,利用该技术所产生的经济效益越大,其价格也就越高,相反,所产生的经济效益越小,其价格也就越低。技术价格基本上是由三部分构成:进行技术转让交易所发生的直接费用(人员往来、准备资料等)、分摊的部分技术研制费和取得的利润。

2. 国际技术转让的价格与计算

技术价格的表示方法与一般商品价格的表示方法不同。一般商品价格多采用固定价格,即由买卖双方所约定的一个固定金额。技术价格则是同技术受方利用技术所取得的经济效益联系在一起,用一种计算方法来表示。

技术价格(使用费)应是"技术受方收入或利润的一部分",应从受方的总收入中支付。国际上通称为 LSLP(licensors share on licensees profit),即技术供方占技术受方利润的份额。

通过提成率的计算、分技术单元核算以及各项差价分析,就可以比较准确地估计出某项技术使用费的大致合理水平。

(1)提成率的计算。技术供方占技术受方利润的份额通常以一个固定的百分比表示,该百分数通称为提成率(royalty rate)。其计算公式如下:

$$提成率＝供方在受方利润中的份额×(受方的销售利润/受方产品销售价)$$

或

$$提成率＝(支付给技术供方的使用费/产品的净销售额)×100\%$$

一般来讲,基础工业提成率应为 2%～3%;工业中间产品应为 3%～4%;耐用消费品应为 4%～5%;非耐用消费品应为 4%～5%;高级技术产品应为 5%～6%。

(2)分技术单元核算。其主要包括以下项目:

①基本费用。它包括:基本设计、生产流程、保养维修方法、质量控制规程、试验方法及为合同所需的全部情报资料的编制费等。

②特别设计费。即为满足技术受方的特殊要求,对基本设计进行修改所花的费用。

③分包部分所花费的费用。

④项目技术文件准备(所需人时的支出)。

⑤派遣专家介绍技术、座谈等所需费用。

⑥为培训受方人员及准备培训的教学和设施及资料的估计成本。

⑦各项专利的状况(已申请未批准;已批准,有效期还很长;有效期即将届满)。

⑧设备分项价格。

⑨估计供方所期望得到的利润。

具体分析各技术单元在使用费总额中一般应占的百分数,或应占的大体金额,得出总的使用费水平。

(3)各项差价分析。差价是指两种或两种以上因素在条件相同或基本相同的情况下,经比较计算所得出的价格差额,以此来校正和获得某项技术的使用费合理水平。

具体做法主要有以下几种：

①独占与非独占许可差价。供方授与受方的技术使用权大小和范围不同,所要求的使用费不同。亦即,某项技术的独占使用权使用费高,非独占使用权使用费低。

②出口销售范围差价。受方要求出口的地区越大,供方所要求的使用费越高。

③支付方式差价。总付方式下总支付使用费金额比分年提成总计金额为低。

④支付货币差价。供方往往将汇率变动风险加到使用费中,所以以供方本国货币支付使用费比使用其他国家货币支付使用费要低。

⑤专家条件差价。

⑤罚金条件差价。

⑥竞争性差价。

3. 技术价格的计价与支付方法

(1)技术价格的基本方法。多数许可贸易中的技术价格都占引进方使用技术所能获得的利润的10％～30％,也有的认为占四分之一较为合适,目前尚没有统一的规定。具体的标准取决于双方通过谈判确定的利润分配率 LSLP。引进方利润是一个较难确定的因素,在实践中一般是采用一种较为简便的方法来计算,即用确定提成率来计算,但用提成率计算,涉及提成基础的问题。提成基础通常有产量、销售量、销售额、利润等。

(2)技术价格的计价方法。计价方法包括统包计价、提成计价、固定与提成相结合计价三种方法。

(3)技术价格的支付方式。支付方式包括一次总付、提成支付、入门费加提成费三种方式。

21.2.3 影响技术价格的因素

1. 技术的使用价值

技术的使用价值即技术产生的经济效益,如果一项技术能对满足产品的社会需求、提高产品的质量和产量、节约原材料、降低成本、改善劳动条件和保护环境等方面做出较大的贡献,其经济效益就大,技术价格就会高。由于技术的使用价值与技术研制费不成正比,因而使用价值并不能在"技术研制费"一项中得到反映。

技术的使用价值与技术的先进性和实用性有关,先进且实用的技术,其使用价值高,技术价格也就高;技术的使用价值还与技术的成熟程度有关,处于开发阶段和衰老阶段的技术,其价格较低,而处于成熟阶段的技术,其价格较高。

2. 技术的垄断程度

在技术市场上,如果某些技术尤其是一些尖端技术没有或很少有可替代技术出现,就形成了技术供方对技术的垄断,甚至成为技术的唯一供方。在这种情况下,技术的转让价格一般很高。如果可以研制某种技术的企业和科研机构较多,市场上可替代的技术也较多,则技术供方的垄断就较弱,技术转让就会出现激烈的竞争,势必降低技术价格。

3. 技术的许可方式

技术许可贸易方式不同,受方对使用技术的独占程度也不同,因而技术价格也不同。如在普通许可、排他许可和独占许可这三种转让方式中,受方对技术的垄断程度以普通许可最弱,独占许可最强。因而,对同一技术,普通许可的价格最低,独占许可的价格最高。

4.技术的法律状态和技术的更新周期

在已授予专利权和尚未授予专利权的两种情况下,同一技术的转让价格是不同的。专利技术受到法律的保护,其价格较高。对于准备申请专利或正在申请专利但尚未批准的技术,其价格较低,但在合同中往往规定若技术被授予专利后,应追加转让费或提高提成费等一类的条款。此外,保护期内的专利技术在不同时期进行转让,价格也不同,保护的初期,技术价格最高,后期的技术价格最低。

在专有技术转让中,虽然受方应承担对技术保密的义务,但供方仍然担心技术泄密,因而承担较大的风险,为了弥补可能的损失,供方一般要求较高的技术价格。

技术更新换代的周期长短也影响技术价格。如一些高新技术,预计在一定时期内不会出现替代技术,它的技术生命周期就较长,技术价格就较高。反之,技术发明的水平不高,容易在短期内被取代,技术价格就低。

5.技术的社会效益

一项技术的实施,在产生经济效益的同时,必然会带来一定的社会效益,社会效益的好坏直接影响技术的价格。如果某种经济效益高的技术,在使用中会带来一些不良的社会效果,如污染空气和水质,产生较强的噪音,产生难以处理的放射性有害废料等,则当地政府部门有权不批准或禁止这些项目的实施,或要求采取措施限期做出改进,达到环境保护的标准后才准许实施。在这种情况下,虽然技术的经济效益很高,技术价格却不会很高。

6.受方国家的政治状况和法律保护状况

如果技术受方国家的政局不稳定,政府管理不健全,社会生产效率低,则供方担心技术转让合同不能如期履行,不能获得预期的利润或投资不能回收,因而风险较大。为了防止可能产生的损失,供方除在转让合同中采用种种限制性条款外,还会要求较高的技术使用费。如果技术受方国家关于技术转让方面的法律不健全,对引进技术缺少应有的法律保护,则供方担心技术会无偿地扩散,为了弥补可能产生的损失,供方通常较大幅度地增加技术使用费。

21.2.4　技术价格的谈判

技术贸易谈判一般分为两个部分,即技术谈判和商务谈判。通常是先谈技术,再谈商务。技术谈判是明确交易的内容和目标,商务谈判是规定交易的条件。商务谈判的中心环节是价格谈判。在明确可供转让的技术之后,成交价格是关键。与商品交易相比,技术价格的伸缩幅度很大。作为技术买方对自己能够接受的价格范围和合理价格水平必须酝酿成熟、心中有数,这样,才能坦然地坐在谈判桌前。

价格谈判一般分为三个步骤:询价、报价和还价。通常是买方询价、卖方报价、买方还价。

(1)询价。询价是在技术内容已确定的基础上,要求卖方提出转让条件。询价可以分两步走:首先是多方初步询价,了解不同技术卖方的转让条件,掌握技术的价格范围和其他转让条件;其次是详细询价,是在技术谈判之后具体地了解技术卖方报价内容。

(2)报价。报价是技术卖方根据买方要求提出的成交条件。报价要经过认真的核算,既要提出确凿的数据说明己方技术的先进性、可靠性和经济性,又要说明开价的合理性,使该价格有说服力和竞争力。

(3)还价。技术买方在还价之前要进行比价,即把对外询价后反馈的信息进行分析比较。比较的因素有技术的先进性、适用性、经济性、转让费总额、支付方式、双方的义务和权利等。价格有不同的比较方式:横向比较,即货比三家,与市场同类技术的价格相比较;纵向比较,即与历年成交的价格比较;总体比较,即对技术项目或成套设备的总投入进行比较;单项比较,即把总价格分解,按软件、硬件,或者再行细分进行比较。比价之后是还价,要求对方在价格或权利义务上做出让步,经过几个回合的讨价还价,最终达成成交价格和一篮子协议。

价格谈判的实质是双方对新增利润的分配比例进行协商。双方都不可能独得新增利润。技术卖方独得新增利润,意味着技术买方无利可图,引进技术只是"替人作嫁衣";技术买方独得新增利润,意味着技术卖方除回收成本之外也无利可图。技术卖方开出的底价应低于技术买方开出的顶价,两个价格范围有重叠部分,双方就有谈判的余地。讨价还价就是在价格重叠部分进行。这个价格范围并非一成不变,随着协议内容、技术成分和交易环境条件的改变,双方报价和最终价格都可能随之调整变化。

21.3 技术的评价与选择

21.3.1 技术的评价

1. 技术评价的概念、特点、内容与程序

(1)技术评价的概念。技术评价(technology assessment,TA)是指对拟引进的技术在引进后可能产生的社会、政治、经济、环境等正面和负面影响进行分析评价,通过评价最终做出是否引进的决策。

技术评价的含义包括两类:一种是广义的,它是以国家宏观的社会系统为背景而进行的分析评价;另一种是狭义的,它是基于企业微观背景而进行的分析评价。

(2)技术评价的特点。技术评价具有综合性、多样性和动态性的特点。综合性是指对引进技术进行系统、全面的综合评价;多样性是指涉及技术相关方面和领域的评价;动态性是指对技术评价不应是静态的,而要从动态角度把握其变化特征。

(3)引进技术评价的主要内容。引进技术评价的主要内容包括:①对引进技术的技术分析;②引进技术的财务评价;③对社会经济影响的评价。

(4)引进技术评价的程序。引进技术评价的程序是:①确定技术评价的对象和范围;②进行技术调查,收集资料并分析整理;③技术预测;④综合评价。

2. 技术评价的方法

(1)专家意见法(又叫德尔菲法)。其具体做法为:①由评价的组织者确定一专家组,制订引进技术评价调查表(问卷);②由组织者采用函询的方式,就调查表所列的问题向每位专家分别提问,征求专家的意见和想法,由组织者对专家的意见进行综合、整理、归纳;③将整理后的信息以匿名的方式反馈给各专家,再次征求意见,并将反馈意见加以综合;④经过多次循环,得到一个较为统一的意见。

(2)多因素评价法。其具体方法为:①收集影响该技术引进项目的各种信息资料,包括

定性资料和定量资料；②将影响技术引进项目的因素进行分类，并确定每个因素在总体技术引进中所占的比重；③组织一批专家对有关因素逐一进行分析，以判定每一个因素属于优、良、中、差、劣五种情况的哪一种；④对引进技术进行总体评价，并用技术引进评价指数的形式来表示。

21.3.2　技术的选择

1. 影响技术选择的因素

(1)引进国的自然和经济因素。它主要包括自然资源、资本因素、劳动力因素、市场因素、技术因素、基础设施因素等。

(2)引进国的社会文化因素。它主要包括文化、宗教因素、教育因素和政策因素等。

2. 选择引进技术的理论依据

(1)高产出量标准论。该理论的提出者是鲍拉库，其主要观点是：在投入相同量资本的情况下，应首先选择产出量高的技术。其核心是实现投入产出最佳配置，增加社会财富的绝对量。该理论的主要缺陷在于：有些技术项目的产出量虽然很高，但是实际的收益却并不高。

(2)社会极限性生产效率标准论。该理论的提出者是卡恩，其主要观点是：在投入一定资本的情况下，由于国际收支恶化，即使产出量达到最高，但效率低下，仍不能认为选择了最佳技术。引进方应该选择国际收支效果有利于实现社会极限性生产效率最大的技术，也就是选择收益率与资本周转率综合最佳的技术，以最大限度地提高整个社会生产效率。该理论对国际收支赤字的国家尤为重要。

(3)扩大投资标准论。该理论的提出者是盖伦森。扩大投资论从技术项目的长远观点出发，突出资本的形成和积累，它强调应选择能使经济长期增长、资本积累率或扩大投资率较高的技术。

(4)中间技术标准论。该理论的提出者是舒马赫，其主要观点是：①发展中国家普遍存在二元经济现象，急需解决就业问题。如果引进项目需要巨额资本投入并且是一项较高级的先进技术，对发展中国家来说不但难以消化吸收，而且也解决不了就业问题。②与其引进高投入的先进技术，还不如引进与高新技术相比稍微落后的中间技术。中间技术的水平虽然低于高新技术，但一般较容易消化吸收，引进费用较低，而且就业效果也较好。该理论的缺陷在于：中间技术存在着产品质量低、生产效率低、维修费用高等缺点。

(5)适用技术标准论。该理论的提出者是雷迪，其主要观点是：引进国在技术选择时，要把本国的生产要素、市场规模、社会文化、技术的消化、吸收、创新能力等现状进行综合考虑，力争获得最佳引进效果。适用技术既包括适用的先进技术，也包括适用的中间技术甚至基础技术。

3. 选择技术的原则

(1)先进性原则。先进性原则是指根据引进技术对引进方来说目前所处的技术生命周期和未来的发展趋势，从先进性的要求出发选择较高技术水平的技术。

(2)经济性原则。经济性原则是指以最小的成本投入使引进技术在使用后获得最大的经济效益。

（3）适用性原则。适用性原则是指在技术转让中，引进方必须考虑生产要素、市场规模、劳动就业、社会文化、消化吸收能力等诸多要素，只有选择符合条件的技术，才能实现技术引进的效果。

（4）带动性原则。带动性原则是指技术引进方应自觉利用引进技术的带动性效应，通过技术引进促进企业和有关部门的技术进步与经济发展。

4. 技术引进应注意的问题

（1）应结合引进国经济发展的方针政策，引进不同类型的技术。

（2）应使技术先进性与技术适用性和带动性相一致。

（3）应注意引进技术的消化吸收和创新。

（4）应注意引进技术的经济、社会的综合协调发展。

21.4　中国的技术贸易

21.4.1　中国技术贸易发展概况

1. 中国技术贸易发展现状

国际技术转让是国际贸易的重要组成部分。由于技术创新在经济增长中日益重要的作用，及其在国际商业竞争和国际政治经济关系中的关键地位，经济全球化必然带动国际技术转让的日益频繁。20世纪60年代中期国际技术贸易额每年约为30亿美元，70年代中期增至100多亿美元，80年代中期增至500多亿美元，1990年已达1000多亿美元，1995年达到2500亿美元。1965—1995年，国际技术贸易的增长率为15.82%，大大高于同期国际商品贸易6.3%的增长率。2000年则激增至5000亿美元，到2002年达到近万亿美元，20世纪90年代以来，国际技术贸易额平均每10年翻两番，已接近世界贸易总额的50%。

早在20世纪50年代，我国就开展了对外技术贸易活动，当时主要是技术引进。从1950—1998年，我国以技术许可、顾问咨询、技术服务、合作生产和成套设备或关键设备等方式共进口技术28674项，合同总金额1174.51亿美元。目前，中国已与130多个国家建立了技术贸易的联系。当前中国拥有各类技术交易市场超过1000家，2016年中国已经成为继美国和日本之后第三个国内有效发明专利拥有量超过100万件的国家。2017年中国技术进出口总额达到了557亿美元，同比增长27%。2017年全国仅涉及专利的技术合同就超过了1.5万项，成交额超过1400亿元人民币。2018年，我国知识产权使用费进出口总额超过350亿美元，同比增长6.06%。

随着我国经济的不断发展，我国渐渐地形成了完善的出口贸易体系。表21-1是我国2011—2018年高新技术产品进出口情况，数据显示，进出口总额近八年来一直保持在10000亿美元以上，其中2014—2016年连续三年出现负增长，说明受到外部经济环境的影响，高新技术产品贸易下行压力有所增加。随着世界经济的回暖，近两年增长率均保持在10%以上，高新技术产业仍是国际贸易中富有活力的重要组成部分。

表 21 - 1　我国高新技术产品进出口概况(2011—2018 年)　　　　　单位:亿美元

	2011	2012	2013	2014	2015	2016	2017	2018
出口额	5487.8	6011.6	6603.0	6604.9	6552.1	6045.2	6674.4	7468.7
进口额	4632.0	5796.8	5581.9	5514.1	5480.6	5238.9	5840.3	6714.8
进出口总额	10119.8	11808.4	12184.9	12119.0	12032.7	11284.1	12514.7	14183.5
高技术产品进出口总额占商品进出口总额的比重(%)	27.79	28.65	29.30	28.16	30.40	30.62	30.49	30.68

然而,我国技术贸易规模仍然偏小,高新技术产品贸易占我对外贸易的份额每年基本维持在 30% 左右,出口规模尤其小,仅占 15%～17% 的份额。以全球软件市场为例,目前,全球软件市场 70% 以上的份额被欧美占领,中国在全球软件市场的排名非常落后,甚至在印度之后。据海关统计,在我国高技术产品的进出口中,技术服务和技术许可等"软技术"进出口总额占比不到 10%,而"硬技术"进出口总额占比高达 90% 以上,存在自主知识产权产品过少、自主创新能力低、产品附加值小等问题。

2. 中国技术贸易发展的特点

(1)"软技术"贸易比重低但增速很快。我国从中华人民共和国成立初期就开始了技术引进工作,1979 年以前,我国以引进成套技术设备为主,以软件技术引进为辅,引进项目 1000 多个,支出 100 多亿美元,这种引进促进了一批骨干企业的建立,形成了较强的生产能力,促进了国民经济的发展。1979 年以后,我国调整了技术引进的战略,把引进的重点转移到软件技术上,在此之后我国技术引进发展迅猛,在第七个五年计划期间(1986—1990 年)引进项目猛增到 2326 个,比"六五"增长 49.9%,合同总金额达 152.11 亿美元,比"六五"增长 193.1%,而且,软技术引进项目达 1214 个,占总金额达到 52.2%。《2016 年技术贸易发展报告》指出,我国技术引进方式从传统的成套设备、关键设备和生产线引进为主,转为以专业技术许可、核心关键技术咨询、技术服务为主的方式。

我国已与近 150 个国家(地区)建立了技术贸易联系,技术贸易已经从最初的引进成套设备和流水线为主向专利技术许可、合作研发等高附加值的"软技术"贸易转型,我国技术贸易格局正发生重要变化。

(2)技术贸易市场集中。据商务部统计,2015 年我国技术出口目的地国家(地区)超过 130 个,其中美国(43.0%)、中国香港和日本是前三大目的地,三者总计占我国技术出口总额的57.6%。我国技术引进的来源国家(地区)达 77 个,但引进国别(地区)分布较为集中,美国(33.3%)依然是我国最大技术进口来源地,欧盟位居第二,日本居第三位,三者总计占我国技术引进总额的 82%。

从商务部 2017 年 1—8 月的统计数据来看,技术引进三大来源地为美国、日本、德国,占比超 65%,出口三大目的地是美国、中国香港和新加坡,占比超 43%。美国是第一大技术贸易伙伴,占我国技术进出口总额的 31%。从以上数据不难看出,我国技术贸易市场相对集中。

(3)技术贸易涉及行业集中。据商务部统计,我国技术出口主要行业以计算机服务业发展最为迅猛。2015 年位居前 2 位的计算机服务业、通用设备制造业增长率分别高达 147.3％和 18.3％，占技术出口总额的比重分别为 26.2％和 15％；软件业出口占我国技术出口总额的比重曾经长期保持在 60％以上，但自 2014 以来连续下滑，2015 年占比为 14.7％，居第三位。我国技术出口行业相对集中，主要集中在通信设备、计算机及其他电子设备制造业，研究与试验发展行业和软件业三大行业，占比超 50％。

我国技术引进主要集中在制造业，2015 年在我国技术引进合同总额中占比高达 82.8％，技术引进前十大行业中除房地产业和计算机服务业外，其余均为制造业，主要包括交通运输设备制造业，通信设备、计算机及其他电子设备制造业，化学原料及化学制品制造业，专用设备制造业等。2017 年 1—8 月，通信设备、计算机及其他电子设备制造业，交通运输设备制造业和化学原料及化学制品制造业三大行业，占技术进口总额超 67％。

（4）技术贸易主体以外商投资企业为主。目前，外商投资企业仍然是我国第一大技术进出口企业的类型。据商务部统计，2015 年外商投资企业技术出口、进口合同金额占全国的比重分别为 70.7％和 65.3％；民营企业技术出口、进口合同额占全国的比重分别为 12.7％和 21.3％，位居第二；国有企业技术出口、进口总额双双下降，占全国的比重分别为 11.2％和 7％。2015 年，民营企业的技术出口合同额达 33.5 亿美元，同比增长 6.2％，超过国有企业成为我国第二大技术出口企业主体，国企技术出口下滑明显，同比下降 74.2％。技术进出口的主体呈现出以外商投资企业为主，民企增幅强劲的态势。

21.4.2　中国技术贸易存在的问题与发展对策

1. 中国技术贸易存在的问题

虽然我国技术贸易已获得飞速发展，对经济发展有巨大推动作用，但是我国技术贸易所存在的主要问题也日益暴露出来。

（1）在技术引进方面。

①从技术引进的管理来看，缺乏统一领导，粗放经营，产生低水平重复引进问题。

②从我国现行的技术引进政策看，过分偏重技术引进而没有在消化吸收上下功夫。如 1991 年我国技术引进与技术消化的投入比例为 17∶1，而日本这一比例高达 1∶10。引进投入和消化投入之间的比例反映了引进和消化之间的内在联系，我国的这种技术引进，必然导致技术消化不良。技术的消化不良和重复引进又是相互联系的，消化不良必然加剧重复引进，重复引进也必然加剧消化不良，使我国企业陷入“引进—落后—再引进—再落后”的怪圈。

③从技术引进的国别来看，主要集中在美国、日本、加拿大、德国等少数国家。这种技术引进格局对我国技术贸易的健康发展不利。一方面，这些国家垄断着国际上的高新技术，我国技术贸易易受别国控制，不利于我国引进国际先进技术。另一方面，不利于我国技术贸易的持续、稳定发展，有时因政治、经济危机等问题造成我国技术贸易的大幅波动。

④从技术引进的主体看，企业并不是技术引进的主体。在技术引进的决策上，企业决策者和地方或部门决策者贪求局部利益和个人利益，把引进作为“业绩”的主要指标，所以并不从企业的技术消化、吸收能力水平出发，不从企业整体利益出发，改变了企业技术引进的主体地位。

⑤从企业自身来看，企业技术引进不重视消化和开发问题。2017 年，全社会研究与开发（R&D）支出达到 1.76 万亿元，同比增长 17.3％，占国内生产总值（GDP）的 2.15％。但从研

发支出占 GDP 比例看,我国与以色列(4.25%)、韩国(4.23%)、日本(3.49%)等创新型国家相比还有差距。因此,不断追赶成为当务之急。

⑥从技术创新机制看,技术创新机制不健全,人为机制还没建成。在我国的技术创新机制中,技术开发人员投入不合理。据统计,目前我国约有 42% 的研究开发人员分布在政府研究机构,约 27% 的研究开发人员分布在企业,约 22% 分布在高校,其余 9% 分布在其他单位。然而发达国家的研究开发人员一半以上集中在企业。从研究开发经费按执行部门的分布看,我国企业占 30% 左右,研究开发机构占 40%～58%,高等院校占 14% 左右,而发达国家的企业经费占 60% 以上。再加上我国技术研究开发部门与企业联系少,技术转化为生产力的水平低,1978—1995 年技术进步对经济增长的贡献率才达到 39.85%,而进入 20 世纪 80 年代的日本则高达 80% 以上。在技术创新的人为机制上,与技术创新要求相比,劳动者的素质低。据统计,全国约 7000 万青工中,达到高级工的只占 3%,近 70% 的青工实际技能仅属初级。另外,我国教育投入少,不足 GNP 的 1%,没有良好的科技文化水平,人为机制就难以建立起来。

(2)在技术的出口方面。

①技术出口的后劲不足。一方面因为我国出口的技术多为成熟的劳动密集型技术和传统的工艺技术和产品,不适应世界技术贸易向高新技术发展的趋势;另一方面,技术源与国际接轨不够,作为主要技术源之一的科研院校大多没有开展对外技术贸易,使许多科技成果不能很快获取收益,不能走向国际市场,对我国技术出口不利。

②国家不重视技术出口。目前,我国发展技术贸易的相关政策甚少,"六五""七五"制定的办法,"九五"才列入"暂行管理条例"。导向性的技术进口、技术出口"目录"在"九五"后期才实行,而且优惠政策多集中于技术进口。

(3)"以市场换技术"的战略收效甚微。

20 世纪 80 年代提出的"以市场换技术"战略并没有真正换回先进技术,相反市场却出让得越来越多。据报道,我国的饮料市场在可口可乐和百事可乐的攻击下节节败退;洗涤市场频频失守,美国 P&G 公司、英国利华公司、德国汉高公司和日本花王公司已占领我国洗涤市场的半壁河山;化妆品市场几近覆没;等等。

2. 中国技术贸易发展的对策

在高新技术飞速发展的今天,面对知识经济的挑战,为解决我国技术贸易存在的问题,应采取以下措施:

(1)在技术贸易中,遵守国际规范和国际惯例,依法保护知识产权,维护合作各方的合法权益。引进、借鉴别国的先进技术与经验,推动本国经济的发展;积极鼓励开拓技术出口市场,以广泛参与国际分工,逐步使中国的技术密集型产业成为国际技术产业链条的重要一环。

(2)以多种灵活方式开展对外技术贸易。在技术引进方面,采取的方式包括许可证贸易、合作生产、合作设计、技术服务、顾问咨询、进口关键设备及成套设备等,并根据具体情况确定引进方式。技术进口的重点是为改造现有企业服务,鼓励引进产品的设计、工艺、制造和生产管理技术。在技术出口方面,鼓励出口成熟的工业化技术。

(3)加快科工贸结合,建立新型科研开发体制。要加快科工贸结合的步伐,增加科研与开发的投入,增强引进的消化、吸收、创新能力,逐步使科研开发实现由国家主导型向企业主导型转变,建立有利于引进技术改良和商品化的科研开发体制,使引进的技术发挥更大的效益。

(4)注重技术的先进性与适用性以及经济效益与社会效益的相结合。通过消化、吸收能获得较好的经济效益和社会效益。技术的先进性是指技术具有较长的生命力,其产品具有竞争能力;技术的适用性是指技术的水平与国内的总体技术水平相协调,能够尽快掌握、实施。

(5)多渠道筹集资金,支持对外技术贸易的发展。在技术引进方面,积极争取利用外国政府贷款、混合贷款、出口信贷、国际金融组织贷款及商业贷款。为保证国家经济发展急需的重点项目建设,国家优先安排资金并实行优惠利率。在技术出口方面,国家实行国际上通行的扶持技术出口的信贷政策,设立技术和成套设备出口的卖方信贷和买方信贷,银行按照贷款原则优先安排技术出口资金,并实行优惠贷款利率。

(6)对开展技术贸易的企业,实行税收优惠政策。在技术引进方面,实行与技术成分挂钩的政策和面向主导产业(机电、化工等产业)的技术引进战略根据技术引进合同中技术的含量,确定减征、免征合同中设备进口关税的幅度;技术含量高,减免征收海关关税的幅度就大,反之减免幅度就小。对国外向我提供工、农、林、渔、牧业等重要领域先进技术的,给予减征或免征企业所得税待遇。在技术出口方面,为发展技术、成套设备和高新技术产品出口需进口的原材料、零部件,按进了加工的有关规定享受优惠待遇。

(7)注意用法律和经济手段对技术贸易的宏观调控。国家主要以法律、经济手段对技术贸易进行宏观调控,规定禁止、限制、允许、鼓励的技术贸易项目。国家只对涉及经济发展的重大技术引进项目和涉及国家重大利益的技术出口项目实行指导性计划。

(8)鼓励技术贸易与投资相结合。允许以技术为股本投资举办合资经营企业,实现技术的转让。国外企业在中国境内投资,同时提供先进技术,可以按中国的有关法律规定享受多方面的优惠。中国向境外投资并提供适合于所在国的先进技术还处于探索阶段,但以境外投资方式发展技术贸易的前景是十分广阔的。

思考与练习

1.什么是国际技术贸易?国际技术贸易的特点是什么?

2.第二次世界大战后国际技术贸易迅速发展的原因是什么?

3.国际技术贸易的方式有哪些?

4.技术引进和技术出口的程序是什么?

5.国际技术转让价格的构成内容有哪些?

6.确定技术价格时,还需要考虑哪些因素?

7.技术选择的方法有哪些?

8.选择引进技术时考虑的因素有哪些?

9.引进技术时贯彻的原则有哪些?

10.选择引进技术的理论依据是什么?

11.中国改革开放后,利用"市场换技术"战略引进技术,实际效果却不大。试分析现阶段我国建设创新型国家过程中,在技术引进中应采取什么策略?

第22章 国际贸易惯例与规则

课前导读

　　来自不同国家、不同地域、有着不同文化背景的人们,在从事国际贸易的过程中不可避免产生误解和纠纷,而又由于各国的国内法在调整国际贸易关系方面的局限性,导致国际贸易面临着比国内贸易更加复杂的法律困境,国际贸易惯例正是解决这一问题的独特而有效的做法。在外贸业务实践中,掌握国际贸易术语的含义及其有关的国际惯例解释,对于明确双方当事人的基本义务和相应地确定进出口商品的价格,具有十分重要的意义。

22.1　国际贸易惯例概述

22.1.1　国际贸易惯例的概念与作用

1.国际贸易惯例的概念

　　对于这一概念的理解,我们可以从"惯例"和"习惯"的比较中入手。就一般字义而言,习惯(uage)通常是指在实践活动中形成的一种重复性的行为;而惯例(custom)则是指在重复性行为基础上产生的固定的行为规则,它被行业人士经常采用而具有一定的约束作用;就其确定性、规范性和普遍性意义而言,惯例不同于由重复行为而形成的习惯或当事人之间的习惯做法(practice)。具体而言,国际贸易惯例主要包括以下三个方面:

　　(1)贸易惯例是在长期的实践中形成的,以习惯性做法为基础并被普遍认可和遵循。国际贸易的一些习惯做法,开始只流行于一定的地区和行业,随着国际贸易的逐渐发展,它的影响不断扩大,有的其至在世界范围内通行。贸易惯例是在实践中形成的另一方面表现就是其内容随着国际贸易实践的发展而不断更新和扩大。这不仅表现在它的规模上,还表现在它所涉及的领域、内容、形式和手段上。国际贸易惯例比法律更具有灵活性,能较容易地进行修改,及时跟上国际贸易实践的变化。因此,很多国际贸易惯例并非一成不变,而是经过多次的修订。例如,国际商会最早于 1936 年制定的《国际贸易术语解释通则》,1953 年做过一次修改,以后又经历了 1967 年、1976 年、1980 年和 2000 年的多次修订,基本上是 10 年修订一次。再如,国际商会公布的《跟单信用证统一惯例》也做过 5 次修订。

　　(2)贸易惯例是经过国际组织制定的规范化、成文化的行为规范。任何一种国际贸易惯例,都不是国家政府之间通过国际会议讨论通过而形成的,而是由地区、行业以至国际社会组织或商业团体对国际贸易中的习惯做法或解释加以整理而形成的。它们把一些习惯做法归纳成条文,对有关的名词、术语给予明确的定义与解释,从而被越来越多的国家所认可。英国著名的国际贸易实务与法律学者施密托夫教授指出："国际商业惯例（custom）一词仅指由国际组织所制定的惯例；对于那些不是由国际组织制定的商业惯例均称为'商业习惯'（usage）或'习惯做法'（practice）。"

（3）贸易惯例对贸易行为具有指导作用，并在一定条件下具有约束力。国际贸易惯例的适用是以当事人的意思自治为基础的，并不具有法律的强制性约束力。但是，国际贸易惯例对贸易实践仍具有重要的指导作用。这体现在，一方面，如果双方都同意采用某种惯例来约束该项交易，并在合同中做出了明确规定，那么这项约定的惯例就具有了强制性。例如国际商会在《2000年通则》的引言中指出，希望适用《2000年通则》的商人，应在合同中明确规定该合同受《2000年通则》的约束。许多大宗交易的合同中也都做出采用何种规则的规定，这有助于避免对贸易术语的不同解释而引起的争议。另一方面，如果双方在合同中既未排除，也未注明该合同适用某项惯例，在合同执行中发生争议时，受理该争议案的司法或仲裁机构也往往会引用某一国际贸易惯例进行判决或裁决，这是因为，通过各国立法或国际公约赋予了它法律效力。例如，我国法律规定，凡中国法律没有规定的，适用国际贸易惯例。《联合国国际货物销售合同公约》规定，合同没有排除的惯例，已经知道或应当知道的惯例，经常使用反复遵守的惯例适用于合同。

2. 国际贸易惯例的作用

由于国际贸易惯例是在长期的国际实践中形成的，并且随着形势的变化和发展得以不断完善，其内容已达到相当高度的统一，但各国的法律并不完全统一，甚至差异较大。因此，许多国际贸易惯例已被各国商人所广泛接受，并在国际贸易中发挥了极大的作用。

（1）运用贸易惯例解决各国贸易中的法律分歧，避免被动局面。在国际贸易中使用国际惯例，不仅可以解决各国的贸易中的法律分歧，而且还可以使一国的国际贸易业务在一定条件下不受外国法律管辖，从而可以避免被动局面。到目前为止，各国法律仍存在较大差别，虽然国际社会不断努力缩小这种差别，但要达到统一的目标还为期遥远。如，英美法系和中国大陆法系在关于货物买卖中的所有权转移时间、界限，以及货物风险转移的时间和界限等问题的差别短期内难以统一。在这种情况下，合同当事人都不愿使合同受对方或他国法律管辖，因而有可能阻碍合同的订立。如果双方当事人都同意放弃适用本国法律而采用某项国际贸易惯例，既可使分歧消除，又可以使合同不受其他国家法律制约，从而起到促进交易顺利开展的作用。

当前，国际贸易惯例的作用还在不断加强，在某些情况下，惯例的适用已无须双方当事人明确表示同意。只要当事人没有相反约定，便有可能被视为默示同意某项惯例的约束。我国及大多数国家的法律、《联合国国际货物买卖合同公约》对此都有明确的规定。

（2）国际贸易惯例可以作为裁决或判决的依据。通常买卖合同尽可能将交易的主要事项加以约定，但因种种原因，合同不可能面面俱到。如果贸易双方当事人在合同中对某一（些）问题没有做出明确具体的约定，如交货时间、开立信用证的时间等，同时又未明确合同采用的惯例，在履行合同的过程中，恰巧在这些方面出现了争议或纠纷，同时也无法从合同所适用的法律中找到依据时，则有关仲裁或法院往往会引用具有一定影响性的国际贸易惯例作为裁决或判决的依据来解决贸易当事人之间的争议或纠纷。

实践中，许多国家的仲裁或法院在可能的情况下，尽可能适用国际惯例，而设法避免适用外国法。

22.1.2　国际贸易惯例产生、发展的历史

国际贸易惯例的产生具有悠久的历史,最早可追溯到中世纪时期。大约在公元 13 世纪,地中海沿岸各国间的商业往来已经非常兴盛。当时从事贸易活动的商人团体为了维护自身的利益,根据业务实践自己制定了一些习惯做法和规则,形成了适用于各个商业发达港口和市集地区的具有国际性的商业习惯法。这些法律由于是在商人长期的业务实践中形成的,在商人之间的交易中使用,并曾由附属于各市集的商事法庭加以执行,因而又被称之为"商人的法律"或"商人法"。著名的"康苏拉度"法(Consulado de Mar)就是 13 世纪流行于地中海沿岸反映海上习惯做法的海事法典。到了公元 17 世纪中叶至 20 世纪初,上述国际商事习惯法逐渐被各主权国家纳入其国内法,从而形成了各国的国内商法。例如,法国在路易十四时期颁布了《商事条例》和《海商条例》,这两个条例后来成为大陆法系指定商法典的基础;又如,英国自 1756 年孟斯菲尔德(Mansfield)法官担任王座法院(King's Bench)的首席法官后,通过对具体的商事惯例做出特别裁决,将商事惯例吸收到普通法(common law)中,使之成为普通法的一个组成部分。在这个时期,尽管各国进行了大规模的商事立法,使商事习惯法受到了一定的限制和排挤,但并不能使各国的国内商法完全取代国际商事习惯法,商事习惯法仍然获得了一定的发展。

进入 20 世纪以后,随着各国国内法的发展,以及随之而产生的各国实体法之间的法律规定差异,从事国际贸易的当事人都要求适用本国的法律来调整他们之间的权利与义务关系,因而导致了尖锐的法律冲突。虽然可以按照国际私法的规范来调整这种法律冲突,但是冲突规范并不直接调整当事人的权利和义务,适用冲突规范的结果仍然是以冲突规范所指向的国家的国内法来调整。因此,这无疑给国际贸易业务带来了极大的不便,严重妨碍了国际贸易的顺利发展。

为了克服因各国国内商法的分歧所导致的法律障碍,摆脱国内法的限制,近几十年来,国际社会不断努力促使国际贸易法的统一,通过编纂国际贸易惯例和缔结国际条约,形成和制定了一系列调整国际贸易关系的统一的实体规范。在国际贸易惯例的编纂方面已取得一系列的成果,主要有国际法协会制定的《1932 年华沙-牛津规则》《海牙规则》;国际海事委员会制定的《约克-安特卫普规则》《电子提单规则》《海运单统一规则》《维斯比规则》,国际商会制定的《2000 年通则》、《跟单信用证统一惯例》(UCP)、《托收统一规则》(URC)、ISP98 和 ISBP 等,以及联合国国际贸易法委员会制定的《汉堡规则》等。

上述国际贸易惯例的历史沿革表明,国际贸易惯例在国际贸易发展中的各个历史时期,以及在国际贸易法统一化过程中都起到了重要作用。可以预料,随着国际贸易的深入发展,国际贸易惯例的影响将会更加显著。

22.2　国际贸易惯例的性质与特点

1. 国际贸易惯例既非国际法律,也非某国的国内法

国际贸易惯例虽然具有确定的内容,可以作为行为规范使用,但不是国际法律,也不是某一国的国内法。因此,对国际贸易活动中的行为当事人不具有法律的强制性和约束力。只有当事人双

方经过协商选用某一国际贸易惯例,并在合同中明确规定时,这一国际贸易惯例才具有约束力。

法律是主权国家制定的,有关当事人必须遵守,即法律具有普遍适用性和强制性,当事人不得在订立合同时予以排除其适用或对其进行修改、变更。而国际贸易惯例则不是由哪一个主权国家制定或批准的法律,除非得到主权国家的认可(如《2000 年通则》已被西班牙、伊拉克等国引入国内法),它不具有普遍适用性和约束力,即不是强制性的规范,贸易当事人可以采用它,也可以不采用它,完全由当事人自由决定。换言之,贸易惯例的适用充分体现"当事人意思自治""契约自由"的精神和原则。

国际贸易惯例自由在一定条件下才产生法律约束力,这些条件如下:一是通过国内立法,将国际贸易惯例引入国内法中,或者在国内法明文规定适用国际惯例。二是通过国际立法,将国际贸易惯例引入公约或条约中。三是通过合同,在合同中直接引用某一国际贸易惯例,这是最常见的适用国际贸易惯例的情况。

对于国际贸易惯例"契约自由"的另一层意思的理解是,即使贸易双方当事人在合同中明确约定采用某项国际贸易惯例,但双方当事人也可以对该惯例中的有关规则予以修改或变更,甚至约定与该贸易惯例相抵触的条款。如双方约定采用《2000 年通则》中的 CIF 贸易术语,但双方将 CIF 的交货地点和货物风险转移的界限改在进口国指定的某一地点,这样修改或变更则与《2000 年通则》关于 CIF 的规则完全不同了。这样修改或变更国际贸易惯例的内容,只要与当事人国家的法律不矛盾,同样可受到有关国家法律的承认和保护。

2. 把握其在国际贸易关系法律调整框架中的地位

国际贸易是一种跨越国界的经济活动,它的法律关系调整要比在同一法律制度下的国内贸易法律关系的调整复杂得多。国际商业惯例(international commercial customs)和国际立法(international legislation)是国际贸易法律的两个渊源。国际立法是把国际上所拟定的规则,通过国家的立法而引进国内法之中。它的实施有两个途径:一是国际上签订的双边或多边的公约(或条约等)通过各国政府批准后施行;二是制定示范法(model law),由各国单独采用。也就是说,各国有关国际贸易的法律、国际条约和协定以及国际贸易惯例,这三者就构成了国际贸易关系的法律调整框架,如图 22-1 所示。

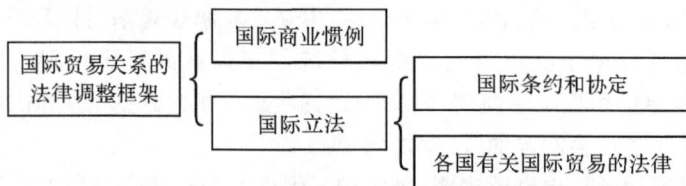

图 22-1　国际贸易关系的法律调整框架

国际条约也称国际公约、国际协定等,是国家之间通过国际组织或国际会议共同制定的、用来明确相互权利和义务关系的书面协议,是缔约国之间开展经济、贸易往来必须遵守的准则。国际贸易条约产生的原因是各国制定的有关贸易的法律存在着差异,国际贸易适用某一国的法律难免使其他国家的贸易当事人感到不适应,阻碍国际贸易的发展。因此,二战后,随着国际贸易的飞速发展,国家之间通过国际组织或国际会议共同制定国际贸易条约来规范国际贸易行为。这些国际组织包括罗马国际私法统一协会、联合国国际贸易法委员会、国际商会、国际法协会等。

　　资本主义国家的法律可分为欧洲大陆法系和英美法系。欧洲大陆法系的国家大多把有关贸易的法律编入民法典内,作为民法典的一个组成部分,例如《法国民法典》《德国民法典》《日本民法典》等;英美法系各国原则上不存在民法与商法的区分,既没有民法典,也没有欧洲大陆法意义上的商法典,其贸易法由两个部分组成:一是普通法,即由法院以判例形式确立法律原则,属于不成文法;二是成文法或称制定法,即有关货物贸易的立法,其代表有英国的货物贸易法以及美国的《统一商法典》等。我国有关货物贸易的法律主要有《中华人民共和国对外贸易法》《中华人民共和国海关法》《中华人民共和国海商法》《中华人民共和国仲裁法》等。另外,各种行政惯例条例、实施细则、管理办法等也是调整货物贸易关系国内法的重要组成部分。

　　国际贸易惯例是指在长期国际贸易实践中逐渐形成和发展,为大多数国家所认可和遵循的一些习惯做法和解释。它涉及国际贸易实务活动的许多方面,对国际贸易实务活动具有重要的指导和制约作用。

22.3　国际贸易术语惯例与应用

　　实践中,国际贸易惯例有很多种类,主要包括国际贸易术语惯例、国际运输惯例、国际保险惯例、国际结算惯例等,其中最重要的是国际贸易术语惯例。

　　国际贸易价格术语作为国际贸易实务中常用的和最关键的术语,它不仅是一种贸易价格规定,同时也是对买卖双方在该术语下的责任、费用和风险等内容进行划分的具体规定。

22.3.1　国际贸易术语的含义与作用

1. 国际贸易术语的含义

　　国际贸易术语(trade terms)简称贸易术语,是用来确定国际运输、保险、报关、纳税等手续由谁办理,运费、保险费、装卸费及其他各项费用由谁支付,以及货物在运输装卸过程中可能遭遇到各种风险由谁承担的专门术语,故又称为价格条件或价格术语(price terms)。它是国际贸易发展到一定历史阶段的产物。

　　国际贸易术语有利于简化交易手续,节约交易洽商的时间和费用,明确交易双方的权利、责任与义务。通常,在贸易实践中,贸易术语用一个简短的概念或英文缩写字母,如 FOB(free on board)回答了这些重要问题:①买方在什么地方,以什么方式办理交货? ②货物发生损坏或灭失的风险何时由卖方转移给买方承担? ③由谁办理货物的运输、保险及通关手续,并承担相关费用? ④买卖双方需要交换哪些单据,并承担有关责任与义务?

　　贸易术语一方面表示了交货地点和交货条件,另一方面又表明货物单位价格的构成因素,每种贸易术语都有其特定的含义,表示不同的交货条件和价格。各种贸易术语对于买卖双方的各种责任、费用和风险的规定则反映在成交商品的价格上,一般而言,卖方承担的责任、费用和风险小,商品售价就低;反之售价就高。贸易术语中责任、费用风险的划分与商品价格关系成正比例。据此,也称其为价格术语。

2. 国际贸易术语的作用

　　(1)简化了交易磋商的内容和交易手续,缩短了谈判时间,节省了业务费用,促进交易尽快达成。

（2）反映了商品的价格构成，有利于买卖双方对进出口商品进行成本核算与比价。

（3）明确了买卖双方的权利与义务，有利于解决履行合同过程中发生的贸易争议。

22.3.2　有关贸易术语的国际惯例

1.《1932 年华沙-牛津规则》（Warsaw-Oxford rules 1932）

该规则是国际法协会专门为解释 CIF 合同而制定的。19 世纪中叶开始，CIF 术语开始在国际贸易中逐步得到广泛应用，但对使用该术语的买卖双方各自承担的具体义务，没有统一的解释和规定。1928 年，国际法协会在波兰首都华沙开会，制定了关于 CIF 买卖合同的统一规则，称之为《1928 年华沙规则》。此后，在 1930 年的纽约会议、1931 年的巴黎会议和 1932 年牛津会议上，对该规则进行了修订，并更名为《1932 年华沙-牛津规则》。

该规则的内容包括序言和 21 条正文，对 CIF 合同的性质和特点，买卖双方所承担的风险、责任和费用的划分，所有权转移的方式以及规则的适用等问题做了比较详细的解释。

2.《1990 年美国对外贸易定义修订本》（Revised American Foreign Trade Definition 1990）

《1990 年美国对外贸易定义修订本》（简称《美国对外贸易定义》），该定义由九家商业团体于 1919 年在纽约制定。在 1941 年、1990 年经过两次修订，命名为《1990 年美国对外贸易定义修订本》。

该定义中解释的贸易术语有 6 种，分别为：

（1）EXW（ex-works）（产地交货）；

（2）FOB（free on board）（在运输工具上交货）；

（3）FAS（free along side）（在运输工具旁边交货）；

（4）CFR（cost & freight）（成本加运费）；

（5）CIF（cost，insurance and freight）（成本加保险费、运费）；

（6）DEQ（delivered ex-quay）（目的港码头交货）。

《美国对外贸易定义》主要在美洲一些国家采用，由于它对贸易术语的解释，特别是 FOB、FAS 的解释与其他国际惯例的解释有明显的差异，所以，在同美洲国家进行交易时应加以注意。

3.《2000 年国际贸易术语解释通则》（International Rules for the Interpretation of Terms 2000，INCOTERMS 2000）

该通则是国际商会（ICC）于 1999 年对通则进行的第六次修订，是为了适应国际贸易实践不断发展变化的需要，如贸易中大量使用电子技术、运输方式的变化、无关税区的广泛发展等。目前它已成为国际贸易中得到普遍承认和广泛应用的国际惯例，影响极大，《2000 年通则》于 2000 年 1 月 1 日起生效。

在新修订的《2000 年通则》中，对 13 种贸易术语解释更为简明。从卖方承担责任、费用、风险最小的"工厂交货"术语开始，到卖方承担责任、费用、风险最大的"完税后交货"术语。每个术语修订后的变化不大，但是在如下两个方面做出了实质性的改变：一是在 FAS 和 DEQ 术语下，办理清关手续和缴纳关税的义务；二是在 FCA 术语下，装货和卸货的义务。《2000 年通则》仍将 13 种术语分为 E、F、C、D 四个基本不同的类型，《2000 年通则》4 组 13 种贸易术语分类如表 22-1 所示。

表 22 - 1　《2000 年通则》贸易术语分类表

组别	国际电码	交货地点
E 组（启运）	EXW	工厂交货
F 组 主运费未付	FCA	货交承运人
	FAS	装运港船边交货
	FOB	装运港船上交货
C 组 主运费已付	CFR	成本加运费
	CIF	成本加保险费、运费
	CPT	运费付至目的地
	CIP	运费、保险费付至目的地
D 组 到达	DAF	边境交货
	DES	目的港船上交货
	DEQ	目的港码头交货
	DDU	未完税交货
	DDP	完税后交货

22.3.3　《2000 年通则》常用术语简介

在国际贸易中，FOB、CIF、CFR、FCA、CIP、CPT 是六种常用的贸易术语。

1. FOB

FOB(free on board⋯named port of shipment——装运港船上交货⋯⋯指定装运港)，即装运港船上交货，又称船上交货。FOB 是指卖方在约定的期限内，在指定装运港将货物交至买方指定的船上，即完成交货义务；买方必须自货物在装运港越过船舷时起，负担货物的一切费用和风险。

该术语仅适用于海运或内河运输。采用这一种术语时，须在 FOB 后面注明装运港的名称，如"FOB 上海"。

(1)根据国际商会《2000 年通则》，在 FOB 术语下，买卖双方承担的主要义务如下：

FOB 卖方的义务：

①在合同规定的日期或期限内，在指定的装运港，将符合合同的货物按港口惯常方式交至买方指定的船上，并给予买方充分的通知；

②负责办理出口清关手续，提供出口许可证，支付出口关税和费用；

③提供商业发票和证明货物已交至船上的通常单据或具有同等效力的电子单据；

④承担货物在装运港越过船舷为止的一切费用和风险。

FOB 买方的义务：

①租船或订舱，支付运费，并给予卖方关于船名、装船地点和要求交货时间的充分的通知；

②办理货物运输保险；

③取得进口许可证或其他官方批准证件，办理货物进口所需的海关手续；

④收取卖方按合同规定交付的货物，接受交货单据，并支付货款；

⑤承担货物在装运港越过船舷之后的一切费用和风险；

（2）使用 FOB 术语应当注意的问题如下：

①"船舷为界"的确切含义。在《2000 年通则》中，FOB 术语的风险划分以"船舷为界"，即在货物越过船舷之前发生损失或灭失，由卖方承担责任，越过船舷之后，包括运输途中发生货物的损失则由买方承担责任。"船舷为界"只是说明风险划分的界限，并不能作为责任和费用划分的界限，装船过程是一个连续性行为，不可能在船舷上办理货物移交，故有 FOB 术语下的装船费用负担问题。

②船货衔接。FOB 术语成交的合同，属于装运合同，买方租船订舱，要及时将船期、船名通知卖方，卖方则应在合同规定的装运期内，在指定的装运港将货物装到买方指派的船上。如果买方未能按时派船，或者买方未能就派船问题给予卖方充分的通知，不论提前与延迟，卖方都有权拒绝交货，而且由此产生的空舱费（dead freight）、滞期费（demurrage）以及卖方增加的仓储费等各种损失，均由买方负担；反之，如果买方指派的船只按时到港，而卖方却未能备妥获取，则上述费用由卖方负担。

③关于装船费用。在 FOB 术语下，为了明确装船费用的负担问题就产生了 FOB 变形，如下：FOB 班轮条件（FOB liner terms）；FOB 吊钩下交货（FOB under tackle）；FOB 理舱费在内（FOB stowed，FOBS）；FOB 平舱费在内（FOB trimmed，FOBT）；FOB 理舱费和平舱费（FOB stowed and trimmed）。

2. CIF

CIF（cost，insurance and freight⋯named port of destination——成本、保险费、运费⋯⋯指定目的港），是指卖方负责租船订舱，在合同规定的装运日期或者期间内将货物装上运往指定目的港的船舶，负担货物装上船前的一切费用和风险，支付运费和保险费；买方自货物在装运港越过船舷时起，负担货物的一切风险。

（1）根据国际商会《2000 年通则》，在 CIF 术语下，买卖双方承担的主要义务如下：

CIF 卖方的义务：

①在合同规定的日期或期限内，把符合合同规定的货物运到装运港，并装上船，然后向买方发出已装船通知；

②租船或订舱，并办理货物运输保险；

③取得出口许可证或其他官方批准文件，办理出口报关手续；

④提供商业发票和其他证明已履行交货义务的通常单据或具有同等效力的电子单据；

⑤承担货物在指定装运港越过船舷之前的一切风险；

⑥承担货物装船以前的一切费用和出口报关的税费，并且支付主运费和保险费。

CIF 买方的义务：

①取得进口许可证或其他官方批准文件，办理进口报关手续；

②收取卖方按合同规定交付的货物，接受交货单据，并支付货款；

③承担货物在指定装运港越过船舷之后的一切费用和风险。

（2）使用 CIF 应注意的问题如下：

①租船订舱。如果没有相反的规定，卖方只负责按通常条件和惯驶航线，租用适当船舶将货物运往目的港。据此，对于业务中有时买方提出的关于限制船舶的国籍、船型、船龄以及指定装载某班轮公司的船只等要求，卖方均有权拒绝接受；但卖方也可以给予融通。只要在合同

中明确规定,卖方就必须严格照办。

②保险问题。不同的险别,收取的保险费率不同。一般在合同中就应明确规定保险险别、保险金额等内容。卖方以此来办理投保,并确定其价格水平。若合同中无明示,按《2000 年通则》的解释,卖方只需投保最低的险别,但在买方要求并负担费用的情况下,可加保战争、罢工、暴乱和民变险。最低保险金额应为合同规定的价款加 10%。

③卸货费用的负担问题。同 FOB 术语类似,关于 CIF 下卸货费用的负担,有以下几种术语的变形:CIF 班轮条件(CIF liner terms);CIF 卸至岸上(CIF landed);CIF 吊钩下交货(CIF ex tackle);CIF 船底交货(CIF ex ship's hold)。

④"装运合同"性质。买卖合同属于"装运合同"还是"到货合同",取决于该合同中卖方的交货地点是在装运地还是在目的地,也即卖方的交货义务是只需完成装运还是必须保证到货。采用 CIF 术语成交,买卖合同应属"装运合同"性质。

⑤象征性交货方式。象征性交货(symbolic delivery)是指卖方只需按期在约定地点完成装运,并向买方提交合同规定的包括物权凭证在内的有关单证,就算完成了交货义务,而无须保证到货。即使卖方装船以后至交单这段时间内,货物发生损失,只要卖方提交的单据符合要求,买方就不得拒收单据和拒付货款。反之,即使货物安全到达并符合要求,但单据不符合要求,买方仍有权拒绝付款。

3. CFR

CFR(cost and freight…named port of destination——成本、运费价……指定目的港),是指卖方在约定的期限内,在指定装运港将已办理运输并支付运费的货物装船,即完成交货义务;买方自货物在装运港越过船舷时起,负担货物的一切风险。该术语也只适用于海运和内河航运。

(1)根据国际商会《2000 年通则》,在 CFR 术语下,买卖双方承担的主要义务如下:

CFR 条件下卖方的义务:

①在合同规定的日期或期限内,把符合合同规定的货物运到装运港,并装上船,然后向买方发出已装船通知;

②负责租船或订舱,支付运费;

③取得出口许可证或其他官方批准文件,办理出口报关手续;

④提供商业发票和其他证明已履行交货义务的通常单据或具有同等效力的电子单据;

⑤承担货物在指定装运港越过船舷之前的一切费用和风险。

CFR 买方的义务:

①取得进口许可证或其他官方批准文件,办理进口报关手续;

②办理保险;

③收取卖方按合同规定交付的货物,接受交货单据,并支付货款;

④承担货物在指定装运港越过船舷之后的一切费用和风险。

(2)使用 CFR 术语应当注意的问题如下:

按照 CFR 条件成交,卖方不办理货运保险。为此,装船后务必及时要向买方发出装船通知,以便买方认为有必要时及时办理保险。如果卖方因遗漏或不及时向买方发出装船通知,而使买方未能及时办妥货运保险所造成的后果,则由卖方承担责任,且卖方不能以风险在船舷转移为由免除责任。

4. FCA

FCA(free carrier⋯named place——货交承运人⋯⋯指定地点),是指当卖方在指定地点将经出口清关的货物交给买方指定的承运人即完成交货义务;买方必须承担货交承运人控制之后的一切费用和风险。承运人既包括实际履行运输合同的承运人,也包括签订运输合同的运输代理人。FCA适用于各种运输方式。

(1)根据国际商会《2000年通则》,在FCA术语下,买卖双方承担的主要义务如下:

FCA卖方的义务:

①在合同规定的日期或期限内,把符合合同规定的货物交给买方指定的承运人,然后向买方发出货物已交承运人的通知;

②取得出口许可证或其他官方批准文件,办理出口报关手续;

③提供商业发票和其他证明已履行交货义务的通常单据或具有同等效力的电子单据;

④承担货物交承运人监管之前的一切费用和风险。

FCA买方的义务:

①安排运输,并把承运人的名称、运输方式和在指定地内向承运人交货的地点和时间等通知卖方;

②取得进口许可证或其他官方批准证件,办理货物进口所需的海关手续;

③收取卖方按合同规定交付的货物,接受交货单据,并支付货款;

④承担货物在交给承运人之后的一切费用和风险。

(2)使用FCA术语应当注意的问题如下:

在海洋运输情况下,如果是整箱货(FCL),卖方将载货的集装箱交给海运承运人,就算完成了交货义务;如果是拼箱货(LCL),或非集装货物,卖方应将货物运到起运地,交给海运承运人。

采用航空运输时,卖方应将货物交给航空承运人。在其他运输方式和多式联运方式下,卖方都应将货物交给承运人。

无论采取上述哪一种运输方式,买卖双方各自承担的风险均以货交承运人处置时为界限,即卖方承担货交承运人之前的风险,买方承担货交承运人之后的风险。风险转移后,同运输风险相关的责任与费用相应转移。

5. CIP

CIP(carriage and insurance paid to⋯named place of destination——运费和保险费付至⋯⋯指定目的地),是指当卖方在指定地点将经出口清关并已办理了运输与保险事宜的货物交给承运人,即完成交货义务;买方承担货交承运人控制之后的一切风险和额外费用,并且还应当办理货物在运输途中灭失或损坏风险的保险。CIP适用于各种运输方式。

根据国际商会《2000年通则》,在CIP术语下,买卖双方承担的主要义务如下:

CIP卖方的义务:

①在合同规定的日期或期限内,把符合合同规定的货物运交承运人,并装上运输工具,然后向买方发出已交承运人的通知;

②负责安排运输,并办理货物运输保险;

③取得出口许可证或其他官方批准文件,办理出口报关手续;

④提供商业发票和其他证明已履行交货义务的通常单据或具有同等效力的电子单据；

⑤承担货物交承运人之前的一切费用和风险。

CIP 买方的义务：

①取得进口许可证或其他官方批准文件，办理进口报关手续；

②收取卖方按合同规定交付的货物，接受交货单据，并支付货款；

③承担货物交承运人之后的一切费用和风险。

6. CPT

CPT(carriage paid to⋯named place of destination——运费付至……指定目的地)，是指当卖方在指定地点将经出口清关的并已办理了运输事宜的货物交给承运人，即完成交货义务；买方承担货交承运人控制之后的一切风险和其他费用。CPT 术语适用于各种运输方式，包括多式联运。

根据国际商会《2000 年通则》，在 CPT 术语下，买卖双方承担的主要义务如下：

CPT 卖方的义务：

①在合同规定的日期或期限内，把符合合同规定的货物交给承运人，然后向买方发出已交承运人的通知；

②负责安排运输；

③取得出口许可证或其他官方批准文件，办理出口报关手续；

④提供商业发票和其他证明已履行交货义务的通常单据或具有同等效力的电子单据；

⑤承担货物交承运人之前的一切费用和风险。

CPT 买方的义务：

①负责办理保险；

②取得进口许可证或其他官方批准文件，办理进口报关手续；

③收取卖方按合同规定交付的货物，接受交货单据，并支付货款；

④承担货交承运人之后的一切费用和风险。

22.3.4 《2000 年通则》其他贸易术语简介

《2000 年通则》对 13 种贸易术语按照 E 组（启运）、F 组（主运费未付）、C 组（主要费已付）和 D 组（到达）进行四组分类，按照卖方交货义务从最小（EXW）到最大（DDP）渐进排列。

1. E 组术语

EXW(ex-works⋯named place——工厂交货……指定地)术语是卖方承担责任最小的术语。它是指卖方在其所在处所（工厂或仓库等）将货物提供给买方时，即履行了交货义务；卖方不负责将货物装上买方备妥的车辆，也不负责办理货物的出口清关；买方负担自卖方处所提取货物至目的地所需的一切费用和风险。EXW 也是唯一由买方负责办理出口清关的术语。

2. F 组术语（共 3 种）

F 组术语包括 FCA（货交承运人）、FAS（装运港船边交货）和 FOB（装运港船上交货）三种贸易术语，其中 FOB 和 FCA 术语的介绍前文已述。

FAS(free alongside ship⋯named port of shipment——船边交货……指定装运港)术语是指卖方在装运港将货物交到船边，即履行了交货义务。买方必须自该时刻起，负担一切费用和货物灭失或损坏的一切风险。卖方办理出口清关。

在采取装运地或装运港交货条件成交而主要运费未付的情况下,即要求卖方将货物交至买方指定的承运人时,应采取 F 组术语。F 组术语签订的合同均属于装运合同,该组术语下买卖双方风险划分的界限和 C 组中的 CFR、CIF 术语是相同的,均以"船舷为界"。在《2000 年通则》中,对于该划分规定并未做出任何改动。

3. C 组术语(共 4 种)

C 组术语包括 CFR(成本加运费)、CIF(成本、保险费加运费)、CPT(运费付至……)以及 CIP(运费、保险费付至……)四种贸易术语,在采用装运地或装运港交货条件而主要运费已付的情况下,采用该组术语。对此前文已做出相关介绍。

值得注意的是,C 组术语包括两个"分界点",即风险划分点与费用划分点是两个不同的概念。卖方需要负责货物运输到目的国港口(或地点)前的一切相关费用,但是卖方却仅需负责货物在运达启运国港口(或地点)之前的风险。

4. D 组术语(共 5 种)

(1)DAF(delivered at frontier…named place ——边境交货……指定地),是指卖方在毗邻国家关境前的边境指定地点提供了出口清关货物时,即完成了交货义务。该术语主要用于铁路或公路货运。

(2)DES(delivered ex-ship…named place of destination——目的港船上交货……指定目的港),是指卖方在指定的目的港船上向买方提供了未经进口清关的货物时,卖方即履行了交货义务。卖方必须负担货物运至指定目的港的一切费用和风险。该术语只适用于海运或内河运输。

(3)DEQ(delivered ex-quay…named port of destination——目的港码头交货……指定目的港),是指卖方将货物运至指定目的港码头,可供买方收取时,即履行了交货义务。卖方必须负担货物交至该处的一切风险,但不包括关税、捐税和其他费用。该术语适用于海运或内河运输。

(4)DDU(delivered duty unpaid…named place of destination——未完税交货……指定目的地),是指卖方将货物运至进口国的指定地,可供买方收取时,即履行了交货义务。卖方必须负担货物运至该处的费用和风险(不包括关税、捐税和进口时所需的其他由当局收取的费用,以及办理海关手续的费用和风险)。买方必须负担由于它未及时办理货物进口清关手续而引起的额外费用和风险。

(5)DDP(delivered duty paid…named place of destination——完税后交货……指定目的地),是指卖方将货物运至进口国的指定地,可供买方收取时,即履行了交货义务。卖方必须负担货物运至该处的风险和费用,主要包括关税、税捐和其他费用,并办理货物进口的清关手续。与 EXW 相反,DDP 是卖方负担最多义务的术语,也是唯一由卖方负责办理进口清关的术语。

思考与练习

1. 简述国际贸易惯例的含义、作用及其特点。

2. 有关贸易术语的国际惯例主要哪几种?

3. 什么是 INCOTERMS？请写出 INCOTERMS2000 和 2010 贸易术语的中英文全称和英文缩写，试分别指出其中各组术语的共性。

4. INCOTERMS2010 与 INCOTERMS2000 相比，有哪些不同之处？

5. 简述各组贸易术语的交货点和风险点。

6. 什么是象征性交货？什么是到达合同？到达合同与装运合同有什么区别？

7. 简述 FOB、CFR、CIF 三种术语的异同以及 DAT 与 DAP 的异同。

8. 某公司与外商签订合同出售一级大豆 500 公吨，按 FOB 条件成交。装船时货物经公证人检验，符合合同规定的品质条件，卖方在装船后也及时发出装船通知给买方。但航行途中由于海浪过大，大豆被海水浸泡，品质受到影响。当货物到达目的港时，只能按三级大豆的价格出售，因而买方要求卖方赔偿差价损失。请问：卖方对该项损失是否应承担责任？为什么？

9. 买卖双方签订 CFR 合同一份，购销一批蜡烛。货物装船时，经公证人检验符合合同的规定。货到目的港后，买方发现有 20％ 的蜡烛有弯曲现象，因而向卖方索赔。但卖方拒绝，其理由是：货物在装船时，品质是符合合同规定的。事后又查明起因是货物交给承运人后，承运人把该批货物装在靠近机房的船舱内，由于舱内温度过高造成的。请问：卖方拒赔的理由是否成立？为什么？

10. 我国某公司与欧洲客商达成一项合同，以 CIF 条件出口一批货物。我国公司按照约定向中国人民保险公司投保了一切险，并按时装船发运货物，在取得了船方签发的提单后，我国公司到银行议付并顺利收回了货款。但几天后，欧洲客商来电称，该批货物在海上遇到风险已全部损失，要求我国公司向中国人民保险公司提出赔偿，否则就应退回全部货款。请问：欧洲客商的要求是否合理？为什么？

第23章 国际贸易业务

课前导读

对具体从事国际贸易业务的人员来说,其面对的复杂性和风险性要远远超过国内贸易。从交易磋商、合同签订、合同履行、违约处理等每一个环节都要慎之又慎。尤其是合同中的标的物条款、运输条款、保险条款、支付条款、仲裁条款,都是事关合同能否顺利履行的关键条款。因此,掌握国际贸易业务的习惯做法,不仅是必要的,而且是至关重要的。

23.1 国际贸易合同

23.1.1 合同标的

合同标的是合同法律关系的客体,是和合同当事人权利和义务共同指向的对象。标的是合同成立的必要条件,没有标的,合同不能成立。标的条款必须清楚地写明标的的名称,以便使标的特定化,从而能够界定权利和义务。

在国际贸易活动中,合同的标的物(subject matter)是指有关当事人权利和义务共同指向的交易对象。标的物的名称即商品品名,是国际货物买卖合同能否成立的基本条款。

1. 合同标的的名称

合同标的的名称即商品的品名(name of commodity),或称品名,是指能使某种商品区别于其他商品的一种称呼或概念。商品的名称在一定程度上体现了商品的自然属性、用途及主要的性能特征,是国际货物买卖合同中必须具备的内容,因此需要表述明确、具体、适合商品的特点。使用外文名称时,能确保其译名必须准确反映原名。按照有关法律和惯例,若卖方交付的货物不符合约定的品名或说明,买方有权要求损害赔偿,直至拒收货物或撤销合同。

2. 商品品名的表示方法

在具体实践中,商品主要依据用途、主要原料或成分、制造工艺、外观形态等来命名。

商品品名的表示方法主要有:①以其主要用途命名,如杀虫剂、按摩膏等;②以其使用的主要原料或主要成分命名,如丝绸睡衣、玻璃杯等;③以其制作工艺命名,如精制食用油、手工饺子等;④以其外观特征命名,如圆桌、平底锅等;⑤以人名、地名命名,如张小泉剪刀、苏格兰威士忌等;⑥以企业名称命名,如海尔冰箱、华为手机等。

3. 合同中的品名条款

买卖合同中的品名条款的内容一般比较简单,其规定方法通常有以下两种:

（1）在合同中品名条款的标题下，列明交易双方成交商品的名称；

（2）有时候为了省略起见，也可不加标题，只在合同的开头部分列明交易双方同意买卖某种商品的文句。

4. 规定品名条款时的注意事项

（1）条款内容应明确、具体、实事求是；

（2）尽可能使用国际上通用的商品名称；

（3）恰当地选择有利于降低关税和方便进出口的名称；

（4）必须考虑品名与运费的关系。

23.1.2　商品的价格

价格条款（price clause）是进出口合同中的核心条款。正确把握进出口商品的作价原则，采用合理的作价方法，选择有利的计价货币，确定合适的价格术语，对提高外贸经济效益有着十分重要的意义。

1. 商品价格的作价原则与因素

（1）按照国际市场同类货物价格水平及其走势确定商品的价格。商品的国际市场价格以商品的国际价值为基础并在市场竞争中形成，是买卖双方都能够接受的价格，也是作价的客观依据，例如国际商品交易所的价格、国际商品展销会的价格等。

（2）要结合国别、地区政策作价。不同细分市场所处的国家不同，消费者的消费水平也不同，国际贸易政策倾向也各异。此外，销售者是想通过低价竞争打败对手，还是与竞争对手和平共处；产品档次如何定位；是想在对方市场上长期发展，还是只谋短期利益，这些因素均决定了外销者所采取的价格策略。

（3）要考虑贸易条件和支付条件。选择哪一种贸易术语成交，即表明买卖双方需要承担哪些交易费用、风险和责任，如 CFR 术语的卖方要比 FOB 的卖方多承担海洋运费，因此贸易术语是核算报价的基础。此外，支付方式的不同，也会给交易双方带来不同的费用与风险。

（4）在具体确定商品价格时，还应注意商品的品质、数量，运输距离，交货时间和地点，季节性变化，支付条件与汇率波动风险等因素。

2. 进出口商品的作价方法

（1）固定价格。固定价格是指在合同中明确规定具体价格，这是国际贸易中最常见的一种作价方法。合同价格一旦确定，双方必须严格执行。固定价格具有明确、具体、肯定、便于核算等优点，但在市场价格波动变化的情况下，会出现交货时的价格波动风险。因此，在采用固定价格前，必须对未来价格走势做出准确的判断和预测，以便做出正确的选择。为了减少风险，最好在合同中对价格订立调整规定，例如"No price change shall be allowed after conclusion of this contract"。

（2）具体价格待定。具体价格待定是在国际市场价格变动频繁、未来走势难以预测的情况下，买卖双方可对价格以外的有关条款进行约定，而对价格暂不固定。即在价格条款中明确规定定价时间及定价方法，例如"以提单日期的国际市场价格计算"。也有的只确定定价时间而未对定价方式做出明示，如"由双方于×年×月×日在×地协商确定价格"。该方式给合同的执行带来一定的不确定性，较多适用于买卖双方有长期往来、已形成比较固定的交易习惯的合同。

(3)暂定价格。在合同中先订立一个初步价格,作为开立信用证和初步付款依据,待双方最后确定价格后再进行清算,多退少补。该方法有利于尽快达成交易,且无须承担价格变动的风险。例如,每公吨1000美元CIF纽约,买方按此暂定价格开立信用证,于装船日期前15日由买卖双方另行协商最后价格。

(4)部分固定价格,部分待定价格。即在大宗交易或分批交货情况下,买卖双方仅对近期交货部分采用固定价格,而远期或后几批交货部分采取暂不固定价格的作价方法。

(5)滑动价格。滑动价格指的是先在合同中规定一个基础价格,交货时或交货前一定时间,按工资、原材料价格变动的指数做相应调整,以确定最后价格。

3.计价货币的选择

计价货币(money of account)是指合同中使用的计算价格的货币。支付货币(money of payment)是合同中用于清偿债务的货币,即进口方向出口方支付债款的货币。如果合同没有明确规定,则计价货币也是支付货币。

一般来说,如果交易双方国家间订有贸易支付协定,则应以协定所规定的货币为计价货币。如无规定,则一般多使用"可兑换的货币",即可以在国际外汇市场上自由买卖的外汇,如美元($/USD)、英镑(£/GBP)、德国马克(DM/DEM)、日元(JPY)等。

4.价格条款

(1)单价。国际货物买卖合同中的价格条款比国内贸易的单价要复杂,它由四部分组成,即计价货币、单位价格、计量单位和贸易术语。

例如:USD	300	perM/T	CIF New York
计价货币	单位价格金额	计量单位	贸易术语

(2)总价。总价是指出售一批货物的全部金额。如果一份合同中有两种以上的不同的单价,就会有两个以上的金额,几个金额相加再形成总值或总金额。总值所使用的货币必须与单价所使用的货币一致。总值除了用阿拉伯数字表示,一般还用文字表示。

例如:Total Amount:USD 300000 CIF New York

(3)贸易术语的选择。选择贸易术语的原则是:出口业务应采用CIF价或者CFR价,争取为国家增加保险费和运费外汇收入;选用自己的承运人风险也较小。进口应该采取FOB或者FCA价,减少保险费和运费的支出,为国家节省外汇。

(4)计价货币的选择。在国际贸易实践中,双方考虑的问题主要有两个,一是汇价风险的负担问题,另一个是从汇价角度来衡量货物价格的高低问题。一般来说,出口业务中应争取用从成交到收汇这段时间内汇价趋于上浮的货币;反之,在进口业务中,一般应该尽可能争取从成交到付汇这段时间内汇价趋于下浮的货币。

23.1.3 商品质量

1.商品质量的含义与重要性

商品质量(quality of goods)是指商品的外观形态和内在质量的综合。商品的外观形态是人们感官可以直接感觉到的外形特征,如商品的大小、长短、结构、造型、款式、色泽和味觉等;商品的内在质量则是指商品的物理和机械性能、化学成分、生物和技术指标等。

在国际贸易中,通过对商品质量的表述,明确交易标的物的状态。其质量的优劣对商品价格、销售数量、市场份额和买卖双方的经济利益起重要作用。

2. 商品质量的表示方法

在国际贸易中,由于交易的商品品种繁多、特点各异,故表示质量的方法也不相同。概括起来,基本上可分为以下两类:

(1)以文字说明来表示商品质量。所谓凭文字说明表示商品质量,又称为凭说明买卖(sale by description of goods),是指用文字、数据、图样、照片等方式来说明成交商品的质量。

在国际货物买卖中,大部分商品还是用文字说明来表示商品的质量,具体的方式有:①凭规格买卖(sale by specification)。它是用来反映商品质量的若干主要指标,如商品的成分、含量、纯度、容量、性能、大小、长短、粗细等。②凭等级买卖(sale by grade)。商品的等级是指对同类商品按照规格中若干主要指标的差异,用文字、数字或符号来表示商品质量上差异的程度,如甲级、乙级、丙级,A 级、B 级、C 级等。③凭标准买卖(sale by standard)。商品的标准是指商品的规格或等级已经标准化,它一般由政府机构、商业团体、商品交易所或有关的国际组织统一制定,作为交易的质量依据。此外,在买卖农副产品时,还有两种常用的标准:一是良好平均质量(fair average quality,FAQ)。它是指在一定时期内某地出口商品的平均质量水平,一般指中等货,也被称为大路货。二是良好可销质量(good merchantable quality,GMQ)。它是指卖方所交货物是"质量良好,合乎销售",一般用于无法以样品或国际公认的标准来检验的产品,如木材、冷冻或冰鲜鱼虾等。④凭商标或品牌买卖(sale by trade mark or brand)。商标(trade mark)是品牌的标记或标记的组合,可以由字母、数字、图形、图片、线条等组成。品牌(brand)是指生产商或销售商给其生产或销售的商品所冠有的名称,以便于同其他企业的同类产品区别开。例如梅林牌酱油。⑤凭产地名称或地理标志买卖(sale by name of origin/by geographical indication)。有些产品,尤其是一些传统的农副产品和土特产品,因其生产具有特定的地点,故在国际市场上享有盛誉。对于这类商品的交易,可以采用产地名称来表示其独特的品质。例如四川榨菜、德国啤酒。⑥凭说明书或图样买卖(sale by description and illustration)。在国际贸易中,有些产品,如汽车、飞机、船舶、大型成套设备、仪表等,由于其结构和功能复杂、型号繁多,难以用几项简单的指标或简短的文字说明表示其品质。对这类商品,一般采用说明书、图纸、图样、照片、技术参数以及其他数据来说明其具体的规格、性能及结构特点。

(2)以样品表示商品质量。样品(sample)通常是指从一批商品中抽出来的或由生产、使用部门设计、加工出来的足以反映和代表整批商品质量的少量实物。该样品称为标准样品(type sample)。凡以样品表示商品质量并以此作为交货依据的,称为凭样品买卖(sale by sample)。凭样品买卖主要适用于质量难以标准化、规格化或用其他科学方法表示的商品,如矿产品、土特产品等。但在贸易实践中,有时买卖双方为了发展贸易关系而寄送样品供对方参考,即所谓的参考样品(reference sample),但这种样品不能够作为交货的依据。

在国际贸易中,按样品提供者的不同,样品可分:①卖方样品。由卖方提供的样品称为卖方样品。凡凭卖方样品作为交货的质量依据者,称为凭卖方样品买卖。在此情况下,在买卖合同中应订明"质量以卖方样品为准"(quality as per seller's sample)。日后,卖方所交整批货的质量,必须与其提供的样品相同。在向买方送交标准样品时,卖方应留存一份或者数份同样的样品,即复样(duplicate sample),以备日后交货或者处理争议时核对之用。②买方样品。买方为了使其订购的商品符合自身要求,有时它提供样品交由卖方依样承制,如卖方同意按买方提供的样品成交,称为凭买方样品买卖。在这种场合,买卖合同中应订明"质量以买方样品为准"(quality as per buyer's sample)。日后,卖方所交整批货的质量,必须与买方样品相符。③对等样品。在国际贸易中,谨慎的卖方往往不愿意承接凭买方样品交货的交易,以免因交货质量与买方样品不符而招致买方索赔甚至退货的危险。在此情况下,卖方可以根据买方提供的样品,加工复制出一个类似的样品交买方确认,这种经确认后的样品,称为对等样品(counter sample)或回样(return sample)。当对等样品被买方确认后,则日后卖方所交货物的质量,必须以对等样品为准。如买方同意凭对等样品洽谈交易,就等于把"凭买方样品买卖"变为"凭卖方样品买卖",使卖方处于较为有利的地位。

除此之外,少数特殊商品,如珠宝、首饰、工业品等具有独特性质的商品采用看货买卖的方式,即买方或者其代理人先在卖方存放货物的场所验看货物,并就所验货物成交。该方法多用于寄售或者展卖业务中。

3. 合同中的质量条款及其规定

(1)对某些产品可规定一定的质量机动幅度(quality latitude)。质量机动幅度是指为了避免质量条款的规定过于严格而造成卖方交货困难,在合同中规定对待特定质量指标在一定幅度内可以机动。该方法主要用于初级农产品,如农作物和矿石,以及某些工业制成品的质量指标。

它主要有以下几种规定方法:①规定范围。规定范围是指对商品的某些质量指标规定允许有一定的差异范围。②规定极限。规定极限是指对商品的某些质量指标规定允许有差异的上下极限,一般用最大、最高、最多(maximum)或最小、最低、最少(minimum)来表示。③规定上下差异。规定上下差异是指对商品的某些质量指标规定允许上下变动的百分比。④质量公差。质量公差(quality tolerance)是指国际上公认的允许产品质量出现的误差。某些工业产品的质量指标出现一定的误差有时是难以避免的。如手表每天出现误差若干秒,这种误差是允许的,即使合同中没有规定,只要卖方交货质量在公差范围内,也不视为违约。但是,如果国际上对某些特定的指标并无公认的质量公差或者买卖双方对质量公差的理解不一致时,则应在合同中具体约定买卖双方共同认可的误差。卖方交货质量在机动幅度范围内,一般按照合同单价计件,但也可以在合同中约定质量增减条款。

根据《货物销售合同公约》规定,卖方交货必须符合质量,如果卖方交货不符合约定的质量条件,买方有权要求卖方赔偿,在一定条件下要求修理、降低价款或者交付替代品,甚至拒收货物或者解除合同。

23.1.4　商品的数量

所谓商品的数量,是指以一定的度量衡表示商品的重量、个数、长度、面积、体积、容积的量。在国际货物买卖合同中,商品的数量处于主要交易条件的地位,它是买卖双方交接货物的重要依据之一,卖方交货的数量大于或小于合同规定的数量,买方都有权拒收。

1. 计量单位

常用的计量单位(unit of quantity)有重量单位(weight)、长度单位(length)、面积单位(area)、体积单位(volume)、容积单位(capacity)、个数单位(number)等。

由于各国度量衡制度不同,所使用的单位各异,因此了解与熟悉相互之间的换算方法是很重要的。常用的度量衡制度有国际单位制(international system of units)、公制(meter system)、美制(US system)和英制(B system)。

2. 商品数量的计算方法

(1)按毛重(gross weight)计算。毛重是指商品皮重与净重之和,即商品本身的重量连同包装的重量。有一些价值不高的大宗商品,如粮食、饲料等,可按毛重计算。

(2)按净重(net weight)计算。净重是指商品本身的实际重量。与商品的毛重相对应,净重是毛重减去皮重(包装)后的重量。

按照毛重计算重量又称为"以毛作净"(gross for net)。这种方式一般适用于单位价值不高的农副产品。

皮重(tare),是指商品包装材料的总重量。在实际业务中,按计算方法的不同分为:①实际皮重(actual tare or real tare),即毛重减去商品净重后所剩全部包装材料的重量;②平均皮重(average tare),即买卖双方通过抽查,得出某一批商品包装材料的平均重量后,计算出的全部货物的总皮重;③习惯皮重(customary tare),按照市场已经公认的规格化的包装计算,即用标准单件皮重乘以总件数即可。④约定皮重,即按照买卖双方事先约定的皮重作为计算的基础。

(3)按公量计算。公量(conditioned weight),是指用科学方法抽取货物中的水分后,再加上标准含水量,所求得的重量。这种方法适用于水分不稳定的货物,如羊毛、生丝之类。公量是以货物的标准回潮率计算出来的,标准回潮率是交易双方约定的货物中的水分与干量之比。公量的公式为:

$$公量 = 商品实际重量 \times (1 + 标准回潮率)/(1 + 实际回潮率)$$

(4)按理论重量计算。理论重量(theoretical weight),是指某些规格、尺寸固定,用材质量均匀,仅根据商品规格,利用件重量乘以件数得出的总重量。如马口铁,根据其厚度就可以测算出重量。

(5)按法定重量计算。法定重量(legal weight)即净重,是指商品本身的重量加上直接接触商品的包装材料重量。有些国家的海关征收从量税时,以法定重量作为征税依据。实物净重又称净净重(net net weight),它是法定重量减去直接接触商品的包装重量(内包装的重量),即纯商品的重量。

另外,还有离岸重量(shipped weight)和到岸重量(landed weight)。

3. 数量条款的主要内容

合同中数量条款的基本内容有数量和计量单位,有的合同还规定确定数量的方法。

例如:100 M/T Gross for net;100 公吨,以毛作净;2400 yds;2400 码。

23.1.5　商品包装

1. 商品包装的种类

(1)运输包装(transport packaging/package for transport)。运输包装是指为了满足货物装卸、储存、运输要求而进行的包装,又称大包装或外包装(outer packing)。其主要功能是保护货物在运输过程中不受外界影响、完好无损地运送到消费者手中。

在对外贸易中,货物的种类不同,对包装方式的要求也不尽相同,通常有箱(case)、袋(bag)、包(bale)、桶(drum)等。此外,对于可以自行成件的商品,如钢板、木材等,在运输过程中只需要加以捆绑即可的,为裸装(nude pack);对于大宗的液态或者成粉、粒、块状的商品,如煤炭、矿砂、粮食、石油等,可直接装入运输工具内运送的,为散装(in bulk)。

运输包装可分为两类,即单件运输包装(single-piece package for transport)和集合运输包装(composite package for transport)。

运输包装的标志是指为了在装卸、运输、商检等流通过程中便于识别货物和防止发生货物损坏事故,而在商品的外包装上刷制的标志。它分为以下三类:

①运输标志(shipping mark)。运输标志又称为唛头,一般由几何图形和字母、文字、数字组成,并刷制在运输包装的显著部位。其主要内容有:几何图形和文字(文字一般表示收货人或发货人的名称缩写或代号)、目的地或目的港名称、件号或批号。

由于国际货物交易量的大增和信息技术广泛应用于运输和单证流转方面,旧式运输标志的局限性日渐明显。因此,联合国欧洲委员会简化国际贸易程序工作组,在国际标准化组织国际货物装卸协会的支持下,制定了标准运输标志。它主要包括四个部分:一是收货人(或买方)的名称字头或缩写;二是参考号,如运单号、订单号、发票号、合同号等;三是目的地,即货物的最终目的港或目的地的名称;四是件数号码,即标明每件货物的顺序号和总件数。在刷制标准运输标志时,应按上述顺序排列,并且不能使用图形。

例如,标准运输标志:BBCG……收货人代号;SN2002—5……合同编号;STOCKHOLM……目的港名称;HONGKONG……转运港;NOS. 1—200……箱号和总件数。

②指示性标志(indicative mark)。指示性标志是指为了提示人们在货物装卸、运输、储存过程中需要注意的事项,在商品外包装上刷制的图形和文字,又称为安全标志或注意标志。它主要用在一些易碎、易变质的商品运输包装上,如“不能淋雨”等标志。

③警示性标志(warning mark)。警示性标志又称为危险品标志(dangerous cargo mark),是指在装有易燃品、腐蚀品、有毒品、氧化剂以及放射性物品等危险货物的运输包装上印刷的各种危险品的标志。

(2)销售包装(selling packing)。销售包装又称小包装(inner packing)或直接包装(immediate packing),是指进入零售市场与消费者直接见面的、与商品直接接触的包装。它具有保护商品的作用,还具有美化商品、宣传商品、吸引消费者、提高商品价值的作用。

2. 中性包装和定牌

(1)中性包装(neutral packing)。中性包装指在商品上和内外包装上面既不注明生产国别、地点和厂商名称,也不标明商标或牌号的包装。中性包装包括无牌中性包装和定牌中性包装两种。无牌中性包装指包装上既无生产地名和厂商名称,又无商标、牌号。定牌中性包装是指包装上仅有买方指定的商标或牌号,但无生产地名和出口厂商的、名称。

在国际贸易中,采用中性包装的目的是为了打破进口国家(地区)实行的关税与非关税壁垒。它是出口厂商加强对外竞销和扩大出口的一种手段。

(2)定牌。定牌指卖方接买方的要求,在其出售的商品或包装上标明买方指定的商标或牌号,这种做法又叫定牌生产。当前,世界许多国家的超级市场、大百货公司和专业商店,对其经营出售的商品,都要在商品的包装上标有该商店使用的商标或牌号,以扩大本店的知名度和显示该商品的身份。许多国家的出口厂商,为了利用买方的经营能力及其商业信誉和牌号的声誉,也接受定牌生产。

3. 合理订立包装条款

根据《货物销售合同公约》规定:“卖方须按照合同规定的方式装箱或包装。”卖方没有按照合同规定的方式装箱或包装,即构成违约。为了明确国际货物买卖合同当事人的责任,应在买卖合同中对商品的包装要求做出明确具体的规定。

包装条款一般包括包装材料、包装方式、包装标志和包装费用等内容。例如"In wooden cases of 70 kilos net each"(木箱装,每箱 70 千克净重),又如"Each set packed in one export carton,each 700 cartons in one 40 ft container"(每台装一个出口纸箱,700 纸箱装 1 只 40 英尺集装箱)。一般在实际业务中,切忌使用笼统含糊不明的术语。例如,一般不宜采用"适合海运包装"(seaworthy packing)、"习惯包装"(customary packing)之类的术语。

包装费用通常包括在货价之内,不另计收。

23.2　国际贸易运输与保险

23.2.1　国际贸易运输

1.国际货物运输方式与特点

(1)海洋运输(ocean transport)。海洋运输方式占国际货运重量的三分之二以上,具有运量大、运距长、运费低,不受轨道和道路限制等特点,是国际贸易中最主要的一种运输方式。该方式的不足之处在于速度较慢,易受气候及自然条件影响,航期不准,海险损失较大等,所以较多地适用于低值、量大的商品的运输。海上运输根据传播经营方式的不同可分为班轮运输和租船运输两种。其中,班轮运输是目前海洋运输中最主要的运输方式。

①班轮运输(liner transport)。班轮运输具有"四固定"和"一负责"特点,即固定的航线、固定的停靠港口、固定的航期和相对固定的运费率。班轮运输条件下,船方负责货物的装卸,货方不再另付装卸费,船货双方也不计算滞期费和速遣费。船货双方的权利、义务和责任豁免,均以船方签发的提单条款为依据。

班轮运费由基本运费和附加费用构成。基本运费分为两大类,一类是传统的件杂货运费,一类是集装箱包箱的运费率。件杂货运费的计算有重量吨(weight ton)、尺码吨(measurement ton)以及重量/尺码吨(W/M,ton)。1 尺码吨相当于 1 立方米,故尺码吨又称为体积吨。按照毛重计算时,运费吨为"公吨",在运价表内以"W"表示。按照体积计费时,运费吨为"立方米",在运价表内以"M"表示。运价表中若以"W/M"表示,即按货物毛重或者体积,从高计费。班轮运费表中还有从价运费率,即以 FOB 价的一定百分比收取运费,主要适用于贵金属、古玩等船方负较大责任的贵重物品与高价物品的运输,该方式用"A、V"表示。此外,还有按件计费或船货双方议定等。集装箱包箱运费率有三种方式,一种是 FAK 包箱费率(freight for all kinds),即不分货物种类,按每个集装箱收取的费率;一种是 FCS 包箱费率(freight for class),即按照不同货物等级指定的包箱费率;还有一种是 FCB 包箱费率(freight for class and basis),即按不同货物等级或类别及计价标准制定的费率。

班轮的附加运费是指对一些需要特殊处理的货物或由于突发事件等需要另外收取的费用,如超重附加费、洗仓费、直航或绕行附加费、货币贬值附加费、燃油提价附加费等。

②租船运输(shipping by chartering)。租船运输又称不定期船(tramp)运输。租船运输的有关航期、航线、停靠港口、运费等均由船货双方签订租船合同来安排,均不固定。其具体方

式又有定程租船与定期租船两种方式。

定程租船（voyage charter/trip charter），又称为航次租船，是按照航程进行出租的方式。是由船舶所有人负责提供船舶，在指定的港口之间进行一个航次或几个航次承运指定货物的租船运输方式。定程租船的特点如下：船东负责配备船员，负担船员工资、伙食费等；船东负责营运工作，并负担船舶的燃料费、物料费、修理费、港口适用费等营运费用；按装载货物的数量或按船舶吨位的综合计收运费；在租船合同中订明货物装卸费用由谁负担；在租船合同中订明货物装卸时间及滞期费和速遣费的计算标准。

定期租船（time charter），又称期租船，是按照时间进行出租的方式，是指由船舶所有人按照租船合同的约定，将特定的船舶在约定的期间交给承租人使用，由承租人支付租金的船舶运输方式。定期租船的特点如下：船东负责配备船员，负担船员工资、伙食费等；承租人负责船舶的营运工作，除船舶修理费、物料费、折旧费、船舶保险费由船舶所有人负担之外，其他有关营运费，如燃油费、港口使用费等，均由承租人负担；租金按船舶装载能力和租期长短计算。

在我国，使用较多的租船方式是定程租船，主要用于运输批量较大的初级产品，如粮食、油料、矿产品和工业原料等。

（2）铁路运输（rail transport）。铁路运输方式在国际货物运输中仅次于海洋运输方式。其特点是不受气候影响，运量大，持续性强，速度快，风险小，手续简单。具体方式主要包括国际铁路货物联运和对香港特别行政区铁路运输两部分。

①国际铁路联运，是指使用一份统一的国际联运票据，由铁路负责两国或两国以上铁路的全程运送，而无须收、发货人参与货物在国与国之间移交的一种铁路国际货运方式。我国对外贸易运输公司是我国负责对外国际铁路联运的总承运人和总代理商。集装箱运输的发展以及几条大的大陆桥的建设，大大地推动了国际铁路联运方式的发展。

②对香港特别行政区铁路运输，是由内地段和港段运输组成的。具体是：从内地至深圳北站的内地段运输，由发货人或对外公司依照对香港铁路运输计划的安排，先将货物运往深圳北站，收货人为中国对外贸易运输公司深圳分公司，由其作为发货人的代理负责在深圳与铁路局办理货物运输单据的交换，并向深圳铁路局租车，再向海关申报进口，经查验放行后，将货物运至九龙港。火车过轨后，由香港中国旅行社将货物卸交香港收货人。对港铁路运输实际上是两段铁路运输的联运，一般由外运公司以联运承运人的身份签发从启运地到香港的承运货物收据（cargo receipt），对货物全程运输负责，并作为出口人收汇和香港收货人提货的凭证。

（3）航空运输（air transport）。航空运输方式是一种最现代化的运输方式，具有运输速度快、货运质量高、不受地面条件限制等优点，适宜于运送鲜活物品、精密仪器、贵重物品以及急需运送的物资。航空运输的方式有班机运输、包机运输、集中托运、航空急件传送等。

承运人为运输货物对规定的重量单位（或体积）收取的费用成为运费。航空运费一般按重量（公斤或磅）或体积（6000 立方厘米或 366 立方寸）计算，以两者中收费较高的为收费标准。

航空公司一般只负责空中运输。托运人填写《国际货运托运书》，办理完有关出口手续后，由航空公司开出航空运单（air way bill）。该单据仅为承运人与托运人之间的运输合同，是承运人收到货物后的收据。与海运提单不同，它不是无权证书，不能背书转让，也不可议付。收货人凭承运人发出的到货通知提取货物。

（4）集装箱运输（container transport）。集装箱运输方式是目前国际上普遍采用的一种现代化运输方式。它以集装箱作为运输单位进行货物运输，将散件货物汇成一个运输单元（集装箱),使用船舶等运输工具进行运输。集装箱运输改变了传统的货物流通途径,它可以适用于公路、铁路、海洋、航空等多种运输方式,具有运输质量高、装卸方便并适合于海、陆、多式联运等多种运输方式等优点。

根据不同的货物装载要求,集装箱可分为干货集装箱(dry container)、冷藏集装箱(reefer container)、开盖集装箱(open top container)以及罐状集装箱、平台集装箱、通风集装箱等。根据装箱方式不同,可分为整箱货(full container load,FCL)和拼装货(less than container load,LCL)两种装箱方式。整箱货物是由供货方将货物装满后,直接送集装箱堆场(container yard,CY)交承运人;拼箱货是由供货方将货物送集装箱货运站(container freight station,CFS)交承运人,由承运人负责装箱。

国际集装箱运输的交接方式有门到门交接(door to door)、门到场交接(door to CY)、门到站交接(door to CFS)以及场到门、场到站、站到门、站到站等9种方式。

根据有关规定,集装箱的规格有 IA 型(8 英尺×8 英尺×40 英尺)、IAA 型(8 英尺×8.6 英尺×40 英尺)和 IC 型(8 英尺×8 英尺×20 英尺)。

集装箱运输的单证主要有装箱单(container load plan,CLP)、场站收据(dock receipt,D/R)和集装箱联运提单(container transport B/L,CT B/L),集装箱运费的计算可按包箱费率计收,也可以由船舶运费加计杂费或附加费计收。

(5)邮包运输(parcel post transport)。邮包运输方式是指通过邮局寄送进出口货物的运输方式。这种方式手续简便,具有门对门的国际多式联运的性质,而且费用不高,是国际贸易中经常采用的运输方式之一。卖方使用这种方式运输货物,只需根据合同条件将货物以邮包方式包装交付邮局,付清邮资并取得邮包收据,即算完成交货任务。

(6)国际多式联运(international multimodal transport/international intermodal transport)。国际多式联运方式是以集装箱为媒介,以两种或两种以上运输方式,由多式联运经营人将货物从一国境内指定接管货物的地点运至另一国境内指定交付货物的地点,完成某一运输任务的一连贯运输方式。国际多式联运虽然是国际间的多种运输方式连贯运输货物,但其只能有一个多式联运经营人、一份多式联运合同、一份全程联运单据、一个全程单一的运费费率。并且多式联运人也可以是无船承运人。国际多式联运有陆空、陆海、陆海空、陆空陆、海空,以及大陆桥运输等多种具体方式。

2.进出口合同中的装运条款

(1)装运时间(time of shipment)。交货时间(time of delivery)是指卖方按买卖合同的规定应该将货物交付给买方或承运人的期限。在国际贸易中,存在交货和装运两个不同的术语,因此也就有交货时间和装运时间的两个概念。一般在使用 FOB、CFR、CIF 和 FCA、CPT、CIP 六种术语达成交易时,卖方在装运港或装运地点将出口清关的货物装到船上或者交付给承运人就算完成了交货义务,称为装运合同。在该类合同中,交货与装运是一致的。但是在使用 E 组和 D 组术语达成交易时需要实际交货,因而在该类合同中,交货和装运是两个不同的概念。交货时间条款是合同中主要条款,推迟和提前交货都构成违约。

对于合同中装运期的规定,通常使用两种方法:①明确规定具体装运时间。在合同中订明某年某月装运或某年跨月度装运。就是说装运时间一般不确定在某一个日期上,而是确定在一段时间内。这种规定方法期限具体,含义明确,双方不至于因交货时间的理解和解释上产生分歧,因此,在国际货物买卖合同中采用较为普遍。②规定在收到信用证后若干天或若干月装运。例如，合同订明"收到信用证后 45 天内装运"（shipment within 45 days after receipt of L/C）。

（2）装运港和目的港。一般情况下，只规定一个装运港（port of shipment）和一个目的港（port of destination），且明确具体名称。有时根据业务需要，也可规定两个或两个以上的装运港和目的港。在出口业务中，对国内装运港的规定，一般以接近货源地的对外贸易港口为宜。同时，要考虑到港口和运输条件及费用水平。

（3）分批装运（partial shipment）和转运（transhipment）。①分批装运条款一般在大宗货物交易中采用。该条款可笼统规定允许卖方分批装运，也可具体规定各批次的数量和装运日期，即分期装运。后种做法对卖方有严格限制，按照《跟单信用证统一惯例》规定，其中有一期未按信用证规定装运，信用证对该期及以后各期均告失效。②转运包括运输过程中的转船、转机以及从一种运输工具上卸下再装上另一种运输工具的行为。凡信用证未明确是否允许分批装运和转运，则视为可以分批装运和转运。

（4）装运通知（advice of shipment）。在按 FOB 条件成交时，卖方在约定装船期开始前一个月，向买方发出货物备妥准备装船的通知。买方接到卖方通知后，应及时将船舶名称、船期用电报通知卖方准备接船。

在按 CIF、CFR、FOB 条件成交时，卖方应于货物装船后，立即将合同号、货物的品名、件数、重量、发票金额、船名、装船日期电告买方，以便买方做好各项准备，并做好进口报关等手续。

（5）OCP 条款（overland common points clause）。OCP 条款仅适用于对美国出口交易。根据美国运费率规定，以美国西部洛杉矶山脉为界，山脉以东地区为内陆地区（OCP），在该范围内，出口商采用该条款，可享受国内优惠运费率和 OCP 海运优惠运费率。但条件是由美国西海岸中转，货物最终目的地在 OCP 范围之内；且必须在提单上注明 OCP 字样、西海岸港口和内陆目的地城市的名称。

3. 运输单据

运输单据，是指代表运输中的货物或证明货物已经装运或已被承运人或代理人接管的单据。它具体说明同货物运输有关当事人的责任、权利及义务，是货物运输业务中最为重要的证件，也是出口结汇不可缺少的单据。

运输单据种类很多，国际贸易货物采用不同的运输方式，承运人或无船承运人签发不同的运输单证，主要有海运提单、海运单、铁路提单、航空运单、多式联运单据等。这些单据中，有的作为交接货物的依据，有的作为结算货款的凭据，也有的代表货物的所有权凭证，可流通转让。这里重点讲述海运提单。

海运提单（bill of lading，B/L）简称提单，是指用以证明海上货物运输合同和货物已经由承运人接管或者装船，以及承运人保证据以交付货物的单据。其主要作用是：货物收据（receipt for the goods shipped），物权凭证（property document），运输契约的证明（evidence of contract of carriage）。

海运提单正面的记载事项主要有：托运人、收货人、被通知人、收货地或装运港、目的地或卸货港、船名及船次、唛头及件号、货名及件数、重量和体积等。海运提单背面的运输条款是有关托运人、承运人、收货人和提单持有人之间权利和义务的主要依据。

海运提单的种类如下：

（1）根据货物是否装船，海运提单可分为已装船提单和备运提单。①已装船提单（on

board B/L；shipped B/L），是指把货物装上指定船舶后承运人所签发的提单，提单上注有载货船只名称和装货日期。买方或银行所要求的一般都是已装船提单。已装船提单的表示方法有两种：一是预先印就表明货物已被装上指明船只或已装运于指明船只的文字，此时装运日期和装船日期为签发日期；二是在收妥备运提单上加批注，即装船结束时在此类提单上批注货物装船日期和实际装货船名，则成为已装船提单。此时，批注日期即装运日期和装船日期。②备运提单（received for shipment B/L），是指承运人应托运人的要求，在收货后等待装船期间先行签发的一种提单。提单开头一般有如下声明文句：“兹有……收到以下货物……”未载明船名、装船日期。

一般信用证均要求提交已装船提单。备运提单由于在装运前已经签发，因此不利于收货人安全收货，信用证项下银行一般不接受此种提单。

（2）根据货物外表状况有无不良批注，海运提单可分为清洁提单和不清洁提单。①清洁提单（clean B/L）是指装船时，货物表明状况良好，承运人在签发提单上未加任何货损、包装不良或其他有碍结汇的批注。②如果承运人在签发提单上注明货物或包装有缺陷等批注，即构成不清洁提单（unclean B/L；foul B/L）。UCP600 规定，银行只能接受未载有明确宣称货物及（或）包装有缺陷的条款或批注的清洁运输提单。

（3）根据提单收货人抬头的不同，海运提单可分为记名提单、不记名提单和指示提单。①记名提单（straight B/L）是指收货人栏内明确填写收货人名称的提单。这种提单不能通过背书方式转让给第三方，不能流通，故较少使用，一般只用于价值比较高的货物。②不记名提单（blank B/L；open B/L），是指提单收货栏留空或填“持有人”（to bear），不需任何背书，只需盖章即可转让，风险极大。③指示提单（order B/L），是指在收货人栏内只填写凭指示（to order）或凭某人指示（to order of）字样的提单。提单可通过背书方式转让给第三人。背书有“空白背书”和“记名背书”两种形式，前者是指仅由背书人（提单的转让人）签字盖章而不注明被背书人（提单受让人）的名称；后者是指提单背书人签字盖章后，还列明被背书人的名称。由于指示提单既有流通性，又有安全性，因此在实际业务中使用最多。

（4）根据运输方式，海运提单可分为直达提单、转船提单和联运提单。①直达提单（direct B/L），是指轮船中途不经换船而驶往目的港所签发的提单。②转船提单（tran-ship B/L），是指货物经中途转船才能到达目的港而由承运人签发的全程提单。③联运提单（through B/L），是指海运和其他运输方式联合运输时，由第一承运人签发的包括全程运输的提单。在实际业务中很多提单既适用于直达运输，也适用于转船和联运。

（5）根据使用效力分类，海运提单可分为正本提单和副本提单。①正本提单（original B/L）在法律和商业上都是公认有效的单证。②副本提单（copy B/L）仅作业务参考用。在实际业务中只有正本提单才能提货。

（6）按照特殊情况分类的提单。在特殊情况下，可能是不符合法律或者对货运业务有一定影响时所使用的提单。这类提单也有多种情况。①过期提单。过期提单（stale B/L）有两种含义：一是指由于出口商在取得提单后未能及时到银行议付的提单，也称滞期提单；二是指提单晚于货物到达目的港（国家间的贸易合同一般都规定有“过期提单也可接受”的条款）。在信用证支付方式下，根据《跟单信用证统一惯例》第 43 条的规定，如信用证没有规定交单的特定期限，则要求出口商在货物装船日起 21 天内到银行交单议付，也不得晚于信用证的有效期限。超过这一期限，银行将不予接受。过期提单是商业习惯的一种提单，但它在运输合同下并不是无效提单,提单持有人仍可凭其要求承运人交付货物。②预借提单。预借提单(advanced B/L)是指由于信用证规定的装运期或交单结汇期已到,而货物尚未装船或货物尚未装船完毕时,应托运人要求而由承运人或其代理人提前签发的已装船提单,即托运人为能及时结汇而从承运人处借用的已装船提单。当托运人未能及时备妥货物,或者船期延误使船舶不能如期到港,托运人估计货物装船完毕的时间可能要超过信用证规定的装运期甚至结汇期时,就可能采取从承运人那里借出提单用于结汇的办法。这种在货物装船前或开始装船前已为托运人"借"走的提单,对承运人而言要冒极大风险,因为这种做法掩盖了提单签发时的真实情况。许多国家法律的规定和判例表明,一旦货物引起损坏,承运人不但要负责赔偿,而且还要丧失享受责任限制和援用免责条款的权利。③倒签提单。倒签提单(anti-date B/L)是指在货物装船完毕后,应托运人的要求,由承运人或其代理人签发的提单,但是该提单上记载的签发日期早于货物实际装船完毕的日期。由于倒填日期签发提单,所以称为倒签提单。由于货物实际装船完毕日期迟于信用证规定的装船日期若仍按实际装船日期签发提单,肯定影响结汇,托运人为了使签发提单日期与信用证规定的装船日期相吻合,以便结汇,就可能要求承运人仍按信用证规定的装船日期倒填日期签发提单。承运人倒签提单的做法同样掩盖了真实的情况,因此也要承担由此而产生的风险责任。

除海运提单外,还有如下其他运输单据:

(1)铁路运单(railway bill)。国际铁路联运使用国际铁路联运运单。该单据也是铁路与货主之间的运输契约,是铁路承运人接收货物的收据,也是铁路与货主交接货物、核收运杂费用、处理索赔与理赔的依据。国际铁路货物联运分快运和慢运两种,快运运单在正反两面的上下边各印一条红线,而慢运则无红线。运单分正副本,正本在铁路承运人加盖承运日期并签字盖章后交发货人,作为向银行议付货款的主要证件之一。

(2)航空运单(air way bill)、邮包收据(parcel post receipt)、多式联运单据(multimodel transport documents)。航空运单与海运提单不同,不是物权凭证,不得转让。邮包收据也不是物权证明,但收件人必须凭此提取邮件。多式联运单据与海运提单相似,但性质有别。

23.2.2 国际贸易保险

1. 海运货物保险承保的范围

海上运输货物保险的承保范围主要包括海上风险、海上损失和海上费用。

(1)海上风险,一般是指船舶、货物在海上运输中发生的各种风险。在保险业务中,保险公司所承保的风险,主要包括自然灾害、意外事故和其他外来原因所引起的外来风险。①自然灾害(natural calamities)是指不以人们意志为转移的自然力量所引起的灾害,如恶劣气候、雷电、海啸、地震、洪水、火山爆发、浪击落海等。②意外事故(fortuitous accidents)是指运输工具在运输过程中遭受搁浅、触礁、沉没、互撞、失踪、失火或爆炸等意外原因所造成的事故。③外来风险(extraneous risks)是指由于海上风险以外的其他原因所造成的风险和损失。它可分为一般外来风险和特殊外来风险。一般外来风险(general extraneous risks)是指被保险货物在运输途中由于一般外来原因造成的损失,如偷窃、雨淋、短量、沾污、渗漏、受潮、锈损、钩损等。特殊外来风险(special extraneous risks)是指由于国家的政策、法令、政策措施、军事等特殊外来原因所造成的风险与损失,如战争、罢工等导致交货不到或出口货物被有关当局拒绝进口等。

(2)海上损失(marine losses)是指海洋货物保险中的损失,又称海损,是指由上述风险造成的损失。按损失程度的不同,它可分为全部损失和部分损失两种。按照货物损失的性质,它又可分为共同海损与单独海损。在保险业务中,共同海损与单独海损均属部分损失。

全部损失(total loss)简称全损,是指运输中的整批货物或不可分割的一批货物的全部损失。全损又有实际全损和推定全损两种:实际全损(actual total loss)是指该批保险货物完全灭失,或者货物完全变质已失去原有的用途,例如货物沉没海底无法打捞,或水泥被水浸泡后成为硬块;推定全损(constructive total loss)是指被保险货物受损后,进行施救整理和恢复原状所需的费用,或者这些费用再加上运至目的地的费用的总和,估计要超过货物在目的地的完好状态的价格。在发生推定全损的情况下,被保险人获得的赔偿有两种可供选择:一是获得全部赔偿;二是获得部分赔偿。如果要求按全损赔付时,被保险人必须向保险人发出委付通知。

部分损失(partial loss)是指被保险货物没有达到全损程度的损失。按照部分损失的性质,它可分为共同海损和单独海损。①共同海损(general average),是指当载货船舶在航行中遭遇自然灾害或意外事故,并威胁到船、货等共同安全时,船方为了解除这种威胁,有意识地采取了合理措施所做出的某些特殊的牺牲或支出额外的费用。共同海损的成立必须具备三个条件:第一,危险必须是实际存在或不可避免的,且危及船、货共同安全;第二,所采取的措施必须是主动的、合理的;第三,所做出的牺牲是特殊性质的,支出的费用是额外的,且必须是有效的。②单独海损(particular average)是指投保标的物受损后,尚未达到全损,且损失不属于共同海损,是单独一方遭受的损失。单独海损通常是由承包范围内的风险如自然灾害或意外事故所造成的单独损失。例如,某载货船舶在航程中遭遇暴风雨,导致某舱内的部分水泥被海水打湿,使其失去了原有价值。这部分损失仅由该出口商承担,与其他货主和船东无关。

(3)海上费用是指海上风险造成的费用损失,它包括施救费用和救助费用。①施救费用(sue and labor expenses)又称单独海损费用,是指被保险货物遭受保险责任范围内的自然灾害和意外事故时,被保险人或其代理人或其受雇人等为抢救被保险货物,防止损失继续扩大所支付的费用。②救助费用(salvage charges)是指被保险货物遭受承保范围内的灾害事故时,除保险人和被保险人以外的无契约关系的第三者采取救助措施,获救成功。

2. 我国海洋货物运输保险的险别、条款与基本做法

在我国对外贸易业务中,经常使用的是中国人民保险公司所制定的保险条款。中国人民保险公司海洋运输货物保险条款简称中国保险条款(China insurance claus,CIC)。

中国人民保险公司参照《协会货物保险条款》的规定,将我国海洋货物运输保险的险别分为平安险(free from particular average,FPA)、水渍险(with particular average,WPA)和一切险(all risks,AR)三种。平安险、水渍险和一切险都是货物运输保险的基本险别。根据不同类别货物的需要,在投保一种基本险外,尚须加保的险别都叫附加险(extraneous risk)。基本险可以独立投保,附加险只有在投保某一基本险的基础上才能加保。

(1)基本险。根据我国现行的《海洋运输货物保险条款》(ocean marine cargo clause)规定,我国海洋运输货物保险的基本险别有平安险、水渍险和一切险三种。

①平安险。平安险的主要责任范围是:第一,自然灾害造成整批货物的全部损失;第二,意外事故造成货物全部或部分损失;第三,货物遭受自然灾害前后,又遭意外事故的部分损失;第四,装卸或转运时由于一件或数件货物落海造成的全部损失或部分损失;第五,运输工具遭海难后,发生的特别费用。平安险是承保责任最小、所缴保险费较少的一种基本险别。

②水渍险。水渍险的责任范围除包括平安险的各项责任外,还负责被保险货物由于自然灾害造成的部分损失。

③一切险。一切险的责任范围除包括平安险和水渍险的所有责任外,还包括货物在运输过程中因各种外来原因所造成保险货物的损失。但是,由于货物本身特性所造成的损失、物价跌落的损失等,不包括在一切险的承保范围之内。一切险条款的责任范围很广,但战争险(war risks)或罢工险(risks of strikes)则不包括在内。

(2)附加险。附加险包括一般附加险和特殊附加险两种。

①一般附加险(general additional risk)。它主要包括偷窃提货不着险、淡水雨淋险、短量险、混杂沾污险、渗漏险、碰损破碎险、串味险、受潮受热险、钩损险、包装破裂险和锈损险。一般附加险属于一切险的范围之内。

②特殊附加险(special additional risk)。它不属于一切险的范围之内。目前承保的特别附加险别主要有:交货不到险、进口关税险、舱面险、拒收险、黄曲霉素险、战争险和罢工险。

3.伦敦保险协会的海运保险条款

世界上许多国家都有自己的保险条款,其中以英国伦敦保险协会(institute of London under writers)制订的《协会货物保险条款》(institute cargo clauses,ICC)在国际保险市场上影响最大。英国伦敦保险协会的《协会货物保险条款》最早制订于1912年。

为了适应不同时期国际贸易、航运、法律等方面的变化和发展,该条款已先后多次补充和修改。最近一次修订于1982年1月1日完成,并于1983年4月1日起正式实行。

现行伦敦的保险协会的海运货物保险条款主要险别有以下六种:

(1)协会货物A险条款(institute cargo clauses(A),ICC(A));

(2)协会货物B险条款(institute cargo clauses(B),ICC(B));

(3)协会货物C险条款(institute cargo clauses(C),ICC(C));

(4)协会战争险条款(货物)(institute war clauses-cargo);

(5)协会罢工险条款(货物)(institute strikes clauses-cargo);

(6)恶意损害险条款(malicious damage clauses)。

上述ICC(A)、ICC(B)、ICC(C)三种险别都有独立完整的结构,对承保风险及除外责任均有明确的规定,因而都可以单独投保。上述战争险和罢工险,也具有独立完整的结构,如征得保险公司同意,必要时也可作为独立的险别投保。唯独上述恶意损害险属附加险别,不可以单独投保,故其条款内容比较简单。

23.3 国际贸易结算

23.3.1 国际贸易主要结算(支付)工具及其应用

通常,进出口贸易货款的结算或支付,可以使用现金和票据两种支付工具。现金结算在货款总额中只占极小比重,而且仅限于数额非常小的交易,大多数货款是以票据来进行结算的。票据是以支付金钱为目的的,由出票人签名,约定自己或另一个人无条件支付确定金额的可流通转让的有价证券。国际贸易中使用的票据主要有汇票、本票和支票,其中汇票使用最多。

1. 汇票

(1)汇票(bill of exchange/draft/bill)的定义与内容。汇票是由出票人签发的、委托付款人在见票时或在指定日期无条件支付确定金额给收款人或持票人的票据。可见,汇票是出票人委托付款人支付给收款人的无条件支付命令,要求受票人见票时或于未来某一规定的或可以确定的时间,将一定金额的款项支付给某一特定的人或其指定的人,或持票人。汇票可以通过背书转让,在国际结算中使用比较广泛,并通常附带商业单据一起使用。

汇票有如下主要内容:

(1)"汇票"(bill of exchange)字样;

(2)无条件支付命令(unconditional order in writing to pay);

(3)一定的金额(a sum certain in money);

(4)付款的期限(date/tenor of payment);

(5)付款地(place of payment);

(6)付款人(drawee/payer);

(7)收款人(drawer/payee);

(8)出票日期(date of issue);

(9)出票地(place of issue);

(10)出票人签字(signature of drawer)。

我国票据法规定,汇票必须记载的事项有:(1)(2)(3)(6)(7)(8)(10)。汇票上未记载上述事项之一的,汇票无效。

(2)汇票的种类。

①按出票人的不同,汇票可分为银行汇票(bank's bill)和商业汇票(commercial bill)。银行汇票是指出票人是银行,受票人(付款人)也是银行的汇票;商业汇票是指出票人是工商企业或个人,受票人(付款人)可以是企业、个人,也可以是银行的汇票。在国际结算中,使用商业汇票居多。

②按汇票本身是否随附单据,汇票可分为光票汇票(clean bill)和跟单汇票(documentary bill)。光票是指出具的汇票不附有运输单据,银行汇票多为光票汇票;跟单汇票是指附带有包括运输单据在内的商业单据的汇票,跟单汇票多是商业汇票。

③按付款日期不同,汇票可分为即期汇票(sight draft)和远期汇票(time draft)。即期汇票是指在提示或见票时立即付款的汇票;远期汇票是指在固定的或在可以确定的将来某一日期付款的汇票。

④按承兑人的不同,汇票可分为商业承兑汇票(commercial acceptance bill)和银行承兑汇票(banker's acceptance bill)。前者属于商业信用,而后者则属于银行信用。

2. 本票

本票(promissory note)是指银行签发的,承诺自己在见票时无条件支付确定金额给收款人或者持票人的票据。根据我国《票据法》的规定,我国票据法只承认银行本票,银行本票仅限于由中国人民银行审定的银行或其他金融机构签发,且自出票日起付款期限不超过 2 个月。

3. 支票

支票(cheque/check)是指出票人签发、委托办理支票存款业务的银行或其他金融机构在见票时无条件支付确定的金额给收款人或者持票人的票据。出票人在签发支票时,应在付款银行存有不低于票面金额的存款,如果存款不足,支票持有人向付款银行提示支票要求付款时,就会遭到拒付,这种支票叫空头支票。签发空头支票是被各国法律所禁止的。

23.3.2　国际贸易常用的支付方式及其应用

国际贸易的支付方式主要有汇付、托收和信用证。此外,还有银行保证书、国际保付代理等其他支付方式。

1. 汇付

汇付(remittance)又称汇款,是付款人委托银行或通过其他途径将款项支付给收款人的一种支付方式。国际贸易货款的收付如采用汇付,一般是由买方按合同约定的条件(如收到单据或货物)与时间,将货款通过银行汇交给卖方。汇款人在委托汇出行办理汇款时,要出具汇款申请书。汇出行一经接受申请,就有义务按照汇款申请书的指示通知汇入行。汇入行对汇出行承担解付汇款的义务。它的实质是贸易双方利用银行间的资金划拨渠道,将一方的资金付给另一方,已完成收、付之间债券债务的清偿。汇付的资金和结算工具的流动方向均是从进口方流动到出口处,两者的方向一致,因此,汇付属于顺汇。

(1)汇付的当事人。

①汇款人(remitter),即付款人,在国际贸易结算中,通常是进口商;

②汇出行(remitting bank),即接受汇款人委托汇款的银行,通常是进口地的银行;

③汇入行(receiving bank),又称解付行,即接受汇出行的委托解付汇款,通常是汇出行在出口地的代理银行;

④收款人(payee/beneficiary),即收取款项的人,即出口人。

(2)汇付的方式有三种:电汇、信汇和票汇。

①电汇(telegraphic transfer,T/T)。它是指汇出行应汇款人的申请,用电报、电传、环球银行金融电信协会(SWIFT)等电信手段委托汇入行向收款人解付货款的一种支付方式。汇出行在发给汇入行的电报上须加注密押,汇入行收到电报、核对密押无误后再通知收款人领款。这种方式速度最快,安全可靠,但银行费用较高。

②信汇(mail transfer,M/T)。它是指汇出行应汇款人的申请,以信函格式开立汇款通知书并在汇款人交付款项后以航空邮件的方式将信汇委托书或交付委托书寄给汇入行,通知汇入行支付款项给收款人的一种支付方式。这种方式费用较低,但耗时长,差错率高,目前已经很少使用。

③票汇(demand draft,D/D)。它是指汇款人直接向汇出行购买即期汇票,并自行寄给收款人,收款人凭汇票向指定银行收取货款的一种支付方式。

汇付由于具有支付手续简单、资金转移速度快、成本较低等特点,已经成为重要的国际支付方式。

2. 托收

托收(collection)即委托收款,是出口人在货物出口后,开具以进口人为付款人的汇票,委托出口的银行通过其在进口国的业务往来行,向进口人收取货款或承兑,或者在取得付款和承兑(或其他条件)后交付单据的一种支付方式。托收业务,由于汇票或单据的传递方向与资金流动的方向相反,因此属于逆汇。

(1)托收的当事人。

①委托人(principal),是指开具汇票委托银行向国外进口商收取货款的人,通常是出口方。

②托收行(remitting bank),是接受委托人的委托,转托国外银行向进口方代为收款的银行,通常为出口地银行。

③代收行(collecting bank),是接受托收行的委托,代向进口方收款的银行。通常为托收行在进口地的分行或代理行。

④付款人(payer/drawee),是指在托收义务中有付款义务的人,通常为进口人。

(2)托收的种类。

①光票托收(clean collection)和跟单托收(documentary collection)。光票托收是指出口人在收取货款时,仅凭汇票,不随附任何装运单据。这种方式一般用于信用证项下地点余额、代垫费用、佣金以及样品费等的结算。跟单托收是指债权人向托收行提交发票、提单等商业单据,可提交也可不提交金融单据,委托其代为收款。在国际贸易的货款结算中,通常采用跟单托收。跟单托收又可分为付款交单和承兑交单两种。

②承兑交单(documents against acceptance,D/A)和付款交单(documents against payment,D/P)。承兑交单是出口方按照合同规定发运货物后,开具远期汇票,连同货运单据通过代首航向进口方提示,进口方经审单无误后,即在汇票上承兑,代收行才予以交单。付款交单是指代收行向进口方提示跟单汇票后,只有当进口方付清货款时方可交付货运单据。根据付款时间的不同,付款方式又可分为即期付款交单(D/P at sight)和远期付款交单(D/P after sight)。

3.信用证

信用证(letter of credit,L/C),是指开证银行应开证申请人的要求并按其指示,或因其自身需要,向受益行开立的、载有确定金额的、在规定期限凭符合信用条款规定的单据付款的书面保证文件。该支付方式把由进口人履行付款责任转为由银行来付款,保证出口人安全迅速收到货款,买方按时收到货运单据。因此,在一定程度上解决了进出口人之间互不信任的矛盾;同时,也为进出口双方提供了资金融通的便利。当今,信用证付款已成为国际贸易中普遍采用的一种主要的支付方式。信用证属于银行信用。

(1)信用证的当事人。

①开证申请人(applicant),又称开证人(opener),是向银行申请开立信用证的人,一般是进口方。

②开证行(opening bank/issuing bank),是接受开证申请人的要求和指示并开立信用证的银行,一般是进口地银行。

③通知行(advising bank),是受开证行的委托,将信用证转交出口方的银行,一般是出口地开证行的代理行。通知行只证明信用证的真实性,不承担其他义务。

④受益人(beneficiary),即信用证上所指定的信用证金额的收款人,一般为出口方。

⑤议付行(negotiating bank),是根据开证行授权买入或贴现受益人开具的信用证项下单据的银行,议付行一般为通知行或其他指定的银行。如果信用证未做规定,受益人可向任何愿意接受该项业务的银行议付。议付行对受益人有票据追索权。

⑥付款行(paying bank/drawee bank),是信用证规定履行信用证付款责任的银行,一般是开证行,也可以是开证行指定的其他银行。付款行一经付款,不得向受益人行使追索权。

(2)信用证的内容。

①关于首部,包括开证行名称、地址、开证日期、信用证号码、受益人、信用证种类、开证申请人、信用证金额、有效日期和有效地点。

②关于汇票,包括出票人、付款人、汇票期限、汇票金额、出票条款。

③关于基本单据,包括商业发票、提单或运输单据、保险单证。

④关于附属单据,包括产地证、检验证、许可证和重量单等。

⑤关于商品的描述,如货名、数量、单价和贸易条件等。

⑥关于运输,包括:装货港、装运期限、卸货港或目的地,可否分批装运、转船。

⑦其他事项,包括:开证行对议付行的指示条款;开证行承诺付款条款;开证行名称和签字;其他特别条款。

(3)信用证的支付流程。

①合同规定使用信用证支付货款。

②进口人填制开征申请书,缴纳押金和手续费,要求开证行开出以出口人为受益人的信用证。

③开证行将信用证寄交出口人所在地的分行或代理行(通知行)。

④通知行核对印鉴无误后,将信用证转交出口人。

⑤出口人审核信用证与合同相符后,按信用证规定装运货物,并备齐各项货运单据,开具汇票,在信用证有效期内一并交送当地银行(议付行)请求议付;议付行审核单证相符后,按汇票金额扣除利息和手续费,将货款垫付给出口人。

⑥议付行将汇票和货运单据寄交开证行索偿;开证行或其指定的付款行审单无误后,向议付行付款。

⑦开证行通知进口人付款赎单,进口人审单无误后,付清货款,此后开证行将货运单据交给出口人,进口人凭单据向承运人提货。

(4)信用证的种类。

信用证的种类很多,主要有:不可撤销信用证(irrevocable letter of credit)和可撤销信用证(revocable letter of credit)、光票信用证和跟单信用证、保兑信用证和不保兑信用证、即期信用证和远期信用证、可转让信用证和不可转让信用证,以及循环信用证(revolving letter of credit)、对开信用证(reciprocal letter of credit)、背对背信用证(back to back letter of credit)、预支信用证(anticipatory L/C)、备用信用证(standby letter of credit)等。

(5)信用证的特点。

①信用证是一种银行信用,开证行负第一付款责任。

②信用证是独立于合同之外的一种自足的法律文件。

③信用证是一项单据业务。

23.3.3 福费廷业务

1.福费廷的业务流程

福费廷(forfeiting)业务又称包买业务,是指包买商无追索权的贴现,由出口商出示,经进口商承兑,并通常由进口商所在地银行担保的远期汇票或本票的融资业务。

2. 福费廷业务下的融资特点

利用福费廷这种包买业务,出口人能向进口人提供固定利率的中期(5～10 年)或短期(1 年以内)融资,而出口人利用包买人无追索权包买贴现业务,于发货备单后即期取得货款。国际贸易中的所有票据风险(包括商业风险和市场风险)因包买业务的出现得以向包买人转移。

与出口信贷融资方式相比,福费廷不仅手续简便、融资量大(可达货价总额的 100%,而出口信贷一般最高只能达到货值的 85%),而且付款方式灵活,允许货源来自进出口人所在地之外的第三方国家。

23.3.4　国际保理

保理(factoring)是指保理公司受出口商的委托,向出口商提供进口商的信用额度调查、信用风险担保、应收账款管理和贸易融资的综合性服务项目,也是集融资、结算、财务惯例和信用担保为一体的融资结算方式。

保理的作用主要有以下五个方面:

(1)对进口商进行资信调查和评估。调查的内容包括进口商的注册资本、经营作风、资产负债比例、近期经营状况,以及交易双方所在国的外汇管制、金融政策、国家政局等。出口商可根据保理商的调查和评估,以及保理商核定的信用额度签订销售合同,从而将收汇风险降到最低。

(2)代收账款。通过保理商代收账款,可以减少应收账款资金的积压,提高资金的利用效率,减少收账方面的争议和法律诉讼。

(3)财务管理。出口商发货后将有关售后账务管理交给保理商。有关分期付款的记账、催收、清算、结息等财务管理一并由保理商负责,从而减少了出口商的相关财务费用,提高了结汇的效率。

(4)风险担保。进口保理商根据对进口商核定的信用额度,在进口商付款到期日拒付或无力付款时,在付款到期日的第 90 天,无条件向出口商支付货款。从而保证了出口商的合法权益,消除了结算方面的风险。当然,进口保理商的付款前提是出口商提供了正当的、无争议的债务请求权。

(5)融资服务。出口保理商可以向出口商提供无追索权的融资,且简单易行,一般情况下,出口商发货后,凭发票副本就可以立即获得不超过 80%的无追索权的预付款融资。但该项融资一般不超过 180 天。

23.4　国际贸易磋商、签约与履行

23.4.1　交易磋商

国际贸易磋商也叫交易磋商,是合同订立的基础,合同能否订立以及最终如何履约都与交易磋商有着密切的关系。交易磋商(business negotiation),是指买卖双方就买卖商品的有关

条件进行协商以期达成交易的过程，即通常所谓的贸易谈判。

1. 交易磋商的内容形式

交易磋商的形式有书面磋商和口头磋商两种。

书面磋商是指通过信件、电报、电传等通信方式来洽谈交易。随着现代通信技术的发展，书面磋商愈来愈普遍。书面磋商因为其简便易行、费用低廉等特点，已成为国际贸易中通常的一种磋商方式。

口头磋商是指交易双方出面协商，通过在谈判桌上面对面的谈判，就交易的内容达成一致看法的磋商方式。具体如参加各种交易会、洽谈会，派外贸小组出访，邀请外商来访等形式举行口头磋商。

进出口合同交易的磋商内容，根据国际惯例，一般包括货物的质量、数量、包装、价格、交货与支付条件六项。如果想达成交易，双方必须就这六项条款达成一致意见。至于其他条款，比如检验、索赔、不可抗力与仲裁，可根据成交货物的性质、数量与重要程度作为磋商内容。

2. 交易磋商的程序

交易磋商的程序一般要经过询盘、发盘、还盘、接受四个环节，其中发盘和接受是每个交易中必不可少的两个基本环节或法律步骤。

(1)询盘(inquiry/enquiry)。询盘又称询价，即交易一方就购买或出售某一商品向对方就该商品的有关交易条件进行询问。其内容涉及商品的品质、数量、交货期、价格等，但多数以询问价格为主。其形式可以采用口头方式，但较多的是以书面形式出现。买卖双方均可以发出询盘，买方询盘又称为递盘(bid)，卖方询盘又称为索盘(selling inquiry)。询盘对买卖双方均无法律约束力，但在商业习惯上，被询盘一方接到询盘后应尽快给予答复与处理。

询盘的目的是表达与对方进行交易的愿望，又或是希望对方及时发盘以及询问价格。

(2)发盘(offer)。发盘是指交易人的一方(发盘认)向另一方(受盘人)提出购买或出售某种商品的各项交易条件，并表示愿意以这些条件与对方达成交易、签订合同的行为。发盘既是商业行为，又是法律行为，在合同法中称之为要约。在国际贸易中，发盘既可以分为卖方发盘和卖方发盘，也可以分成实盘和虚盘。

根据《联合国国际货物销售合同公约》(以下简称《公约》)对于发盘的定义，即向一个或一个以上特定的人提出的订立合同的建议，如果十分确定并且表明发价人在得到接受时承受约束的意旨，即构成发价。一个建议如果写明货物并且明示或暗示地规定数量和价格或规定如何确定数量和价格，即为十分确定。

一项发盘的构成必须具备三个条件：①发盘要有特定的受盘人。受盘人可以是一个或一个以上，可以是法人也可以是自然人，但必须是特定人。面向公众的商业广告，即使内容再明确完整，也不能构成发盘。②发盘内容须十分确定。即必须明确货物的品名、数量、价格及包装、装运、支付方式等，也就是说，合同要件在发盘中必须完整明确。③表明发盘人受其约束。即发盘人应向对方表示，得到有效接受时双方即可以发盘内容订立合同。为此，发盘均规定一有效期，作为发盘人受约束的期限和受盘人接受的有效时限。有效期满，发盘人可不受发盘中交易条件的制约。

发盘的有效期(time of validity)指可供受盘人对发盘做出接受的时间或期限。发盘的有效期有两个法律含义，首先它表明发盘人在发盘有效期内接受法律的约束而对其要约负责；其次,它表明发盘人在发盘的有效期外不对其要约负责。常用发盘的有效期的规定方法有:①规定最迟接受的期限;②规定一段接受的期限;③发盘的有效期不明确;④口头发盘应当场表示接受。

发盘的撤回(withdrawal)指发盘人将尚未为受盘人收到的发盘予以取消的行为。根据《公约》第 15 条(2)款规定,"一项发盘,即使是不可以撤销的,得予撤回,如果撤回通知于发盘送达被发盘人之前或同时送达被发盘人"。

而发盘撤销(revocation)是发盘人将已经被受盘人收到的发盘以一定方式取消的行为。根据《公约》第 16 条(1)款规定,"在未定立合同前,发盘得予撤销,如果撤销通知于发盘人发出接受通知之前送达被发盘人"。但是《公约》第 16 条(2)款规定了以下两种情况发盘不能撤销:一是发盘中写明了发盘的有效期或以其他方式表明发盘是不可撤销的。二是受盘人有理由信赖该发盘是不可撤销的,而且受盘人已本着对该发盘的信赖行事。即受盘人主观认为并已有履约性行为,如寻找资源、组织生产、汇出货款。

发盘终止(termination)指发盘法律效力的消失。发盘终止主要存在以下几种原因:①受盘人发出还盘;②受盘人发出拒绝通知;③发盘人有效撤销发盘;④发盘中规定的有效期届满;⑤不可抗力使得发盘终止,如政府发布进出口禁令;⑥在发盘被接受之前,当事人死亡、精神失常或依法宣告破产。

(3)还盘(counter offer)。还盘又称还价,是受盘人对发盘内容做出不同意或不完全同意并同时提出修改和变更的表示。还盘也可以是口头的或书面的,形式与发盘形式相同。在国际贸易磋商中,很少有一方发盘立即为对方无条件接受的情况,往往受盘人会提出自己的交易条件,由此而产生买卖双方就某些交易条件的反复还盘,即再还盘。还盘是对发盘的拒绝,但同时又是新的发盘。如果仅仅是拒绝,则不必再提任何交易条件,可见,还盘不简单地等同于拒绝。需要说明的是,还盘一经做出,原发盘即失去效力,而还盘一方成为新的发盘人。双方处于新一轮的拒绝、接受或再还盘磋商之中。关于新发盘的法律效力同原发盘完全一样。因此,还盘的实质在于一方面标志着原发盘的失效,另一方面还盘又是新的发盘。

(4)接受(acceptance)。所谓接受,是指受盘人接到对方的发盘或还盘后,同意对方提出的条件,愿意与对方就该项商品买卖达成交易,并及时以声明或行为表示出来的法律行为。用法律上的语言称之为承诺。

接受与发盘一样,既是一种商业行为,又是一种法律行为。按现行大多数国家合同法规定,买卖双方在交易磋商中,只要接受生效,合同就告成立。

根据《公约》规定,一项有效的接受必须具备以下条件:

①接受必须由特定的受盘人做出。

②接受必须在有效期内做出。但以下情况例外:如果发盘人认为接受不失效,可以构成逾期接受(late acceptance);由于传递原因而造成的接受延误,除非发盘人通知受盘人,发盘已经失效,此接受也可以构成逾期接受。

③接受的内容必须与发盘一致。即接受应当是无条件的、绝对的、无保留的,必须与发盘人发出的发盘完全相符。但是只要发盘人不表示反对,那么接受中可以包含对原发盘内容的非实质性变更。《公约》第 19 条(1)款规定,对发盘做出实质性修改视为还盘。《公约》第 19 条(2)款规定,对于非实质性修改(non-material alteration),除发盘人在不过分延迟的时间内表示反对期间的差异之外,一般均视为接受,而且合同的条件以该发盘和接受中所提出的某些更

改为准。

④接受必须以某种方式表示出来，可以用口头的形式或书面的形式。

接受人应当对自己的行为负法律责任。所以接受生效后，一般不能撤销。如果受盘人在接受生效后反悔，则构成违约，对此要承担相应的损失赔偿责任。

在欧洲大陆法系和《公约》中实行到达生效原则。如果接受到达日为非营业日，则接受期间顺延至下一营业日。因此《公约》第22条规定，在使用电报与信函接受时，接受可以撤回，如果撤回通知于接受原应生效之前或同时送达发盘人。然而，英美法系实行投邮生效原则，即函电一经发出立即生效，而不管其是否延误或者丢失，因此英美法系中不存在接受撤回的问题。

23.4.2 合同的签订

1. 合同的法律效力

一般说来，一方发盘一经对方接受，合同即告成立。但合同是否具有法律效力，还要视其是否具备了一定的条件。只有符合条件、具有法律效力的合同才受法律的保护。

一般地说，合同成立应至少具备以下几项条件：

(1)当事人必须在自愿和真实的基础上达成协议。因此，若在订立合同过程中存在欺诈、胁迫或当事人意思表示有误的事实，所达成的合同均为无效合同。

(2)当事人必须具有订立合同的行为能力，是能够独立地行使自己的公民权利，并承担相应的责任与义务的公民个人或法人。

(3)合同必须有对价和合法的约因。对价是指合同当事人之间互为有偿、互相得利。下列对价均为有效对价：①对价必须是合法合理的，不违法，公平，对双方具有约束力，对价是否公平，由双方当事人自行认定；②对价必须是将要履行或已经在履行的，而不是过去履行的；③对价必须是真实的具有实际价值的；④已经存在的义务或法律所规定的义务是不能作为对价的。约因指的是合同当事人签订合同所追求的直接目的。当事人订立、履行合同，应当遵守法律、行政法规，尊重社会公德，不得扰乱社会经济秩序，损害社会公共利益。

(4)合同的标的和内容必须合法。

(5)合同形式必须符合法律规定。

(6)特殊采购合同必须经有关部门批准方为有效。

2. 书面合同的作用

在国际贸易中，合同对买卖双方的责任、权利、义务、费用和风险等进行了明确的规定，具有法律效应。对进出口商而言，合同既是对买(卖)家应履行义务的一种明确规定，同时更多的是对自己必须履行的义务的一种界定。

签订书面合同具有如下意义：

(1)签订书面合同，是合同成立的证据。

(2)书面合同是合同履行的依据。

(3)书面合同的签订有时是合同生效的条件。

3. 书面合同的形式和基本内容

书面合同有多种形式，具体包括正式的合同(contract)、确认书(confirmation)、协议(agreement)以及备忘录(memorandum)等。在我国进出口业务中，常采用两种基本形式：一种是条款较完备、内容较全面的正式合同。另一种是内容较简单的简式合同,即商品买卖确认书。这些合同形式虽有差异,但其法律效力相同。

书面合同一般由约首、本文、约尾三部分构成:①约首(head of contract),是合同的序言部分,其中包括合同的名称,订约双方当事人的名称和地址(要求写明全称)以及当事人双方订立合同的意愿和执行合同的保证等。②本文(body of contract),是合同的主体部分,要列明各项交易的条件或条款,这些条件或条款体现并规定了当事人双方的权利和义务。③约尾(end of contract),一般列明合同的份数、使用的文字及其效力、订约的时间和地点、生效时间等。书面合同正本一式两份,由双方签署后,各保存一份。

23.4.3　合同的履行

合同履行是当事人双方共同的责任。由于买卖双方地位不同,国际货物买卖合同分为进口合同和出口合同。这两类合同履行的许多工作内容和重点是不同的。

1.出口合同履行的主要环节

在出口合同履行过程中工作环节较多,涉及的面比较广,手续也比较复杂。一项出口合同不仅涉及进出口公司和生产企业,而且还涉及国外买方、银行、运输、保险、商检、海关等。为了圆满履行合同义务,各进出口公司必须十分注意加强同各有关单位的协作配合,把各项工作做得精确细致,尽量避免工作脱节、延误装船期限以及影响安全、迅速收汇等事故发生。

目前,我国出口合同大多数以 CIF 和 CFR 等贸易术语成交,以信用证方式结算付款。履行这类合同的环节,包括备货、催证、审证、改证、租船订舱、报验、报关、投保、装船和制单结汇等。其中以货(备货)、证(催证、审证和改证)、船(租船、订舱)、款(制单结汇)四个环节的工作最为重要。这些环节有些是平行开展,有些是相互衔接,都必须严格按照合同的规定和法律、惯例的要求,做好每一步工作,同时还应密切注意买方的履约情况,以保证合同最终得以圆满履行。

2.进口合同履行的主要程序

进口合同的履行和出口合同的履行有相似的步骤和特点,只是当事人的位置不同。同时,进口合同的履行工作又有其自己的特点。

与出口方一样,进口方也应遵循"重合同,守信用"的原则,及时履行合同规定的义务。目前,我国进口合同大多以 FOB 价格条件成交,以信用证方式结算货款。

按此条件签订的进口合同,其履行程序是:开立信用证、租船订舱、装运、办理保险、审单付款、接货报关、检验、拨交、索赔。这些环节的工作,是由进出口公司、运输部门、商检部门、银行、保险公司以及用货部门等各有关方面分工负责、紧密配合而共同完成的。

23.5　国际贸易违约与诈骗

23.5.1　国际贸易违约与索赔

1.进口索赔的原因与索赔对象

在国际货物进出口贸易中,如果有一方违约而造成另一方遭受损失,就会出现索赔与理赔。对于进口商而言,常常会因卖方提供商品的品质、数量、包装等不符合合同的规定,而需要向有关责任人提出索赔。买方自己也可能由于拒付货款、拒收货物等受到卖方的索赔。因此,索赔(claim)就是受损一方根据合同或者法律的规定,向违约方提出赔偿要求。而违约的一方对索赔进行处理,即为理赔(claim settlement)。索赔是处理违约的一种最常见的补救措施。索赔案件的发生,主要有卖方违约、买方违约以及买卖双方均有违约责任三种原因。根据造成损失的原因不同,进口索赔的对象主要有三个方面:

(1)向卖方索赔。如果原装数量不足,货物品质、规格与合同规定不符,包装不良导致货物受损,未按期交货或拒不交货等,均应向卖方提出索赔要求。

(2)向轮船公司索赔。如果货物数量少于提单所载数量,提单是清洁提单,而货物有残损,并且属于船方过失所致;货物所受的损失,根据租船合约有关条款应由船方负责;等等,这些情况均由买方向船方提出索赔要求。

(3)向保险公司索赔。凡因海上风险所致,且在投保险别规定的保险责任范围内发生的货物损失,均可向保险公司提出索赔。

2. 合同违约与一般补救措施

(1)货物销售合同违约。在合同的订立、履行乃至合同的售后服务中,都可能由于可归责于合同主体中的一方或双方的原因,甚或不可归责于合同双方的其他原因,造成违反合同的情况发生。从狭义的角度看,违约(breach of condition)是指合同主体一方或双方不履行合同中约定的义务,或虽履行义务但不完全符合合同约定,以及违反了相关法规明确的规定或惯例的行为。

(2)卖方违约的主要表现。国际货物销售合同规定,卖方必须按照合同和《公约》的规定,交付货物,移交一切与货物有关的单据并转移货物所有权。换言之,未履行或未全面履行此项义务,即为卖方违反合同约定的行为。卖方违约主要表现为:卖方未及时交货或交付货运的行为;卖方未及时履行通知与协助义务的行为;卖方所供货物与合同标准不相符的行为;卖方提供货物侵犯第三人权利的行为等。

(3)买方违约的主要表现。对于买方来说,支付价款不是其全部合同义务,他还必须承担以下义务,如有违反,便造成了买方违约:买方有义务在最短时间内检验货物或由他人检验货物;买方如发现货物不符合同,应在合理时间内通知买方,说明不符合合同情形的性质,否则就丧失声称货物不符合同的权利。

(4)违约的一般救济方法。救济(remedy)是指合同一方当事人违约时,另一方当事人依法取得补偿的方法。英美法系和《公约》在违约的救济方面规定不尽相同,对具体的情况需要综合分析才能最终确定。常见的救济方法包括:

①实际履行(specific performance)。实际履行是指一方当事人违约,另一方不用金钱补偿等其他方法,而要求违约方严格按合同规定履行。

②损害赔偿(damages)。损害赔偿是指违约方用金钱补偿另一方所受的损失。这是在国际贸易中使用最广泛的救济方法。世界各国的法律大多规定损害赔偿的范围包括直接损失和间接损失。

③解除合同(rescission)。解除合同是免除买卖双方合同义务的救济方法。

④保全货物。保全货物是指一方当事人违约,另一方保持对货物的控制权,以达到救济的目的。《公约》对买卖双方行使保全货物的权利做了具体的规定。

3. 索赔、理赔与合同中的索赔条款

国际货物买卖合同的索赔条款有两种规定方式：一种是异议和索赔条款（discrepancy and claim clause）；另一种是罚金条款（penalty clause）

（1）异议和索赔条款。异议和索赔条款一般是针对卖方交货品质、数量及包装或卖方所提供的服务不符合合同规定而订立的，条款内容一般包括索赔依据、索赔期限、索赔金额和索赔办法。

索赔依据当事人在提出索赔时，必须要有充分的索赔依据。索赔依据包括法律依据和事实依据两方面。法律依据是指买卖合同及有关国家的法律、国际公约、惯例；事实依据是指违约的事实真相、情节及其书面证明。如果索赔时证据不足或出具证明的机构不符合要求等，都可能遭到对方拒赔。买卖合同的索赔条款通常包括索赔依据及出具证明文件的机构。索赔依据主要规定索赔时必须具备的证据，包括货损检验证明、船长签署的货物短损证明、提单、保险单、商业发票等。

索赔期限也称索赔时效，是指索赔方向违约方提出索赔要求的有效期限。按照各国法律和国际贸易惯例的规定，受损方只能在一定的索赔期限内提出索赔，否则丧失索赔权。索赔期限有约定和法定之分。约定索赔期限是指买卖双方在合同中规定的索赔期限，其长短根据交易的具体内容而定；法定索赔期限是指根据有关法律所规定的索赔期限，法定索赔期限较长。但约定索赔期限的法律效力优于法定索赔期限，只有在买卖合同未规定约定期限时，法定索赔期限才起作用。

在索赔条款中，关于索赔期限的起算时间也要具体规定，通常的规定方法有：①货物到达目的港后……天起算；②货物到达目的港卸离海轮后……天起算；③货物到达营业所或用户处后……天起算；④货物经检验后……天起算。此外，凡有质量保证期的商品，合同中应加订质量保证期限，若在质量保证期限内出现质量问题，买方有权凭有关证明向卖方提出索赔。

如果买卖合同中规定有约定的损害赔偿金额或损害赔偿额的计算方法，通常应按约定的金额或根据损害赔偿额的计算方法计算出的赔偿额提出索赔。如果买卖合同中未做具体规定，《公约》确定损害赔偿的原则如下：①赔偿金额应与因违约而遭受的包括利润在内的损失额相等；②赔偿金额应以违约方在订立合同时可预料到的合理损失为限；③由于受损害一方未采取合理措施，使有可能减轻而未减轻的损失，应在赔偿金额中扣除。

多数情况下，索赔金额不可能预先在合同中规定下来，索赔时要根据实际损失确定适当赔偿金额。如卖方拒绝交货，赔偿金额一般按合同价格与违约行为发生时的国际市价差额计算。再如，卖方交货的品质规格与合同不符时，索赔项目应包括货物本身的损失、仓储费、利息、国外运费和国内运费、检验费、保险费、各种杂费及如果货物完好可以得到的利润。

关于索赔的办法，一般合同中做笼统的规定，如退货还款、换货、整修、降价等。在处理索赔时，应弄清事实，分清责任，并区别不同情况，有理有据地提出索赔。

必须强调的是，这一条款所规定的买方索赔期限（或称索赔通知期限）也是检验条款中的买方对货物进行复检的有效期限。由于这一条款与检验条款有密切联系，有的合同将这两种条款结合起来订立，称为检验与索赔条款（inspection and claim clause）。

（2）罚金条款（penalty clause）。罚金条款又称违约金条款（liquidated damage clause），是指合同中如一方未履约或未完全履约，应向对方支付一定数量的违约金额。从性质上看，罚金具有惩罚性和补偿性双重性质。罚金条款一般适用于两种情况：一是卖方延期交货；二是买方延期接货、不按期开立信用证、拖欠货款等。罚金条款具有以下特点：①一般预先在合同中规定罚金的数额或罚金的百分率，其大小视延误的时间长短而定，并规定最高的罚金数额或百分率；②支付罚金后，并不意味着因此解除违约方继续履行合同的义务。对于合同中规定的罚金条款，各国在法律上有不同的解释和规定。例如，一些欧洲大陆法系国家认可罚金条款，而英美法系国家对罚金条款的解释分两种情况：一种为"预定的损害赔偿"，法律予以承认；另一种为"罚款"，法律不予承认合同规定的金额，而是根据受损方提出损失金额的证明另行确定。我国法律对罚金条款是予以承认和保护的。《中华人民共和国合同法》明确规定："当事人可以在合同中约定，一方违反合同时，向另一方支付一定数额的违约金；合同中约定的违约金，视为违反合同的损失赔偿。"

罚金或违约金与赔偿损失二者之间存在差异：前者不以实际发生损失为前提，只要一方违约，无论其违约行为是否对另一方造成了实际损失，另一方都有权向违约方追究违约责任，而且违约金数额与实际损失的大小也没有关系，法庭和仲裁庭也不要求请求人就损失举证，故其在追索程序上比后者简便得多。

在我国的进出口合同中，大多只订立异议和索赔条款，只有那些需要连续分批交货的大宗货物买卖合同和机械设备一类商品的合同中，才同时订立罚金条款。

然而，英美法系国家的法律，只承认损害赔偿，不承认对于带有惩罚性的罚金。所以，在与英、美、澳、新等国贸易时，应注意约定的罚金条款的合法性。

4. 不可抗力

(1)不可抗力的含义。不可抗力(force majeure/act of god)是指合同签订以后发生的当事人不能预见、不能避免和人力不可抗拒的意外事故，导致不能履行合同或不能如期履行合同，以至于遭受不可抗力的一方，可以据此免除履行合同的责任或推迟履行合同，对方无权要求赔偿。从以上定义可以看出，不可抗力的构成应具备以下条件：

①时间性：意外事故发生在合同订立后；

②无过失性：不是任何一方当事人的故意或过失造成的，必须是偶然发生的和异常的事件；

③不可抗拒性：事件的发生及其后果必须是当事人对意外事故不能预见、不能避免和不可克服的；

④可确定性：必须在合同中订立不可抗力条款，否则发生事故时就会有不同的解释。

(2)不可抗力的范围。并不是任何一种意外事件都可以作为不可抗力事件。不可抗力事件的范围较广，通常分为两种情况，一种是自然原因引起的，如水灾、旱灾、火灾、暴风雪、地震、台风、海啸等；另一种是社会原因引起的，如战争、罢工、政府禁令、封锁、禁运等。

(3)不可抗力的法律后果。根据相关法律规定，不可抗力的法律后果主要有两个：一是解除合同；二是变更合同。解除合同是指在不可抗力事件发生之后，使合同的履行成为不可能时可以解除合同，当事人不再承担责任。变更合同是指对原订立的合同条款作出部分的变更，使遭受不可抗力事件的一方免除履行部分的合同责任，或延期履行合同责任。

至于在何种情况下解除合同、何种情况下变更合同，取决于不可抗力对合同的影响程度、合同标的的性质和意外事故与当事人未履行或未认真履行合同间是否有因果关系。合同的标的物如为金钱，即使发生了不可抗力也不能免除当事人履行债务的义务；如为特定物，发生不可抗力可以解除合同；如为种类物，发生不可抗力事故后，在客观上仍然可以履行债务，债务人的责任仍然不能免除。

5.合同仲裁的相关问题

无论国际贸易合同还是国内贸易合同,在发生纠纷与争议时都有四种解决方式,即协商、调解、诉讼与仲裁。

所谓仲裁(arbitration),是指国际贸易的交易双方在争议发生之前或发生之后,签订书面协议,自愿将争议提交双方所同意的第三者予以裁决,以解决争议的一种方式。其实质是双方当事人协商将争议提交具有独立地位的第三方以求公断,对于裁决结果,双方当事人必须执行。其特点有:仲裁采用的是意思自治原则;仲裁具有交大的灵活性;仲裁具有不公开审理性;并且仲裁裁决结果具有终局性。

仲裁的程序一般包括仲裁申请、指定仲裁员组成仲裁庭、仲裁审理以及仲裁裁决。

(1)仲裁申请。仲裁机构要求申请人提交双方当事人签订的仲裁协议和一方当事人的申诉书。申请人提交申请书时还要附上事实依据和证明文件,如合同、来往函电等的正本或副本,并预交规定的仲裁费,即受理立案。仲裁机构立案后,立即向被申请人发出仲裁通知。被申请人收到仲裁通知后,在规定时间内向仲裁机构提交答辩书及有关的证明文件,也可在规定时间内提出反请求书。

(2)指定仲裁员组成仲裁庭。根据国际惯例,双方当事人可以在仲裁协议中规定仲裁员的人数和指定方式。如协议无规定,则按有关国家的仲裁法或仲裁机构的程序规则组成仲裁庭。我国《仲裁法》规定,仲裁庭可以由 3 名或 1 名仲裁员组成。由 3 名仲裁员组成的,设首席仲裁员。

(3)仲裁审理。仲裁审理的过程一般包括开庭、收集和审查证据或询问证人,如有必要还要采取"保全措施",即对有关当事人的财产采用扣押等临时性强制措施。仲裁庭审理案件的方式有书面审理和开庭审理两种。我国一般用开庭审理的方式,即由仲裁庭召集全体仲裁员、双方当事人和有关人士,听取当事人申诉、辩论,调查案件事实并进行调解,直至做出裁决。

(4)仲裁裁决。仲裁庭经过审理后,对争议案件做出处理,裁决做出后,审理程序即告结束。

23.5.2　国际贸易诈骗

我们知道,国际贸易不仅能带动一国的经济增长,也能为外贸企业带来超额利润。但是,由于国际贸易自身的复杂性,业务过程的烦琐性,加上贸易金额往往较大,越来越多的国际诈骗分子进入这一领域,国际贸易诈骗活动不断增加。而且,随着国际经济贸易来往的日益频繁,国际贸易诈骗活动将会更加猖獗,骗术更加多样,手段更加高明。国际商会贸易委员会主席 B.惠布尔指出:"如果在无受骗的状态下运作,世界贸易每年可以增加几个百分点。"当前,国际贸易诈骗行为不仅给贸易企业造成巨大损失,而且还严重干扰了正常的贸易秩序,妨碍了国际贸易的持续发展。因此,如何防范国际贸易诈骗行为,保障国际贸易活动的顺利进行,已成为国际贸易业务至关重要的课题。

1.国际贸易诈骗的表现

(1)在合同中设置不合理条款。这主要表现为:①设置的合同条款相互之间不协调。一份国际贸易合同的条款很多,如果在同一份合同中条款的设置不协调、不配套,结汇单据不可避免地出现不符点。有些合同中设置的条款本身就有问题,稍不注意就很容易落入陷阱。②对单证的规定违背第三方出证机构的常规。合同条款对单证表面内容的规定违背第三方出证机构的常规。③合同规定的单据交单期过短。合同规定的单据交单期过短,单据出现不符点的可能性很大。国际商会"UCP500"中规定:信用证应规定一个装运日期和必需按照信用证条款交单的特定期限。有的合同对单据的交单期限规定的时间太短,仅 3～4 天。出口企业在比较紧迫的时间内制作单据、交单议付,单据极容易出现不符点。

(2)利用信用证进行诈骗。信用证是利用银行信用为进出口双方提供资金融通,或为进出口商提供收款或收货的安全保障。但是,由于信用证的独立抽象原则和严格相符原则,使信用证游离于基础合同之外,诈骗分子可利用买卖双方相距较远,不能随时掌握实际情况,利用信用证进行诈骗。

(3)出口商利用信用证进行诈骗。信用证业务中,出口商作为受益人,其基本义务是根据合同发运货物,向银行提交符合信用证规定的单据。出口商利用信用证进行诈骗的方式有伪造结汇单据和提供缺陷产品。

(4)进口商利用信用证进行诈骗。在信用证交易中,由于出口商发货和进口商实际付款之间存在一个时间差,这就使得进口商有机会利用信用证骗取出口商的货物。进口商利用信用证进行诈骗的方式有:伪造或变造信用证;信用证中设置"软条件"进行诈骗;故意拖延拒付时间;骗取开证行出具提货担保进行诈骗。

(5)在货物运输过程中设置陷阱。在国际货物运输过程中,诈骗分子或者利用货物已经脱离了出口商的控制,或者进口商还没有对货物形成有效控制这一时间差进行诈骗。

(6)转卖提交商品。这主要包括两种情况:①出口商与第三方合作共同诈骗,采用倒签提单或预借提单等办法,先制作一套完整和正确的单据到银行议付,然后伙同第三人在货物运输过程中转卖货物,使进口商钱货两空。②进口商利用 FOB 价,自己派船到出口地装船,货物在运输途中,先提货或转卖货物,不去银行赎单,携款逃走。

(7)利用期租船进行诈骗。这类诈骗主要是指国际诈骗犯只要付首期的租金(通常是 15 天或 30 天的租金)就可以以期租船方式租入船舶,同时自己就以二船东的身份以期租船的方式把船租出去,并要求装货人预付运费。等到货物装妥,船长签发了已付运费的提单后,收到运费的二船东就溜之大吉或突然破产、倒闭,留下的只是原船东面对提单留下的责任。

2. 国际贸易诈骗的特征

(1)交易条件"优惠",交易金额巨大。由于贸易双方在语言、文化、商业习惯、对外贸易政策和法律法规等方面存在较大差异,给诈骗分子可利用的空间。诈骗分子组织一次成功的诈骗不太容易,要冒很大风险,所以诈骗分子一般都以大宗贸易作为骗局,一旦得手就能获得丰厚的回报。诈骗分子往往提供很"优惠"的交易条件来吸引对方,这些"优惠"条件在其他地方找不到,才容易诱人上当。

(2)故意制造神秘感,运作程序复杂。国际贸易本来就是一项比较复杂的商务活动,在正常情况下也会出现一些错漏,这给了诈骗分子钻空子的机会。为了使诈骗能成功,诈骗分子往往在交易中制造神秘感,要求双方签订各种"复杂"和看起来很"严谨"的补充协议,提供各种资料或保函供双方确认,尽量做到交易双方都"万无一失"。这样做,一方面是使对方逐渐增加信任度,落入自己设置好的陷阱;另一方面是分散对方的注意力,使对方无暇识破其阴谋,认清其诈骗的真实面目,诈骗得逞。

（3）交易往往是大宗可炒作商品，价格大大低于国际市场价格。交易商品也是诈骗的诱饵，如果某种商品国内市场需求上升，或国内外市场价格差别较大，就容易成为炒作的对象，给诈骗分子提供可乘之机。他们提供很好的交易条件作为使对方签约上当的诱饵，使受骗上当的一方在"感觉良好"的心态下慢慢地失去了警惕性和防范能力，对利润的期待代替了对交易条件的理性分析。许多国内公司就是这样陷入对方的骗局的。

（4）诈骗范围广泛，诈骗手段隐蔽。国际贸易诈骗属于高智能和高科技犯罪，诈骗犯可以从贸易过程的不同环节和贸易合同的各个条款设置陷阱，诈骗范围广泛，诈骗手段隐蔽。他们要么伪造各种单据，要么通过在合同或信用证中设置一些"软条款"。

（5）受害者往往是发展中国家。在国际贸易的诈骗案中，受害者大都是发展中国家。其原因是：①在出口时，发展中国家充分利用劳动密集型产品的优势，急于开拓国际市场，把产品推销到国际市场去，缺乏了解外商的资信；②在进口时，他们买货都喜欢用投标的方式来获得最低价格，这样就很容易被骗子所利用，骗子当然可以轻易地以最低价格中标，因为他们几乎不用成本。

3. 国际贸易诈骗不断增加的原因

（1）国际贸易自身的复杂性。国际贸易业务流程是一个很复杂的过程。从业务过程来看，国际贸易包括贸易磋商、备货、审证、商检、报关、装运、投保、制单、结汇等环节，每个环节都能成为国际诈骗分子设置陷阱进行诈骗的地方；从外贸合同来看，一份国际贸易合同的条款包括价格条款、数量条款、质量条款、支付条款、运输条款等，有些条款都是通过单证表现出来的，给国际诈骗分子可乘之机。

（2）国际贸易诈骗事后的救济难度大。国际贸易都涉及两个或两个以上的国家，由此发生的国际诈骗案也涉及两个或两个以上的国家，诉讼必然采用涉外商法。因为不同国家法律不同，国际诉讼就涉及国家之间法律适用、法律冲突与司法协助等复杂问题。诈骗犯所在国和第三国由于其国民的利益没受到损害，往往配合不那么默契，从而纵容和助长了国际诈骗犯罪。正是国际贸易诈骗的跨国性使得受害方跨越国界通过法律保护自己正当利益受到很大限制，跨国追索要付出的人力、物力等各项支出巨大，可能接近甚至超出欺诈所造成的损失。而且，贸易诈骗是一种非暴力犯罪，其危害性容易被人们所忽略。目前，国际上没有专门的强制性机构和相应配套立法措施来约束贸易诈骗，现有的国际组织只是起到协助的作用。

（3）受害者警觉性和素质不高。许多受害者往往由于自身的法律意识不强，业务素质不高，或者在进行国际贸易时急于求成，造成防范诈骗的警觉性不高，使诈骗者容易得逞。

4. 国际贸易诈骗的防范策略

（1）在合同磋商过程中采取的防范措施。

①重视贸易对象的资信调查，选择好的贸易伙伴。寻找贸易伙伴时，一定要对客户进行资信调查，了解对方的经营状况和资金运作情况，避免与资信不好的客户开展贸易。特别是对对方提供"优惠"条件的贸易更应多加小心，防止对方做"无本生意"。实践证明，选择可靠的交易伙伴是避免被欺诈或陷于被动的最佳途径。

②合理设置合同条件，减少违约的不符点。设置不合理的合同条款是诈骗分子的惯用手段，合同条款设置不合理就给了诈骗分子钻空子的机会。设置合同条款时要注意：第一，在品名、品质条款中，要简明扼要，凡做不到或不必要的描述性词语都不加入。规定品质要有一定

的机动幅度或品质公差。第二,与内陆国家做贸易而又采用 CIF 或 CFR 价格术语时,一般应选择距离该国最近的、我方能够安全安排船舶的港口为目的港。不能接受对方要求提供"港—港"的海运提单(因内陆国家没有海运港,提供不了海运提单)。在采用多式联运情况下,除非联运承运人接受全程运输,一般不可接受以内陆城市为目的港的条件。第三,合同数量条款中要有机动幅度,计量单位明确(数量条款不仅要明确采用何种计量单位,还要明确使用何种度量衡制度,如要写"公吨",不能只写"吨")。第四,包装条款不要与数量条款冲突。如合同总量为 2000 M/T,每箱净重 30 kg(这样做要么有一箱重量不符,要么总重量不对,肯定违反合同条款)。第五,对于新客户或金额较大的贸易,付款方式一般采用信用证支付。

③正确选择贸易术语,不要随意让步。选择好的贸易术语有利于全面了解合同履行的进展情况,把风险减少到最低限度。如出口时尽量选择 CIF 价,进口时尽量选择 FOB 价,这样可以自己办理运输和投保,跟踪货物的运输情况。同时在磋商合同条款时,对客户的某些过分要求,切忌以牺牲自己的权益为代价随意做出让步,以免自己陷入违约的困境。

(2)在合同履行过程中采取的防范措施。合同履行过程,对于进口商来讲主要是接货和付款,比较简单。对于出口商来讲,比较复杂,特别是采用信用证支付,要把审证、改证、装船、交单等环节衔接起来。它主要包括以下环节:

①认真审核信用证条款。首先,应审核信用证的真假,出口商应该向通知行核实情况。其次,核对信用证的内容与买卖合同是否一致,一经发现不同,应该尽快与进口商取得联络,双方通过协商修改信用证。最后,检查诈骗性的条款或"软条款"。

②尽快制作单据,仔细审核单据。装船后,出口商要尽快按信用证的要求制作单据。出口商提交银行议付的单据应与信用证要求完整一致。银行在审核单据时,不是为了确定单据的正确性,而是为了寻找"不符点",一旦出现不符点,就可能被拒付。所以出口商制作完整全套单据后最好自己先进行审核。

③及时修改和补交单据。如果信用证与合同不符的,而且有悖国际贸易惯例,或者出口商无法做到的,坚决要求开证行改证,而且一定要收到银行的改证通知书后才能装船。切忌没有收到银行的改证通知就装船或只按申请人的改证通知书就装船。出口商制作完单据后应尽快到银行议付,以便银行审单发现单据有错时,可以在信用证有效期内修改或补交。

(3)在货物运输过程中采取的防范措施。

①选择信誉良好的船运公司。不管是进口商还是出口商,不论采用何种贸易术语,对于大宗货物贸易,都要租用信誉良好的船运公司,尽量不与那些信誉不佳的船运公司打交道。为防止出口商装运伪劣商品,进口商可以在信用证中要求由进口商或其代理人在货物装运前亲自验货,并出具产品合格证书,签字装船。

②设计运输标志。防范货物在运输途中被先提走或转卖,或者提单未到买方骗取开证行出具提货担保的措施有:第一,开证行在开证时就在信用证中明确规定货物的"MARKS"。第二,开证行也可以要求进口商在它的赔偿担保或信托收据中说明承担无限责任,并且要求提供担保抵押品,或由信誉良好的第三人提供无限责任担保。

(4)及时采取司法救济手段。由于国际贸易诈骗行为越来越严重,几乎达到无处不在的地步,即使采用最有保障的信用证支付方式,由于信用证的独立抽象原则,使得银行对符合信用证要求的单据就必须付款,使得信用证也不能保障。目前,在国际贸易实践中,都采用了司法救济手段,即通过法院或其他法律手段对国际贸易诈骗活动采取措施,发冻结令或禁付令,或申请货物、财产保全。总之,通过司法救济手段也是防范国际贸易诈骗的重要措施。

思考与练习

1.2019 年 1 月在我国正式登记注册的 A 公司向 B 公司(美国公司)和 C 公司(德国公司)发价,表明欲与对方签订向其提供某种货物的销售合同。发价后,A 公司发现此种货物在国际市场上价格发生上涨,随即向 B 公司、C 公司发出撤销发价的通知。B 公司与 C 公司均拒绝撤销。B 公司拒绝的理由是,此种撤销违反国际惯例;C 公司拒绝的理由是——发价一经发出便对发价人有法定约束力,因而发价是不能撤销的。请问:A 公司应依据哪些法规与理由主张自己的权利?

2.A 公司与 B 公司达成一笔 1 万吨一号小麦的销售合同,价格为 200 美元/吨,从订立合同到交付货物,市场价格发生了巨大的变化。交货时一号小麦的价格是 100 美元/吨,且经检验卖方交付的并不是一号小麦,而是二号小麦,当时二号小麦的价格是 80 美元/吨。根据有关规定,买方可做出何种选择?

3.什么是提单?提单的性质和作用是什么?提单的分类在实践中有何意义?

4.什么是班轮运输?其特点有哪些?

5.在海运货物保险中,保险公司承保哪些风险、损失和费用?

6.我国海运有哪几种基本险别?各险别的责任范围有什么不同?

7.国外一家开证行在接到我方议付行寄的单证后,开证申请人的公司因意外原因倒闭。开证行便以申请人公司倒闭为由拒付,并将单证寄回议付行。你认为开证行应当拒付吗?

8.由于信用证也存在风险,于是有一业务员便钟情于保理方式,他认为只有保理方式才是最稳妥的收汇方式。你认为他的认识误区在哪里?

9.什么是不可抗力?发生不可抗力的法律后果是什么?

10.履行凭信用证付款的 CIF 出口合同时,应掌握哪些基本环节?

参考文献

[1] 冯宗宪,杨健全.国际贸易理论、政策与实务[M].3版.西安:西安交通大学出版社,2013.

[2] 杨健全.国际经济与贸易[M].2版.西安:陕西人民出版社,2012.

[3] 陈宪,张鸿.国际贸易[M].3版.上海:上海财经大学出版社,2015.

[4] 苏科五.国际贸易(本科应用型)[M].北京:人民教育出版社,2016.

[5] 海闻,林德特,王新奎.国际贸易[M].3版.上海:上海人民出版社,2013.

[6] 尹翔硕.国际贸易教程[M].3版.上海:复旦大学出版社,2012.

[7] 华民.国际经济学[M].3版.上海:复旦大学出版社,2015.

[8] 克鲁格曼,奥伯斯法尔德.国际经济学[M].3版.海闻,等译.北京:中国人民大学出版社,2016.

[9] 薛荣久.国际贸易[M].5版,北京:对外经贸大学出版社,2016.

[10] 唐瑾,张世兵.国际经济与贸易[M].长沙:湖南大学出版社,2019.

[11] 江小娟,杨圣明,冯雷.中国对外贸易理论前沿Ⅲ[M].北京:社会科学文献出版社,2003.

[12] 陈百助,晏维龙.国际贸易理论、政策与应用[M].北京:高等教育出版社,2015.

[13] 陈同仇,薛荣久.国际贸易[M].3版.北京:对外经济贸易大学出版社,2013.

[14] 格林纳韦.国际贸易前沿问题[M].北京:中国税务出版社,1999.

[15] 克鲁格.发展中国家的贸易与就业[M].上海:上海人民出版社,1995.

[16] 张鸿,文娟.国际贸易[M].上海:上海交通大学出版社,2016.

[17] 陈家勤.当代国际贸易新理论[M].北京:经济科学出版社,2000.

[18] 赵伟.国际贸易:理论政策与现实问题[M].大连:东北财经大学出版社,2014.

[19] 冯宗宪.国际贸易理论和政策[M].西安:西安交通大学出版社,2009.

[20] 李左东.国际贸易理论、政策与实务[M].北京:高等教育出版社,2006.

[21] 王绍熙.中国对外贸易概论[M].北京:对外贸易教育出版社,2007.

[22] 卢进勇,虞和军,朱晞颜.国际服务贸易与跨国公司[M].对外经贸大学出版社,2002.

[23] 薛敬孝,佟家栋,李坤望.国际经济学[M].北京:高等教育出版社,2000.

[24] 何元贵,卢立岩.新编国际贸易[M].北京:清华大学出版社,2007.

[25] 卜伟,刘似臣,李雪梅,等.国际贸易[M].北京:清华大学出版社,2006.

[26] 王雅杰.国际金融:理论·实务·案例[M].北京:清华大学出版社,2006.

[27] 李星华,马慧琼.国际金融[M].大连:东北财经大学出版社,2007.

[28] 陈雨露.国际金融[M].北京:中国人民大学出版社,2006.

[29] 刘圆.国际金融[M].北京:北京大学出版社,2007.

[30] 鲁丹萍,诸葛理县.国际金融[M].北京:清华大学出版社,2007.

[31] 刘慧好.国际金融[M].北京:中国金融出版社,2007.

[32] 杨蕙馨,郑清芬.国际金融[M].济南:山东人民出版社,2006.

[33] 于刃刚,魏超.网络贸易[M].石家庄:河北人民出版社,2000.

[34] 张锡嘏.国际贸易[M].5版.北京:中国人民大学出版社,2019.

[35] 金春.国际商法[M].北京:北京大学出版社,2019.

[36] 缪东玲.国际贸易理论与实务[M].北京:北京大学出版社,2017.

[37] 马帅,胡玉玺,铁凝.金融创新与国际贸易经济发展[M].北京:经济日报出版社,2019.

[38] 高洁,史燕平.国际结算[M].5版.北京:中国人民大学出版社,2019.

[39] 缪东玲.国际贸易理论与实务[M].3版.北京:中国人民大学出版社,2019.

[40] 孙玉涛.国际技术贸易[M].北京:清华大学出版社,2019.

[41] 高彩云,张秀美.国际贸易实务与操作[M].杭州:浙江大学出版社,2019.

[42] 李建平,李闽榕.中国省域经济综合竞争力发展报告:2017—2018[M].北京:社会科学文献出版社,2019.

[43] 韩丽姝.国际贸易实务[M].上海:上海财经大学出版社,2019.

[44] 周桂荣.国际贸易理论与实务[M].厦门:厦门大学出版社,2019.

[45] 孙亭亭.国际贸易理论与实务[M].北京:清华大学出版社,2018.

[46] 李左东,张若星.国际贸易理论、政策与实务[M].北京:高等教育出版社,2017.

[47] 余心之.进出口贸易实务[M].大连:东北财经大学出版社,2019.

[48] 左连村.国际贸易案例分析[M].广州:中山大学出版社,2018.

[49] 冷柏军,张玮.国际贸易理论与实务[M].北京:中国人民大学出版社,2012.

[50] 希斯考克斯.国际贸易与政治冲突:贸易、联盟与要素流动程度[M].北京:中国人民大学出版社,2005.

[57] 薛荣久.WTO与中国大经贸发展[M].北京:对外经贸大学出版社,1997.

[58] 吴兴光,黄丽萍,赖忠孝.国际商法[M].北京:清华大学出版社,2018.

[59] 谢弗.国际商法[M].8版.北京:中国人民大学出版社,2018.

[60] 刘晶,刘欣,刘珅.国际技术贸易[M].北京:清华大学出版社,2018.

普通高等教育"十三五"应用型本科系列规划教材

欢迎各位老师联系投稿!

联系人:李逢国

手机:15029259886 办公电话:029 - 82664840

电子邮件:1905020073@qq.com lifeng198066@126.com

QQ/WeChat:1905020073(加为好友时请注明"教材编写"等字样)

图书在版编目(CIP)数据

国际经济与贸易:理论·政策·实务·案例/杨健全,
闫奕荣主编. —西安:西安交通大学出版社,2019.7
ISBN 978-7-5693-1254-6

Ⅰ.①国… Ⅱ.①杨… ②闫… Ⅲ.①国际经济-高等
学校-教材 ②国际贸易-高等学校-教材 Ⅳ.①F11
②F74

中国版本图书馆 CIP 数据核字(2019)第 146051 号

书　　名	国际经济与贸易——理论·政策·实务·案例
主　　编	杨健全　闫奕荣
责任编辑	李逢国

出版发行	西安交通大学出版社
	(西安市兴庆南路 1 号　邮政编码 710048)
网　　址	http://www.xjtupress.com
电　　话	(029)82668357　82667874(发行中心)
	(029)82668315(总编办)
传　　真	(029)82668280
印　　刷	西安日报社印务中心

开　　本	787mm×1092mm　1/16　**印张** 22　**字数** 549 千字
版次印次	2019 年 8 月第 1 版　2019 年 8 月第 1 次印刷
书　　号	ISBN 978-7-5693-1254-6
定　　价	49.80 元

读者购书、书店添货,如发现印装质量问题,请与本社发行中心联系、调换。
订购热线:(029)82665248　(029)82665249
投稿热线:(029)82668133
读者信箱:xj_rwjg@126.com